믿을 놈 하나 없는 비정한 업계의 소프트웨어 엔지니어링

# KODE VICIOUS 개발 지옥

조지 V. 네빌-닐 저 / 황건구 역

YoungJin.com Y.
영진닷컴

믿을 놈 하나 없는 비정한 업계의 소프트웨어 엔지니어링

# KODE VICIOUS
# 개발 지옥

ISBN : 978-89-314-6697-3

독자님의 의견을 받습니다.
이 책을 구입한 독자님은 영진닷컴의 가장 중요한 비평가이자 조언가입니다. 저희 책의 장점과 문제점이 무엇인지, 어떤 책이 출판되기를 바라는지, 책을 더욱 알차게 꾸밀 수 있는 아이디어가 있으면 팩스나 이메일, 또는 우편으로 연락주시기 바랍니다. 의견을 주실 때에는 책 제목 및 독자님의 성함과 연락처(전화번호나 이메일)를 꼭 남겨 주시기 바랍니다. 독자님의 의견에 대해 바로 답변을 드리고, 또 독자님의 의견을 다음 책에 충분히 반영하도록 늘 노력하겠습니다.

이메일 : support@youngjin.com
주 소 : (우)08507 서울특별시 금천구 가산디지털1로 128 STX-V타워 4층 401호 (주)영진닷컴 기획1팀

파본이나 잘못된 도서는 구입하신 곳에서 교환해 드립니다.

## STAFF
**저자** 조지 V. 네빌-닐 | **역자** 황건구 | **총괄** 김태경 | **기획** 서민지
**표지 디자인** 김소연 | **내지 디자인** 김유진 | **편집** 김소연, 이다솜 | **영업** 박준용, 임용수, 김도현
**마케팅** 이승희, 김근주, 조민영, 채승희, 김민지, 임해나, 김도연 | **제작** 황장협 | **인쇄** 제이엠

때로는 분노가 가미된 이 외침들을
종이에 옮기기 전부터 들어준 카즈에게 감사합니다.

# 차례

도널드 E. 커누스의 추천사     008

서문     010

감사의 말     015

역자의 말     016

저자 및 역자 소개     017

베타 리더의 말     018

| CHAPTER 1 | 손 안의 코드 The Kode at Hand | 021 |
|---|---|---|
| **1.1** | 자원 관리 | 026 |
| **1.2** | 크고 아름다운 메모리 | 030 |
| **1.3** | 친절한 코드 | 034 |
| **1.4** | 코드 남용 | 037 |
| **1.5** | 중첩 경향 | 041 |
| **1.6** | 질식할 것만 같은 변경사항들 | 043 |
| **1.7** | 저주받은 코드 | 046 |
| **1.8** | 강요된 예외 | 049 |
| **1.9** | 누워서 떡 먹기... 아니 코드 보기 | 053 |
| **1.10** | 무언가 썼었는데... | 057 |
| **1.11** | 로그 남기기 | 060 |
| **1.12** | 분실물 | 063 |
| **1.13** | 복사하기 | 066 |
| **1.14** | 코딩<sup>Koding</sup>할 때 짜증나는 다섯 가지 | 070 |
| **1.15** | 언어들 속에서 길을 잃다 | 074 |
| **1.16** | 체크인 주석 | 078 |

| CHAPTER 2 | 코딩 수수께끼 Koding Konundrums | 083 |
|---|---|---|
| **2.1** | 메서드를 위한 찬가 | 085 |
| **2.2** | C++는 얼마나 +된 건가? | 089 |
| **2.3** | 세련되고 모던한 무언가 | 093 |
| **2.4** | 캐시 미스가 뭐죠? | 096 |
| **2.5** | 코드 동굴탐험 | 101 |
| **2.6** | 입력 검증 | 113 |
| **2.7** | 문서화 흥정하기 | 116 |
| **2.8** | Foo 필드에는 뭐가 있는 거야? | 120 |
| **2.9** | 성깔 있는 테스터 | 124 |
| **2.10** | 테스트 방법 | 128 |
| **2.11** | 테스트 모드를 그대로 두세요! | 133 |
| **2.12** | 유지보수 모드 | 136 |
| **2.13** | 일찍 머지하기 | 139 |
| **2.14** | 멀티코어 만티코어 | 143 |
| **2.15** | 이건 제품이 아니야 | 146 |
| **2.16** | 하이젠버그(Heisenbugs) | 150 |
| **2.17** | 나는 당신의 PDF 따위 원치 않습니다 | 154 |
| **2.18** | PIN 코드 관리 | 157 |
| **2.19** | 재부팅 | 160 |
| **2.20** | 코드 스캐너 | 163 |
| **2.21** | 하드웨어 디버깅 | 166 |
| **2.22** | 분별성 vs. 가시성 | 171 |

| CHAPTER 3 | 시스템 디자인 Systems Design | 175 |
|---|---|---|
| **3.1** | 추상화 | 178 |
| **3.2** | 내몰리다 | 184 |

| | | |
|---|---|---|
| **3.3** | 재방문 유도 | 187 |
| **3.4** | 가역적 변경(Changative Changes) | 192 |
| **3.5** | 바늘에 실 꿰기(thread the needle) | 197 |
| **3.6** | 스레드는 여전히 안전하지 않은가? | 200 |
| **3.7** | 인증 vs. 암호화 | 203 |
| **3.8** | 다시 인증으로 | 206 |
| **3.9** | 예시로 보는 인증 | 209 |
| **3.10** | 크로스 사이트 스크립트 | 214 |
| **3.11** | 피싱(phishing)과 감염 | 221 |
| **3.12** | UI 디자인 | 227 |
| **3.13** | 안전한 로그 남기기 | 232 |
| **3.14** | Java | 237 |
| **3.15** | P2P 보안 | 243 |

**CHAPTER 4** **기계에서 기계에게 Machine to Machine** 247

| | | |
|---|---|---|
| **4.1** | 발가락 밟기 | 249 |
| **4.2** | 부족한 포트 | 253 |
| **4.3** | 프로토콜 디자인 | 257 |
| **4.4** | 뭐가 먼저야? | 262 |
| **4.5** | 네트워크 디버깅 | 265 |
| **4.6** | 지연 시간(latency) | 270 |
| **4.7** | 장거리 주행 | 274 |
| **4.8** | 네트워크는 컴퓨터다 | 278 |
| **4.9** | 확장 실패 | 283 |
| **4.10** | 포트 대기열 | 286 |
| **4.11** | 야생의 네트워크 | 290 |
| **4.12** | 의미없는 PKI | 293 |
| **4.13** | 표준 위에 표준 | 296 |

| CHAPTER 5 | | 사람과 사람 Human to Human | 303 |
|---|---|---|---|
| | **5.1** | 오만과... | 305 |
| | **5.2** | 무슨 색깔이게...? | 309 |
| | **5.3** | 깨진 빌드 | 312 |
| | **5.4** | 지능이란? | 317 |
| | **5.5** | 디자인 리뷰 | 321 |
| | **5.6** | 호스트 이름 짓기 | 327 |
| | **5.7** | 면접 진행 | 331 |
| | **5.8** | 미신 | 336 |
| | **5.9** | 구닥다리 코더<sup>Koder</sup> | 339 |
| | **5.10** | 큰 힘에는... | 344 |
| | **5.11** | 편지 | 347 |
| | **5.12** | 티켓에 있어... | 350 |
| | **5.13** | 드라이버와 망치 | 353 |
| | **5.14** | 보안 리뷰 | 356 |
| | **5.15** | 다시 일하기 | 363 |
| | **5.16** | 오픈소스 라이선스 | 366 |
| | **5.17** | 너무 많은 표준들 | 371 |
| | **5.18** | 책들 | 374 |
| | **5.19** | (한 번 더) 책들 | 379 |
| | **5.20** | 최신 정보 유지 | 382 |
| | **5.21** | 마지막 조언 | 385 |

| **색인** | 387 |
|---|---|
| **크레디트** | 395 |

# (Donald E. Knuth. 이하 DK)
# 도널드 E. 커누스의 추천사

친애하는 곤란 씨,

수년간 DK는 Communications of the ACM의 정기 칼럼인 Kode Vicious 의 팬이었습니다. KV는 시의적절한 주제를 다루며, 설명은 위트 있고 우아하기까지 합니다. 인기 없는 견해를 취하는 것에도 망설임이 없죠. 게다가 그는 우리 주변에 뿌려진 수많은 광기를 거침없이 해부하는 것도 마다하지 않습니다.

따라서 DK는 당신에게도 KV를 권합니다. 마침 더 좋은 사실이 있는데, KV가 그의 칼럼들을 모아서 책으로 확장했다는 점입니다. 이 책이야말로 당신이 갈망하던 바로 그 책일 겁니다.

무언가에 집중하는 일이 당신 세대에겐 특히 더 어려운 문제일 겁니다. 종종 열대의 무인도에서 인터넷 없이 시간을 보내는 걸 고려해 보세요. 온화한 날씨와 멋진 숙소가 있는 어딘가로 떠날 때 좋은 기술 서적 한 권과 수많은 연습장, 연필과 지우개를 챙기세요.

정답이 있는 연습 문제로 가득한 전공서가 특히 유용할 겁니다. 만약 당신이 DK의 책 중 하나를 택한다면 KV가 이 책에서 언급한 내용과 같은 경험을 할 수 있겠죠.

여기에 KV의 책도 한 권 가져가면 꼼짝 않고 시간을 더 잘 보낼 수 있을 겁니다.

DK

친애하는 DK,

누군가가 당신이 Kode Vicious가 어디선가 받은 편지에 대한 답신 형태로 작성하는 칼럼의 구독자라고 알려줬습니다.

그런데 제가 그가 받았다는 편지들을 들여다봤더니 내용이 지나치게 완벽합니다. 아무도 제게 편지를 보낼 때 그렇게 요점을 잘 정리해서 편지를 보낸 적이 없습니다.

회의론자

친애하는 회의론자 씨,

사실 그 질문은 DK가 KV와 수년 전 Hackers Conference에서 직접 만났을 때 했던 질문입니다. 그리고 KV는 수줍게 대필로 작성한다는 점을 인정했답니다.

그렇지만 당신도 생각해 보면 질의응답 형식이 타인에게 아이디어를 표현하거나 무언가를 가르칠 때 이상적이라는 것에 동의할 겁니다. DK는 플라톤도 《대화편》을 쓸 때 소크라테스를 대필했으리라 장담합니다.

이런 포맷이 너무 유용해서 DK도 직접 해보고 싶었습니다.

DK

# 서문

까짓 거 죽기밖에 더하겠어?

_ 자주 쓰이는 유언

저 스스로도 마무리 지을 거라 생각지 못했던 Kode Vicious의 첫 번째 책을 택해 주셔서 감사합니다. 저도 제가 잡지에 15년 이상 100회 이상의 기고를 할 줄은 몰랐습니다. 그렇지만 인생은 뒤틀리고 기묘한 것입니다. 특히 동료가 자원봉사를 해줄 희생자를 주변에서 찾을 때 재빠르게 몸을 숨이지 못했다면 말이죠.

"하는 김에 역대 최악의 생각들을 쏟아내 보죠." 이 말이 웬디에게서 나왔고, Kode Vicious는 그렇게 탄생했습니다. "현장감이 있어야 하고, 좀 삐딱해야 하고, 대담[1]해야 할 거 같아요." 초창기 Queue의 구성원 중 저만 대머리에 현장에서 온 사람이었습니다. 저는 그때 이미 십 년 넘게 머리를 삭발해 왔습니다.

2004년의 2월, 저와 Queue의 편집진들은 월간 회의에서 Queue에서 다룰 흥미로운 주제들과 작가들을 발굴해내기 위한 회의를 했습니다. 당시만 해도 잡지의 초기였습니다. 대략 4년째 접어들던 무렵에는 몇 번의 성공적인 발행이 있었지만, 그때까지 정기적으로 칼럼을 기고하는 사람이 없었습니다. 저는 에릭 올먼이 주최한 이사회에 초대되어 그 이후로 몇 편의 글을 기고하게 되었습니다. 제 첫 번째 책을 집필하는 도중에 말이죠. 돌이켜 보면 그때는 저녁에 와인을 너무 마신 탓인지 칼럼니스트가 뭐를 해야 하는지도 모르면서 재밌다고 생각했었네요.

KV의 근간은 제가 꼬마 시절에 엄마와 함께 읽던 주디스 마틴의 칼럼 Miss Manner에서 비롯되었습니다. 저는 그것을 그대로 차용해 몇 편의 글을 적었고, 이건 흥미로운 도전처럼 여겨졌습니다. 그래서 KV의 초기 이름은 Mother Code였고, 이 페르소

---

1. [역주] bald. 대머리를 의미하기도 함.

나를 이용해 우리 편집자들에게 두 편의 글을 기고했습니다.

우린 몇 차례의 캐릭터 콘셉트 회의를 통해 더 좋은 아이디어를 얻을 수 있었습니다. 엄마는 조언이나 비판을 할 때 선을 넘지는 않지만, 거기에는 어떤 확고한 신념 같은 게 있습니다. 엄마의 이미지는 '고집 있고 유연하고 친절한' 조언자였고, 마지막엔 언제나 "구두 닦는 걸 잊지 말렴."이나 "비가 많이 내릴 땐 장화를 신으렴." 같은 그녀만의 독특한 서명도 있었습니다. 물론 이 조언은 우리 독자에게 더 필요한 조언으로 바뀌었습니다. "형상관리에 올리기 전에 빌드되는지부터 확인하렴."처럼 말이죠.

그러나 결국 이 모든 것은 몇 가지 이유로 허사가 되었는데, 가장 큰 이유는 누구든 자기가 되어본 적이 없는 인물로 새로운 글을 쓰는 건 매우 어렵다는 점이었습니다. 두 편 정도까지는 어떻게든 할 수 있지만 한 번도 되어본 적이 없는 사람의 관점으로 여러 편의 글을 쓰는 것은 너무 어려운 일이었습니다. 현실을 직시하자면, 저는 Miss Manner가 될 수 없었습니다.

사실 제가 사용할 페르소나를 끌어내기 위해 많은 시간을 들였습니다. Kode Vicious 가 필명으로 나오기까지 'Code Confidential', 'Code Critic'라든가, 낯부끄럽지만 'Captain Safety', 'Bug Basher', 'Lint Picker'까지 나왔습니다. 'Kid Vicious', 'Code Vicious', 'Vicious Kode'도 후보에 있었습니다만, 'Kode Vicous'가 제일 그럴싸하게 느껴졌습니다.

새로운 이름이 정해져서 캐릭터 스케치도 새로 했습니다.

> 고결한 마음을 지닌 \*\*끼. 언제나 누군가에게 가르침을 주고자 하지만 배우고자 하는 마음이 없다면 빠르게 식는 사람. 누군가가 저녁 식사에 데려올까 봐 걱정되는 섹스 피스톨즈의 티셔츠를 입은 승려. 때론 코를 비틀어서라도 올바른 방법이나 방향 중 하나라도 제시해 주는 사람.

그제서야 저는 달릴 수 있었습니다. Mother Code라는 필명으로 썼던 코딩 표준을 선택하는 글을 다시 다듬어 〈너무 많은 표준들〉을 썼고, 그렇게 칼럼니스트로서의 제 커리어가 시작되었습니다.

만약 Kode Vicous 이면에 있는 작가에게 "정말 동료들을 창 밖으로 집어던지고, 짜증나는 마케팅 부서 사람의 타이어를 펑크내고, 폭음을 일삼으며, 동료를 때리고 질책하는 사람인가요?"라고 묻는다면 대답은 "예" 그리고 "아니오"입니다.

KV는 캐리커처입니다. 제 동료들은 제가 어떻게 그렇게 쉽게 이런 글을 쓸 수 있는지 잘 알 겁니다. 물론, KV는 지킬 박사 내면의 하이드처럼 제가 때때로 되고 싶거나 그렇게 변신해 버리기도 하는 또 다른 인격입니다. 제가 KV가 되고 싶은 때는 어떤 미팅에서 제가 안경을 시끄럽게 벗어 던지고, 손으로 제 대머리를 매만지며, '어떻게 이렇게 멍청할 수 있지?!'라는 생각이 들 때입니다. 만약 당신이 저와 함께 회의에 참여했는데 제가 그런 행동을 하고 있다면, 직전에 말한 사람이 바보라는 뜻으로 이해하면 됩니다. 멍청한 사람들을 치거나 두드려 팬다고 그들이 더 똑똑해지는 건 아니라서 이런 생각들을 KV의 칼럼에 담기 시작했습니다. 덕분에 누군가에게 폭언을 쏟아내면서도 감옥에 가지 않고 그 대신 소정의 수익도 발생하게 되었습니다.

KV가 문학에서 영향을 받았다는 게 좀 이상하게 들릴 수도 있겠지만, 어쨌건 다른 작가들과 마찬가지로 저도 저만의 비평가가 있었습니다. 저의 어머니였죠. 제가 〈표준에 대한 조언(Standards Advice)〉[2]에서 언급했듯 그 분은 매우 엄격한 비평가였습니다. 제가 좋아하는 작가들은 하나같이 엄하고 직설적이며, 인간관계에 뭔가 문제가 있었습니다. 그리고 솔직히 말하자면 KV는 《지옥의 천사들(Hell's Angels)》, 《라스베이거스의 공포와 혐오(Fear and Loathing in Las Vegas)》, 《공포와 혐오: 72년 대통령 선거 유세(Fear and Loathing on the Campaign Trail '72)》라는 뛰어난 세 권의 책을 쓴 헌터 S. 톰슨이 되고 싶은 마음에서 비롯되었습니다. 더 노골적이고 초현실적인 윌리엄 S. 버로스의 책들도 있습니다. 당신이 만약 《네이키드 런치(Naked Lunch)》를 떠올렸다면 저는 웃을 수밖에 없겠네요. 그건 그의 《와일드 보이스(Wild Boys)》에 비하면 애들 동화 같은 거거든요.

또 다른 직접적인 영향은 제가 몸담았던 Queue 그 자체입니다. Queue 편집 회의에 ██해 이슈에서 다룰 내용을 논의하고 기사들을 읽고 리뷰해 준 편집진, 그리고 전 ██ 게스트들과의 15년의 세월은 제 경력에서 가장 멋진 학습 경험이었습니다. 저는 운 좋게도 뛰어난 지성의 소유자들이 살짝 와인에 취해 있을 때 건너편에 앉아 스테이크 나이프를 치켜들고 어떤 아이디어가 흥미로운지 또는 완전히 쓰레기 같은지 지적하며 시간을 보낼 수 있었던 겁니다.

---

2. https://queue.acm.org/detail.cfm?id=1687192

저는 질문과 답변을 제가 모두 작성하느냐는 질문을 여러 번 받아 왔습니다. 사실, 제가 처음 글을 쓸 때만 해도 편지가 없어서 그냥 제가 작성하고 싶은 답변에 맞춰 질문을 작성하곤 했습니다. 처음에는 이런 과정이 매우 어려워서 저는 마감 시간이 임박하기까지 화면을 뚫어져라 노려봐야 했고, 때론 '친애하는 KV' 버퍼에 빠져 아무것도 못하고 있을 때도 있었습니다.(저는 항상 마감 시간 직전이나 시간이 좀 지나서 제출하곤 했습니다.) 그러다가 좋은 트릭을 하나 깨우쳐서 그 이후로 쭉 사용하고 있습니다. 소재가 떨어지면 그대로 소스 코드를 열어 아무거나 읽어 보고, 만약 코드가 잘 작성되어 있다면 이 코드의 좋은 점에 대해 글을 썼고, 반대로 코드가 잘 작성되지 않았다면 제 피가 끓어오를 때까지 잠시 기다리다가 달려들었습니다.

지금 저는 칼럼에 보내진 편지와 제 아이디어들을 전부 사용하고 있습니다. 코드나 프로젝트 중, 아니면 뉴스에서 정말 어리석은 일이 벌어지면 글감으로 쓸 수 있는지 헤아려 본 후 노트에 적어 두곤 합니다.

또한 칼럼 질문란에 공개한 이메일을 통해서도 질문을 받습니다. ACM에선 편지를 보낸 사람들에게 Queue의 장신구를 보내주는 거로 알고 있는데, 아마도 그 분들은 죽는 날까지 그걸 소중하게 여길 거라고 확신합니다. "어떤 게 그런 독자들의 편지에 비롯된 글인가요?"라는 질문에 일일이 답하진 않겠습니다. 그건 제 편집자도 모르니 다음 튜링 디너에서는 뇌물을 줘도 소용 없을 겁니다.

KV는 지난 15년 동안 이 정신 나간 이야기를 ACM Queue와 Communications of the ACM(CACM) 두 잡지에 실어 준 그의 편집자인 짐 마우러 없이는 존재하지 못했을 겁니다. 때론 KV의 완성된 멋진 문장들을 읽다 보면 제가 쓴 건지 짐이 쓴 건지 헷갈릴 때가 있습니다. 저는 짐이 평범한 문장들을 지적이고 흥미로운 글로 바꿔줬다고 봅니다. 이 점에 대해 그에게 깊은 감사를 바칩니다.

저는 이 책을 쓰려고 오랜 시간 계획해 왔습니다만, 당시에는 KV인 상태로 1,500자 이상을 계속 작성해 나가려면 처방전이 필요한 약을 해야 가능할 지경이었습니다. 브루클린에 살기 시작한 이후로는 한 블록만 내려가면 되는 이야기였지만 말이죠. 결과적으로 이 책은 친절한 말로 가득한 도널드 커누스의 추천사와 함께 완성되었습니다. 언젠가 제가 도널드 커누스에게 이 책의 추천사를 써달라고 부탁했던 적이 있는데, 그 이후로 한 컨퍼런스에서 그가 "당신 책을 위해서 멋진 추천사를 썼습니다."라고 말해 주던 그 순간, 저는 이 일을 반드시 마쳐야 함을 깨달았습니다. 그러지 않으면 죄책감이 저를 뭉개 버릴 것 같았거든요.

물론 저는 그동안 꾸준히 칼럼을 작성해 왔습니다. 저의 글은 분노에서 비롯되고, 분노는 제가 잘하는 것이라서요. 분노는 또한 어두운 면이 있고, 어두운 면은 쿠키를 부릅니다. 그리고 마침내 이 책이 나왔습니다. 이 책을 쓰는 데 들인 분노로 인해 재활에 시간이 얼마나 걸릴지는 아직 모르겠습니다.

조지 V. 네빌−닐

*aka KV*

뉴욕, 브루클린에서

2020년 6월 30일

# 감사의 말

이 책을 출판하는 건 쉬운 일이 아니었습니다. 이 자리를 빌어 저의 악몽을 그보다 나은 현실로 다듬어 준 Pearson 편집 팀에 감사를 표하고 싶습니다. 편집자 데브라 윌리엄스 콜리는 이 프로젝트를 맡을 만큼 친절했습니다. 저는 커피를 마시고 그녀는 차를 마시면서, 그녀는 저의 경솔한 생각을 항상 경청해 주었습니다. 제품 편집자인 줄리 나힐과 제작 편집자인 크리스 잔 덕에 지금 당신의 손에 쥐어진 멋진 책이나 전자책 리더기에서 이 책을 볼 수 있는 겁니다.

톰 레러는 그의 노래 〈로바쳅스키(Lobachevsky)〉를 표절을 다룬 글의 서두에 사용하는 걸 허락할 만큼 친절했습니다.

에릭 올먼과 커크 맥쿠식은 이 책의 전체 내용을 리뷰해 줬습니다. 이 말은 제가 이들에게 적어도 근사한 식사 몇 끼를 빚지고 있다는 걸 의미합니다. 이들의 의견과 조언은 제가 바른 길을 가고 있는지 또는 엉뚱한 곳을 향하고 있는 건 아닌지 헤매고 있을 때 헤아릴 수 없을 정도로 큰 도움이 되었습니다.

맷 슬레이보는 그의 조사와 우수한 ACM 디지털 도서관 기술을 통해 이 작업에 필요한 내용들을 찾는 데 중요한 역할을 했습니다.

짐 모러는 제가 ACM Queue에서 Kode Vicious 칼럼을 쓰는 내내 저의 편집자였습니다. 그는 저를 위해 15년 이상 일정을 잡아왔는데, 이건 정말 엄청난 일입니다. 제가 일본에 살았을 때 저는 항상 그보다 하루 더 빠른 시간을 살고 있어서 마감 일정 가지고 거짓말을 할 수 있었습니다. 짐이야말로 저의 불평을 감내해 주고, 저의 불평들이 실제 독자들에게 더욱 흥미롭고 읽을 만한 글로 탈바꿈하는 데 일조한 사람입니다. 저와 저의 분신인 KV 모두 지난 몇 년 동안 그에게 큰 빚을 졌습니다.

저의 남편 카즈 센주는 제가 KV를 집필하기 훨씬 더 오래 전부터 제 지킬 박사와 하이드의 삶을 함께해 왔습니다. 그는 거의 23년 동안 저와 제 분신을 우아하게 참아왔습니다. 그의 사랑이 없었다면 지금껏 제가 이룬 창의적인 일들은 불가능했을 겁니다.

# 역자의 말

이 책은 개발에 관련된 폭넓은 주제를 다루는 저자의 칼럼 모음집입니다. 아주 옛날부터 오늘날의 이야기까지 시대를 아우르며, 코드부터 사람 사이의 관계에 이르기까지 다양한 주제를 다룹니다.

컴퓨터의 등장 이후로 여태까지 수많은 문제들이 망령처럼 우리 주변을 맴돌고 있습니다. 왜 그런 걸까요? 왜 수단과 방법만 옮겨가고 문제들은 그대로 우리 곁에서 맴도는 걸까요? 그 이유는 바로 우리가 여전히 올바르지 못한 방법으로 코드를 작성하고 있기 때문입니다. 특정 방법론을 잘 따르면 된다고 말하는 분들이 업계에 있는 거 잘 압니다. 그렇다면 그 특정 방법론이 오랜 세월 동안 왜 잘 안 지켜질까요? 잘 지켜진 사례가 정말 있기는 할까요? 혹시 어딘가에서 묵묵히 불합리를 감수하고 초과 근무하는 개발자들이 여럿 있던 게 아닐까요? 저의 증거 없는 가설이니 무시하셔도 좋습니다.(만약 당신도 저와 같은 생각이라면 이제 우리 둘만의 가설입니다.)

저자의 페르소나인 KV는 성깔 있는 조언가입니다. 번역하는 내내 그의 페르소나가 저와 함께하며 끊임없이 우려와 분노를 표출했습니다. 개발이라는 제 생업에서 벌어지는 순간순간을 KV가 다루는 내용들과 비교하며 바라본 경험은 '연옥'과 '지옥'의 재발견이었지만, 스스로 성장하는 중요한 계기이기도 했습니다. 이를 통해 제가 내리게 된 결론은 다음과 같습니다. "이 문제들은 전혀 새로울 것이 없으며, 잘못된 방법을 택했기 때문에 벌어지는 일이다."라고요. 그렇지만 오해는 말길 바랍니다. 우리 개발자, 코더들은 새로운 것을 쫓아다니는 불나방 같은 숙명을 지니고 있습니다. 문제가 새로울 게 없다는 것이지, 그것들을 해결코자 하는 다양한 수단과 방법을 외면해서는 구닥다리로 전락하기 십상입니다. "한 문장에 꽂히지 마세요."

이 책은 개발 업계 종사자들에겐 매우 재미있는 이야기입니다. 술 한잔 곁들여가면서 하면 이 책에서 다루는 주제들로 밤새도록 이야기할 수 있을 겁니다. KV는 마침내 제 손끝에서 떠나갔지만 저는 이제 KV의 시선과 생각을 느끼며 이 업계를 살아갑니다. 이 성깔 있는 조언자를 여러분에게 소개시켜 드리게 되어 영광이며, 끝으로 이 책이 세상에 나오는 데 도움을 주신 관계자 분들과 사랑하는 가족에게 감사의 말씀을 전합니다. 감사합니다. 그리고 탈모 조심하세요.

황건구

# 저자 및 역자 소개

## 저자 소개

### 조지 V. 네빌-닐

보안, 네트워크, 운영체제를 해킹하고, 글을 쓰고, 학생들을 가르치고, 현업자의 문제에 대한 컨설팅을 하고 있다. 2004년부터 ACM Queue와 Communications of the ACM의 정기 칼럼인 Kode Vicious를 써 온 그는 FreeBSD 재단의 이사이자, ACM Queue의 편집진이며, Usenix 협회, ACM, IEEE의 회원이기도 하다.

조지는 마샬 커크 맥쿠식, 로버트 N. M. 왓슨과 함께 《FreeBSD 운영체제 설계 및 구현, 개정2판(The Design and Implementation of the FreeBSD Operating System, Second Edition)》의 공동 저자이다. 그는 매사추세츠 주 보스턴의 노스이스턴 대학에서 컴퓨터 공학 학위를 받았다. 컴퓨터 및 오픈소스 프로젝트에 기여하는 것 외에도 열성적인 여행자로서 일본어, 프랑스어, 네덜란드어, 약간의 북경어를 포함한 다양한 언어를 구사하기도 하며, 자전거 타기도 즐긴다. 조지는 현재 뉴욕 브루클린에 살고 있지만, 그의 일상의 1/3 정도는 다양한 프로젝트를 위해 출장을 다니며 보내고 있다.

## 역자 소개

### 황건구

한국 IBM에서 커리어를 시작해 지금은 LINE Plus에서 해외 서비스를 개발 중이다. ERP와 같은 내부 시스템부터 커머스의 다양한 업무 영역에서 개발과 운영을 경험해 왔다. 이 경험들을 안 물어봐도 안 궁금해 할지라도 공유하는 일을 여전히 멈추지 않고 있다. 지금은 시스템을 사람으로 비유하며 그들 간의 의사소통이 어떻게 이루어져야 하는지 설파하고 있다.

# 베타 리더의 말

분노 조절을 잘하는 프로그래머는 퇴근 후에 무엇을 할까요? 뭘 하긴요, 독설을 어딘 가에 쏟아내지 않고서는 살 수가 없습니다. 이메일의 임시 보관함에는 보내지 못한 메일이 수백 개 쌓여 있고, SNS에는 나만 보는 글 수백 편이 있으며, 이죽거리고 비아냥대느라 타자친 손가락 끝이 봉숭아 꽃잎 물든 것처럼 빨갛게 달아올라 있을 겁니다. 봉숭아 꽃잎을 모른다고요? 안타깝게도, 이 정도 경험은 했던 사람이어야 이 책을 이해할 수 있을 것입니다.

엔지니어링은 현실의 문제를 기술로 푸는 행위입니다. 학창 시절 친구들의 수학 문제 풀이를 떠올려 보면, 다 같은 정답이라도 모두가 이해하기 쉽게 푸는 친구도 있고 유난히 글씨체가 좋아서 어려운 풀이도 잘 읽히게 하는 친구도 있었습니다. 심지어 틀렸지만 그 안에서의 고민은 읽을 수 있을 정도로 정갈하게 기록해 놓은 친구도 있었습니다. 이런 게 풀이를 보는 사람에게 분명 더 나은 경험이겠지만, 우리는 그 어디서도 이것을 세심하게 배우지 못했습니다. 좋다는 건 알지만 왜 좋은지, 그 좋은 감각이 만들어지기까지 선험자들의 시행착오는 무엇이었는지는 명문화되어 있지 않아서 단순히 좋다는 인상에 머물러 있는 경우가 많았습니다. 그렇게 작지만 좋았던 경험들이 온전한 지식으로 자리 잡지 못한 채 학창 시절은 끝나버렸습니다. 그때 누군가가 조근조근 잘 설명해 줬으면 좋았을 텐데 말이죠.

그런 과거의 경험과 다르게 이 책은 특정 기술에 국한되지 않은 수많은 프로그래밍 팁과 센스를 자세하게 가르쳐 주고 있습니다. 예를 들어, 로그의 첫 번째 열은 타임스탬프라는 것입니다. 언어와 프레임워크가 무엇이든 이런 지식은 그리 명문화되어 있지 않습니다. 암묵적인 규칙에 가까운 경우도 있죠. 저자는 경험에 근거한 지식을 듬뿍 담았는데, 그것을 팁이나 센스라고 표현하는 대신 '스타일'이라고 말하고 있습니다. 하지만 단순히 스타일이나 스타일리시한 프로그래밍을 알려 주는 게 아니라 각 주제를 더욱 심도 있게 다루고 있습니다. 여러분도 그 깊이감을 함께 느낄 수 있었으면 좋겠습니다.

이 책은 쉽게 읽히고 재미있습니다. 본인의 경험에 따라 재미가 비례할 거라고 봅니다. 임베디드 시스템을 만들어 봤다면 임베디드 예시를 읽을 때 꽤 재미있을 것이고, C++부터 Java, Python까지 고르게 경험했다면 그 언어들을 비교하거나 비평하는 글을 읽을 때 더욱 재미있을 것입니다. 또 예산과 싸워왔던 프로젝트 매니저에게도 각별하게 느껴질 내용이 있습니다. 책 한 권 안에서 참 다양한 각도의 엔지니어링 경험과 지식을 다루는데, 그런 저자 특유의 조언과 풍자, 비아냥이 뒤섞인 말투를 매끈한 번역의 기교로 읽는 것이 또 하나의 재미입니다.

궁극적으로 작가가 독자들에게 기대하는 모습은 선험자들의 시행착오를 자신의 상식으로 품으면서, 만드는 코드와 산출물에 배려심이 묻어 있는 프로그래머로 성장하는 것입니다. 여러분이 이 책을 완독한 후 센스가 좋고 협업력도 좋다는 인상을 주는 프로그래머로 발전할 수 있기를 바라겠습니다.

**김영재 (LINE 개발센터장)**

이 책은 개발과 관련된 노하우를 접할 수 있는 좋은 책입니다. 실제로 책에 소개된 사례들 중에는 제가 직접 겪었던 일들도 담겨 있었습니다. '동서고금을 막론하고'라는 말처럼 이 책을 읽다 보면 외국에서 벌어지는 일들이 우리 주위에서도 벌어지고 있다는 것, 그리고 그때와 지금의 문제가 다를 바 없다는 것을 체감하게 됩니다. 이 책에 나오는 여러 가지 재미있는 사례들을 자신의 경험과 비교하며 생각해 볼 수 있고, 거기에 잘못된 고정관념이 있다면 그것을 버리고 사고를 한층 더 확장해 나갈 수 있습니다. 이런 경험을 해보고 싶은 개발자들에게 추천하는 책입니다!

**정명성 (LINE Plus 개발자)**

이제는 고전이 되어 버린 《조엘 온 소프트웨어》를 다시 읽는 기분이었습니다. 소프트웨어 개발이라는 일을 시작하면서 겪어 온 문제 또는 떠오르는 질문들에 대한 정답 또는 조언들이 잘 쓰여져 있습니다. 물론 저자의 생각에 동의하지 못 하는 부분이 있을 수도 있습니다. 그렇지만 해당 주제에 대한 공부나 토론의 시작으로 삼을 수도 있을 겁니다. 우리는 책을 통해 앞선 선배들의 지식과 경험을 시간 낭비 없이 빠르게 습득할 수 있습니다. 이 책이 조금 더 일찍 나왔으면 하는 아쉬운 생각이 듭니다.

**황용대 (카카오 T 개발자)**

프로덕트 매니저로 일하는 저에게 개발이란 프로그래밍을 업으로 삼는 사람들을 이해하기 위한 일종의 수단인 한편, 건널 수 없는 강과도 같습니다. 그래서 처음 이 책의 리뷰를 부탁 받았을 때 끝까지 읽을 수 있을까 걱정하기는커녕 시작이라도 할 수 있을까 하는 걱정이 앞섰던 것 같습니다. 물론 프로덕트 매니저는 이 책을 완전히 이해할 수 없습니다. 개발자가 아니기 때문이지요. 그럼에도 불구하고 저와 같은 분들에게 일독을 권하는 이유는, 이 책이 개발만 이야기하는 책이 아니라 개발을 하는 사람들에 대해 이야기하는 책이기 때문입니다. 이 책은 '개발'이라는 베일에 싸여 있는 개발자를 동료로서 이해할 수 있게 하고, '동료'를 넘어 사람 대 사람으로서 이해할 수 있게 도와줍니다. 그동안 다른 PM이나 기획자 분들이 개발을 배워야 개발자와 소통할 수 있을 것 같다고 하실 때마다 저는 개발보다는 사람을 이해하는 게 더 먼저라고 말씀드리곤 했는데요, 이제는 이 책을 추천드리면 될 것 같다는 생각이 듭니다.

**강미경 (우아한형제들 프로덕트 매니저)**

개발자로 경력을 쌓아 오며 늘 프로그래밍과 관련된 책을 읽고 공부해 오고 있지만 이런 종류의 책은 드물다고 생각합니다. 그럴 수밖에 없을 것입니다. 유머, 프로그래밍, 교훈이라는 세 집합의 교집합에 해당하는 책은 흔하지 않을 테니까요. 저는 이 책을 제 책꽂이의 에릭 레이몬드의 《새로운 해커 사전(The New Hacker's Dictionary)》과 에릭 브레히너의 《HARD CODE》 옆에 꽂아 두려 합니다. 이 책들은 제가 가끔 심심할 때나 잠이 안 올 때 뽑아서 아무 곳이나 펼쳐서 읽곤 하는 책들입니다. 집중해서 읽지 않아도 눈에 잘 들어오고, 대체로 피식피식 웃으며 읽을 수 있으면서도 가끔은 바늘에 찔린 것처럼 따끔하게 정신을 차리게 해 줍니다. 무언가를 새롭게 공부할 수 있게 하는 실마리를 얻게 되기도 하고요. 좋은 책을 번역해 주신 황건구 님과 영진닷컴에 감사드립니다.

**이종립 (그린랩스 개발자)**

---

일러두기

- 국내에 출간된 작품은 한국어판 제목으로, 국내에 출간되지 않은 작품은 원서명을 병기했습니다.
- 본문의 주석 중 번역자가 작성한 주석에는 역주를 삽입했습니다.
- 색인은 원서 형식을 반영하여 단어 및 주제 색인으로 작성했습니다.

---

# 손 안의 코드
## The Kode at Hand

소프트웨어 막장에 오신 것을 환영합니다.

– 출처 미상

때론 여러분은 몇 시간 동안 같은 코드를 들여다보고 있어도 이해도 안 되고 한 발짝도 나아가지 못할 수도 있습니다. 그게 파일 전체의 코드이건, 단 한 줄이 건, 여러분이 만지는 코드를 어떻게 최고로 만들지가 머리에서 떠나지 않게 됩니다. 여러분에게 전달된 그것이 푸른 초원이든 낡은 광산이든 모쪼록 치우고 고쳐야 합니다.

광범위하게 말하자면, 코드를 손 안에서 쥐락펴락하기 위해서는 두 가지 중요한 점을 고려해야 합니다. 바로 스타일과 본질입니다. 많은 사람들이 코딩 스타일은 한 가지로 통일해야 한다고 입이 닳도록 말하지만 종이를 오려 만든 협박장의 단어들처럼 새로운 코더들이 작업한 코드 라인들마다 그들이 선호하는 독특한 스타일로 작성되어 있습니다. 뭐, 그럴 수 있죠. 근데 생각할수록 분노가 치미네요. 저는 여러분이 탭 파인지 스페이스 파인지 신경 쓰지 않습니다. 그 냥 일관성 있게 쓰세요! 우리는 눈으로 코드를 이해하니 우리 눈이 코드를 어떻게 받아들이고 정보를 처리하는지에 세심한 주의를 기울여야 합니다. 일정한 네이밍 컨벤션에 따르지 않고 닥치는 대로 지은 이름들, 허접한 배치의 코드는 버그를 생성하는 레시피일 뿐입니다. 왜냐면 우리 눈은 앞에 토사물 같은 코드가 있으면 재빨리 회피하려 들거든요. 중요한 사항을 놓치는 경우가 있는데, 그것들은 대개 일관성만 지켜졌으면 발생하지 않았을 상황입니다. 코딩 스타일에서 최소한 변수명과 들여쓰기에 관한 규칙은 반드시 통일시켜야 합니다. 명명법에 따라 함수와 변수의 이름을 어떻게 지을지가 정해집니다. 가령, Go와 같은 언어에서는 명명법이 언어 자체와 호환성이 있어야 해서 여러분의 작업물이 개발 언어와 호환성이 있는지도 봐야 합니다. 카멜 케이스(CamelCase)를 선호하나요? 그렇다면 모든 곳에 쓰세요. 명사–동사를 연결하는 건 어떤가요? 이를테면 fileOpen()과 같은 함수명은요? 조금 더 허용해서 fileOpen(), file_open() 또는 open_file()이어도 상관없습니다. 그 대신 동일한 시스템을 사용하는 한, 한 번 정한 체계가 있다면 모든 코드에 구석구석 빠짐없이 일관되게 써야 합니다. fileOpen(), closeFile()을 같은 코드베이스에서 사용하는 건 당연히 허용되지 않습니다.

들여쓰기 또한 다양한 배경을 지닌 코더$^{Koder}$들 사이에서 가장 일반적이며, 멍청한 싸움을 불러일으킬 수 있습니다. Python은 거기에 더해 아예 프로그래머들이 들여쓰기에 대해서 취향을 주장할 수 없게 합니다. 들여쓰기가 언어 차원에서 강제되는 것이죠. 그렇지만 Python이 아닌 대부분의 언어에서 들여쓰기는 두 칸 띄어쓰기 vs. 네 칸 띄어쓰기 vs. 탭(때론 여덟 칸 띄어쓰기)와 같은 종교 전쟁으로 번집니다. KV는 이 세 가지 방법 모두로 코드$^{Kode}$를 짜봤으며, 개인적으로 네 칸 띄어쓰기를 선호합니다. 네 칸 띄어쓰기는 깊이 중첩된 함수라도 편집기 창의 오른쪽에서 벗어나지 않고도 충분히 분명하게 구별할 수 있습니다. KV가 유일하게 싫어하는 들여쓰기 방법은 두 칸 띄어쓰기밖에 없는데, 그가 지닌 가장 좋은 안경을 써도 코드 블록이 어디서 시작하는지 놓치기 십상이기 때문입니다.

잘 정립된 스타일이 있을 때 코드의 본질을 생각할 기회가 주어집니다. 이것이 실제로 무엇을 할 것인지, 원래 주어진 목표를 어떻게 달성할지 같은 것들 말입니다. 코딩의 핵심은 정확성, 간결성, 그리고 조합성이라는 세 가지 카테고리로 구분됩니다.

당연하게도, 코드 조각들은 정확해야 하며(만약 그렇지 않다면 여러분은 버그를 갖고 있는 겁니다.) 코드 조각의 옳고 그름을 판단하는 것은 여러분이 옳은 방향으로 나아가고 있는지 판단하는 데 매우 중요한 부분을 차지합니다. 지나치게 긴 함수나 한곳에서 너무 많은 일을 하려고 하는 함수는 코드 조각의 정확성을 판단하기 훨씬 어렵게 만듭니다. 데이터의 모든 시시콜콜한 변환 함수를 만드는 경향도 마찬가지입니다. 이런 경향은 알아보기 힘든 유사한 이름의 함수를 수백 개 만들어 냅니다.

앞에서 말한 지나치게 길거나 짧은 함수에 대한 논의는 우리를 코드의 간결성으로 이끕니다. 간결한 코드는 미래의 여러분이나 또 다른 프로그래머가 문제의 함수보다 긴 문서를 여러 번 뒤적이지 않고도 이해할 수 있습니다. 저는 모든 함수를 보는 족족 이해하길 기대하진 않지만, 그렇다고 해서 전체적인 의도를 파악하려고 함수를 읽는 데 15분 이상 걸리는 걸 흔쾌히 받아들일 수 있다는 것은 아닙니다. 이에 대한 정반대의 사례는 BSD 기반 운영체제에서 볼 수 있는 초기 버전의 tcp_output()과 tcp_input() 함수들에서 찾을 수 있습니다. 이 웃지 못할 함수들은 길고, 고문에 가까우며, 너무 복잡해서 한두 번, 아니 다섯 번을 봐도 이해하는 게 불가능할 정도였습니다. 이 함수들은 어찌나 복잡한지 단순히 그것들을 간결하고 다루기 쉽도록 나누기 위해 수개월에 달하는 프로젝트가 착수되기도 했습니다. 이런 말이 있습니다. "작성하기가 어렵다면, 이해하기도 어렵다." 이 말은 우리가 진정으로 추구하는 방향을 역으로 뒤집은 것입니다. 다루기 어려운 개념이 있을 때 그것들을 잘게 쪼개면 이해하기도 쉬워지고 자동화를 할 수 있게 됩니다. 자동화는 컴퓨터 공학의 목표이기도 하며, 그것의 근간이 되는 코딩<sup>Koding</sup>에서부터 목표로 하고 있는 사항입니다. 간결한 함수는 적절한 단 하나의 연산이나 변환만을 다룰 때, 최상의 경우에는 재사용할 수 있게 됩니다. 그리고 이는 앞서 언급한 마지막 개념인 조합성으로 우리를 이끌어 줍니다.

크고 거추장스러운 함수는 올바른지 검증하기 어려울 뿐만 아니라 단순하게 이해하기도 어렵고, 조금 더 큰 시스템에 포함시키는 것은 불가능에 가깝습니다. 이 부분이야말로 모든 소프트웨어 엔지니어링의 핵심입니다. 그렇지만 여전히 하나의 main() 함수 안에 필요한 모든 기능을 넣어 거대한 시스템을 만들 수는 있습니다.(이것이 끔찍한 아이디어라는 건 역사적으로 증명되었습니다.) 모든 시스템과 소프트웨어는 하나의 체계로, 이것들은 모두 부품들(components)의 조합으로 이루어져 있습니다. 좋은 부품이라는 것은 다른 부품들과 함께 잘 돌아가는 것을 의미합니다. 우리가 책상을 만든다고 상상해 보세요. 밖으로 나가 큰 나무를 찾고, 그것을 베고, 조각하여 가장 아름다운 책상을 만들어 낼 수 있습니다. 수제로 만들어진 이 책상은 사포질도 잘 되었고, 표면 마감, 바니쉬 처리까지 되었습니다. 수년 동안 이 책상이 기능을 잘 수행해 준 덕분에 우리는 책상 앞에 앉아서 과거 우리의 장인 정신에 대해 경의를 표하는 글을 쓸 수 있었습니다. 그러던 어느 날 책상의 일부가 부서져 수리가 필요하게 되었습니다.

우리가 만약 재사용 가능한 부품들로 책상을 만들었다면 이런 수리는 크게 어려운 작업이 아닐 겁니다. 예를 들어, 오래 쓰다 보니 한쪽 다리가 부러지거나 흔들거린다고 해도 그건 다리만 교체하면 되는 문제이겠죠. 그렇지만 우리가 앞서 만든 책상은 나무 하나를 통으로 만든 것입니다. 이것이 처음에 얼마나 아름다웠을지는 몰라도 유지보수는 불가능합니다. 좋은 소프트웨어의 핵심은 적응성과 확장성이 있으며, 여러분이 만든 것을 수리할 수 있어야 한다는 것입니다. 시스템은 변하고 전제조건도 바뀝니다. 따라서 여러분의 소프트웨어가 조합하기 쉽게 만들어진 게 아니라면, 이는 적응성도 없고 확장성도 없으며 수리도 불가능하다는 말이 됩니다.

이번 장은 화면 속 코드를 외면할 수 없는 남다르고 절실한 코더<sup>Koder</sup>들이 이를 어떻게 해야 할지 다룹니다. 여기서 우리는 스타일과 본질에 대한 두 가지 주제로 논의합니다. KV의 답신을 읽은 독자들이 올바른 스타일과 우아함을 동시에 지닌 시스템을 만들기를 기대합니다.

# 1.1 자원 관리

데이터는 저장소의 용량이 허용하는 만큼 계속 확장한다.

— 파킨슨의 데이터 법칙

소프트웨어 개발에서 끝나지 않는 논쟁 중 하나로 '특정 작업을 처리하는 데 필요한 메모리 사용량은 어느 정도가 적절한가'가 있습니다. 초기 코더$^{Koder}$들은 매우 제한된 메모리를 지닌 기계를 사용했습니다. 킬로바이트(KB) 또는 수백 바이트 단위 메모리를 사용했던 초기 컴퓨터 시절에는 이 효율성을 가지고 경쟁하는 경우가 많았습니다. 컴퓨터 메모리를 더욱 저렴하고 풍부하게 만들어 준 무어의 법칙(Moore's law)의 영향으로, 대부분의 프로그래머가 이러한 메모리 제약으로부터 해방되었습니다. 가상 메모리 시스템과 프로세스 모델, 메모리가 어떻게 할당되고 쓰이는지를 감추는 프로그래밍 언어들이 등장함에 따라 프로그래머들은 점차 그들의 프로그램에 사용되는 자원에 대해 깊이 고려하지 않게 되었습니다. 프로그래머가 메모리 관리의 핵심에서 멀어짐으로써 장점과 단점이 생겼습니다. 장점으로는, 프로그래머들이 메모리 낭비에 대한 걱정을 하지 않게 됨으로써 더 빠르게 더 많은 기능을 생산할 수 있게 되었다는 것이 있습니다. 그러나 모든 자원은 결국 한계가 있는 법이기에 그로 인한 단점들도 생겨났습니다. 자원 낭비는 현실의 자원 낭비처럼 실제로 안 좋은 결과를 일으킵니다. 메모리가 한없이 저렴해져도 낭비하면 결국에는 고갈될 겁니다. 그렇다면 질문은 '그 다음에는 어떻게 해야 하는가'입니다. 만약 여지껏 메모리가 부족했던 경험이 없었다면 여러분들은 초기 코더$^{Koder}$들처럼 한번 고생을 통해 배워 봐야 할 겁니다.

친애하는 KV,

저는 지금 고성능 고사양의 네트워크 카드의 디바이스 드라이버를 자원 할당 문제로 다시 작업하고 있습니다. 이 장치는 여러 개의 네트워크 포트로 구성되어 있는데, 이것들이 평소에 모두 쓰이지는 않습니다. 사실, 대부분의 고객은 그냥 사용 가능한 포트 하나만 씁니다. 관리자 화면을 불러올 때마다 할당을 처리하는 대신 장치 드라이버가 시스템에 처음 로드될 때 몇 개가 활성화되는지 상관없이 모든 포트에 자원을 할당할 수 있다면 드라이버에 들어가는 로직 처리는 매우 간소화됩니다. 이 장치는 복잡하고 리소스 할당이 단순하지 않다는 점도 짚고 싶은데요, 빠른 동적 메모리 할당이나 포인터를 가지고 왔다 갔다 하는 식의 구성이 내부적으로 많이 있습니다.

제가 지금 이야기하는 건 오늘날 표준이 된 엄청난 메모리가 아니라 포트당 메가바이트(MB) 정도입니다. 그런데도 이 메모리 낭비처럼 사소한 자원 낭비가 실제로 버려지는 자원이란 사실이 저의 마음을 괴롭게 합니다. 저는 64KB RAM이 장착된 8비트 컴퓨터를 기억하고 있을 만큼 나이가 들었고, 그 시절의 프로그래밍은 제게 1MB는 고사하고 1바이트도 낭비하지 않겠다는 내적 동기부여의 계기가 되었습니다. 코드 복잡성을 줄이기 위해 메모리를 낭비해도 괜찮은 경우는 어떨 때일까요?

근심 가득한 발걸음

친애하는 발걸음 씨,

당신의 질문에 대한 해답은 쉽습니다. 때론 낭비될 걸 알면서도 메모리를 할당해도 괜찮지만, 어떤 때는 그와 같은 양의 메모리라 할지라도 괜찮지 않을 수 있습니다. 아, 어딘가에서 흑백논리와 참·거짓에 빠진 개발자들의 비명이 들려오는 거 같아서 짜릿하네요.

소프트웨어 엔지니어링에서 당신과 저에게 한없는 좌절감을 안겨주는 부분이 트레이드오프를 알아가는 과정입니다. '시간 vs. 복잡도', '임기응변 vs. 품질' 이런 것들에 대한 거래는 일상적으로 벌어지고 있습니다. 엔지니어들이 그들이 당시에 가정했던 사항들을 매년 또는 격년 주기로 다시 살펴보는 것은 중요합니다. 우리가 작업하고 있는 시스템은 매우 빠르게 변화하니까요.

본인이 사용하는 시스템에 주의를 기울이는 개발자들은(이 책의 독자들은 한 명도 빠짐없이 이미 주의를 기울이고 있다는 걸 저는 알고 있습니다.) 시스템이 5년 사이에 극적으로 바뀐 걸 보았을 것입니다. 그리고 이런 사실은 그 5년 전에도, 또 그 5년 전에도, 계속 거슬러 올라가 컴퓨터가 처음 등장한 시절부터 쭉 그래왔습니다. 프로세서의 클럭 속도 성장이 순간적으로 멈춘 듯 보이지만(그 순간이 얼마나 오래갈지는 두고 보죠.) 메모리 사이즈는 지속적으로 성장해 왔습니다. 이제는 단일 서버가 64 내지 128GB RAM인 것을 심심찮게 볼 수 있게 되었고, 이러한 사용 가능한 메모리의 폭발적인 증가는 매우 열악한 프로그래밍 관행으로 이어졌습니다.

메모리 같은 자원을 아무런 자각 없이 낭비하는 건 당연히 어리석은 행동입니다. 이번 경우는 엔지니어링 관점의 트레이드오프조차 아닙니다. 프로그래머가 그들이 사용하는 장치가 그냥 동작만 하면 된다고 생각한다면 그건 프로그래밍이 아닙니다. 그런 건 그저 타이핑에 불과한 겁니다. 소프트웨어 엔지니어가 좋은 의자에 앉고 비싼 급여를 받는 이유는 그들이 자원 낭비를 원치 않는 이들이기 때문입니다. 따라서 그들은 최고, 최악의 시나리오로 시스템의 다른 사용자들에게 줄 영향에 대해서 알아내야 합니다. 대부분의 상황에서 여기서 말하는 사용자는 실제 사람이 아니라 대부분 다른 프로그램들을 의미합니다. 그렇지만 우린 메모리가 고갈되어서 두 번째 저장소로 스왑을 할 경우 시스템에서 어떤 일이 벌어지는지 알아야 합니다. 그래요, DevOps 부서 사람이 새벽 3시쯤에 고함을 지르며 당신에게 전화를 걸 겁니다. 그때 당신이 잠들지 않았다면 다행이겠죠. 잠들었다고 해도 잠에서 깨면 그만일 테지만 만약 당신이 술에 절어 고주망태가 되어 있거나 어디로 떠나 있다면 얘기가 달라집니다. 사실 콘서트장이 아니라면 누군가가 고함지르는 상황은 대개 재밌는 경우는 아닙니다.

당신은 이 소프트웨어가 '고성능' 장치를 위한 것이라고 했는데, 이게 일반적인 64비트 서버급의 기기라고 가정한다면, 실제로 1MB건 4MB건 8MB건 아무도 모를 겁니다. 고성능 서버급의 기기들은 아무리 못해도 4GB 미만의 RAM을 가지는 경우가 거의 없기 때문입니다. 설령 당신이 4MB로 시스템 기동 시 메모리를 할당한다고 해도, 이는 전체 가용 메모리의 고작 1/1000에 가깝습니다. Java로 코드를 짜는 사람 같은 경우에는 그들의 스레드를 기동시키는 것만으로도 그것보다 더한 메모리를 가져갑니다. 그런데도 전체 메모리의 1/1000도 안 되는 것에 당신이 걱정할 필요가 있을까요?

만약 당신이 작업하는 드라이버가 매우 한정된 메모리의 임베디드 장치를 위한 것이라면 저는 다른 조언을 했을 겁니다. 아마 그 기기가 4GB 미만의 메모리를 보유했다면 말이죠. 그렇지만 다시 말하자면, 요새는 단순 전화기나 태블릿도 그것보단 더 많은 메모리를 보유하고 있습니다.

사람들은 종종 "낭비가 없으면 부족할 것도 없다."라고 말하는데, 이는 대부분 옳습니다. 하지만 지나친 절제로 인해 자린고비가 되지 않게 하는 것 또한 중요합니다.

KV

# 1.2 크고 아름다운 메모리

누구도 640K 이상의 RAM이 필요하지 않다.

– 빌 게이츠가 주장하고, 철회한 말

제가 Kode Vicious로 글을 써 온 수년 동안 컴퓨터의 일반적인 RAM 크기는 메가바이트(MB)에서 기가바이트(GB)로 바뀌었고 하드 디스크는 테라바이트(TB)까지 증가했지만, 우린 아직도 처리하려는 데이터에 비해 충분한 용량이 아니라고 생각하고 있습니다. 저희 할머니께서 종종 "바다는 메워도 사람 욕심은 못 메운다."라고 하시던 게 기억나네요. RAM에 관한 이야기는 아니었지만, 여기서 저는 우리가 용량을 얼마나 많이 갖게 되든 그보다 더 필요하겠다는 생각이 듭니다. 안 그런가요?

이러한 경향에 적극 합류하고 싶지만, 임베디드 시스템과 함께 성장한 Internet of Terror(IoT)의 출현으로 이 부분도 주류에 가까워진 탓에 둘 다 고려해야 합니다. 예전에는 비행기, 기차 및 자동차용 시스템을 구축하는 임베디드 컴퓨팅 분야에서 일하는 소수의 전문가들만 작은 메모리를 들여다봐야 했습니다. 비록 IoT로 칭해지는 대상들에게 RAM과 관련된 사항들은 옛날의 임베디드 시스템들과 밀접하지만, 그외의 나머지는 사촌 격인 데이터 센터에 위치한 서버들에게 맡깁니다. 이 서버들의 메모리는 MB 단위에서 몇 GB 정도로 어림잡을 수 있습니다. 값싼 컴퓨팅 장치가 계속 확산됨에 따라 새로운 세대의 코더$^{Koder}$들은 다시 메모리라는 귀중한 자원을 인식하고 효율적으로 작업하는 방법을 반드시 배워야 합니다.

*친애하는* KV,

저는 Java로 작성된 대규모 프로그램을 관리하고 있습니다. 그런데 메모리가 부족하다는 이유로 재시작해 달라는 요청을 대응하는 데 대부분의 시간을 보내고 있어요. 저는 이게 자바 가상 머신(JVM, Java Virtual Machine)의 이슈라고 생각합니다. 저는 그저 이것을 이용해서 프로그램을 사용하는 것이고요. 그렇지만 최근 들어 이런 요청이 잦아서 이 프로그램이 왜 자꾸 이렇게 비대해졌는지가 궁금합니다. 저는 Java의 가비지 컬렉터(garbage collector)가 바로 이러한 경우를 위해서 존재한다고 생각하거든요. 특히나 제 데스크톱에서 이런 일이 빈번하니 신경이 쓰입니다. 이제는 8GB를 가지고도 모던 IDE를 다루기엔 모자란 거 같습니다.

*RAM 가난뱅이*

*친애하는 가난뱅이* 씨,

8GB요?! 그게 정말 당신이 가진 전부인가요? 어딘가 사막의 폐기장에서 다 죽어가는 PC를 주워서 제게 편지를 보낸 건가요? 요즘 시대에 48GB 미만의 PC를 쓰는 사람은 없습니다. 무슨 말이냐고요? 그 누구도 모든 걸 다 제치고 Java 코드 일부분만 실행할 수 있는 사람은 없다는 말입니다.

모든 언어에 대한 제 생각처럼 Java를 설치하는 데 수백 단어를 할애하고 싶지만, 지금 문제는 가비지 컬렉터의 탓이 아닐 겁니다. 그건 그냥 당신이 실행하는 코드에 버그가 존재하는 것이고, 그 코드를 작성한 인간의 머릿속에 버그가 있는 것입니다. 지금부터 이 두 가지를 차례대로 이야기하겠습니다.

코드 속의 버그는 설명하기 쉽습니다. 메모리 관리를 프로그래머의 손에서 빼앗아 가비지 컬렉터에게 위임하는 형태의 컴퓨터 언어에는 한 가지 치명적인 약점이 있습니다. 가비지 컬렉터가 동작하는 걸 프로그래머가 아주 쉽게 막을 수 있다는 점이죠. 참조가 존재하는 객체(object)는 수집될 수 없어 시스템 메모리로 다시 해제됩니다.

어설픈 프로그래머는 참조를 해제하지 않는 것이 어째서 메모리 누수(memory leak)로 연결되는지 모를 겁니다. 많은 객체를 지닌 시스템(그리고 Java 프로그램의 거의 모든 것이 객체)은 아주 사소한 메모리 누수가 순식간에 메모리 부족 에러로 이어지는데 이런 메모리 누수는 찾아내기도 힘듭니다. 그런 문제는 당신에 의해, 당신이 작업한 코드 속에 존재할 때도 있습니다. 하지만 종종 당신이 의존하고 있는 라이브러리에 상주하는 문제인 경우도 있죠. 이런 경우에는 라이브러리 코드에 손댈 수 있는 게 아닌 이상 고쳐내는 건 불가능합니다. 그리고 설령 라이브러리의 코드에 접근할 수 있다고 한들, 다른 사람이 짠 코드에서 나오는 메모리 누수를 고치는 데 시간을 할애하고 싶은 사람이 몇이나 될까요? 저는 없다고 봅니다. 무어의 법칙은 종종 이러한 문제로부터 바보들과 어린이들을 보호해 주곤 합니다. 왜냐하면 클럭 속도 성장은 멈춰 있고 메모리 집적률은 꾸준히 증가하고 있으니까요. 당신의 보스가 다음 버전 출시해야 한다고 고함을 지르고 있는데 왜 귀찮게 사소한 메모리 누수나 찾고 있나요? "시스템이 하루를 버텼으면 됐잖아, 내보내라고!"

두 번째 버그는 더 악성입니다. 당신이 제게 묻지 않은 질문이죠. '왜 우리 시스템 안에는 가비지 컬렉터가 존재하는 걸까요?' 우리가 가비지 컬렉터를 갖게 된 건 지금보다 더 오래 전에 뛰어난 누군가가 정말 선한 의도로, 조직 차원에서 다른 문제를 해결하고자 했기 때문입니다. 이들은 자신의 메모리를 제어할 수 없는 상황에 처한 프로그래머들을 고려했습니다. C++처럼 객체지향 언어들은 프로그램이 실행될 때 객체들이 만들어져 떠다니게 됩니다. C++에선 우리 모두가 잘 알다시피, 객체를 생성하거나 제거할 때 반드시 new와 delete를 써야만 했습니다. 이들이 제대로 제거되지 않으면 메모리 누수를 맞이할 수밖에 없었죠. C++ 프로그래머는 객체뿐만 아니라 객체의 메모리에 직접 접근이 가능합니다. 그러다 보니 메모리에 대해 못 배운 프로그래머가 해서는 안 되는 짓까지 할 수 있게 됩니다. C++ 런타임이 "그건 나쁜 짓이야, 부모님 모셔오렴."이라고 하지는 않지만 이것이 세그멘테이션 에러(segmentation fault)의 진정한 의미입니다. 당신의 관점에서 보자면, 가비지 컬렉터는 직접 메모리를 관리하는 지루한 일에서 프로그래머를 해방시키거나 그들이 나쁜 짓을 하지 못하도록 하는 것을 목표로 공표된 것일 뿐입니다.

문제는 우리가 한 문제를 제거하면서 또 다른 문제를 가져왔다는 점입니다. 가비지 컬렉터 등장 전에 우리는 객체를 제거하는 것을 깜빡하거나 실수로 두 번 지우곤 했는데, 가비지 컬렉터가 등장한 이후로는 객체들의 참조관계를 관리해야 하게 되었습니다. 그리고 솔직히 말하자면, 이건 객체 제거를 깜빡하는 것과 완전히 똑같은 문제입니다. 우린 포인터를 참조와 교환했고, 그다지 현명한 선택은 아니었습니다.

오랜 세월 KV를 읽어 온 독자라면 은 탄환은 한 번도 통한 적이 없으며, 자신들에게 가장 위협적인 존재는 프로그래머들 그 자체라는 걸 알고 있을 겁니다. 가비지 컬렉터를 지원하는 언어를 만들면서 발생한 부작용으로 가상 머신이 메모리를 관리하는 데 많은 오버헤드가 발생하게 되었습니다. 커다란 Java 라이브러리를 만드는 사람들은 성능 저하로 인해 가비지 컬렉터를 사용하지 않고 C++와 마찬가지로 객체들을 수동으로 관리하게 되었습니다. 주요 기능 중 하나에 오버헤드가 너무 많아서 사용자가 해당 기능을 피하는 거대한 프레임워크를 만들었다면 이미 뭔가 심각한 문제가 발생한 것입니다.

현재 상황은 이렇습니다. C++(또는 C) 프로그램이라면 여러분들은 세그멘테이션 에러와 메모리를 날려먹는 버그를 볼 가능성이 높습니다. 반면에 오늘날의 시스템이라면 메모리가 많은데도 메모리 부족 에러를 보게 될 겁니다. 당신이 Java로 무언가를 작성한다면 (메모리와는 다르게) 관리 가능한 저금통을 하나 마련해 두는 편이 좋습니다. 조만간 메모리 살 돈이 필요할 테니까요.

KV

# 1.3 친절한 코드

우린 그저 침몰하는 타이타닉 갑판에서 의자를 재배치하는 중입니다.

– 관리자 격언

때론 소프트웨어의 한 조각에서의 문제가 코드 속 어떤 라인에 있는 게 아니라 이것들이 어떻게 배치되고 쓰이는지에 있는 경우가 있습니다. 소프트웨어를 개발한다는 것은 단순히 수천 줄의 코드를 순차적으로 작성한다기보다는 그것들을 조합하는 행위에 가깝습니다. 제대로 작성된 소프트웨어는 다른 이들이 사용하기 쉽도록 안배되어 있는데, 만약 그걸 원치 않는다면 모든 프로그램을 단 하나의 함수만 가진 파일 하나로 해서 10,000줄 이상의 코드로 작성하면 됩니다. 우리는 이것을 '불합리해 보이는 정원사의 비유'를 통해 볼 것입니다.

친애하는 KV,

저는 수년 동안 회사를 위해 여러 종류의 라이브러리를 유지보수해 왔습니다. 이 라이브러리들은 우리가 판매하는 특정 하드웨어를 위해 쓰이고 있고, 이 코드들은 우리가 판매한 최종 사용자의 라이브러리에서 쓰이고 있습니다. 조금 더 까놓고 말하자면, 그냥 우리 하드웨어를 위해 쓰입니다. 여기서 한 가지 문제는 애플리케이션 프로그래머가 하드웨어와 직접 통신하기 위해 지속적으로 라이브러리를 찔러댄다는 점이고, 하드웨어 상태를 관리하는 라이브러리에 계속 접근하니 버그가 발생한다는 것입니다. 만약 제가 라이브러리에 상태가 없도록 변경하면 라이브러리를 사용하는 모든 호출이 하드웨어와 통신이 필수가 돼서 라이브러리와 이를 사용하는 모든 코드를 사용하기 어렵게 됩니다. 사람들이 라이브러리 주변에서 어정거리는 대신 필요한 기능을 직접 요청하게 만들 좋은 방법이 있을까요?

넌더리 나게 찔림

친애하는 넌더리 씨

저는 사람들이 제 라이브러리를 제대로 쓰게 만들려면 그룹 미팅에서 그들에게 면박을 주는 질문을 던지면 된다는 사실을 밝혀냈습니다. 가령 '당신은 clean API 디자인에서 어떤 부분을 이해를 못했나요?' 같은 질문 말이죠. 저는 이런 질문을 목청껏 사방으로 내지르다가 이 신경질적인 행동이 제 동료들에게 통한다는 사실, 그리고 마찬가지로 그것이 은행원이나 긴 대기열에 서 있는 사람들, 붐비는 지하철에서 제 바로 옆에 붙어 있으려고 하는 사람들한테까지 통한다는 사실을 알게 되었습니다. 또 다른 선택지는 모든 체크인을 감시하고 당신의 라이브러리를 통과하는 모든 프로그램을 확인하는 것인데, 조금 지루하지만 외면해서는 안 되는 일입니다. 당신이 이 지루한 선택을 하는 최초의 프로그래머도 아닙니다. 솔직히 말하자면, 당신이 하루 종일 공격적인 태도를 보이는 걸 즐기는 성격이 아니라면(어째선지 대부분의 사람들은 이게 정상이 아니라고 하더군요.) 당신은 수시로 들락거리는 애플리케이션 프로그래머를 찾아내 그들이 원하는 게 무엇인지 알아내고 도움을 줄 필요가 있습니다.

좋은 라이브러리는 정원과 같습니다. "뿌리를 자르지 않은 이상, 정원의 모든 것은 괜찮을 겁니다. 그러면 정원의 모든 것이 그대로 있을 겁니다···. 정원에는 사계절이 찾아오죠. 먼저 봄과 여름이 오고 다음엔 가을과 겨울이, 그리고 다시 봄과 여름이 찾아옵니다." 아아, 영화 〈정원사 챈스의 외출(Being There)〉[3] 속의 정원사 챈스는 누군가에게 프로그래밍이나 경제학을 가르쳐 줄 능력이 되지 않습니다. 그렇지만 우리는 다른 정원사의 이야기에서 효율적인 라이브러리를 만드는 방법을 배울 수 있습니다.

이런 이야기입니다. 정원사는 사람들이 걸어 다니며 식물과 꽃을 즐기고 정원의 반대편까지 도달할 수 있게 보도를 만드는 일을 받았습니다. 일주일이 지나고 땅 주인은 일이 어떻게 진행되고 있는지 확인하기 위해 정원에 왔습니다. 그렇지만 그가 도착했을 때 보도가 하나도 놓여 있지 않았고, 정원은 원래 모습 그대로인 채 아직 윤곽조차 없었습니다. 땅 주인은 정원사가 나무와 식물을 가꾸느라 너무 바쁜 나머지 일을 못했으리라 생각하며 그가 본 것을 무시하고 사무실로 다시 일하러 갔습니다. 한 주가 더 지나고 2주일째에 다시 방문했을 때 땅 주인은 여전히 일이 진행되지 않은 모습을 확인했습니다. 그는 이 점에 대해서는 더 놀라지 않았지만, 정원사가 보도를 만들어달라는 자신의 요청을 무시하고 있다는 생각에 충격을 받았습니다. 이어서 3주일째가 되어도 아무런 진전이 없자 땅 주인은 화가 나서 정원사를 찾으러 달려갔습니다.

땅 주인이 정원사에게 따졌습니다. "3주나 지났어요! 왜 아직까지 돌 조각 하나도 깔지 않은 거죠? 사람들이 아무렇게나 다니면 잔디가 상할 거예요!"

정원사는 고용주를 지긋이 보고는 적잖이 놀란 표정을 지으며, "사람들이 어떤 식으로 다니는지 보지도 않고 어떻게 길을 만드나요?"라고 되묻곤 땅 주인에게 같이 정원으로 가보자고 했습니다. 정원에 도착한 후 정원사는 땅 주인에게 많은 사람들이 목적지로 향하며 잔디를 밟고 다닌 흔적으로 만들어진 길을 보여 주었습니다. 그리고 땅 주인을 돌아보며 "이제 길이 보이니 보도를 깔 수 있겠네요."라고 말했습니다.

만약 사람들이 당신의 라이브러리를 사용하고자 한다면, 왜 그들이 자꾸 접근하는지 알아내야 하고 그들의 요구사항을 충족시켜야 합니다. 라이브러리는 당신을 위한 것이 아니라 바로 그들을 위한 것이기 때문이죠.

KV

---

3. 역주 다소 모자란 정원사가 주변의 오해로 굉장한 대우를 받게 되는 코미디 영화.

## 1.4 코드 남용

필요하다면 코드의 일부를 복사하는 것이 기능 하나를 쓰기 위해 라이브러리를 추가하는 것보다 좋다. 의존성 위생 관념이 코드 재사용보다 우선이다.

— 롭 파이크

코드 재사용은 경우에 따라 칭찬 받기도 하지만 남용이 되기도 하고, 조롱 당하거나 어떤 때에는 적절한 조치가 되기도 합니다. 코더<sup>Koder</sup>의 매크로일 수도 있고 다른 코더<sup>Koder</sup>의 라이브러리일 수도 있습니다. 아니면 전혀 말이 안 될 수도 있습니다. 소프트웨어에게 주어진 유연성을 감안했을 때, 우리가 적용하려는 목적에 맞지 않는 코드 조각을 재사용하고 싶은 충동이 들 때가 종종 있습니다. 하지만 그것은 코드 남용입니다. 재사용이 아니라.

친애하는 KV,

저는 최근 업무 시간에 짬짬이 라이브러리를 정리하고 있습니다. 더 이상 쓰이지 않는 코드들을 제거하고 코드에 존재하는 문서화 부분을 갱신하고, 치명적이진 않지만 성가신 자잘한 버그들도 고쳤습니다. 이런 코드 동굴탐험은 라이브러리가 어떻게 사용되어 왔는지뿐만 아니라 어떻게 남용되고 있는지도 알 수 있는 기회였습니다. 여기서 알게 된 건 사람들이 나쁘지 않다 싶으면 그냥 아무 이벤트에나 타이밍 라이브러리를 사용했다는 거였는데, 이 말은 즉(일부 이벤트는 이벤트일 필요도 없어 보이지만) 이 라이브러리를 주기적으로 호출했다는 소리입니다. 어떤 프로그래머들은 우리의 소켓 클래스에 변수를 담을 공간이 있다는 이유로 거기에다 문자열을 담고 있었습니다. 그런데 이 영역은 시스템 레벨에서 접근 가능한 공개된 자원이라 어떤 일이 벌어질 수도 있다는 사실을 알게 되었을 때 좀 전에 먹은 점심을 도로 뱉어낼 것만 같았습니다. 우리가 쉽게 사용할 수 있을 법한 문자열 클래스를 갖고 있는 건 사실이지만, 그렇다고 해서 죄다 남용하면 안 된다고 생각합니다. 그런데도 왜 이러는 걸까요?

남용된 API

친애하는 남용 씨,

소프트웨어는 현실 세계와 다릅니다. 방금 당신이 발견한 것처럼 현실보다 훨씬 더 유연한 세계이죠. 현실 세계에선 나사를 망치로 밀어서 못처럼 사용할 수는 있겠지만, 접시를 포크로 사용하기는 몹시 힘들 겁니다. 소프트웨어를 원저자가 의도하지 않은 형태로 변형하는 능력은 우리에게 주어진 축복이자 저주입니다.

이제 작성한 API의 적절한 사용을 명확하게 문서화했다고 했지만 문서화를 통한 경고는 뉴욕의 무단횡단자들에게 보내는 노란색 주의 테이프 정도에 불과합니다. 앞을 가로막는 불타는 해자가 없는 이상 이들은 몸을 숙여 이 경고테이프를 무시하고 넘어갈 겁니다.

프로그래머들에게 API든 뭐든 뭐라도 하나 쥐어 주면 그들이 그것을 남용하리란 걸 알아야 합니다. 그들은 영리한 사람들이고 실제로 그렇든 그렇지 않든 간에 본인 스스로에 대해 상당히 긍정적인 견해를 갖고 있습니다. 가장 많이 악용되는 API는 메모리나 객체를 할당하고 해제하는 데 사용되는 API, 그중에서도 특히 코드 덩어리를 통해 데이터의 임의의 파이프라인을 허용하는 API 같이 가장 일반적으로 사용되는 API들입니다.

파이프라인에서 데이터를 변환하기 위한 시스템은 남용해 달라고 애걸복걸하는 것과 같습니다. 왜냐하면 그들은 종종 프로그래머들에게 믿을 수 없을 정도로 범용적인 쓰임이 가능한 것처럼 표현해서 API가 단순한 조립식 블록인 것처럼 느껴지게 만들기 때문입니다. 당신은 이것들을 네트워킹 코드, 터미널 I/O 또는 디스크 트랜잭션을 위한 조립식 블록이라고 말할 수도 있습니다. 그렇지만 당신이 처음에 무엇을 의도했든지와 상관없이, 그 API가 범용적 쓰임이 가능한 것처럼 표현되어 있고 다른 코더들이 별 생각 없이 어둠 속을 헤매다 그것을 조우할 수 있게 방치해 둔다면, 그이후에 다시 보게 되었을 때 당신조차 못 알아볼 지경으로 사용되고 있을지도 모릅니다. 사람들이 당신의 코드를 남용하면서 당신의 코드가 그들이 원하는 대로 동작해야 한다고 요구하는 것만큼 좋은 일도 없죠. 네, 저는 그런 것을 참 좋아합니다. 저는 정말… 안 돼… 저는 못 해요!!!

예를 들자면, 하드웨어 터미널의 I/O를 다양한 유닉스 시스템에서 다루는 걸 사례로 들 수 있습니다. 터미널 I/O 시스템을 제어하는 것은 다양한 하드웨어 터미널의 복잡도를 이어받는 것과 같습니다. 물리적 터미널을 사용해 본 적 없는 분들을 위해 설명해 보자면, 시스템에 접근할 수 있게 해주는 메인프레임이나 미니 컴퓨터에 연결하는 단일 목적을 지닌 장치라고 이해하면 되겠습니다. 어느 정도냐면 종종 한 줄에 글자 80자, 가로로는 24줄까지만 지원하는 12인치 화면과 키보드가 전부였습니다. 그런 경우에는 창으로 된 인터페이스는 기대조차 할 수 없었습니다. 터미널 프로그램은 가령 xterm, kterm, 하드웨어 터미널의 단순 소프트웨어 구현으로, 대개 디지털 이큅먼트 코퍼레이션(DEC)의 VT100을 기반으로 합니다.

하드웨어 터미널이 흔했던 무렵을 돌이켜 보면, 제조사들은 그들만의 특별한, 때로는 아주 특별한 제어 시퀀스를 추가하는데, 이 제어 시퀀스는 커서 제어, 역 비디오 및 특정 모델에만 존재했던 기타 모드와 같은 기능을 얻는 데 사용할 수 있습니다. 다양한 터미널 벤더가 초래한 모든 혼란을 이해하기 위해 BSD 및 System V와 같은 유닉스의 주요 변형은 터미널 처리 하위 시스템을 만들었습니다. 이러한 하위 시스템들은 기본 입력을 터미널에서 받을 수 있었으며, 소프트웨어 계층을 도입해 터미널의 변덕스러운 구현도 수용할 수 있게 하고 프로그램이 일반화되어 기록될 수 있도록 I/O 데이터를 변형했습니다. 예를 들자면 '커서를, 화면의, 왼쪽 상단으로, 이동하라.'라는 식입니다. 이런 작업은 그 순간 사용자가 사용하고 있는 하드웨어에 대해 충실하게 수행됩니다.

그러나 System V의 경우, 같은 시스템이 TCP/IP 프로토콜 계층을 구현하는 데 사용되었습니다. 얼핏 보면 말이 되는 듯합니다. 결국 네트워킹은 데이터를 가져와서 어떤 방식으로든 수정한 다음 다시 변경하기 위해 다른 계층으로 전달하는 일련의 모듈로 쉽게 이해될 수 있으니까요. 이더넷용 모듈, IP용 모듈, TCP용 모듈로 단계별로 마무리한 다음 데이터를 사용자에게 전달합니다. 하지만 여기서 문제는 터미널은 느리지만 네트워크는 빠르다는 점입니다. 데이터 속도가 9600bps인 경우 모듈 간에 메시지를 전달하는 오버헤드는 중요하지 않습니다. 하지만 10Mbps 이상이면 오버헤드가 매우 중요해집니다. 이러한 방식의 모듈 간 데이터 전달에 관련된 오버헤드는 System V STREAM이 오늘날 거의 잊힌 채 사용되지 않는 이유 중 하나입니다.

마침내 이러한 모든 터미널 I/O 처리 프레임워크를 제거할 때가 되었을 때(하드웨어 터미널이 서비스에 남아 있는 경우는 거의 없음) 확장된 기능들의 수가 명확해졌습니다. 어떤 형태의 터미널로 연결을 해도 운영체제 커널로 데이터를 가져오고 나가는 것은 터미널 I/O 시스템을 구현한 것이었습니다.

이러한 시스템들이 너무나 쉽게 남용되는 이유는 너무나 쉽게 확장할 수 있게 되어 있기 때문입니다. 한 프로그래머의 확장품은 또 다른 프로그래머에게 남용되기 마련입니다.

KV

# 1.5 중첩 경향

거북이 밑에 거북이가 있고, 그 거북이 밑에 거북이가 있고, …, 끝까지 있다.

– 힌두 신화

코딩<sup>Koding</sup>을 할 때 가장 많이 겪는 좌절 중 제법 높은 순위에 'include 파일이라는 숲 속 깊이 숨겨진 구조나 변수에 대한 정의를 찾아내는 것'이 있습니다. 심지어 코드 동굴탐험 도구(2.5절 참조)를 사용하더라도 이 작업은 쉽지 않습니다. 아마도 우리는 모든 검색을 건초 더미 속에서 디지털 바늘 찾기처럼 만들기 전에 include 트리를 얼마나 깊이 또는 광범위하게 구축하려는지에 대해 더 신중하게 생각해야 할 것입니다.

친애하는 KV,

얼마 전에 직장 동료가 C 파일을 다른 C 파일 속에 include시켜서 저를 물 먹인 적이 있습니다. 보통은 소프트웨어를 이런 식으로 만들지 않지만, 컴파일러가 딱히 뭐라 않는 걸 보면 또 틀린 것도 아닌 거 같습니다. 이건 정말 잘못된 걸까요, 아니면 그저 왼손잡이 같은 걸까요?

올인원&원인올

친애하는 올인원 씨,

그거 말고도 컴파일러가 뭐라 않는 것들은 얼마든지 더 있습니다. 컴파일러들은 사람들과 다르게 도덕 관념도 없고, 시시비비를 가리는 데에도 매우 제한적인 생각만 갖고 있을 뿐입니다. 대부분의 사람은 무엇이 옳은지를 컴파일러보다는 잘 알고 있습니다. 대부분이라고 했지, 모두라곤 안 했습니다. 당신은 이런 도덕 관념이 좀 부족한 쪽에 속하는 것 같습니다. 그렇지 않다면 분명 이런 이메일을 보내기 전에 당신이 무엇을 잘못했는지 진즉에 눈치챘을 겁니다. 왜 잘못되었을까요?

C 파일을 다른 C 파일에 include시키지 않는 매우 단순한 이유는 그것이 코드 조각들의 관계를 혼란스럽게 만들기 때문입니다. 저도 현장에서 종종 이런 경우를 본 적이 있는데, C 파일의 끝에서 다른 파일로 방향을 꺾어 버리는 식입니다. 예를 들자면, 순서대로 파일의 끝까지 보지 않는 한 컴파일 시에 생성되는 파일이 하나(또는 여러 개) 더 있다는 사실을 절대로 알 수 없는 경우입니다. 이런 상황은 프로그래머의 하루에서 전혀 반갑지 않은 부분일 겁니다. 마치 가방에 가벼운 빵 몇 조각이 든 줄 알고 집어 든 순간, 거기에 모루가 있다는 걸 알게 되는 것과 마찬가지죠.

만약 코드를 두 곳에 나눠 사용해야 한다면 양쪽에 #include를 쓰지 말고, 그냥 별도의 모듈로 만들어 그것들을 링커로 모아 담아 실행 가능하게 만드는 편이 좋습니다.

우리는 더 이상 1950년대에 시절에 머물러 프로그래밍하지 않으며, 종이 테이프의 작은 조각으로 프로그램을 연결하는 종이 테이프 라이브러리상에서 프로그램을 구축하지 않습니다. 링커, 로더, 컴파일러를 사용하는 환경에선 한 번 컴파일하면 되는 파일을 다른 파일에 또 #include하는 건 변명의 여지가 없습니다.

KV

# 1.6 질식할 것만 같은 변경사항들

모든 것을 가장 단순하게 해야 한다. 전보다 조금 단순해지는 정도가 아니라.

– 알버트 아인슈타인

이번 이야기는 분산 버전 제어 시스템(DVCS, Distributed Version Control Systems) 이를테면 git이 등장하고 대중적으로 쓰이기 수년 전의 이야기입니다. 이제 저의 코딩[Koding] 라이프는 여기에 충실해졌지만 다른 코더[Koder]들의 브랜치를 제 영역으로 가져올 때 여전히 마주하는 문제이기도 합니다. 별도의 브랜치를 생성해 집으로 들고가 독립된 환경에서 코드를 만들 수 있게 되면서 몇몇 코더[Koder]들이 무지막지하게 많거나 무관한 변경을 푸시(push)했기에 다음 머지(merge) 시에 끔찍한 고통을 감내해야만 했습니다. 모든 지침이 DVCS 환경에서 지켜지고 있지만 몇몇 완고한 코더[Koder]들은 여전히 변경은 작성한 본인에게, 그리고 읽는 사람에게도 최대한 작고 이해하기 쉬워야 한다는 개념을 이해하지 못하고 있습니다.

친애하는 KV,

최근에 저는 상사에게 혼나 옷이 벗겨질 지경이었습니다. 저희 시스템의 큰 덩어리에 제가 아주 큰 변경을 유발해서였는데, 사실 저는 그게 그렇게까지 크다고 생각하지 않았습니다. 파일 20개 정도와 2,000줄 정도의 코드일 뿐이었거든요. 그런데 제가 수정한 변경들을 전부 작은 커밋 단위로 쪼개서 레포지터리에 넣으라는 겁니다. 저도 큰 변경이 잠재적인 불안정을 야기해 사람들이 그것을 싫어한다는 점은 이해하지만, 제가 작성한 코드들은 상호관계가 있어서 작은 작업으로 지능적으로 분할할 수 없습니다. 당신의 경험에 따르면 체크인(check in)[4] 할 때 최적의 사이즈는 어느 정도인가요?

너무 많은 라인

친애하는 넘많 씨,

먼저 저는 당신의 상사가 당신 옷을 정말로 벗기려 했는지 의심스럽네요. 단언컨대 HR이 엔지니어의 벗은 꼴을 봤다면 인상을 찌푸렸을 테고, 그건 직장의 누가 봐도 별로일 테니까요.

진지하게 답변하자면 '코드베이스에 얼마나 큰 단위까지의 체크인을 허용해야 하는가'는 명쾌한 답이 있는 질문이 아닙니다. 이건 기능에 따라, 버그 조치에 따라 코드베이스를 광범위하게 변경해야만 합니다.

경험이 부족한 엔지니어들이나 관리자들이 버그 수정은 코드 일부만 수정하면 되고 기능 요구사항은 많은 코드를 수정해야 한다는 잘못된 믿음을 갖고 있는 것 같습니다. 만약 대부분의 버그가 진짜 단 하나의 에러나 찾아서 변경하기 쉬운 한 라인으로만 되어 있다면 사실이겠죠. 하지만 현실 세계에서 그런 일은 거의 없습니다. 때로는 버그가 전체 시스템에 만연하게 흩뿌려져 있는 경우도 있습니다. 이런 경우 거의 대부분까지는 아니더라도 여러 파일들에 수정사항이 생기기 마련입니다. 이러한 수정이 필요한 경우 한 번에 모든 변경을 확인하는 것이 타당하겠습니다. 여기저기 흩뿌려진 동일한 버그를 함께 조치하지 않는다는 것은 말이 되지 않습니다.

---

4. 역주 svn 등은 커밋(commit)을 체크인(check in)이라 합니다.

많은 프로그래머가 문제에 봉착하는 경우는 작게 분리되지 않고 한없이 이어지는 코드(Run-on code)가 있을 때입니다. 마치 접속사 없이 여러 문장이나 독립절을 연결한 '무종지문(Run-on sentence)'과 같은 그런 코드에서는 당신이 기능 작성을 하던 중에 다른 버그가 있음을 깨닫고 두 번째 버그를 수정하면 세 번째 문제로 이어집니다. 프로젝트 리더가 기능을 개발할 것을 요청했던 거라 당신은 다시 첫 번째 버그를 발견했던 그 지점으로 돌아가 기능 개발을 재개합니다. 당신이 수정한 버그들이 다 해결되었는지 확인해야 하지만 당장 당신이 만들던 기능을 다 만들어야만 이게 동작하는지 알 수 있을 겁니다. 결국 당신은 홀로 남겨진 상황이 될 겁니다. 여기서 다른 우리 독자들처럼 숨이 가쁜 나머지 이 변경들을 두고 떠나게 됩니다. 그리고는 이 모든 것들이 어디서부터 시작되었는지 기억할 수 없게 될 겁니다.

엔지니어의 덕목 중 하나는 큰 시스템이나 문제를 가지고 가서 당신과 함께하는 이들이 이해하고 소화할 수 있을 만큼 작은 덩어리로 나누는 것입니다. 누구도 2,000줄이 넘는 코드나 20개가 넘는 파일을 한 번에 뒤적이고 싶어 하지 않습니다. 당신이 기능이나 버그를 수정하는 데 일주일 이상을 보냈다면, 당신이 작성한 코드나 산출물(단언컨대 장황한 커밋 메시지)를 다른 사람들이 몇 분 안에 읽고 따라 하리라고 기대해서는 안 됩니다.

커다란 커밋을 쪼개야 하는 마지막 이유는 그래야지 누군가가 당신의 작업에서 작은 문제점을 찾았을 때 그에 해당하는 작은 변경만 롤백(roll back)하고 나머지 당신의 작업은 보존할 수 있기 때문입니다. 그게 아니고서는 커다란 커밋 후에 조잡하고 불만족스러운 패치, 패치, 패치를 반복하게 됩니다.

제 조언은 간단합니다. 당신의 API를 변경한다면, 변경하는 대상과 그 기능을 소비하는 대상들을 한 번에 변경하세요. 만약 당신이 세 개의 버그를 수정하고 하나의 기능을 추가했다면, 겹치지 않는 네 개의 체크인을 만들어야 합니다.

KV

네 친구들에게나 말할 법한 투로 말하지 말아야 할 거 같다.

> – 대학에서 처음 발표했을 때 받은 조언.
> 그때 나는 지식의 전당에는 어울리지 않는,
> 브롱크스 거리에서나 용인될 법한 말을 했었다.

코더[Koder]들은 때론 코드를 작성하는 게 기계와 그들 사이의 은밀한 대화일 거라고 생각하는데, 그건 대개 착각입니다. 다른 코더[Koder]들이 당신이 남긴 코드뿐만 아니라 주석과 그 외 다른 흔적들을 바짝 쫓아올 겁니다.

머릿속에서는 그럴싸하게 느껴지지만, 막상 글로 적어 보면 그다지 좋아 보이지 않는 경우가 있습니다. 이 둘의 차이를 일찍 깨닫는 것이 코딩[Koding] 커리어에 있어 중요한 사항입니다. 물론 우리 모두는 자신의 작업이나 다른 이의 작업을 들여다보면서 늘 좌절을 겪고 있습니다. 그 와중에 저마다의 다채로운 표현들을 허용하고 싶어합니다만, 이런 코드를 버전 컨트롤 시스템에 영구 보관하는 것은 벽에 대고 소리치는 것만 못합니다. 저는 회사들이(그중 유명한 곳이 마이크로소프트죠.) 이런 어리석은 행동을 지속하는 것이 누군가가 분노에 가득 차서 마우스를 집어 던져도 버틸 수 있는 튼튼한 벽을 제공하지 못하기 때문이라고 봅니다.

소프트웨어 개발이라는 것은 결국 많은 사람들에게 이러한 코딩 부산물들을 제공하는 것이므로 코딩[Koding]도 은밀한 소수의 전유물이 아니라 공개적인 행위로 취급되도록 해야만 합니다. 따라서 우리는 코드, 주석 및 다른 어디라도 무엇에 대해 말하고자 하는지와 전하는 방법에 대해 신중하게 고려해야 합니다.

친애하는 KV,

제가 지금 참여하고 있는 프로젝트에서 사람들이 계속 제 코드 속의 '다채로운 표현'을 석연치 않아 하고 있습니다. 이런 게 소스 코드 레포지터리에 없어야 한다는 말에 동의하면서도 한편으로는 왜 그가 제 화면에서 벌어지는 일에 일일이 따져대는지 모르겠습니다. 저는 이런 표현들은 주로 디버깅 메시지로 쓰는데, 소프트웨어가 만드는 다른 로그 메시지들과는 구분되어야 한다고 보기 때문입니다. KV 같은 개발자도 로그 메시지에는 MSG를 치라고 믿습니다.

요란한 코더Koder

친애하는 요란씨,

과거에 제가 이 칼럼에서 다루었던 이야기들을 돌이켜 보면, 제가 그러한 비유를 쓰는 사람으로 보인다는 점은 이해가 됩니다. 맞습니다. 그리고 제 동료들의 의견을 들어 보면, 저의 일상적인 폭주는 조금 공포스러운 코드를 만든다고 합니다. 그 일을 겪은 동료들은 신체의 한두 부분이나 기능들을 포기하는 한이 있더라도 그 코드에 대한 기억을 잊고 싶다고 합니다.

안타깝게도 이 논쟁에서는 저도 당신의 동료들과 같은 쪽에 서야겠습니다. 저는 당신이 코드 여기저기에 눈에 확 띄는 비유나 표현을 넣는 것에 확신을 갖고 있다고 봅니다. 'XXX, 이거는 제거해야 함!' 여기까지만 보면 괜찮습니다. 그렇지만 조금 일이 잘못 풀린다면 당신은 이런 과정을 잠시 잊게 될 수도 있습니다. 아마 당신은 그럴 리가 없다고 생각하겠지만 이 사소한 실수가 유발할 수 있는 고통을 감내할 필요가 없습니다. 저 역시 그런 번거로움을 겪어 봤는데, 일단 그 문제가 제 잘못이 아니라는 점에서 안도했습니다.

십수 년 전에 저는 소프트웨어 통합 개발 환경(IDE, Integrated Development Environment)과 관련된 저수준의 소프트웨어를 만드는 작업을 했습니다. 특정 플랫폼에서 IDE의 제약사항은 모든 프로젝트가 적절한 확장자와 함께 저장되어야 한다는 점이었습니다.(방금 저장된 파일이 구체적으로 어떠한 타입인지 마침표 하나로 표현해 주는 세 글자에 대한 말입니다.) 프로그래머들은 대개 파일 이름을 지을 때 note.txt, main.c, stdlib.h 같이 명시적인 이름을 쓰곤 하지만, 이런 작명 표준에 모두가 익숙한 것은 아닙니다. 가령 누군가는 Project1, Project2와 같이 확장자를 제외할 수도 있습니다.

IDE에서 작업하는 프로그래머는 그 프로그램의 사용자가 프로젝트 파일명에 확장자를 입력하지 않는 경우에 대한 처리를 추가해야 했고, 그는 이때 4글자로 음률이 맞는 duck이라는 확장자를 정했습니다. 그 작업이 파일 확장자 입력을 거부한 고객을 지적하려는 것인지, 아니면 릴리즈 전에 무언가를 변경하려 한 건지 그 의도는 알 길이 없으나, 이제 중요한 건 그게 아닙니다. 우리의 1.0.1 버전의 IDE 릴리즈기간 동안 한 가지 변경사항 때문에 1.0.1b 릴리즈가 등장했습니다. b 릴리즈 노트에 어떠한 내용이 담겨 있었는지 모르지만 엔지니어들 전원은 진짜 이유를 이미 알고 있었습니다.

그렇지만 놀랍게도 이 프로그래머는 잘리지 않고 직업을 유지할 수 있었습니다. 여기에는 두 가지 이유가 있었죠. 하나는 이 문제를 야기한 프로그래머가 실제로 꽤나 훌륭한 프로그래머라는 점이며, 다른 하나는 그가 IDE 플랫폼 지원에 발 벗고 나서는 유일한 사람이었다는 것입니다.

이 일화는 다채로운 표현이 잘못될 경우의 매우 극단적인 예입니다. 또한, 어떤 프로그래머들은 주석으로 매우 강력한 표현을 남기는데 이것도 썩 보기 좋은 형태는 아닙니다.

당신의 코드는 당신의 유산입니다. 당신의 어머니는 그것을 보지 못하겠지만, 당신이 코드를 레포지터리에 올릴 때 혹시라도 당신의 어머니가 보고 충격받을 내용이 있는 코드는 아닌지 확인해야 합니다.

KV

# 1.8 강요된 예외

프로그래머들이 종종 분노하는 이유는 겁을 먹었기 때문이다.

– 폴 포드

소프트웨어 산업처럼 기술 중심의 산업에서 자주 논쟁의 대상이 되는 것 중 하나로 '지나친 완벽주의와 규칙에 대한 집착'이 있습니다. 때론 이러한 것들이 우리 코드에 반영되는데, 대부분 소프트웨어를 만드는 데 사용하는 언어와 도구의 기초를 구성하는 코드에 포함됩니다. 규칙에 대한 집착은 경우에 따라 좋을 수도, 나쁠 수도 있지만 검증되지 않은 것에 대한 집착이 문제를 유발하곤 합니다.

친애하는 KV,

저는 아드리안 코이어가 연구 논문을 큐레이션하여 관심 있는 독자들에게 보여 주는 The Morning Paper를 구독하고 있습니다.(https://blog.acolyer.org)

지난 가을, 그는 〈단순한 테스트가 대부분의 끔찍한 실패를 예방한다(Simple testing can prevent most critical failures)〉를 제시했습니다.(https://blog.acolyer.org/2016/10/06/simple-testing-can-prevent-most-critical-failures/) 그 리뷰에는 다음과 같은 놀라운 내용이 포함되어 있었습니다.

- 대부분의 파괴적인 실패는(전체 중 42건, 또는 92퍼센트) 소프트웨어에서 명시적으로 에러라고 신호를 받았으나 덜 치명적이라고 간주하던 에러를 잘못 다룬 경우였다.
- 에러 처리가 TODO 또는 FIXME 주석으로 다뤄진다. 이 예시는 4,000개의 운영 노드 클러스터를 중단시켰다.
- 에러 처리가 추상적인 예외 타입을 다루며(가령, Java에서의 Exception, Throwable) 시스템 종료처럼 지나치게 과감한 에러 처리가 맞물렸다. 이 예시는 모든 하둡 분산 파일 시스템(HDFS, Hadoop Distributed File System) 클러스터를 중단시켰다.

목록에는 그 외 다른 사례들도 나옵니다.

저는 KV를 그간 쭉 읽어 왔는데, 리뷰를 읽다 보니 논문 자체에도 관심이 있을 것 같아 링크를 함께 보냈습니다.

에러 방지를 도울 뿐

친애하는 도움 씨,

정확합니다. KV도 The Morning Paper를 읽습니다. 그렇지만 그가 메일함에 있는 모든 내용들을 꼼꼼히 읽어 본다는 건 아닙니다. 물론 당신이 언급한 논문은 저의 흥미를 자극했습니다. 제 눈길을 끈 것 중 당신이 지적하지 않은 하나는 이것이 분산 시스템 장애에 대한 연구라는 점입니다. 여기서 어떻게 하면 프로그래밍을 더 어렵게 만들 수 있을까요? 제가 말해보겠습니다! 단일 시스템에 문제를 몰아넣고 그것을 분산 처리하는 것입니다. 분산 시스템의 문제가 노드 수 또는 상호연결 관계의 수만큼 함께 증가하는지 알려 주는 논문을 언젠가는 보고 싶네요. 저는 낙관주의자이기 때문에 N(N + 1) / 2이거나 그보다 더 나빠질 것이라고 생각합니다.

저는 당신이 이 논문을 알려 준 이유가 단순히 KV가 책상에 머리를 박으면서 분산 시스템에 대해서 고민하게 하려는 게 아니라고 봅니다. 추측컨대 '왜?'라는 질문을 하고 싶었을 겁니다. '논문에서 언급되는 92퍼센트나 되는 파괴적인 실패는 왜 치명적이지 않은 에러를 다루다가 발생하는 걸까요?'가 의문의 요지겠죠.

자, 그럼, 이 논문이 무엇을 말하고 있는지 보고, 경영과 마케팅이 꿈꾸는 환상의 세계 대신에 소프트웨어가 현실 세계에서 실제로 구현되는 방법에 대해 같이 보겠습니다.

어째서 치명적이지 않은 에러가 치명적 에러로 이어지는지에 대한 핵심은 해당 논문에서 다음 부분만 보면 됩니다. "이 차이는 (i) Java 컴파일러는 개발자들로 하여금 강제로 모든 체크드 익셉션(checked exception)을 다루게 한다는 점이다. 그리고 (ii) 대형 분산 처리 시스템에서는 당연히 이러한 이유로 에러가 발생한다는 점이다. 그에 따라 개발자들은 더 방어적으로 굴 수밖에 없으며, 때론 단순히 이런 에러들을 부주의하게 취급하기 때문임도 알 수 있다."(https://www.usenix.org/system/files/conference/osdi14/osdi14-paper-yuan.pdf)

다행스럽게도, 프로그래머를 업으로 삼는 이들이라면 코드를 작성하는 것 이상으로 일정 준수가 중요하게 여겨진다는 사실을 알고 있을 겁니다. 코드에서 에러나 예외 처리는 고사하고 테스트 코드를 작성하거나 문서화를 할 여력도 없다는 사실을요. 관리자들과 다른 팀원들이 '코드'를 무엇이라 정의하는지 모르겠으나, 대부분의 사람들이 '코드'라는 것을 동작하는 부분으로만 오해하고 있습니다. 심지어 누군가가 이런 편협한 시야를 요구하는 것도 아닌데 말입니다. 그 이유는 에러를 취급하는 부분이 코드를 작성하는 사람이 원하는 결과를 얻는 부분에서 주된 관심사가 아니기 때문입니다. 많은 프로그래머들이 단지 비트를 조금 옮기고, 데이터를 짓뭉개고, 고양이 사진을 보여 주고 싶어 하는 것처럼 만듭니다.

사실 우리는 프로그래머가 코드의 에러 처리 컴포넌트에 부여하는 중요성에 대한 명확한 키워드를 알고 있습니다. '에러 처리가 TODO나 FIXME 주석으로 다뤄진다.' 에러 처리를 하는 코드에서 해당 키워드를 찾아보면 됩니다. 개인적으로 저는 XXX를 선호하는데, 이 표현이 1990년대 초 암스테르담에서 제가 경험했던 일들을 떠올리게 하기 때문이죠. 그리고 여러분이 특정 업계에 종사하지 않는 이상 XXX가 코드에서 변수로 작용할 가능성은 거의 없을 겁니다.

우린 Java 컴파일러가 두 가지 방법 중 하나로 모든 언체크드 익셉션(unchecked exception)을 모든 프로그래머들에게 강제로 해결하도록 한다는 사실을 볼 수 있습니다. 만약 우리가 관대하다면(참고로 KV야말로 관대함의 화신입니다.) 우리는 Java 언어와 컴파일러 개발자들이 프로그래머들이 실수를 덜 하도록 돕고 그들의 코드가 의도한 것을 잘 수행할 뿐만 아니라 일이 잘못되었을 때 적절하게 행동하도록 한다고 간주할 겁니다.

그렇지만 우리가 덜 관대하다면, 어쩌면 훨씬 더 정직하고 현실을 직시한다면, 이러한 강제사항이 다르게 보일 겁니다. 이러한 조치들은 프로그래머들을 통제하고 그들이 그 당시에 사람들이 옳다고 생각했던 언어와 컴파일러에 복종하도록 만들기 위한 노골적인 시도입니다. '프로그래머들은 적절한 예외 처리를 할 수 없어. 내가 알지. 우리가 그들이 에러를 처리하도록 만들겠어. 그렇지 않으면 아예 컴파일조차 되지 않도록 해야지!' 저는 이게 매우 고압적인 선생님 같은 생각이라고 느껴집니다. '모든 i들에 점을 찍어! 모든 예외를 처리해!' i에 점을 찍는 것과는 다르게 예외를 처리하는 방법에는 여러 가지가 있습니다. 제가 성급하게 느껴지나요? 그렇다면 일단 TODO, FIXME, XXX이든 뭐든 주석을 남기고 나서 다른 일을 하길 바랍니다. 당신은 약속이라도 한 것처럼 그곳으로 다시 돌아오게 될 겁니다…. 아무렴요.

이번 경우에는 양쪽 모두 조금씩 틀렸습니다. 우리는 모든 코드에 FIXME라는 흔적을 남기는 사람을 손가락질할 수는 있습니다. 그렇지만 이런 종류의 비난에서 자유로울 사람이 누가 있을까요? 우리는 또한 모든 예외는 처리되어야 하는 것이 마땅하다고 생각하는 원칙주의자들도 비난할 수 있습니다. 당신은 프로그래밍에서 모든 것을 당신 생각대로 하라고 타인에게 강요할 수 없습니다. 만약 당신이 타인을 강제하려고 들면 그들은 당신을 피하기 위해 최대한 노력할 겁니다. 도구 제작자들은 도구를 사용하는 사람들이 종종 최소한의 노력으로 매우 특수한 경우를 해결하려 한다는 것을 이해해야 합니다. 도구에 강제로 예외 처리를 하도록 추가한 것이 잘못된 일일까요? 맞을 수도 있고 틀릴 수도 있습니다. 올바른 일을 할 수 있는 시간과 성향을 지닌 사람에 한해서 이러한 에러들은 그들이 처리해야 하는 문제들을 식별하는 반가운 방법입니다.

분명한 점은 여지껏 등장한 복잡한 시스템을 다루는 대다수의 프로그래머들에겐 예외 처리는 까다로운 주제라는 점입니다. 이제 특정한 예외를 어떻게 다룰 것인지 다시 생각해 봐야 하는 때입니다.

KV

## 1.9 누워서 떡 먹기... 아니 코드 보기

좋은 프로그래밍은 99퍼센트의 달콤함과 1퍼센트의 커피로 구성되어 있다.

– 출처 미상

제 시간의 대부분은 코드를 보는 데 쓰여 왔습니다. 운이 좋아도 가공 전의 다이아몬드 원석이면 다행이고, 나쁜 경우엔 김이 모락모락 나는 거대한 똥 무더기였죠. 몇 년 동안 저는 소프트웨어 개발에서 유용하고 올바른 결과를 얻을 수 있는 몇 가지 괜찮은 자료를 공개하고 이를 공유하려 노력했습니다. 소프트웨어 개발의 장단점들은 많은 라이브러리의 내용을 채울 수 있으며, 실제로 그렇게 되고 있습니다. 이러한 조언들은 조언 그 자체끼리도 충돌이 있을 것이고, 그 외의 다른 것들과도 충돌하는 것을 보게 될 겁니다. 이 중에서 단순한 규칙을 여러분에게 다시 소개하고자 합니다. 코드는 원본 작성자가 아닌 다른 사람도 읽을 수 있어야 하며, 시간이 지남에 따라 다른 형태로 쉽게 구성할 수 있을 만큼 작은 조각으로 분할되어야 한다는 규칙입니다. 간단한 규칙 같은데 왜 이렇게 사람들이 따라 하기 힘든 걸까요?

친애하는 독자들에게,

친절한 문서, 적절한 들여쓰기, 합리적인 변수 이름과 같은 명백한 코드 이외에도 코드를 정말 좋아하게 만들 수 있는 것 중 하나는 함수나 하위 시스템이 제대로 재사용되는 경우입니다. 몇 개월 전부터 저는 이탈리아 피사 대학교의 루이지 리조 교수가 쓴 IPFW(IP Firewall) 코드를 읽어 왔습니다. 이 코드는 FreeBSD의 방화벽으로 가능한 것들 중 하나입니다. 다른 방화벽들처럼 IPFW는 패킷을 분석해서 버리거나, 수정하거나, 아니면 변경 없이 패킷을 시스템에 통과시킵니다. 지금까지 제가 여러 소프트웨어의 코드를 검토해 봤지만, 주변의 코드를 재사용하는 데 있어 IPFW 코드가 단연 최고라고 말할 수 있습니다. 여기 두 가지 예시가 있습니다.

방화벽이 해주는 일 중 하나는 패킷을 분석하고 어떤 패킷을 통과시킬지 판단하는 것입니다. 이를 달성하는 방법은 여러 가지가 있겠지만 IPFW의 해법은 매우 우아합니다. IPFW는 커널에 이미 시도되고 검증되어서 존재하는 BPF(Berkeley Packet Filter)의 기능을 재사용하는 방식을 택했습니다. BPF는 패킷이 사용자가 지정한 필터와 일치하는지 아닌지를 결정하기 위해 네트워크 패킷 헤더를 처리하는 기계어와 같은 일종의 명령 코드(opcode) 세트를 사용하여 패킷을 분류합니다. 패킷 분류를 위해 명령 코드와 상태 머신을 사용하면 나중에 사용하기 위한 수동 코딩 규칙에 비해 패킷 분류기를 유연하고 간결하게 구현할 수 있습니다. IPFW는 패킷 분류에 사용할 수 있는 명령 코드 세트를 확장하지만 아이디어는 정확히 동일합니다. 또한 결과 코드가 읽고 이해하기 쉬워서 유지보수하기도 쉽고 악성 패킷을 통과시킬 수 있는 버그를 포함할 가능성은 적습니다. IPFW에서 모든 방화벽에 관련된 규칙을 실행하는 상태 머신은 주석을 포함해 고작 1,200줄의 C 코드로 구성되어 있습니다. 패킷 처리 규칙을 표현하기 위해 명령 코드 세트를 사용할 때의 또 다른 이점은 바이트 코드 인터프리터라서 C 코드 전체를 최적화 컴파일러에 의해 생성된 JIT(Just-In-Time) 컴파일 코드로 대체할 수 있다는 것입니다. 이로 인해 패킷 처리 속도가 훨씬 더 빨라집니다.

IPFW의 더욱 직접적인 재사용 사례는 커널의 라우팅 테이블 코드를 주소 조회(address lookup) 테이블로 재사용하는 경우입니다. 방화벽에서 대부분의 규칙에는 패킷의 원천이나 목적지 참조를 만드는 것이 있습니다. 네트워크 주소를 저장하고 가져오는 본인만의 루틴을 만들 수도 있고 실제로 많은 사람들이 그렇게 하고 있지만, 이미 방화벽이 해당하는 루틴을 수행하는 프로그램과 링크되어 있는 상황에서 그걸 굳이 다시 할 필요는 없습니다. 커널의 기수(radix) 코드는 모든 유형의 키/값 조회를 관리할 수 있지만 네트워크 주소와 관련 마스크를 처리하도록 최적화되어 있습니다. IPFW 테이블 관리 코드는 이 기수 코드를 감싸는 단순한 랩퍼(wrapper)에 불과합니다. 관련 내용은 다음 코드와 같습니다.

```
int ipfw_lookup_table (struct ip_fw_chain * ch,
                       uint16_t tbl,
                       in_addr_t addr, uint32_t * val)
{
    struct radix_node_head * rnh;
    struct table_entry * ent;
    struct sockaddr_in sa;

    if (tbl >= IPFW_TABLES_MAX)
    return (0);
    rnh = ch->tables[tbl];
    KEY_LEN(sa) = 8;
    sa . sin _addr . s_addr = addr;
    ent = (struct table _entry *)
            (rnh->rnh_lookup(&sa, NULL, rnh));
    if (ent != NULL) {
        * val = ent->value;
        return (1);
    }
    return (0);
}
```

이 코드는 규칙 체인(ch), 주소 테이블(tbl) 및 검색 중인 주소(addr)와 같이 IPFW에서 정의한 인자(argument)를 취해 13번째 라인에서 호출되는 기수 코드에서 사용할 수 있는 방식으로 묶습니다. 해당하는 값은 함수의 마지막 인자로 반환됩니다. 그 외의 모든 코드는 테이블에 추가, 삭제, 목록을 보여 주는 관리 코드로 별다를 것 없습니다. 해당 코드들 역시 기수 코드를 감싼 모양입니다. 라우팅 테이블을 라이브러리로 삼아 IPFW는 덜 복잡하고 덜 지루한 코드를 작성했고, 그 결과로 네트워크 주소 테이블을 구현하는 C 코드를 주석을 포함해 단 200줄로 생성했습니다. 이러한 방식의 재사용을 칭찬하는 이유는 평소 제가 마주하는 고문에 가까운 코드들과는 다르기 때문입니다.

제가 갑자기 친절해져서 놀랐다면, 걱정 마세요. 조만간 다시 나쁜 코드들을 욕하며 발광할 것이라고 확신합니다. 지난 두 달 동안 잘 작성된 두 개의 코드를 발견한 것은 정말 놀랍습니다. 드문 일이라 이렇게 기록으로 남겨야겠습니다.

KV

# 1.10 무언가 썩었는데...

당신의 코드는 무엇인가가 썩었다.

– 셰익스피어에 대한 사죄를 하며

코드<sup>Kode</sup>가 문자 그대로 냄새라는 뜻을 갖고 있지 않음에도, 냄새라는 표현이 가장 적합하다고 제 육감이 말하고 있습니다. 때론 어떤 파일을 여는 것은 두리안을 여는 것과 같습니다. 하지만 두리안은 먹어 보면 맛이라도 좋죠. 그게 다르다면 다른 점이겠지만, 그 냄새만큼은 여러분도 잊을 수 없을 겁니다. 때로 어떤 코드들은 말 그대로 당신의 눈에 물이 고이게 하고, 속을 뒤집으며, 당장 방에서 뛰쳐나가 신선한 공기를 들이마시고 싶게 만들기도 합니다.

이번 편지는 그런 코드와 정반대로 명확하고 간결하고 잘 쓰여 있습니다. 요컨대 냄새가 나지 않는 코드 조각입니다. 한번 살펴보겠습니다.

친애하는 독자들에게,

아주 가끔씩 저는 좋은 코드를 발견합니다. 그리고 잠시 이러한 발견을 음미하는 시간을 가지려고 합니다. 제가 매년 건강검진을 받기 전까지 정상 혈압을 유지한다는 전제하에서 말입니다.

먼저 살펴볼 좋은 코드 조각은 리눅스의 clocksource.h입니다. 리눅스는 하드웨어의 심장과 같은 내장된 시계와 인터페이스를 합니다. 이 부분은 마치 러시아 인형 세트처럼 조립된 구조이죠.

사이클 카운터의 핵심은 단순한 현재 하드웨어의 카운터를 추상화하여 반환해 주는 것입니다. 사이클 카운터는 현재 시간, 시간대, 기타 다른 것들은 모르고, 오직 하드웨어의 레지스터에게 언제 물어봐야 하는지만 알고 있습니다. 사이클 카운터는 사이클을 나노초로 환산할 수 있는 두 가지 상태만을 갖고 있으며 그 외의 것들은 전혀 모릅니다. 다음 차례로 나오는 러시아 인형은 타임 카운터입니다. 타임 카운터는 사이클 카운터를 포함하고 있으며, 추상화 수준을 시간의 경과와 나노초 계산으로 확대시켜 줍니다. 이러한 구조의 가장 바깥에서는 필연적으로 시스템이 충분한 추상화를 거쳐서 현재 시간과 날짜를 알려 주는 식입니다.

그래서 이 코드에서 무엇이 그렇게 굉장할까요? 두 가지가 있습니다. 첫째, 구조가 잘 짜여 있습니다. 작은 컴포넌트부터 제공되어 서로의 영역이나 계층을 침범하지 않고도 상호 협력하게끔 되어 있습니다. 둘째, 깔끔하고 명확한 주석으로 처음 보는 사람도 작동 방식을 알 수 있습니다.

사이클 카운터의 코드를 읽는 도중 저를 기쁘게 했던 주석과 구조를 여러분에게도 공유해 봅니다.

```
/**
 * struct cyclecounter - 자유로운 작동 중인 카운터에 대한 하드웨어 추상화.
 *    상태 관련으로 하드웨어와 완전히 독립적인 접근자를 제공합니다.
 *    어떤 하드웨어를 읽건, 사이클 카운터는 그것을 빠르게 랩핑합니다.
 *    (필요하다면) 상세한 규칙은 본 API의 구현자와 본 API 사용자 스펙에
 *    명시되어 있습니다.
```

```
 *
 * @read:      현재 사이클 값 반환.
 * @mask:      64비트 카운터가 아닌 2의 보수 비트 마스크.
 *             SLOCKSOURCE_MASK() 헬퍼 매크로 참조.
 * @mult:      사이클 나노초 곱하기.
 * @shift:     사이클 나노초 나누기(2의 제곱).
 */
struct cyclecounter {
    cycle_t (*read) (const struct cyclecounter * cc);
    cycle_t mask;
    u32 mult;
    u32 shift;
};
```

여러분도 제가 왜 이 코드를 좋아하는지 알게 되었을 겁니다. 그 이유를 모르는 독자를 위해 조금 더 구체적으로 설명해 보자면, 이 코드는 매우 잘 구성되어 있고, 멋지게 들여쓰기가 되어 있으며, 충분히 읽을 만한 수준의 짧은 변수명이 있습니다. 들쭉날쭉한 대문자[5]나 문장_처럼_읽히는_매우_긴_변수명은 등장하지 않죠. 또한 주석은 충분히 풍부한 편이라 이 구조체(struct)가 무엇인지 알 수 있고, 더불어 그것을 어떻게 사용하는지, 심지어는 여러 개의 스레드가 동시에 이러한 구조 중 하나에 액세스할 경우 수행해야 할 작업도 언급하고 있습니다. 모든 코드들이 이렇다면 얼마나 좋을까요! 이 코드에 대해 더 알아보고 싶다면 https://github.com/torvalds/linux/blob/master/include/linux/clocksource.h를 보길 바랍니다.

좋은 코드의 예시는 더 많은 설명이 필요합니다. 따라서 이와 관련된 내용들은 이후 다른 칼럼들에서도 다룰 예정입니다. 사실, 제 마음에 안정을 주는 주제를 한번에 낭비하고 싶지 않습니다.

KV

---

5. 역주 카멜 케이스.

# 1.11 로그 남기기

우리는 건초 더미에서 바늘을 찾고 있습니다.

– 모든 디버깅 작업의 시작 단계

저는 대부분의 코더<sup>Koder</sup>가 로깅 시스템의 중요성이나 출력된 로그가 사용되는 방식을 인식하지 못한다고 강력하게 의심하고 있으며, 이번 편지는 이 두 가지 모두의 중요성을 보여 주고 있습니다. 대부분의 시스템 디버깅 실패 사례들은 로그 출력물에서 비롯됩니다. 운 좋게 여러분에게 로그가 있다는 전제하에서도 말이죠. 디버거가 여러분의 프로그램의 어느 곳에서 충돌이 발생하는지 알려 준다면, 로그 출력물은 충돌 직전에 무슨 일이 벌어졌는지를 보여 줍니다. 좋은 로깅 시스템은 단순히 어느 지점에서 충돌이 발생했는지 알려 주는 것에 그치지 않고 한발 저 나아가 좋은 시스템 대시보드를 구성하는 데 필요한 초석이 되기도 합니다. 반면 나쁜 로깅 시스템은 (대부분이 이쪽이죠.) 거기에 못 미치거나, 아니면 아예 로그 자체를 남기지 않는 편이 더 나을 정도입니다. 그런 시스템은 여러분을 잘못된 장소로 이끌어 여러분이 시스템의 진정한 이슈를 찾느라 시간을 낭비하게 만들기도 합니다.

친애하는 KV,

저는 대규모 프로젝트의 로그 출력을 수정해 왔습니다. 그런데 제가 수정된 코드 반영을 요청할 때마다 시스템 관리자는 제가 한 작업을 되돌려야 한다고 소리를 질러 댑니다. 그들은 로그 출력 포맷이 여전히 제품 버전 1 상태에 바위처럼 버티고 있고 제가 아무것도 건드리지 않아야 한다고 생각하는 것 같습니다. 하지만 현재 제품 버전 3은 버전 1이 해주던 것들보다 훨씬 많은 작업을 해주고 있기 때문에 불가능합니다. 제가 로그 출력을 바꿈으로써 그들의 스크립트가 일부 변경되어야 한다는 사실을 모르는 건 아닙니다. 그렇지만 새로운 기능이 등장하면 새로운 로그 포맷을 적용해야 하는 건 당연한 게 아닌가 싶습니다.

로그말이

친애하는 로그말이 씨,

당신이 알고 있을지 모르겠지만, 시스템 관리자들은 그저 게으르고, 술에 취해 하루 종일 게으름을 피우고, 책상 위에 발을 올려놓고, 상사가 보지 않는 동안 싱글몰트를 홀짝거리는 게으름뱅이입니다. 농담이고, 실제 시스템 관리자는 IT 사이트에서 가장 바쁘고 곤란한 입장에 처한 사람이며, 모든 시스템이 가동 중인지 아니면 가동 중단 상태인지를 파악해야 하는 책임이 있는 사람입니다. 만약 시스템의 로그 출력을 변덕스럽게 변경하면 시스템의 성능을 추적하기 위해 애정 어린 설정이 반영된 여러 도구들에서 당신의 시스템이 심각한 문제가 발생한 상태로 보일 것입니다. 이럴 경우 여기저기서 비명이 터져 나오겠죠. 저는 조용한 곳에서 코딩하는 것을 선호하고, 비명은 전혀 좋아하지 않습니다. 그러니 시스템 관리자들이 비명 지를 일은 만들지 마세요.

로그 출력을 업데이트하는 방법에는 좋은 방법과 나쁜 방법이 있습니다. 로그의 매 행의 앞부분에 새로운 열을 추가하는 것은 기존에 있던 모든 열을 버리는 것과 다름 없습니다. 로그 파일을 업데이트할 때 끔찍하게 나쁜 방법이죠. 사실, 어떤 로그 파일이든 첫 번째 열은 시간, 분, 초로 이루어져 있습니다. 일시를 포함하는 것은 분석 스크립트 작성을 더욱 쉽게 만듭니다. 프로그래밍 API를 확장하는 것과 유사합니다. 아주 그럴싸한 이유가 있는 편이 아니라면, 새로운 정보는 항상 마지막에 추가하는 편이 좋습니다. 마지막에 추가된 열들은 무시하기 쉬운 편이라서 시스템 관리자 도구가 제대로 작동하지 않을 가능성을 낮출 수 있습니다. 이러한 결과로 로그 출력이 변경되어도 사무실 내 비명이 좀 덜할 겁니다.(고개를 들어 사무실의 고요한 분위기를 살펴보세요.)

또 다른 방법으로 조금 덜 공격적인 수단이 있습니다. 로그 출력에 완전히 새로운 정보를 제공하는 별도의 라인을 추가해서 기존 스크립트가 과거의 로그를 가능한 한 오랫동안 그대로 사용할 수 있게 하는 방법입니다. 스크립트 작성자가 스크립트를 업데이트하는 것은 일종의 호의를 베푸는 것이니, 그 보답으로 술 한 잔 사겠다는 등 다정한 말로 격려해야 합니다.

마지막으로, 프로그램에 옵션을 추가해 이전 로그 형식을 출력할 수 있게 하여 소프트웨어를 실행하는 사람들이 다시 스크립트를 업데이트할 수 있도록 하는 겁니다. 어쩌면 이들에겐 새로운 정보가 필요하지 않아 기존의 멀쩡하고 아름다운 그들의 스크립트를 그대로 두고 싶을 수도 있습니다. 새로운 정보를 사용자에게 강요하기 전엔 반드시 심사숙고해야 합니다.

KV

# 1.12 분실물

당신 열쇠랑 지갑은 화장대 위에 있겠지. 맨날 거기 뒀잖아.

– 분노한 배우자

여러분들은 무언가를 깜빡했다고 느낄 때가 있을 겁니다. 분명 어딘가에 두었는데 그게 어디인지 도저히 생각나지 않을 때 치미는 짜증을 기억하나요? 이 증상은 소스 코드를 다루는 사람들에게도 늘 일어나고 있습니다. 버전 컨트롤 시스템이 등장한 지 40여 년이 지났는데도 말이죠. 이건 '그런 짓은 하지 말아야 했는데...'의 또 다른 변형입니다.

친애하는 KV,

저에게는 지금 한 가지 문제가 있습니다. 예전에 작성해 놓은 코드가 있는데 그게 어디에 있는
지 기억나지 않습니다. 소스 서버에 작업된 코드가 굉장히 많은 편은 아니지만, 당신도 알다시
피, 지난 달에 작성한 테스트 코드라 기억이 가물가물합니다. 지금 그걸 도저히 못 찾겠는데 이
럴 때는 어떻게 해야 할까요?

분실물

친애하는 분실물 씨,

무언가를 까먹는 것은 제가 멍청이가 된 것 같은 느낌이 들게 합니다. 그리고 저는
제가 멍청이가 된 느낌을 싫어합니다. 수년 전에 영리하지만 괴짜인 친구가 제 컴퓨
터에 있는 모든 것들을 추적하는 방법에 대해 명확한 정답을 제시했습니다. 그냥 소
스 레포지터리에 넣어 두면 됩니다! 일과 관련된 것만 말하는 게 아닙니다, 우매한
인간이여! 당신이 제일 꺼리는 일은 고용주에게 당신의 개인적인 코드, 문서, 기타
등등을 제공하는 것일 테지만, 제 말은, 그런 것들이 어느 날 사라져 버리면 어떻게
하냐는 겁니다. 실제로 이런 일이 자주 일어나지 않나요?

수년 전에 제 서버를 집에 가져가서(여러분도 집에 서버 하나 정도는 갖고 있겠죠?)
거기에 CVS 레포지터리를 구성했습니다. 그리고 이젠 제가 중요하게 생각하는 것들
은 전부 거기에 보관하고 있습니다. 말 그대로 전부 다 제 CVS 레포지터리에 보관하
고 있습니다. 여기에는 제 설정 파일들(유닉스 시절부터 사용해 온 dotfiles), 모든 문
서들(KV 편지와 답신 포함), 모든 코드, 그 외의 모든 것이 들어 있죠. 제가 컴퓨터
에서 만드는 것들은 죄다 레포지터리로 보내집니다. 요새는 매우 큰 용량도 엄청 저
렴해졌습니다. 다시 사용될 여지가 있는 것을 버리는 것은 단순히 생각해도 이치에
맞지 않은 일입니다.

긍정적인 부작용으로, 이제 저는 컴퓨터 환경을 10분 안에 다 설정할 수 있습니다.
새로운 장비를 손에 넣으면 개인적인 파일들과 dotfile들의 디렉터리를 확인한 다음,
적당한 스크립트를 수행해 모든 필요한 파일을 올바른 위치와 즉각적인 KV 코딩
Koding 머신에 연결합니다. 이 방법은 유닉스 계열이 아닌 플랫폼에서도 똑같이 잘 동

작합니다. 하지만 저는 그런 걸 쓰지 않으니 당신이 유닉스나 유닉스 계열 시스템을 사용해 본 적이 없다면 작동 원리를 직접 연구해야 할 것입니다.

아, 그리고 어떤 식으로든 저장소를 백업하는 것을 잊지 말아야 합니다. CD-ROM 이나 DVD로 미리 복제해 두되, '만일의 사태'를 대비한 조치를 해 두어야 합니다. 파일 하나를 잃어버렸을 때 바보 같은 기분이 든다면, 몇 메가바이트 또는 그 이상의 파일들을 잃어버렸을 때는 얼마나 더 한심하게 느껴질지 생각해 보세요.

이 칼럼이 게시되고 제가 받게 될 첫 번째 편지는 저장한 것들을 어떻게 찾아야 하냐는 내용의 아우성일 거란 확신이 듭니다. 제 추천은 이렇습니다. 1970년대부터 존재해 온 디렉터리를 사용하세요. 그리고 파일명을 제대로 짓기를 권장합니다. 'foo', 'bar', 'baz' 같은 것들 말고요!

KV

# 1.13 복사하기

표절하라! 다른 사람의 작품을 하나도 그냥 흘려보내지 말아라. 신께서 왜 눈을 주셨는지 잊지 말아라. 한시도 눈을 닫지 말고 표절, 표절, 표절하라. 그렇게 만든 것을 '연구'라고 부르는 것을 잊지 말아라.

― 〈로바쳅스키(Lobachevsky)〉, 톰 레러

KV가 하는 일이 편지와 답신뿐인 건 아닙니다. 저는 가끔은 중요하다고 생각되는 일을 하며 시간을 보냅니다. 사람들이 코드와 정보를 복사하고 붙여넣을 수 있는 컴퓨터, 특히 인터넷에 연결된 컴퓨터의 증가로 검토 및 검증되지 않은 코드가 폭발적으로 늘어났습니다. 만약 검증되지 않은 삶이 가치가 없다면, 검증되지 못한 코드도 실행될 가치가 없습니다. 다음 조언은 코드뿐만 아니라 문서, 보안 및 기타 정책, 테스트 계획 등 거의 모든 지적 활동의 산물에 적용할 수 있습니다. 누군가 생산하고 기록한 것들은 대부분 재평가 없이는 완전히 소화시킬 수 없습니다.

모든 걸 그대로 복사한 경우는 본 문장에서는 다룰 가치가 없습니다. 설명한 대로 복사 작업을 전체적으로 수행할 경우 복사에서 결과 버전의 내용이 변경되지 않는 한 원본 작성자의 이름과 기타 정보가 보존되기 때문에 속성에는 문제가 없습니다. 문제는 사람들이 코드나 문서를 복사하면서 그들의 이름이나 회사 이름을 강제로 때려 넣을 때 발생합니다. 저는 더 잘 알아야 할 사람들이 이런 종류의 표절을 흔한 일이라 치부하며 심지어 '성공사례(best practice)'라고 주장하는 것을 들었지만, 지식의 영역에서 이건 정직하지 못한 행위입니다. 더욱이 우스운 건 그들이 코드나 문서를 찾을 때 사용했을 검색 엔진을 사용해 보면 누구든지 표절된 원본의 버전까지 알 수 있다는 점입니다. 교수들은 표절 여부를 확인하기 위해 정기적으로 검색 엔진 같은 시스템에 학생들의 작업물을 돌려 봅니다. 마찬가지로 모든 코드와 문서에서도 그런 작업을 수행해 시스템의 지적 증명을 미리 결정하고 향후의 버그 및 보안 문제로부터 보호해야 합니다. 만약 여러분의 코드나 아이디어의 출처를 모른다면, 여러분의 작업은 여러분 자신과 그 서비스를 사용하는 이들에게 심각한 불안을 야기할 수 있습니다.

친애하는 독자들에게,

여러분도 알다시피 저는 때론 편지 없이 그냥 제가 다루고 싶은 주제를 다루기도
합니다. 그 대신 약간의 코드를 읽죠. 소유권 문제로 제가 읽는 코드를 여러분들과
나눌 수는 없지만, 고객을 위해 찾고 있던 무언가가 Kode Vicious가 정말 싫어하는
두 가지 긴 목록을 야기했습니다. 거기에 대해 생각하면 할수록 여러 가지 얼굴을
가진 하나의 큰 문제라는 것을 깨닫게 됩니다. 문제가 뭐냐고요? 컴퓨터는 데이터
를 복사하기에 지나치게 쉽습니다. 네, 너무 쉽습니다. 여러분 모두 제가 후진 품질
의 주석이나 문서화에 대해서 혹평하길 기대했겠지만, 컴퓨터는 그들에게 주어진
임무를 너무 잘 수행했을 뿐 죄가 없습니다. 저는 정말로 컴퓨터를 탓할 수는 없다
고 생각합니다. 탓해야 할 건 키보드 뒤에 앉아 있는 멍청이들이죠. 하지만 여러분
이 느끼는 분노를 사람보다는 기계에게 표출하는 게 더 나을 겁니다. 문제를 일으
킨 동료를 창 밖으로 던지는 건 그 순간에는 썩 괜찮아 보이지만, 응당 대가를 치러
야 하는 반면, 기계를 창문 밖에 던지는 건 별다른 법적 책임이 없을 테니까요. 물
론, 지나가던 행인의 머리 위로 그 불행이 닥치지 않았다는 전제하에 말입니다. 제
가 무엇에 이렇게 분노하는지 확실히 알려 주기 위해 제가 겪은 어느 하루에 대한
이야기를 해 보겠습니다.

그 날은 맑았고, 새들은 지저귀고 있었으며, 햇살은 눈부셨습니다. 그 일이 벌어지기
전까진요. 오, 잊을 수 없습니다! 저는 프로그래머가 만든 C++의 문자열과 C char*
버퍼를 처리하는 코드에 대한 수정을 검토하고 있었습니다. 그 코드는 문자열에 버
그가 있었으며 버퍼에 지정되었을 때 적절히 종료되지 않았습니다. 이로 인해 다른
시스템에 일부 데이터가 유출될 수 있었습니다. 그럴 수 있다고 치고 끄덕였습니다.
포인터와 문자열은 다루기 어려운 짐승과도 같아 많은 프로그램 에러의 원인으로 알
려져 있으니. 그래서 평소 정오 무렵의 제 카페인 수준에서 이를 갈아 먼지가 되기
전에 해법을 찾기로 결심했습니다. 저는 제 편집기를 열어서 변경된 파일 중 하나를
확인해 봤고, 그 코드는 저를 분노하게 했습니다. 저는 무엇이 문제인지 보고 싶었을
뿐이었지, 그것들을 고치는 수렁에 빠질 생각은 추호도 없었습니다. 첫 번째 변경을
확인하고 그 다음으로 넘어갔습니다. 두 번째 변경은 첫 번째 것을 정말 그대로 복사
한 듯 똑같은 문제를 갖고 있었습니다. 그럴 수 있죠, 암요. 두 군데 정도 똑같은 버
그가 있는 건 문제는 아닙니다. 저는 다시 다른 변경사항으로 넘어갔습니다. 그리고
거기서 앞선 두 가지와 똑같은 녀석을 마주쳤습니다. 이제 여러분들은 무슨 일이 벌

어지고 있는 것인지 알 겁니다. 이런 식으로 열 개 이상의 변경을 확인했습니다. 전체 프로그램이 고작 200개의 파일도 안 되는 상황에서 이와 같은 버그는 적어도 열 군데 이상 존재했습니다. 왜냐고요? 이유는 단순합니다. 처음 버그가 있던 코드를 짠 사람이 이 버그를 복사하고, 복사하고, 복사했기 때문입니다. 제가 말한 이 코드는 단순히 어떤 함수를 호출하는 한 줄짜리 코드가 아닙니다. 열다섯 줄로 구성된 이 코드는 수량, 포인터를 버퍼로 하는 빈번한 에러를 조치하기 위한 코드였습니다.

그렇게 우리는 모든 영역에서 코드를 복사하고 붙여넣기를 한 첫 번째 난감한 상황에 봉착했습니다. 저는 "절대로 코드를 복사해 붙여넣지 마세요!"라고 말하고 싶진 않습니다. 이런 강경한 발언은 다양한 상황이 전부 고려된 건 아니기 때문입니다. 그렇지만 이런 식으론 말할 수 있습니다. "복사하고 붙여넣기 전에 생각부터 하세요!" 여러분도 알고 있겠지만 이 문제는 여러분이나 저, 또는 다른 사람이 이 글을 읽기 이전부터 존재해 왔습니다. 1951년에 어떤 멋진 사람들이 함수를 호출하는 라이브러리를 만들어냈습니다. 많은 사람이 라이브러리는 타인들로부터 제공되는 것이라 생각하고 자신들이 제공할 필요는 없다고 여기는 듯했습니다. 여러분도 알다시피 함수 호출은 반복적인 업무를 단순화시키는 것입니다. 업무를 10회 또는 20회 반복하거나 100줄짜리 코드를 복사해서 붙여넣기를 반복하며 "봐봐, 이 코드는 계속 반복해서 쓰이고 있어, 일반적인 경우엔 쓸 만할 거야."라고 말하는 대신에 말이죠. 그런 다음 해당 코드를 가져가 함수에 넣고 그 함수를 라이브러리에 넣은 다음 당신의 천재성으로부터 혜택을 볼 수 있는 모든 동료들에게 그것을 공유합니다. 어린 시절, 엄마가 우리에게 했던 말을 떠올리면서요. "나눔은 좋은 거야!"

안타깝게도 이 이야기는 이렇게 끝나지 않습니다. 오늘 같은 날엔 제 곁에 앉아 있는 사람들에게 미안한 하루가 됩니다. 저는 사무실에서 저속한 말을 사용하면 안 된다는 것을 배운 사람이지만, 제가 책상에 머리를 쿵쿵 박아대는 성가신 소리까지는 막을 길이 없었습니다. 이 고통에 몸부림치는 소리가 잦아들면 이웃들이 찾아와 "또 뭔데?"라고 자연스레 묻습니다. 평소 제 비명소리를 즐기는 이들이죠.

저는 정말로 우연히 또 다른 문제를 발견했습니다. 제품의 하위 디렉터리에는 제가 검사하던 제품 파일의 일부가 들어 있었는데, 새 제품을 만들기 위해 누군가 방금 전에 쓰던 것을 베껴서 편집을 시도한 것 같았습니다. 이제 단순히 제가 확인하던 코드에서 열 개의 버그만 고민하는 걸로는 해결할 수 없는 상황이 되었습니다. 이제 버그는 누군가가 복사해서 만들고 있는 새 제품에도 존재하게 되었습니다. 그렇지만 이게 다가 아닙니다! 더 있습니다! 새 제품에는 이전 코드가 그대로 유지되지도 않았습니다. 자세히 말하자면 많은 API는 원래 내용을 유지했지만 기본 의미를 미묘하게 변경하고 여기에 몇 가지 새로운 상수를 추가하고 반환 값을 변경했습니다. 제가 처음 무언가 위화감을 눈치챈 한 파일에 이미 200개가 넘는 개별 변경이 있었습니다. 누군가가 부주의하게 잘못된 라이브러리를 연결하기라도 하면 분명히 에러가 발생할 상황이었고, 이런 상황에서 확실한 건 코드가 예측 불가능한 방법으로 깨질 거라는 점뿐이었습니다.

이렇게 복사의 편리함은 두 개의 전혀 다른 문제를 유발하게 되었습니다. 첫 번째 문제는 복제된 버그 문제로, 포인터를 제어하는 코드가 제품의 코드 열 군데 이상에 존재하게 되어 중복 관리하게 된 것입니다. 그리고 두 번째 문제는 이 제품 코드를 전체 복사해 가며 만든 새로운 제품에도 버그가 포함된 문제입니다. 두 제품에서 발생하는 버그는 연관은 있지만 미묘하게 달라서 이제 다른 쪽의 버그를 고치려면 하나씩 고쳐나가는 수밖에 없습니다.

시종일관 제가 궁금했던 것은 '대체 무슨 생각으로 이런 짓을 벌였지?'였습니다. 네, 유닉스 계열의 시스템들은 `cp -r OldProduct NewProduct` 라는 명령어를 한 번 치기만 하면 이런 일이 쉽게 벌어집니다. 우리가 얼마나 많은 시간을 아꼈는지 보세요! 우린 부당함 속에서 허우적대는 대신에 생산성을 엄청나게 높였습니다. 데스크톱 화면에 익숙한 사용자들은 위의 28자 타이핑 대신에 커서를 가져다 놓고 클릭만 하면 되는 겁니다. 유닉스 같은 곳에선 엔터 키까지 쳐야 하는데 말이죠. 그런데 이게 핵심이 아닌 건 다들 알고 있을 겁니다. 핵심은 소프트웨어에서 라이브러리나 함수가 만들어진 데에는 마땅한 이유가 있다는 점입니다. 여러분이 이런 것들을 만들 때는 여러분 본인과 다른 사람들이 재사용할 수 있게 고려해야 합니다. 그래야 장기적으로 봤을 때 맹목적으로 코드나 파일을 복사하는 것보다 훨씬 더 많은 시간을 절약할 수 있습니다. 만약 여러분이 저와 함께한다면 defenestration을 피할 수 있을 겁니다. 네, 오늘의 영단어는 defenestration입니다. 사전에서 찾아보세요!

KV

# 1.14 코딩<sup>Koding</sup>할 때 짜증나는 다섯 가지

나에겐 자그마한 목록이 있습니다.
우리 사회의 범죄자들에 대한 목록이죠.
누가 숨어 있는지 모르겠으나,
누구도 놓치지 않을 겁니다.
누구도 놓치지 않을 겁니다.

– 수석 사형집행인, 오페라 《미카도》

KV를 작성하는 수년 동안 저는 몇 가지 목록에만 의존했습니다. 처음에는 여러 개의 항목이었던 목록이었는데, 언제부턴가 성가신 다섯 가지 문제가 사라지지 않고 계속 있다는 걸 알게 되었습니다. 이것들은 목록의 상단에 계속해서 남아 있었고, 아직까지 제가 매일 접하는 다양한 기술 중 그 어떤 것도 코드<sup>Kode</sup> 속의 이 문제를 해결한 사례는 없습니다.

친애하는 독자들에게,

이번 문제에 대해서는 질 나쁜 Vicious 삼촌이 편지와 답신을 보내지 않습니다. 왜 그러냐고요? 음, 그건 댁들이 모두 침묵했기 때문은 아닙니다. 어찌 됐든 이번 달에는 코딩을 할 때 최고로 짜증나는 다섯 가지를 언급하고 싶습니다. 왜 이런 걸 언급하고 싶냐면, 그건 제가 여러분이 일하던 곳에 출근할 때 당신들이 짠 코드에서 이런 것들을 보는 게 지겹기 때문입니다. 이게 이유랍니다! 아래는 퇴근 후에 제가 건강에 악영향을 끼칠 정도로 많은 술을 마시게 된 이유들의 오름차순 목록입니다.

## 5) 형편없는 주석

네, 여러분들, 당신들은 제가 지금 누구를 지칭하는지 알 겁니다. 주석을 이런 식으로 남기는 분들이요.

```
// i를 1로 지정
i = 1;
```

당연한 부분에 대해서는 주석을 남기고, 20가지 경우에 따라 9가지 다른 동작을 수행하는 복잡한 함수에 대해서는 아무런 주석을 남기지 않는 경우가 있습니다.

컴퓨터 공학 입문 과정을 되새기고 각 함수의 시작 부분에 쓸모 있는 주석을 남기는 건 어떨까요? 여러분들이 이 함수를 다른 사람들이 들여다볼 필요가 없다고 생각하는 건 자유지만, 그건 여러분들이 생각이 없는 거지 나중에 저처럼 뒤처리를 하는 사람들이 진짜 없을 거란 건 아닙니다.

## 4) 매달린 else 문

소프트웨어를 수정하거나 확장할 때 자주 발생하는 가장 일반적인 에러는 블록이라고 생각한 내부에 코드를 더하는 것입니다. 제 표현으로는 매달린 else 문[6]이라고 합니다. 이런 것들을 보면 저는 괄호로 묶어 버리고 싶습니다. 왜냐고요? 당신이 아주

---

6. **[역주]** dangling else clause. 별도의 조건인데 기존 로직에 매달리듯 억지로 끼워 넣어진 코드.

허접한 장비를 쓰는 게 아니라면 else 문이 되어야 하는 곳에 괄호를 앞뒤로 추가하는 것은 여러분들의 디스크에 큰 부하를 주지 않습니다. 정말로 장비가 허접해서 문제라면 엄마에게 가서 하드 디스크 사게 50달러만 달라고 졸라 보거나, 지금껏 다운받은 영화들 중 한 편을 삭제하길 바랍니다.

## 3) 매직 넘버

제가 이런 걸 몇 번이나 봤는지 헤아리기도 어렵습니다.

```
name_buf[128]; // 파일명을 보존한다.
```

name_buf는 잘못 인덱싱되거나 매우 동일한 성격의 저장소가 다르게 선언되는 문제가 있습니다.

```
new_name_buf[127]; // 파일명을 보존한다.
```

여러분이 C, Java, 그 외 무슨 언어를 쓰건 상수를 써야 할 때가 있을 겁니다. 그리고 그런 경우, 여러분은 그것의 이름을 지을 겁니다. 그런 걸 왜 짓는 것 같나요? 단순히 코드를 조금 더 깔끔하게 만들려는 게 아니라 필요한 모든 곳에서 일관된 결과를 제공하기 위해 이름을 지어야 하는 겁니다. 더 나아가, 만약 코드를 길거나 짧은 이름을 쓰는 시스템으로 포팅해야 한다면 어떨까요? 모든 코드에서 이런 매직 넘버들을 찾아서 일일이 변경할 건가요?! 제 생각엔 안 그럴 거 같습니다.

이런 매직 넘버는 여러분의 운영체제 시스템 정의된 상수들에 비하면 덜 유명할 수밖에 없습니다. 지금 제가 칼럼을 쓰는 이 기계에는 운영체제 수준에서 이미 1,024바이트의 제약이 있으며, 이 상수의 이름은 FILENAME_MAX입니다.

## 2) 덜렁거리는 코드 똥 덩어리

코드를 읽을 때 파일 또는 함수 중간에 주석 처리된 코드 덩어리를 발견하는 것보다 더 짜증나는 문제는 없습니다. 여러분이 소스 코드 제어 시스템을 쓰기 시작한 시점부터(잠깐만요, 당연히 쓰고 있는 거 맞죠?) 여러분은 그런 코드들을 간단하게 지워 버리고 새로운 버전의 코드를 저장할 수 있습니다. 만약 더 이상 쓰이지 않는 코드를 부활시키고 싶다면 그저 오래된 버전으로 되돌리기만 하면 됩니다.

이와 비슷한 불편이 `#if/#endif` 를 쓰는 조건부 컴파일된 코드 블록에서도 발생합니다. 설정을 위해 `#ifdef` 를 사용하는 시스템들이 존재합니다. 저도 이것이 문제가 있다고 생각하지만 `#if 0` 경우와는 같지 않습니다. 만약 그 코드를 남겨 두고 싶다면 현재 코드상에 남겨 두지 말고 당신의 소스 코드 제어 시스템에 넣어 그런 코드가 존재했었다는 사실만 기록으로 남기면 됩니다. 코드는 항상 현재 시스템이 어떠한지 보여 주어야 하는 것이지 과거에 어떠했는지를 보여 주는 것이 아닙니다.


## 1) 전역 변수

진심으로 바라건대, 적절한 수준의 추상화를 하지 못하고 전역 변수를 추가하는 프로그래머들을 위한 특별한 지옥이 준비되어 있으면 좋겠습니다. 거기에 더해서 전역 변수명으로 s나 r 같은 것들을 쓰는 사람들에게 더 가혹한 처벌을 내리는 또 다른 수준의 지옥도 있으면 좋겠습니다. 이렇게 작성된 소프트웨어의 문제를 추적하는 게 불가능한 일은 아니지만 제가 생각하는 즐거움에는 포함되지 않습니다. 그러니 정말로 전역 변수가 필요한 경우에는 grep이나 Cscope 같은 도구에서 손쉽게 찾을 수 있도록 이름을 정해 주길 바랍니다. 명심하세요. 정말, 정말, 정말 필요할 때만 전역 변수를 사용하는 겁니다.

여기까지가 저의 가장 짜증나는 다섯 가지였습니다. 죄송합니다, 부비상(booby prize)도 뭣도 딱히 드릴 건 없네요. 단지 저의 '그만해!'라는 절규뿐이죠. 저는 이제 여러분들만의 짜증나는 목록을 제게 보낼 수 있도록 준비하겠습니다. 그중에 마음에 드는 것이 있다면 관련된 내용을 새로운 글로 내놓게 될 겁니다. 마음에 들지 않는 내용을 보낸다면 뭐, 결과는 항상 제가 D 키를 누르는 거로 끝나겠지만요.

KV

# 1.15 언어들 속에서 길을 잃다

1번 문 뒤에는 무엇이 있을까요?

– 〈렛츠 메이크 어 딜(Let's Make a Deal)〉

특정 코드를 작성하는 데 어떤 코드를 선택할지 결정하는 건 사소한 일이 아닙니다. 작업에 적합한 언어를 고르고 그 언어가 올바른 선택이었음을 다른 사람들에게까지 확증하기 위해서는 인내와 경험이 필요하죠. 이번 편지는 C++, Java, Python을 넘어서려고 하는 Go, Rust, Lua 같은 새로운 언어들이 폭발적으로 성장하기 전에 작성된 것입니다. 어떤 새로운 언어가 대세가 되고, 어떤 언어가 사라질지는 시간이 말해 줄 것입니다. 그렇지만 10년도 전에 쓰인 편지의 조언은 여전히 유효합니다. 여러분들은 이 죄악을 눈감아 주기 위해 이름만 바꿔 생각하면 되겠습니다.

친애하는 KV,

제가 일하는 곳은 C++, Python, 쉘 스크립트를 섞어서 제품에 쓰고 있었습니다. 저는 작업을 할 때마다 어떤 언어가 적합한지 추측하는 게 늘 어렵습니다. 당신은 어셈블러와 C로만 코딩하나요? 혹시 저와 같은 어려움이 있지는 않았나요?

언어들 속에서 길을 잃다(Linguistically Lost)

친애하는 LL 씨,

먼저 한 가지를 짚고 넘어가자면, 저는 누추한 늙은 코더$^{Koder}$일 수는 있겠지만 그렇다고 C랑 어셈블러만 다루지는 않습니다. 만약 다시 한번 그런 소리를 한다면 제가 갖고 있는 6502 매뉴얼[7]로 무자비하게 때려 줄 겁니다.

오늘날엔 사용할 언어를 선택하는 게 쉽지 않습니다. 대부분의 코더는 직장에서 사용하라는 언어를 사용하고 그것에 대해 딱히 질문을 던지진 않습니다. 그렇게 질문하지 않는 게 나쁘다는 건 아닙니다. 그래도 우리 일에 더 적합한 도구는 없는지 늘 탐색해야 한다고 봅니다. 그러다가 적절한 도구를 발견해 내면 그 후에는 우리와 다른 도구를 사용하려는 동료를 막기 위해 영원히 반복되는 고함을 치면 됩니다. 아, 잠시만요. 이게 아니네요.

당신 목록의 가장 마지막부터 시작해 보죠. 쉘 스크립트, 때론 영리하고 유용한 수단이지만 관리하기는 매우 까다롭습니다. Vicious 삼촌은 이 녀석들로 100줄 넘어가는 코드는 절대로 작성하지 않는답니다. 왜냐고요? 저는 쉘 스크립트로 가득한 디렉터리를 제품들을 여럿 봤고, 결국에 뒤얽힌 쓰레기로 전락하는 데엔 예외가 없더군요. 이제 어딘가에서 쉘 스크립트를 아름답고 매우 적절하게 사용하는 분들의 분노의 메일이 빗발치겠지만, 다행히 이메일이라 쉽게 지울 수는 있겠네요. 사실 쉘 스크립트를 작성하는 대부분의 사람은 '1회성 작업'(또는 2회성 작업인데, 처음에는 절대로 동작하지 않기 때문)을 '그저 무언가 동작하게끔' 하려고 작성합니다. 불행하게도 이런 스크립트들은 프로젝트 집안의 천덕꾸러기들입니다. 이것들은 한번 레포지터리에

---

**7.** 역주 1970년대 유행하던 프로세서.

추가되고 나서 문제가 생기기 전까지는 무시당하다가 문제가 한번 벌어지면 소리가 날 정도로 두드려 맞고 비명을 지르고 절뚝거릴 때까지 놔주지 않습니다.

```
while 1 do echo 'previous rant' done
```

Perl, Ruby 등과 함께 현대 인터프리터 언어 중 하나인 Python은 쉘 스크립트를 대체하는 데 적합한 도구입니다. 이것들에도 한계는 존재하는데 대개 성능과 관련된 것들입니다. 부탁인데, 장치 드라이버나 임베디드 시스템, 비행 제어 소프트웨어 같은 것들이나 제가 타는 자동차 브레이크 제어를 Python으로 작성하지 말아 주세요. 저는 주로 Python으로는 프로토타입을 만들곤 합니다. 만약 속도가 필요하다 판단되면 컴파일 언어를 택합니다. 또 여기서 누군가가 그건 Java여야 한다고 말할 거라는 것도 압니다만, Java에는 지나치게 많은 것들이(라이브러리, IDE, 기타 등등) 필요하게 느껴져서 이런 경우에 저는 Python을 택합니다. 언젠가는 저도 Java로 대규모 시스템을 만들겠지만 그 언젠가는 제가 Modula-3, Smalltalk, Scheme로 대규모 시스템을 만들어야 할 때쯤의 언젠가입니다.[8] 이런 경우라면 저는 Python은 안 쓸 겁니다. Python은 그저 수백 개의 뒤엉킨 쉘 스크립트를 대체하는 것뿐입니다.

드디어 마지막인 C++에 도착했습니다. 다른 컴파일 언어에 마음이 있는 사람들이 C++에 대하여 뭐라고 말하건 대부분의 코더Koder들이 이 언어 덕분에 여전히 밥벌이를 하고 있다는 점은 잊지 말았으면 합니다. 저는 C++를 선호하는 편인데, 크고 복잡한 시스템이라도 한번 자리를 잡고 나면 매우 정적인 상태가 되더군요. 그리고 사실, 당신이 직장에서 CTO가 아닌 이상 "이 프로젝트에는 C++가 어울리지 않는 거같다."라고 말할 수 없을 것 같습니다. 그런데 당신의 질문을 보아하니 혹시 CTO가 아닌가 싶어지네요.

제 생각에 당신이 진짜 묻고 싶은 건 'C++ vs. Python 상황에서 언제 무엇을 택해야 하는지'인 것 같습니다. 만약 당신이 시스템과 다른 것들에 일반적인 목적으로 클래스를 작성해야 한다면 C++를 쓰고 싶을 겁니다. 더 나아가 문제의 코드가 수정되어서도, 고객에게 보여서도 안 된다면 마찬가지로 C++일 겁니다. 당신의 자연스러운 선택도 이와 같겠죠. 제가 확신하건대 당신의 상사는 제품에 반영된 회사 기밀인 소스 코드를 읽기 쉬운 코드 스니펫 형태로 반출하는 걸 원치 않을 겁니다. 성능 문제

---

8. 역주 안 하겠다는 뜻.

도 중요하게 작용합니다. 인터프리터 언어가 가져오는 효용보다 인터프리터를 기동하고 코드를 통역하는 데 드는 비용이 더 크다고요? 그러면 C++로 코드를 작성해야 합니다.

브라이언 W. 커니핸과 롭 파이크는 《프로그래밍 수련법》[9]이라는 책에서 이 문제를 잘 다루고 있습니다. 이 책은 KV에게도 필독서이죠.

물론 여태까지 말한 것 중에서 고정 불변의 법칙 같은 건 없습니다만, 지금까지 제가 일할 때 그런 문제가 발생하면 어떻게 다루는지 얘기해 봤습니다.

KV

---

9. 역주 브라이언 W. 커니핸, 롭 파이크, 《프로그래밍 수련법》, 인사이트, 2008.

# 1.16 체크인 주석

의도하는 것을 말하고, 말하는 것을 의도해라.

- 출처 미상

마침내 여기까지 왔습니다. 여러분 손 안의 코드는 이제 버전 제어 시스템에 들어갈 준비가 되었습니다. 코드는 코드베이스의 다른 코드들과 섞일 준비가 되었으며, 이런 여러분의 업적에 대해서 자랑스러워해도 좋습니다. 전 세계에 알리세요. 그게 아니라면 적어도 커밋 로그에 여러분이 만든 변경사항에 대해서 적절한 수준으로 설명을 남기는 시도를 해볼 수는 있을 겁니다.

친애하는 STM 씨,

저는 당신이 어떤 소스 코드 제어 시스템을 사용하는지는 모르겠으나 제가 지난 십수 년 간 사용해 온 방법은 모든 체크인[10]에 주석을 남기는 것이었습니다. 이 체크인 주석은 저장할 수 있고 찾아볼 수도 있습니다. 제 기억 속에서 멀어진 코드를 뒤적여볼 일이 생겼다고 가정해 보겠습니다. 가령 요란한 금요일 파티 전에 체크인했던 내용을 찾아본다면, 저는 해당 파일의 전체 이력과 저와 다른 사람들이 어떠한 생각을 가지고 변경을 만들어갔는지에 대한 징후도 찾아볼 수 있습니다. STM 씨, 제가 단언컨대 당신이 체크인할 때 적절한 주석을 넣었다면 이 모든 것들이 가능할 겁니다. 그렇지만 슬프게도 많은 독자가 쓸데없는 잡설들을 보고 있겠죠.

허접한 체크인 주석은 저의 최고로 짜증나는 것들 목록 상위 다섯 가지에는 들어갈수 없으나 상위 열 가지에는 들어갑니다. 수년 전에 실제로 저는 자기 코드를 체크인할 때 관련 주석을 남기는 것을 거부하는 엔지니어와 함께 일해 봤습니다. 하루에 열단어 이상 말하는 날이 손에 꼽고, 모든 질문에 '예', '아니오'로만 답했던 그의 평소태도와 완전히 일치하는 행동이었죠. 이런 소통의 부재가 그의 언어 능력과는 아무상관이 없었던 게, 그는 우리가 직장에서 쓰는 언어인 영어에는 완전히 능통했습니다. 결국 팀은 파일을 체크인하기 전에 주석에 최소한 세 단어를 넣어야 한다는 제약사항을 걸어 만약 주석이 없으면 체크인이 거부되도록 만들었습니다. 솔직히 말하자

---

10. 역주 git의 경우 커밋(commit).

면 이 시도는 다음과 같은 주석 때문에 기대했던 결과를 얻어낼 수 없었습니다.

새로운 기능 추가. 511 버그 수정. 432 버그 수정.

그 외.

특정 엔지니어에게 손가락 고문을 수행할 것을 고려하고 제안도 해봤으나 고문은 적어도 미국의 현대 비즈니스 관행에 어긋난다는 지적 때문에 실행할 수 없었습니다. 그리고 몇 년간 이런 광기 어린 시절을 보내다가 그 엔지니어는 회사를 떠났습니다. 그는 제법 좋은 코더<sup>Koder</sup>였으나 그의 소프트웨어에는 버그가 있었습니다. 우리 모두와 마찬가지로요. 다른 점이 있다면 그가 남긴 버그를 고치는 것은 악몽과도 같았다는 점인데 코드와 관련된 어떤 컨텍스트도 찾아낼 수 없었기 때문입니다. 그 코드에는 정말 처절할 정도로 허접한 주석만 있었고 알고 있는 것들만 짜증나게 다시 언급하고 있었으며, 체크인 흔적들은 코드의 발전 방향에 대해서 아무런 단서도 제공하지 않았습니다. 이 남자의 흔적을 갖고 일한다는 것은 당신을 시궁창으로 집어 던지는 거랑 비슷하다고 보면 됩니다. 우리 모두가 이걸 시도해 봤지만, 그 누구도 이걸 즐길 수는 없었습니다.

체크인 주석은 코드에 남기는 주석과 같은 제약을 받습니다. 첫째, 실제로 주석이 있어야 합니다. 제가 아는 한 모든 소스 코드 제어 시스템들은 엔지니어가 체크인할 때 주석을 넣도록 강제해야 합니다. 만약 체크인할 때 주석을 작성하지 않으면 손가락에 전기 충격을 가하는 키보드가 나온다면 저라도 사겠습니다. 둘째, 주석은 유용해야 합니다. 세 단어 제한사항 같은 것은 저와 함께 일했던 엔지니어 사례처럼 불충분했습니다. 만약 당신이 사소한 버그를 조치했는데, 제가 그것을 유추하려면 버그 번호에 대한 문장이 포함되어 있어야 합니다. 버그 번호가 있어야 나중에라도 문제가 뭐였고 어떻게 조치했는지 찾아볼 수 있을 겁니다. '간결함이 위트의 핵심(Brevity is the soul of wit)'인 건 분명하지만, 오스카 와일드는 이미 죽었고 당신이 그 사람 같은 대문호일 리는 없다고 봅니다. 그러니 제 기준에서 당신은 적어도 세 문장 이상은 남겨야 합니다. 새로운 기능처럼 중요한 걸 추가한 경우에는 더더욱 긴 문장으로 '기능이 무엇이고 어떻게 동작하고 어떻게 쓰이는지'를 설명해야 합니다.

이런 정보들이 저장되어야 하는 더 좋은 저장소가 있다는 불평이 나올 거란 걸 당연히 알고 있습니다. 버그 정보는 버그 데이터베이스에, 기능과 관련된 정보는 기능 명세에 있어야 한다는 투로 말입니다. 둘 다 맞는 말이지만, 제가 코드를 열어 볼 때는 가능한 한 한곳에서 최대한의 정보를 얻고 싶습니다. 버그 데이터베이스 창과 전자 버전의 기능 명세와 제 코드를 왔다 갔다 하고 싶지 않습니다. 그러니 제발 부탁인데, 다음부터는 당신이 소스 코드 제어 시스템에 체크인할 때 제가 당신 뒤에 소몰이 막대를 들고 버티고 서 있다고 생각하면서 당신이 무엇을 적어야 하는지 매우 신중하게 판단하기 바랍니다.

KV

# 코딩 수수께끼
## Koding Konundrums

"시간이 되었습니다." 바다코끼리가 말했습니다.
이것저것에 대해 이야기할 때가 되었군요.
- 〈바다 코끼리와 목수〉, 루이스 캐롤

우리 앞에 주어진 코드<sup>Kode</sup>에서 한발짝 물러나서 보면 코딩<sup>Koding</sup>의 개념<sup>Koncept</sup>이 조금 더 확장됩니다. 많은 사람들이 프로그래밍과 소프트웨어 디자인을 이해하는 데 실패하는 이유는 이것들이 단순히 편집기나 IDE에 수백 줄의 라인을 채워 넣고 실행하는 게 다가 아니기 때문입니다. 우리가 작업하고 있는 시스템이 크든 작든 간에 주의해야 할 개념들이 있습니다. 어떤 시스템이건 만들어지고 나면 디버깅이나 문서화, 테스트 및 전반적인 시스템 성능을 이해하는 데 문제가 생깁니다. 이러한 문제들을 이번 장에서 다룹니다.

## 2.1 메서드를 위한 찬가

과학의 좋은 점은 당신이 그걸 믿든 안 믿든 그것이 사실이란 점입니다.

– 닐 디그래스 타이슨

만약 컴퓨터 과학이 정말 과학이라면, 분명히 컴퓨터와 그에 수반되는 소프트웨어에 존재하는 문제를 해결하는 과학적인 방법을 적용할 수 있을 겁니다. 컴퓨터 과학 프로그램에서는 소프트웨어 공학에 실제로 과학적 방법을 적용하는 것에 관한 주제는 잘 다루지 않습니다. 과학적 방법 비슷한 것으로 문제를 해결하지 못한다면 신앙으로 디버깅을 한다고 할 수 있을까요? 신앙에 기댄 디버깅은 다행스럽게도 애자일과 스크럼이 채택한 방법이 아니지만, 저는 많은 사람들이 이 방법에 기대고 있는 것을 목격한 바 있습니다. 소프트웨어 버그를 초자연적인 현상으로 빗대어 취급하는 것은 코더$^{Koder}$들 사이에서는 흔한 농담입니다. 단순히 버그를 못 찾거나 프린터를 다시 동작하게 하는 것도 못하겠다는 누군가에게 "닭을 제물로 기도드려 봤어?"라는 식으로 비꼬곤 하죠. 코드 한 페이지만 봐도 버그를 찾을 수 있는 훌륭한 코더$^{Koder}$가 있기는 하지만 이런 경우는 매우 드문 편입니다. 그래서 최고의 프로그래머들은 그들의 문제를 해결하기 위해 과학적인 방법을 적용하는 법을 배웁니다. 이번 답신에서는 소프트웨어 버그를 또 수정하고 수정하는 것에 자신이 있는 저만의 단순한 방법을 제시합니다.

친애하는 아는 걸 씨,

소프트웨어 분야에서 일하는 것은 단순히 당신 코드가 올바를 거란 당신의 막연한 기대 가지곤 부족합니다. 실제로 소프트웨어 작업의 그 어떤 부분도 직감에 기초해서는 안 됩니다. 어쨌든 소프트웨어도 컴퓨터 과학의 일부로 간주되고 있고, 과학은 늘 증거를 요구하니까요.

현재 제가 버그 추적 시스템에서 겪는 문제 중 하나는(이건 제가 그들과 겪고 있는 문제 중 하나일 뿐입니다.) 당신이 조치를 완료한 버그에 대해서는 추적하기 힘들다는 점입니다. 대부분의 버그 추적 시스템은 버그에 대한 상태가 신규, 열림, 분석됨, 조치됨, 해결됨, 닫힘, 기타 등등 갖가지로 변경될 수 있습니다. 그렇지만 이런 것들은 버그 수정이나 프로그램 규모에 상관없이 수행되는 어떠한 작업들에서 비롯되는 전체 이야기의 극히 일부일 뿐입니다.

프로그램이란 건 당신이나 팀이 일종의 시스템을 표현하기 위해 코드로 적어 내려간 것입니다. 그리고 시스템(체계)이기 때문에 그것에 대한 논리가 존재해야 합니다. 이쯤 되면 많은 사람이 뛰쳐나와서 "타입 시스템!", "증명!"처럼 대부분의 프로그래머들이라면 이해 못하거나 마주칠 일이 없는 것들을 외칠 겁니다. 그럴 수도 있겠지만, 난해하거나 소수만 이해하는 프로그래밍 언어에 의존하는 대신 조금 더 쉬운 방법으로 이런 논리에 대한 문제에 접근할 수 있습니다. 과학적 방법을 사용하세요.

문제에 접근할 때는 과학적 방법이라는 창을 통해 문제를 봐야 합니다. 아마도 당신에게는 이미 문제가 무엇일 거라는 아이디어가 있을 겁니다. 시스템에 대한 당신의 이론을 작성하세요.(이론은 시스템에 대한 몇 가지 관찰 가능한 사실을 설명합니다.) 그런 다음 그 이론에 기반해 하나 또는 여러 개의 문제에 대한 가설을 세우세요.(가설은 문제 해결을 위한 테스트 가능한 아이디어를 뜻합니다.) 가설의 좋은 점은 그것이 참이건 거짓이건 Boolean 방식의 프로그래머 두뇌에 적합하다는 점입니다. 둘 다 아니거나 둘 중 하나이거나, 흑 또는 백, 참 또는 거짓이지, 〈그레이의 50가지 그림자〉처럼 많지 않습니다.

여기서 핵심은 이런 것들을 전부 작성해야 한다는 것입니다. 제가 젊었을 때만 해도, 저는 이런 것들을 적지 않아도 될 정도로 제 머리가 좋다고 생각했습니다. 나중에 보니 어리석은 생각이었죠. 저는 모든 것을 제 머릿속에 둘 수 없었고, 당시에 상사가 물어볼 때까진 제가 무엇을 까먹었는지조차 알 수 없었습니다. 작업 중인 내용을 물어봤을 때 답변 대신 망연자실한 표정을 마주하게 되는 것만큼 짜증나는 일도 없을 겁니다.

결국 저는 이런 작업이 조금 더 쉬워질 수 있는 체계를 만들어 기록했습니다. 문제에 대한 이론이 있을 때 THEORY라는 제목의 기록을 만들고, 거기에 대한 생각을 적었습니다. 그리고는 저의 모든 테스트(제가 테스트라고 하는 이유는 다른 모든 훌륭한 프로그래머들과 마찬가지로 HYPOTHESIS라고 치기 귀찮아서입니다.)를 추가로 적었습니다. 이 기록 체계는 최근에는 Emacs에서 Org 모드로 하고 있습니다. Emacs에서는 단축키를 이용해 손쉽게 순번을 부여할 수 있고 라벨 변경도 쉽게 할 수 있습니다. 버그의 경우에는 BUG(버그), ANALYZED(분석됨), PATCHED(패치됨), FIXED(완료됨)라고 라벨을 달고, 가설의 경우에는 PROVEN(검증됨), DISPROVEN(반증됨)이라고 라벨을 달았습니다.

저는 항상 이 검증된 가설과 반증된 가설을 보존하고 있습니다. 이걸 왜 둘 다 갖고 있냐고요? 그래야만 제가 시도했던 것 중에 무엇이 통했고 실패했는지 알 수 있기 때문입니다. 검증된 기록은 여러분의 상사가 OCD[11]가 있거나 "조금 더 자세하게 말해 봐."라고 말할 때 유용합니다. 당신의 성공과 실패를 모두 기록으로 남기면 3개월 후에도 이전에 해결했던 버그와 비슷한 방식으로 코드가 깨지면 언제든 돌아갈 수 있

---

11. [역주] Obsessive Compulsive Disorder. 강박장애.

으며 지난번에 테스트한 내용을 살펴볼 수 있습니다. 이러한 가설 중 하나가 유용하거나, 아니면 당신이 시도했던 멍청한 일들을 상기시켜 주어 다시 시도하는 데 시간을 낭비하지 않게 해줄 겁니다. 어떤 경우든 버전 관리가 되는 방법으로 백업하고 저장해야 합니다. 제 경우에는 저만의 소스 코드 레포지터리에 저장되어 있습니다. 물론 당신도 자신만의 레포지터리를 갖고 있겠지만요, 그렇죠? 그렇죠?!

KV

## 2.2 C++는 얼마나 +된 건가?

내 이름은 오지만디아스, 왕 중의 왕이다. 이 몸의 위업을 보라, 강자들이여. 그리고 절망하라!
– 〈오지만디아스(Ozymandias)〉, 퍼시 비시 셸리

프로그래밍 언어 전쟁은 결코 끝나지 않습니다. 그리고 이번 편지에서 KV는 그런 언어 중 하나를 강타하도록 현혹되었었나 봅니다. 솔직히 말하자면 저는 C++를 항상 싫어해 왔습니다. C++는 낭비가 심하고, 저희 할머니가 자주 쓰시는 말처럼 대량의 말똥 덩어리를 쏟아냅니다. 그래서 관리하기도 최적화하기도 힘들죠. C++에 대한 답신은 실제 저의 감정보다는 좀 순화되어 있는데, 그 이유는 사람들이 과거에 선택했던 것을 다시 선택하는 것뿐이고 출근 첫날부터 본인의 의지와는 상관없이 주어진 기술 부채 산더미를 다루고 있다는 걸 알고 있기 때문입니다. 그런데 일부 학교에서는 여전히 컴퓨터 과학을 가르칠 때 C++가 좋은 언어라고 하고 있습니다. 솔직히 말하자면, 열받는 소리라 그따위 말은 그만했으면 좋겠습니다. 저는 그런 식의 관행이 정신 건강에 대한 학대행위라고 정의내렸습니다. 학생들에게는 C++보단 Python이 더 좋습니다. 어쩌면 어셈블러도 괜찮을지 모르겠네요.

이 편지를 처음 세상에 공개하고 수년이 지나면서 컴파일 언어 세계에 적어도 두 개의 새로운 경쟁자가 등장했습니다. Rust와 Go이죠. KV는 이것들에 대해서 지나가면서 살펴본 정도이지만, Rust가 임베디드 영역에 새롭게 발디딤을 했다는 부분에 대해서는 매우 흥분했습니다. 가상 메모리에 대한 보호가 취약한 시스템들에서도 훨씬 더 나은 메모리 안전성을 제공한다는 것은 코더<sup>Koder</sup>들의 정신 건강에 좋은 것으로 보이기 때문입니다. Rust와 Go의 또 다른 장점은 Algol과 유사한 언어로 프로그래밍을 해본 이들에게는 친숙하게 느껴지기 때문에 C, C++, Java 같은 언어로의 건너뛰기로 인한 인지부조화를 걱정할 필요가 없다는 점입니다. 이러한 새로운 언어들은 아직까진 교육용 언어로서 판단이 보류되고 있습니다만 저는 학생들이 상호작용하며 시작할 수 있는 Python 같은 것으로 가르쳐야 한다고 생각합니다.

지금은 KV가 C++에 더해진 것이 얼마나 있는지 살펴보는 것을 함께 보겠습니다.

친애하는 KV,

저희 회사에서는 C와 C++에 관한 약간의 논쟁이 있었습니다. 성능 문제는 제쳐두고(저는 이 부분은 최신 PC에서는 사소한 차이라고 생각합니다.) 언제 C++를 쓰는 게 좋고, 또 언제 C를 쓰는 게 좋을까요? 아니면 언제든 C++를 쓰는 게 더 나을까요?

제 느낌상 애플리케이션이 본질적으로 객체지향적(예: 사용자 인터페이스)이지 않은 경우 C++는 구현을 더 좋게 한다기보다는 더 나쁘게 만드는 경향이 있다고 봅니다.(가령, 생성자와 연산자가 우스꽝스럽게 의도치 않은 행위를 한다거나, C++ 전문가들이 "그것들의 전문 영역을 사용하라."라고 말한대로 C++ 코드를 작성하면 효율은 많이 증대되지만 읽기는 어렵고 비대해집니다. 템플릿을 사용하면 마찬가지로 비대해지고 느려지기까지 합니다. 그 외에도 난해한 컴파일러/링커 에러 메시지, 기타 등등이 있습니다.) 저는 사람들이 C언어로 나쁜 코드(매크로에서 빠져나온 goto 문은 나은 편이죠.)를 작성할 수 있다는 걸 잘 압니다. 그런데 제 생각에 C++는 더 나아가 일반적으로 사람들이 끔찍한 코드를 작성하게 만듭니다.

그래서 궁금합니다. 당신은 이 논쟁에서 어느 편인가요?

++에는 +가 얼마나

친애하는 얼마나 씨,

언어를 선택하는 건 과거에 제가 다뤘던 편지에도 있지만 C vs. C++의 격렬한 논쟁은 두 언어가 존재한 이래로 계속되어 왔어서 정말 이젠 좀 지치네요. 그러니까 제 말은…. 혈관에 붉은 피가 흐르는 개발자라면 어셈블러를 작성해야죠! 아, 아닙니다. 이건 아니겠네요.

저는 당신이 이런 질문을 해준 게 기쁘네요. 왜냐면 이 질문은 제가 그것에 대해 떠들 자격을 주는 동시에 몇 가지 잘못된 믿음을 바로잡을 기회를 주니까요.

먼저 당신의 편지에서 사용자 인터페이스가 객체지향적이라고 말한 건 가장 잘못 알려진 이야기 중 하나입니다. 많은 객체지향 프로그래밍 책들의 앞부분에서 사용자 인터페이스가 예제로 다뤄지는데, 이것은 사람들이 예쁜 그림에 더 혹한다는 사실과 연관이 있습니다. 순전히 요점을 표현하는 데 있어 그림과 글씨가 나란히 있는 게 더 좋다는 이유 때문입니다. 저는 디바이스 드라이버를 작성하면서도 당신이 사용자 인터페이스에서 배울 수 있는 객체지향에 대한 내용들을 다룰 수 있었습니다.

또 다른 잘못 알려진 이야기는 C가 객체지향적이지 않은 언어라고 말하는 겁니다. C로 작성된 객체지향 소프트웨어의 좋은 예시로 vnode 파일시스템 인터페이스가 있는데, 이것은 BSD 유닉스와 기타 운영체제에서 쓰이고 있습니다. 앞선 사례들처럼 당신이 객체지향적인 소프트웨어를 작성할 때 원한다면 C나 C++, 심지어 어셈블러로도 작성할 수 있습니다.

그리고 마지막으로 잘못 알려진 이야기는 C++가 C보다 난해한 코드를 만든다는 것이었는데, 돈 시리가 〈어떤 언어에서도 FORTRAN을 쓰지 않는 방법(How Not To Write FORTRAN in any Language)〉[12]에서 그 잘못된 소문을 해소시켜줬습니다. 지난 20여 년간 저는 C에 C++ 코드가 스파게티처럼 뒤섞인 참 일하기 즐거운 코드를 봐왔고, 그 반대의 경우도 봐왔습니다.

지금까지 잘못 알려진 이야기를 두드려 팼으니 이제 무엇을 해야 할까요? 이제 언어를 택할 때 진정으로 중요한 것들에 대해 이야기해 보겠습니다.

### 1) 어떤 언어가 팀 구성원들이 가장 많이 경험한 언어인가?

만약 당신이 여덟 명으로 팀을 구성할 때 여섯이 C에 능숙하고 두 명만 C++에 능숙한 상태로 당신의 프로젝트에 투입된다면, 일을 할 때 C++를 택하는 것은 리스크입니다. 물론 두 명의 C++ 코더Koder가 C언어 친구들을 돌본다면 C++도 괜찮을 수 있지만, 어려울 겁니다. 작업에 필요한 작업량을 예측하기 위해서는 먼저 도구를 이해해야 합니다. 만약 평소에 네일 건을 써본 적이 없다면 여러분은 누군가의 발가락을 날려버릴 가능성이 있습니다. 그리고 발가락이 없어지면 균형잡기 어려울 테니 좋지 않겠죠.

### 2) 애플리케이션이 언어가 제공하는 특정 기능을 필요로 하는가?

C와 C++는 상당히 유사한 언어입니다. 예를 들면 문법이 그렇습니다. 다만 라이브러리에서 제공하는 기능들이 다르거나 동작 방식이 당신의 애플리케이션에 어떨 땐 적절하거나 어떨 땐 적절하지 않을 수도 있습니다. 실시간 상황에서 데이터 타입을 무시하고 처리해야 하는 제약 때문에 종종 C를 사용해야 하기도 합니다. 만약 타입 안전성이 가장 중요한 사항이라면, C에는 이런 부분이 기본적으로 존재하지 않으니 C++가 더 나은 선택일 것입니다.

---

12. 돈 시리, 〈어떤 언어에서도 FORTRAN을 쓰지 않는 방법(How Not To Write FORTRAN in any Language)〉, ACM Queue 2권 9호, 2004년 12월/2005년 1월.

**3) 한 언어 또는 다른 언어에서 사용하거나 디버깅하기 어려운 다른 애플리케이션 또는 라이브러리의 서비스를 필요로 하는가?**

심 계층[13]을 당신의 코드와 라이브러리 사이에 만드는 건 쓸모없는 일이면서 당신의 시스템 코드에 버그 생성 여지를 두는 것에 불과합니다. 따라서 심 계층은 시댁 식구처럼 피해야 하는 존재입니다. 그들은 간단히 이야기하는 것이나 주변에서 일주일 정도 시간을 보내는 것 정도는 고려할 수 있겠지만, 너무 지나치면 시끄러운 짐 덩어리만 됩니다.

이 외에도 한 언어에서 다른 언어를 택하는 데엔 여러 가지 이유가 있습니다. 그렇지만 위에 언급된 세 가지에 대해서는 당신과 당신 팀 차원에서 충분한 합의가 있어야 할 겁니다. 그리고 이 과정에서 당신은 템플릿이 이해하기 얼마나 쉬운지나 예외를 통한 디버깅이 어려운지는 별로 중요한 게 아니란 점을 깨닫게 될 겁니다.

KV

---

13. 역주 shim layer. 애플리케이션 간 호환성을 위해 호출을 중간에서 변환해 주는 계층.

## 2.3 세련되고 모던한 무언가

재빠르게 행동하고 무언가를 박살내라.

— 바보의 주문

많은 편지는 KV가 새로운 언어나 기술을 코딩$^{Koding}$할 때 사용하길 기대하는 맥락에서 보내집니다. 제가 여기서 지적했듯 중요한 건 새로움이 아니라 하고자 하는 일에 대한 적절성과 좋은 소프트웨어 엔지니어링 관행을 사용하는 것입니다. 우리처럼 코딩$^{Koding}$ 업계에 종사하는 사람들은 세련되고 새롭고 모던한 것을 갖고 있습니다. 우리 업계에서는 다들 미래지향적인 선언을 따르는 데 익숙할 겁니다. 물론 불건전한 파시즘 선언은 제외하고요. 1909년 필리포 토마소 마리네티가 작성한 그 선언문[14]의 거의 모든 내용이 요즘의 기술 회사들에 의해 뒤틀려 '재빠르게 행동하고 무언가를 박살내라'가 되어버렸다고 볼 수 있습니다. 그런데 솔직히 말하자면 그 선언문은 원래부터 뒤틀려 있었습니다.

우리와 같은 공학자들은 새로운 아이디어, 방법, 사고법처럼 우리의 기존 체계를 빠르게 하거나 덜 해도 되게끔 약속해 주는 것들에 끌리기 마련입니다. 세련되고 모던한 무언가의 진실은 그것들이 소프트웨어와 관련된 증상에 있어 만병통치약이 아니라는 점입니다. 좋은 소프트웨어에는 신중한 생각, 사려 깊은 계획, 그리고 신중한 실행 과정이 필요하지만 제가 여기서 지적한 바처럼 좋은 소프트웨어를 개발하기 위한 은 탄환은 아직까진 없습니다.

---

14. 역주 이탈리아 시인 필리포 토마소 마리네티가 1909년 프랑스 일간 《르 피가로(Le Figaro)》지에 발표한 〈미래주의 선언문(Manifeste de Futurisme)〉.

친애하는 KV,

당신의 칼럼을 읽어 보니 당신은 C나 C++로 코드<sup>Kode</sup>(당신이 하듯 저도 오타를 내봤어요.)를 작성하는 사람들 중 하나로 느껴집니다. 우리 같은 사람들의 대부분은 다른 언어를 씁니다. 가령 PHP, Python, Perl 같은 것들요. 이런 언어들을 써보는 것에 대해 어떻게 생각하나요? 아마 대부분은 당신의 독자들이 태어난 후에 디자인되고 작성된 언어들이겠죠.

제가 일하는 곳에서는 많은 웹 서비스를 제공해야 하는데 이런 업무 환경에서는 PHP가 좋았습니다. C나 C++는 계산적으로 복잡하거나 운영체제와 밀접한 일부 작업에만 쓰이고 있죠. 우리처럼 다른 언어로 코드<sup>Kode</sup>를 작성하는 이들에게 해줄 만한 조언이 있을까요?

21세기 코더<sup>Koder</sup>

친애하는 21 씨,

제가 C언어가 등장한 이후에 태어난 세대라고 말해줘야겠네요. 아주 근소한 차이지만 말이죠. Queue의 독자들은 대부분 다른 언어로 경험을 쌓아 왔을 겁니다. 아마도 BASIC일 텐데 생각만 해도 몸서리가 쳐지네요. 그렇지만 저는 사람들이 물어보는 것에 대해서만 글을 쓰고 있습니다. C나 C++가 아닌 언어를 사용하는 코더<sup>Koder</sup>들의 편지도 있었는데, 가령 몇 달 전에 제게 편지를 썼던 '언어들 속에서 길을 잃다(Linguistically Lost)'가 있겠네요. 당신이 조금 더 구체적으로 질문을 해줬다면 제 일이 조금 더 쉬워졌겠지만 내용을 보아하니 그게 당신의 목표는 아니었나 봅니다. 제 오타는 저의 편집자에게 항의하면 되는데, 그 전에 호신술 수업을 몇 번 듣고 가길 추천하겠습니다.

저는 매우 많은 PHP 코드를 읽어 왔고 Python, Perl, C, C++, TCL, Fortran, Lisp, COBOL 기타 등등에도 그만큼 많은 시간을 할애했습니다. 기본적인 사실은 좋은 코드와 나쁜 코드가 언어 그 자체와는 별로 관련이 없다는 점입니다. 최근에 누군가가 Queue에서 다뤘던 내용인 〈어떤 언어에서도 FORTRAN을 쓰지 않는 방법(How Not To Write FORTRAN in any Language)〉을 당신이 읽고 배워야 할 것 같네요.

좋은 코드는 다른 사람들이 쉽게 이해할 수 있도록 언어에서 관용화된 비유를 사용하는 코드입니다. 이 답신에서 제가 언급한 모든 언어에는 주석이 있지만 이를 생략하거나 완전히 오용하는 것 같습니다. 1980년대부터 이해할 수 있는 변수와 함수명을 사용할 수 있었음에도 어떤 사람들은 여전히 글자 하나로 이름을 짓고 나중에 코드를 보게 될 사람들이 그 의미를 알아챌 것이라고 믿습니다.

PHP를 아래와 같이 작성할 수 있습니다.

```
function getn($data)
```

아니면 이렇게 더 이해하기 쉽게 쓸 수도 있습니다.

```
// 이 함수는 name_field 문자열을 입력으로 가져온다.
// 이름은 알파벳 문자로 시작하는 문자열이어야 하며,(예: A~Z 또는 a~z)
// 32글자를 넘을 수는 없다.
// 첫 번째 문자는 반드시 알파벳이어야 하며,
// 그 뒤로 오는 문자들은 알파벳이거나 숫자여야 한다.(예: 0~9)
function get_name($name_field)
```

그렇지만 여전히 전자처럼 작성하는 사람이 있습니다. 그래서 저는 당신과 당신의 젊은 친구들이 뭘 하는지 신경 쓰지 않습니다. 만약 당신이 이해하기 쉬운 코드 쓰기의 기초를 처음으로 제시한다면, 다른 불쌍한 코더[Koder]는 그것을 읽어야 합니다. 이런 과정을 한 번 거치고 난 후에 PHP에 대한 몇 가지 구체적인 질문을 제게 보내준다면 세련되고 모던한 느낌에 대해서 밝히고 거기에 대한 이야기도 나눌 수 있을 겁니다.

KV

## 2.4 | 캐시 미스가 뭐죠?

소프트웨어에 정말 진지한 사람들은 그들만의 하드웨어를 만들어야 한다.

— 앨런 케이

소프트웨어를 개발하는 많은 사람은 마치 하드웨어가 존재하지 않는 것처럼 여기며 가상의 컴퓨터에서 완벽하게 동작할 거라고 생각하는 경향이 있습니다. 그렇지만 당연하게도 이런 일은 벌어지지 않습니다. 소프트웨어는 하드웨어에서 동작하고 하드웨어는 현실 세계의 제약에서 자유로울 수 없습니다. 가령, 빛의 속도라든가 엔트로피, 그리고 기타 자질구레한 것들이 우리의 소프트웨어 개념에 방해가 될 수 있습니다.

칩을 만드는 전기 엔지니어 수준으로 하드웨어를 이해할 필요는 없지만 하드웨어가 소프트웨어 성능이 어떤 영향을 미치는지 정도는 이해할 수 있어야 합니다. 컴퓨터 아키텍처의 일부 변경은 CPU의 여러 단계에 캐싱을 도입하는 것만큼 전체 시스템 성능에 큰 영향을 미치지는 않습니다. 대부분의 소프트웨어 성능 예측은 CPU가 소프트웨어를 실행하는 방식에 대해 아주 오래된 모델을 따르지만, 그 모델은 가장 저렴한 저가형 프로세서를 제외하고는 진즉에 폐기되었습니다. 이번 편지와 답신은 숨겨져 있는 많은 성능 문제들에 관한 최신 정보를 알려 줍니다.

친애하는 KV,

저는 최근에 제가 작성한 코드에서 작업하는 개발자의 풀 리퀘스트를 들여다보고 있습니다. 그가 제출한 코드에는 최적화라는 명목의 이상한 변경이 가득합니다. 가령, 단순하게 1, 0을 반환하고 에러 처리를 위해 −1을 반환하면 되는 경우가 있다면, 그는 별도의 변수를 할당하고 그 값을 더하거나 차감하고 그 값을 반환하는 식입니다. 저는 이런 부분들이 시간을 별로 단축하지 않을 거라고 생각합니다. 왜냐하면 벤치마킹 결과에서 함수가 주로 시간을 소비하는 영역은 이런 부분들이 아니란 걸 저는 알기 때문입니다. 그의 주장은 불필요한 명령을 수행하지 않는 것이야말로 우리의 시간을 아껴준다는 것이었지만, 제 말은 그의 복잡한 코드는 읽기가 힘들다는 것입니다. 만약 그가 5~10퍼센트 정도의 성능 개선을 보여 준다면 고려할 가치가 있겠지만, 이와 관련된 그 어떤 종류의 테스트도 보여 주지 않았습니다. 저는 그의 이런 커밋들 몇 개를 막아냈지만, 이런 식의 최적화에 반대할 수 있는 쓸 만한 논거를 가지고 주장을 펼치고 싶습니다.

다른 거나 Pull하세요

친애하는 Pull 씨,

불필요한 명령을 수행하지 않는다니, 그 사람은 1990년대에서 왔나 싶네요. 사람들이 세부사항에 주의를 기울이는 것은 언제나 좋습니다. 그런데 때론 사람들이 올바른 것에 주의를 기울이지 못할 때도 있습니다. KV는 현대의 소프트웨어에서는 개발자들에게 명령을 낭비하지 말라고 장려한 적이 없습니다. 제가 보기엔 누군가가 그런 걸 장려한 것 같네요. KV도 그렇고 당신도 그랬듯이 명령 몇 개 아끼자고 가독성을 포기해선 안 됩니다.

언어와 컴파일러에서 어떤 발전이 이루어지건, 항상 자신이 도구보다 더 똑똑하다고 생각하는 프로그래머들이 존재해 왔습니다. 가끔 실제로 그런 사람들이 있었지만 대부분은 아니었죠. 어셈블러의 출력된 명령의 개수를 헤아리는 것으로 누군가는 만족할 수도 있겠지만 난독화된 코드를 정당화하기 위해서는 그것보단 더 많은 이유가 필요할 겁니다. 아래와 같은 코드로 가득한 모듈을 가정해 보겠습니다.

```
if (특정 조건) retval++; goto out; else retval--; goto out: ... out:
return(retval)
```

솔직히 이런 건 상상하고 싶지도 않습니다. 현대의 컴파일러들이건 그 이전의 것들이건, 프로그래머들이 수작업으로 이뤄낸 최적화는 이미 다 고려되어 있습니다. 인라인 함수 처리, 차감 루프, 그리고 기타 여러 가지 것들이 말이죠. 그런데도 여전히 자신의 도구와 처절하게 싸우는 몇몇 프로그래머들이 있습니다.

코드의 명료성과 소소한 최적화의 경쟁에선 명료성이 거의 항상 이깁니다. 명료성이 부족한 코드는 버그의 온상이 되는데, 굳이 그런 빠르지만 잘못된 코드를 가질 이유는 없기 때문입니다. 코드에서 중요한 건 일단 틀리지 않는 게 먼저고 그 다음이 성능 보장인데, 이는 제정신인 개발자라면 당연히 따르는 우선순위입니다. 그리고 제정신이 아닌 프로그래머는 피하는 게 상책이죠. 그들은 결국에 중앙 아메리카의 어느 국가로 이주하고는 욕조에서 그들만의 약물을 혼합하고, 그들이 아이폰을 잠금 해제할 수 있다고 주장할 겁니다.

다른 심각한 문제는 제안된 코드는 일반적인 코딩 관용구와 어긋난다는 점입니다. 모든 언어와 마찬가지로 컴퓨터 언어에도 관용구가 있으며, 여기에 관한 내용은 제가 십여 년 전에 언급했듯 브라이언 W. 커니핸과 롭 파이크가 그들의 책인 《프로그래밍 수련법》에서 잘 다루고 있습니다. 오래 전에 나온 책이 여전히 유효하다는 점이나 제가 자기 참조를 십년 주기로 하고 있다는 점에 대해선 생각하지 않았으면 좋겠네요. 당신은 사람의 언어에서 관용구를 알아야 하는 이유와 마찬가지로 컴퓨터 언어의 관용구도 존중해야만 합니다. 관용구는 의사소통을 원활하게 해주는데, 프로그래밍 언어건 아니건 모든 언어의 목적이 바로 그겁니다. 언어에서 관용구는 언어가 쓰이는 만큼 유기적으로 성장합니다. 전부는 아니고 대부분의 C 프로그래머들이 무한 루프를 이런 방식으로 작성할 겁니다.

```
for (;;)
```

또는

```
while(1)
```

여기에 적절한 break 문을 이용해 에러를 만나면 루프에서 빠져나가게 합니다. 사실 《프로그래밍 수련법》만 봐도, 해당 책의 도입부(1.3절)에서 쉽게 찾을 수 있습니다. 값을 반환하는 경우에 1, 0, −1을 사용하는 게 true, false, 에러를 인코드해서 반환하는 것보다 더 흔합니다. 스택 변수를 할당하거나 증가 또는 감소시키고 goto 문을 이용하는 것은 그 어디에서도 본 적 없는 관용구인데, 그런 일이 당신에게 벌어졌네요. 저는 그런 경험은 하고 싶지 않습니다.

이러한 구체적인 코드 예시에서 몇 가지 형태의 코드 속임수를 혼합으로 허용하는 것이 타당한지에 대한 추상적인 질문으로 넘어가는 것은 실제로는 몇 가지 요인에 달려 있습니다. 그러나 대부분 코드를 약간 비틀어서 밑바탕에 있는 기계에게 조금 더 밀접하게 하는 것이 실제로 얼마나 속도를 높일 수 있느냐에 달려 있습니다. 결국에는 손으로 한 최적화들의 대부분은(특히 C나 비대한 사촌인 C++의 경우에는) 저수준 코드로 본다면 컴파일러가 프로그래머가 의도했던 최적화를 실제 밑바탕의 기계의 동작 방식과 연결 짓지 못함을 알 수 있습니다. 대부분의 소프트웨어 엔지니어들이 컴퓨터가 어떻게 동작하는지 제대로 알지 못하지만 사실 이들 대부분이 컴퓨터가 어떻게 동작하는지를 대학에서 배웠다는 점을 잠시 제쳐 두고 말하자면, 1970년대부터 1980년대 슈퍼 스칼라 프로세서와 딥 파이프라인은 CPU의 표준 기능이었습니다. 이것들에 대해 살펴보면 오늘날의 컴파일러에도 여전히 속도 향상을 가져다줄 수 있는 몇 가지 기법을 발견할 수 있습니다.

기법이라는 것은 이 대화에서 그리 중요한 것은 아닙니다. 중요한 건 소프트웨어의 효율성을 어떻게 측정하느냐입니다. 이 과정은 복잡하고 어렵습니다. 당신의 동료가 수행한 것처럼 단순하게 실행된 명령의 수를 헤아리는 방법만으로는 기본 코드의 런타임에 대해 상세한 것을 알 수 없습니다. 현대의 CPU는 아주 특수한 계산 영역이 아닌 이상, 명령 수행 과정에서 고려되는 가장 귀한 자원이 아닙니다. 현대 시스템들이 명령들 때문에 허덕이는 경우는 없습니다. 대부분은 데이터가 문제를 유발합니다. 데이터 처리 과정에서의 캐시가 불필요한 명령어 한두 개 또는 열 개 수행을 줄이는 것보다 더 큰 효과가 있습니다. 단 한 번의 캐시 미스가 32나노초의 패널티를 부과한다면, 이건 대략적으로 3-GHz 프로세서에서 100사이클에 맞먹습니다. 덴마크 기술 대학의 아그너 포그에 의하면 상수 하나를 CPU의 레지스터에 집어넣는 MOV 명령을 수행하는 데에는 1/4사이클이 필요합니다.

https://www.agner.org/optimize/instruction_tables.pdf

누군가가 이런 내용을 정리하기 위해 매우 많은 프로세서들을 살펴봤다는 것은 놀랍기까지합니다. 평소 최적화에 일가견이 있다고 생각하던 사람들조차 다음 사이트를 보면 자신감을 잃을지도 모릅니다.

https://www.agner.org

여기서 핵심은 한 번의 캐시 미스가 매우 많은 명령 처리보다 비싼 비용을 치른다는 점입니다. 따라서 명령어 몇 가지의 최적화는 당신의 소프트웨어의 처리 속도 향상에 크게 도움이 안 됩니다. 속도를 향상시키려면 시스템을 측정해 병목이 어디인지 식별한 다음, 가능하다면 그것을 제거해야 합니다. 그렇지만 그건 이 주제에서 벗어나니 나중에 다루기로 하죠.

KV

## 2.5 코드 동굴탐험

바보들은 복잡성을 무시하고, 실용주의자들은 감내하며, 전문가들은 회피하며, 천재들은 제거한다.

– 앨런 펄리스

소프트웨어 커리어라는 것은 다른 코더$^{Koder}$들의 코드$^{Kode}$를 읽고 이해하는 데 시간을 보내는 걸 의미합니다. 저는 이런 작업을 코드 동굴탐험(code spelunking)이라고 하겠습니다. 이 표현은 제가 이 글에서 처음 만든 것으로, 이런 과정이 어떠한 느낌인지 재치있게 표현하고자 만들었습니다. 이 과정은 어둡고 광활하고 위험한 장소를 원시적인 도구들과 매우 작은 램프 하나에 의지하여 탐험하는 것과 같습니다. 제가 이 칼럼을 작성해 온 지도 수년이 지났지만, 여전히 코드를 파헤치는 도구는 한 사람이 헤집어야 하는 코드의 양에 비해서 발전 속도가 더딥니다. 읽어야 하는 코드의 양과 언어의 종류는 오히려 크게 늘어났는데 말이죠.

커다란 코드베이스를 제대로 시각화해 줄 수 있는 도구는 절실하게 필요하지만 찾기 어렵습니다. 현재까지의 코드 동굴탐험 도구들은 독립형이거나 IDE의 일부로 존재하며, 프로그래머가 코드의 위아래와 호출 구조를 따라 이동할 수 있게 해줍니다. Doxygen 같은 시스템은 호출 그래프를 기초적으로나마 보여 주지만 정적이고, 네비게이션 기능이 제약이 있으며, 규모에 따라서는 실패도 합니다. 만약 코더$^{Koder}$들이 매일 써야 하는 하나의 도구가 있다면 이런 종류의 도구일 겁니다. 우리 모두 매일 증식하는 기능들의 늪지대에 빠져 죽지 않기 위해 버둥거리고 있으니까요. 이번 내용은 당신이 수면에서 버틸 수 있게 해주는 도구들에 대해 다루고 있습니다.

당신이 처음으로 소프트웨어와 관련된 일을 시작했던 날을 떠올려 보세요. 처음에 인사 팀과 할 일을 마치고 본업에 뛰어들었을 때 맨 먼저 하게 된 일이 무엇이었는지 기억나나요? 새로운 코드를 작성하라고 부탁받았었나요? 아마 아닐 겁니다. 아마도 하나 또는 여러 가지 버그를 고칠 것을 부탁받았을 것이고, 커다랗고 허접하게 문서화된 소스 코드를 이해해야 했을 겁니다.

당연하게도 이 일은 학교를 갓 졸업한 이들에게만 벌어지는 일이 아닙니다. 우리 중 누구라도 새로운 회사에 취직하거나 처음 보는 코드와 마주한 경우라면 얼마든지 겪을 수 있는 일입니다. 이런 경험들을 통해 우리 같은 개발자들은 커다랗고 낯선 코드베이스에서 작업하는 기술을 배우게 됩니다. 이걸 저는 코드 동굴탐험이라고 말하죠.

코드 동굴탐험은 다른 엔지니어링 사례와는 사뭇 다른데, 이 과정은 초기 디자인과 시스템 구현 이후 오랜 시간이 지난 이후에나 벌어진다는 점입니다. 그래서 어떻게 보면 범죄가 일어난 후 사용되는 법의학 수사 기법과 유사한 부분이 있습니다.

코드 동굴탐험가들이라면 던져야 하는 몇 가지 질문들이 있습니다. 그리고 그들을 위한 도구라면 마땅히 그들의 질문에 답할 수 있어야 합니다. 저는 이와 관련된 몇 가지 도구들을 살펴보았고, 그들이 지닌 몇 가지 단점들과 개선이 가능한 부분들에 대해서 지적하고자 합니다.

코드베이스가 이미 커다랗다면, 계속해서 커질 겁니다. 제가 지금 이 글을 작성하는 시점에 리눅스 커널은 17개의 프로세서 아키텍처를 지원하고, 642개의 디렉터리로 구성되어 있으며, 12,417개의 파일과 5백만 줄의 코드로 이뤄져 있습니다. Apache 처럼 복잡한 네트워크 서버는 28개의 디렉터리와 471개의 파일, 158,000줄의 코드로 구성되어 있고, nvi 편집기는 29개의 디렉터리와 268개의 파일, 77,000줄의 코드로 이뤄져 있습니다. 저는 이러한 예시들이 처음 일을 시작하는 이들이 직면하는 현실에 대한 적절한 예시라고 믿습니다.

당연한 이야기이지만, 과학, 군사, 금융 분야의 애플리케이션에서는 이보다 더 큰 시스템들도 존재합니다. 그렇지만 우리가 논의한 내용이면 더 친숙할 테고, 우리가 매일 접촉하는 시스템 복잡성에 관한 본능적인 느낌을 전달하는 정도로는 도움이 될 것입니다.

안타깝게도 우리와 함께하는 이 도구들은 우리가 탐험해야 하는 코드에 비해 뒤떨어질 때가 종종 있습니다. 여기에는 몇 가지 이유가 있는데, 가장 큰 이유는 이런 도구를 만든다고 회사가 번창하진 않는다는 겁니다. 이런 도구를 만드는 것보다 더 폭넓은 고객들에게 영향을 줄 수 있는 소프트웨어를 파는 편이 더 쉽게 돈이 벌릴 테니까요.

**정적 vs 동적.** 우리는 코드 동굴탐험 도구와 기법을 정적 분석과 동적 분석이라는 두 가지 측면에서 비교할 수 있습니다. 정적 분석은 실행 중인 프로그램이 아니라 오직 소스 코드만 확인합니다. 여기에 부합하는 도구는 검색 도구이며, grep이나 wc는 당신이 소스 코드의 규모를 더 잘 이해할 수 있게 해줍니다. 코드 리뷰 또한 정적 분석 기법의 한 예시입니다. 코드를 출력하고 테이블에 앉아서 읽을 수도 있습니다.

동적 측면의 도구 예시로는 디버거가 있습니다. 실제 데이터상에서 코드를 수행하고 프로그램(디버거)를 이용해 실행 중인 다른 프로그램을 검사합니다. 또 다른 동적 도구는 소프트웨어 오실로스코프인데, 이것은 멀티스레드 프로그램을 여러 개의 수평선으로 (진짜 오실로스코프처럼) 보여 줍니다. 이를 통해 데드락이나 우선순위의 역전, 기타 멀티스레드 환경에서의 일반적인 버그들을 찾을 수 있습니다. 오실로스코프는 주로 임베디드 시스템에서 쓰입니다.

**무차별 vs 영리함.** 코드 동굴탐험에서 탁월함에 대한 두 번째 척도는 적용되는 기교의 수준입니다. 극단적인 경우는 무차별 대입(brute force)을 이용한 접근으로, 많은 CPU 시간 소비 또는 대량의 데이터를 생성하는 것입니다. grep으로 에러 메시지가 발생하는 부분을 찾고자 하는 행위를 무차별 대입의 예로 들 수 있습니다.

또 다른 탁월함의 척도는 영리함입니다. 프로그램 내에서 문자열을 찾는 영리한 접근 방식으로, 도구는 코드베이스의 모든 관심 가는 컴포넌트들에 대해 데이터베이스(함수명, 구조 정의, 기타 등등)를 만듭니다. 그런 다음 이 도구는 코드 레포지터리에서 소스를 변경할 때마다 새로운 데이터베이스를 생성합니다. 또한 필요한 정보가 이미 손아귀에 있으므로 소스에 대해 알고 싶을 때도 사용할 수 있습니다.

**당신만의 방법을 도표로 만드세요.** x축은 기교를 나타내고 y축은 정적인 상태에서 동적인 상태로 이어지는 2차원 그래프를 만들어 시각화할 수 있습니다. 그런 다음 그래프 도구나 다른 기법을 이용해 당신이 지닌 방법들을 비교해 볼 수 있습니다.

사용된 용어 중에 가치 판단을 의미하는 용어는 없습니다. 때론 정적이고 무차별 대입의 접근이 당신이 원하던 방법일 때도 있습니다. 미묘한 분석을 수행하기 위해 도구를 설정하는 데 시간이 너무 오래 걸린다면 무차별 대입 접근 방식이 적절합니다. 당신이 코드 동굴탐험을 하고 있을 때 고상함을 추구한다면 주변에서 좋은 소리를 못 들을 겁니다. 사람들은 그저 결과만 원할 뿐입니다.

코드 동굴탐험 시 염두에 두어야 할 한 가지는 스카우트의 모토인 "준비하라."입니다. 당신의 도구에 시간을 조금 더 투자한다면 장기적인 관점에선 시간이 절약됩니다. 시간이 좀 지나고 나면 모든 엔지니어는 문제를 해결하는 데 사용하는 도구들을 창고에 쌓아두고 씁니다. 저에게는 코드 동굴탐험에 항상 함께하는 몇 가지 도구가 있고, 프로젝트를 시작할 때마다 그 도구들과 바닥부터 함께합니다. 여기에는 Cscope와 global이 포함되어 있는데, 이 도구들에 대해선 뒤에서 더 자세히 다루겠습니다.

코드 동굴탐험의 가장 흔한 시나리오는 익숙지 않은 코드 조각에서 버그를 해결하는 것입니다. 디버깅은 고도의 집중을 요하는 작업입니다. 당신에게 프로그램이 있는데 동작은 하지만 올바르게 동작하진 않는 상황입니다. 이런 상황이라면 당신은 왜 이러는지, 그리고 어디서 그러는지 알아내야 하며 해당 부분을 고쳐내야 합니다. 프로그램과 관련해서 당신이 알 수 있는 건 문제점의 개수뿐입니다. 건초 더미에서 바늘을 찾는 것이 바로 당신이 해야 할 일이며, 따라서 당신이 제일 처음 해야 하는 질문은 '프로그램의 어디에서 문제가 발생하는 걸까?'입니다.

당신은 문제에 대해서 여러 가지 접근 방법을 취할 수 있습니다. 접근 방법은 상황에 따라 달라집니다. 만약 프로그램이 단순히 하나의 파일이라면 검사(inspection)를 이용해 버그를 찾을 겁니다. 그렇지만 당신도 알고 있듯 정말 유용한 애플리케이션들은 파일 하나보다는 큽니다.

이론적 예를 들어 보겠습니다. 잭은 Whizzo Company에 취직했습니다. 그 회사는 WhizzoWatcher라는 미디어 플레이어 애플리케이션을 만드는 곳인데, 다양한 타입의 엔터테인먼트 콘텐츠를 재생하거나 해석할 수 있습니다. 출근 첫날(건강보험, 스톡옵션, 퇴직연금까지 계약했습니다.) 잭의 상사는 이메일로 두 개의 버그 리포트를 보내 조치해 줄 것을 부탁했습니다.

잭에게 할당된 두 개의 버그는 다음과 같습니다.

버그 1 : WhizzoWatcher가 타입 X인 파일을 열 때, 코어 파일을 제외하고는 출력 없이 즉시 충돌합니다. 버그 2 : DVD로 긴 상영 시간의 영화(반지의 제왕: 두 개의 탑)를 볼 때 오디오 싱크가 두 시간 이후 지점부터 어긋나기 시작합니다. 이는 특정 프레임에서 발생하는 것이 아니라 아무 프레임에서나 발생합니다. WhizzoWatcher 1.0은 일반적인 소프트웨어 형태 중 하나입니다. 원래 '시제품'이었던 이 제품은 부사장과 투자자들을 열광시켰고, 그것을 만든 엔지니어들의 반대에도 불구하고 바로 출시되어 버렸습니다. 이 제품에는 디자인과 관련된 문서가 전혀 없었고, 그나마 있는 것도 부정확하고 오래된 내용들뿐이었습니다. 믿을 수 있는 유일한 정보는 프로그램 코드 그 자체일 뿐이었습니다. 왜냐하면 이건 본래 시제품에 불과해 여러 개의 오픈소스 소프트웨어들이 제품 구성으로 통합되어 있었으며, '실제 시스템'에 투자될 때쯤 대체 될 것으로 여겨졌기 때문입니다. 전체 시스템은 약 500개의 파일이 15개의 디렉터리 에 흩어져 있고, 현재 그중 일부는 직접 작성되어 다른 코드들과 통합된 상황입니다.

버그 1 : 프로그램이 시작될 때 충돌하는 이 버그는 잭이 조치한 버그 중 가장 쉬운 것이었습니다. 디버거를 실행할 수 있는 상황이어서, 다음 충돌이 발생할 때 문제를 발생시키는 라인을 찾을 수 있었을 겁니다. 코드 동굴탐험에서는 처음에 코드를 세 밀하게 들여다보지 않아도 됩니다. 물론 코드베이스에 익숙해지는 게 장기적으로는 도움이 되겠지만 처음부터 그럴 필요는 없습니다.

불행하게도 잭은 충돌을 유발하는 부분을 찾았음에도 원인을 알아낼 수 없었습니다. C 언어에서 이런 충돌을 유발하는 흔한 이유는 null 포인터에 접근할 때입니다. 이 경 우 디버거에서 잭은 프로그램의 직전 상태를 알 수 없고 충돌하는 순간의 상태만 알 수 있어 매우 제한된 데이터만 갖게 됩니다. 코드를 시각적으로 검사하는 일반적인 방법은 호출자가 특정 포인터에 진입하는 시점의 스택 트레이스를 보는 것입니다.

이 상황에서는 소수의 명령이라도 뒤로 한 걸음 물릴 수 있는 디버거가 도움이 될 겁 니다. 함수 입력 시 디버거는 함수의 모든 로컬 변수와 응용 프로그램의 전역 변수를 충분히 저장하여 함수 전체에 구문 단위로 기록할 수 있도록 합니다. 디버거가 정지 하는 경우(또는 프로그램이 충돌하는 경우), 함수의 시작 지점으로 돌아가서 어떤 구 문이 에러를 유발하는지 찾아낼 수 있습니다. 일단 잭은 코드를 읽고 에러의 진짜 원 인을 우연히라도 발견하기를 바라고 있습니다.

버그 2 : 버그 2의 습격입니다. 코드에서 충돌이 발생하지 않지만 올바르지 않은 결 과를 제공하고 있습니다. 이 경우는 디버거가 프로그램을 언제 멈추고 분석해야 하 는 위치를 보여 주는 간단한 방법이 없기 때문에 더욱 어렵습니다. 잭의 디버거는 조 건부 중단점(conditional breakpoint)과 관측점(watchpoint)을 지원하므로 이것이 그 의 다음 방어선이 됩니다. 관측점과 조건부 중단점은 디버거가 변수에 지정된 일이 벌어지지 않을 경우 중지하며, 이를 통해 잭이 문제가 발생한 가장 가까운 코드 위치 를 조사할 수 있게 해줍니다.

잭이 이러한 방법으로 문제를 찾아내고 나면 이제는 문제를 해결할 차례입니다. 버그 조치의 핵심은 시스템 내의 다른 어떤 것들도 깨지지 않게 하는 것입니다. 철저한 테스트가 이 문제를 해결할 수 있는 한 가지 방법이지만, 시스템에서 어떤 영향을 미치는지 자세히 알 수 있다면 문제를 해결하는 것이 더 편할 것입니다. 따라서 잭의 다음 질문은 '어떤 루틴들이 내가 고쳐야 하는 루틴을 호출하는가?'입니다.

디버거만으로는 이 질문에 답하기 어렵습니다. 왜냐면 잭은 디버거에게 문제의 루틴을 호출할 모든 소스들을 제공할 수는 없기 때문입니다. 이런 경우에는 영리하고도 정적인 접근이 결실을 맺습니다. Cscope라는 도구를 이용하면 코드 덩어리에서 데이터베이스를 생성해 다음과 같은 기능들을 잭에게 제공해 줍니다.

> C 심볼 찾기
> 전역 정의 찾기
> 함수에 의해 호출되는 함수들 찾기
> 함수를 호출하는 함수들 찾기
> 문자열 찾기
> 문자열 변경하기
> egrep 패턴 찾기
> 파일 찾기
> 이 파일의 #includes에 포함된 모든 파일 찾기

네 번째 항목인 '함수를 호출하는 함수들 찾기'가 질문에 대한 대답이 될 겁니다. 만약 그가 조치해야 하는 대상이 제한된 영향 범위를 갖는 변수나 구조체가 아니라면, 그의 다음 질문은 다음과 같아야 합니다. '어떤 함수들이 내 함수와 데이터를 공유하는가?' 사실 이러한 질문은 '제대로 디자인된 프로그램'이라면 나와서는 안 될 질문입니다.(함수끼리 데이터를 직접 공유하지 마세요.) 잭은 전역 변수 패거리를 만들어서 자신의 프로그램을 제어하도록 하진 않았습니다. 왜냐면 그는 유지보수 시점에 어떤 악몽이 벌어질지는 아는 사람이니까요, 그렇겠죠?

물론, 이 이야기는 코드 동굴탐험 이야기라 잭은 이미 그 정도 수준은 넘어섰습니다. Cscope 같이 영리한 도구를 다시 이용하고 싶은 마음이 굴뚝 같지만 이번 경우에는 무차별 대입이 그에게 최선인 상황입니다. 프로그램 내부의 전역 참조에 대한 목록(파일명과 라인 번호)을 만드는 건 컴파일러 수준에서 가능하지만 누구도 사용하진

않습니다. 이 과정은 새로운 코드를 작성하는 경우엔 거의 쓸모없지만, 오래된 코드를 디버깅하는 과정을 훨씬 쉽게 해줄 수 있습니다. 잭은 이 모든 변수들이 프로그램 속 어디에 있는지를 알아내기 위해 찾기와 grep을 조합해서 이용해야 할 겁니다.

코드 동굴탐험은 당신이 디버깅할 때만 해야 하는 행위가 아닙니다. 이는 좋은 코드 리뷰를 위해서도, 기술 역설계를 통해 디자인 문서를 작성할 때도, 그리고 보안 감사 지적사항이 조치되었는지 확인할 때도 유용합니다.

많은 사람들이 금융 및 개인 거래에 컴퓨터를 사용하는 시대가 된 이후로는 보안 허점에 대한 감사 코드가 보편화되었습니다.(또는 되어야만 합니다.) 이러한 보안 허점을 막으려면 일반적인 공격이 무엇인지, 그리고 공격에 취약한 코드 영역이 무엇인지 알아야 합니다. 대부분의 공격들은 버그트랙(Bugtraq)의 메일링 리스트(http://www.securityfocus.com)에 매일 반영되니 이것들을 보면 되겠습니다.

다음 예시를 보겠습니다. 질은 인터넷을 통해 고객들에게 수많은 서비스를 제공하는 거대 은행에 취직했습니다. 그녀의 상사는 출근 첫날인 그녀에게 은행이 다양한 하드웨어와 운영체제로 구성된 전체 시스템에 대한 보안 감사를 수행하고 있음을 말해주었습니다. 시스템은 '밖에서의 웹 트래픽을 받아 뒤로 리퀘스트를 보내는 서버'와 '실제로 리퀘스트를 받아 돈과 관련된 처리를 하는 메인프레임 백엔드'로 된 유닉스 시스템 한 쌍으로 구성되어 있습니다.

이런 상황에서 발생 가능한 보안 취약점은 프로그램이 사용자의 개인정보를 저장할 경우 해당 기기에 접근 가능한 모두가 그 정보에 접근할 수 있게 되는 것이었습니다. 구체적인 예를 들어, 평문의 암호를 파일이나 레지스트리 키로 만들어 저장했다고 가정해 보겠습니다. 만약 질이 그런 코드를 작성한 사람이거나 그걸 누가 했는지 알 수 있는 상황이라면, 그녀는 간단한 질문만으로도 프로그램이 암호를 저장하는 위치를 신속하게 찾을 수 있을 겁니다. 하지만 애석하게도 로그인 스크립트를 작성한 사람은 6개월 전 은행이 본사를 이전했을 때 해고되었습니다. 질은 작성자의 도움 없이 이 작업을 수행하는 방법을 찾아야 합니다.

단순한 디버깅과 다르게 질이 처한 상황은 '프로그램이 데이터 X를 어디에 저장하는가?'라는 특수한 상황입니다. 이런 질문에 답할 수 있는 도구는 흔치 않습니다. 프로그램의 구조에 따라서는 어디든 될 수 있으며, 자주 그런 상황이 펼쳐집니다. 질은 이런 상황에 대해 무차별 대입이나 영리한 접근 두 가지 방법 모두를 사용하여 문제

제기를 할 수 있습니다. 그녀의 전임자는 디버깅과 관련된 구문들(가령, printfs나 유사한 표현들)을 전부 제거해서 프로그램이 어디에 암호를 저장하는지 알 수 없게 했습니다. 그녀는 아마 전체 프로그램에서 몇 개 또는 여러 개의 위치로 범위를 좁힐 수 있는 몇 가지 추측을 가지고 있을 것이며, 이 정도라면 여전히 할 만한 수준의 작업입니다.

영리한 접근 방법은 프로그램을 디버거에서 돌리는 겁니다. 사용자가 암호를 입력한 직후 저장소에 저장하는 동작 직전에 정지하도록 하는 것이죠.

프로그램을 공격하는 전형적인 방법은 올바르지 않은 입력을 시도하는 것입니다. 이 취약점을 찾아내기 위해 질은 반드시 다음과 같은 질문을 해야 합니다. '프로그램이 원천을 신뢰할 수 없는 데이터는 어디서 읽는가?' 대부분의 사람들이 네트워크를 통해 들어오는 데이터와 관련된 코드는 전부 취약점이 있다고 생각할 겁니다. 맞습니다만, 놓친 부분이 있습니다. 네트워크화된 파일 시스템의 진보로 read() 구문은 이제 더 이상 로컬(신뢰할 수 있는) 영역에서만 데이터를 읽어 오지 않습니다.

앞선 예시에서 잭의 디버깅은 문제에 초점을 맞추었지만, 이와 다르게 질의 코드 감사 행위는 '팬 아웃(fan out)[15]에 가깝습니다. 그녀는 가능한 한 많은 코드를 보고 코드 자체가 모듈('데이터가 어떻게 전달되는가?') 및 외부 엔티티('어디서 데이터를 읽고 쓰는가?')와 어떻게 상호작용하는지 이해하기를 원합니다. 이런 작업은 건초 더미에서 바늘 찾기보다 더 곤혹스러운 작업으로, 건초 한 가닥마다 이름표를 다는 것과 같습니다. 여기에서, 질에게 가장 중요한 작업은 문제를 일으킬 것으로 추측되는 장소를 식별하는 것입니다. 즉, 가장 자주 실행되는 위치를 찾는 것이죠.

원래 그런 목적으로 만들어진 건 아니지만 질의 시간을 절약해 줄 수 있는 도구가 하나 있습니다. 바로 코드 프로파일러(code profiler)입니다. 한 가지 예로 들 수 있는 gprof는 엔지니어들에게 CPU 타임과 같은 정보를 제공해 최적화 대상을 제시하는 목적으로 작성되었습니다. 프로그램은 워크로드와 함께 실행되고(사용자가 이를 실행하거나 네트워크에서 요청을 처리하도록 하고) 출력이 분석됩니다. 프로파일러는 질에게 가장 자주 호출되는 루틴이 무엇인지 알려 줄 겁니다. 이런 루틴들이 제일 먼저 확인되어야 합니다. 질이 드물게 호출되는 코드를 살펴볼 이유는 없습니다. 수시

---

15. 역주 특정 출력이 얼마나 많은 입력들에 쓰이는지 여부.

로 호출되는 루틴들에 구멍이 있을 가능성이 크니까요.

루틴에서 잘못된 인자(argument)를 시스템 호출에 사용하는 경우도 흔한 보안 문제입니다. 이것은 원격 시스템을 제어하기 위해 네트워크 서버를 대상으로 가장 자주 악용되는 방법이며 일부 상용 도구들은 이러한 문제들을 찾아내는 기능을 제공하기도 합니다. 좀 지저분하지만 빠른 방법은 ktrace, truss 같은 시스템 호출 추적기를 사용해, 실행되는 시스템 호출과 해당 인자가 무엇인지 기록하는 것입니다. 이렇게하면 에러가 버티고 있을 수 있는 위치에 관한 좋은 실마리를 얻을 수 있습니다.

코드 동굴탐험은 질문하는 방법입니다. 어려운 점은 당신의 손가락들이 모든 코드를 기웃거리는 것이 아니라 적절한 위치 부근에서 바로 답을 찾는 것입니다.(어쨌든 거의 불가능합니다.) 이 글에서 아직 제가 언급하지 않은 도구가 하나 있습니다. 그것은 바로 당신의 머릿속에 있습니다. 바로 좋은 엔지니어링 관행입니다. 설령 코드 동굴탐험 대상 코드가 좋은 엔지니어링 관행이 적용되어 있지 않더라도 이 방법을 적용할 수 있습니다.

발견한 내용과 작동 방식에 대한 메모를 꾸준히 남기면 탐색 중인 소프트웨어의 작동 방식에 대한 그림을 만들고 기억하는 데 도움이 됩니다. 그림을 그리는 것도 큰 도움이 되며, 이것들은 당신의 글과 함께 전자적으로 저장되어야 합니다. 옛날 옛적 당신의 학창시절 과학 시간에 배웠던(그렇지만 잊어버린) 좋은 실험 설계도 도움이 됩니다. 코드가 동작할 때까지 계속 두드리는 건 그것을 알아내는 효율적인 방법이 아닙니다. 코드가 특정 방식으로 작동하는 이유를 알아내려고 실험을 계획할 때 생각은 많이 필요하지만, 코드는 보통 매우 조금 필요합니다.

마지막으로 제가 제일 좋아하는 도구는 '멍청한 개발자 트릭'입니다. 동료를 불러서 당신의 코드를 보게 하고, 그나 그녀에게 그 코드가 무얼 하려고 하는지 설명하기 시작해 보세요. 십중팔구 당신의 동료는 아무 말도 안 해도 될 겁니다. 당신은 거의 순식간에 무슨 일이 일어나고 있는지 깨닫고는 자신의 이마를 세게 때리고, 동료에게 고맙다고 말한 뒤 다시 일을 하러 갑니다. 소리 내어 체계적으로 코드를 설명하는 과정을 통해 당신은 문제가 무엇인지 파악했습니다.

방대한 코드베이스를 쉽게 이해하게 해주는 도구는 없습니다. 그렇지만 제가 이번 글을 통해 몇 가지 방법을 보여줬기를 바랍니다. 제 생각엔 당신 스스로 더 많은 것들을 찾아낼 수 있을 겁니다.

## ◆ 도구 목록

### Global

http://www.gnu.org/software/global/

이 도구는 가능한 모든 코드베이스에 적용하고 있습니다. Global은 정말 유용한 도구로 구성되어 있습니다. gtags와 htags입니다. 첫 번째인 gtags는 C, C++, Java 또는 YACC의 소스 트리를 기반으로 흥미로운 연결 데이터베이스를 구축합니다. 데이터베이스가 구축된 이후에는 당신의 편집기(Emacs, vi 둘 다 지원합니다.)에서 소스들을 오갈 수 있습니다. 당신이 호출하는 함수가 정의된 곳이 궁금한가요? 바로 이동할 수 있습니다. 두 번째 도구는 htags로, gtags에서 생성한 소스 코드와 데이터베이스를 가져와 하위 디렉터리에 HTML로 검색할 수 있는 소스 코드 버전을 만듭니다. 이 말은 당신이 Emacs나 vi를 사용하지 않더라도 쉽게 연관이 있는 코드 사이를 오갈 수 있음을 의미합니다. 데이터베이스 빌드는 대규모 코드베이스의 경우에도 상대적으로 빠르지만 소스 코드 제어 시스템에서 소스를 업데이트할 때마다 수행해야 합니다.

### Exuberant Ctags

http://ctags.sourceforge.net

여러 언어를 지원합니다. Ant, Asm, Asp, Awk, Basic, BETA, C, C++, C#, Cobol, DosBatch, Eiffel, Erlang, Flex, Fortran, HTML, Java, JavaScript, Lisp, Lua, Make, MatLab, OCaml, Pascal, Perl, PHP, Python, REXX, Ruby, Scheme, Sh, SLang, SML, SQL, Tcl, Tex, Vera, Verilog, VHDL, Vim, YACC. 다양한 언어를 사용하는 환경에서 매우 유용합니다.

## Cscope

http://cscope.sourceforge.net/

Cscope는 1970년대에 AT&T Bell 연구소에서 만들었습니다. 이 도구는 '이 심볼은 어디에 있는가?', '전역으로 선언된 것은 어디에 있는가?', '이 함수는 어디서 호출되는가?' 같은 수많은 질문을 해결합니다. Global과 마찬가지로 당신의 소스 코드를 바탕으로 데이터베이스를 빌드하는 것부터 해야 합니다. 그 뒤부터는 커맨드 라인 툴이나 Emacs라든가 당신의 시스템에서 동작하는 다른 GUI에서 당신의 질문에 대한 답을 제공합니다.

## gprof

https://ftp.gnu.org/old-gnu/Manuals/gprof-2.9.1/html_mono/gprof.html

대부분의 유닉스 시스템에서 표준으로 쓰이는 프로파일링 도구로, gprof의 출력은 호출 횟수와 프로그램의 CPU 실행 시 소모시간 기준으로 정렬된 루틴 목록입니다. 이 도구는 프로그램의 허술한 구멍을 찾는 데 유용합니다.

## ktrace

오픈소스 운영체제의 표준 도구입니다. 이름의 의미는 '커널 트레이스(kernel trace)'이며, 프로그램이 유발한 모든 시스템 호출을 목록화하여 제공해 줍니다. 출력에는 주어졌던 인자와 호출 결과로 반환된 값 모두를 보여 줍니다. ktrace를 이용해 프로그램을 실행해서 시스템 호출을 확인하고 kdump로 덤프를 생성할 수 있습니다. 이 방법은 모든 오픈소스 유닉스 운영체제에서 가능합니다.

## DTrace

Solaris에서 개발되었으나 이제는 FreeBSD, 리눅스, 윈도우에서도 사용 가능합니다. 이 도구에 대한 가장 좋은 설명은 브렌던 그레그와 짐 마우로가 쓴 책[16]을 추천합니다.

## Valgrind

https://valgrind.org

C와 C++ 프로그램에서 모든 종류의 메모리 누수를 찾을 때 유용합니다.

---

16. 브렌던 그레그, 짐 마우로, 《DTrace: Oracle Solaris, Mac OS X, FreeBSD에서의 동적 추적(DTrace: Dynamic Tracing in Oracle Solaris, Mac OS X, and FreeBSD)》, Pearson, 2011.

## 2.6 입력 검증

건설자들이 프로그래머가 프로그램을 작성하는 것처럼 건물을 만들어 왔다면, 딱따구리
의 첫 방문이 모든 문명을 파괴했을 겁니다.

— 제럴드 M. 와인버그

소프트웨어 및 보안 분야에서 가장 어리석은 행위는 코더$^{Koder}$가 지속적으로 자신의
입력을 검증하지 못하는 것입니다. 크로스 사이트 스크립팅에서 SQL 인젝션 공격,
그 외의 수많은 다른 것들은 입력을 적절하게 검증하지 않아서 당신의 본가인 호스
트에서 벌어지는 모든 문제들의 근본이 됩니다. 이와 관련해 제가 제일 좋아하는 예
시는 랜들 먼로의 《xkcd》에 수록된, 'Drop Tables'라는 이름을 가진 아이의 이야기입
니다. https://xkcd.com/327/를 보세요. 이제는 여러분들이 상상할 수 있는 모든 컴
퓨터 언어에서 이런 주제와 관련된 라이브러리와 가이드라인이 차고 넘칩니다. 필요
한 것은 단지 그것들을 사용하고자 하는 의지뿐이죠.

친애하는 KV,

저는 다양한 웹 애플리케이션을 만드는 회사에 다니고 있습니다. 우리는 블로그나 뉴스 사이트부터 메일, 금융 시스템에 이르기까지 모든 것들을 합니다. 무얼 할지는 순전히 고객이 원하는 것이 무엇이냐에 따라 다릅니다.

현재 우리의 업무 중 가장 큰 문제는 입력 검증과 관련된 많은 버그들에 있습니다. 이 버그들 때문에 정말 미칠 것 같습니다. 하나를 고칠 때마다 다른 문제가 동시에 터져 나오고 있어서 검사 코드가 점점 스파게티 코드로 변하고 있습니다. 자연어 처리 같은 미심쩍은 기술 말고 이 혼란에서 벗어날 수 있는 다른 방법이 있을까요?

잘못된 입력(Invalid Input)

친애하는 II 씨,

당신은 우리가 비엔지니어들(즉, 사용자들)에게 우리의 멋진 장난감들을 만지도록 허락한 멍청한 선택 이후로 가장 큰 프로그래밍 문제 중 하나를 발견했습니다. 물론 컴퓨터가 실제 사람들을 위해 무언가를 하지 않는다면 아무짝에도 쓸모가 없겠지만 그것은 고통 그 자체입니다. 시스템은 사람이 개입하지 않는 편이 보통 더 깔끔하죠. 아아, 사용자 입력은 우리가 매일 대면해야 하는 어쩔 수 없는 현실입니다. 또한 사용자 입력이 보안 취약점을 만드는 가장 큰 원인이라는 사실은 버그트랙 메일링 리스트의 독자라면 누구라도 자신 있게 말할 겁니다.

사용자 입력을 제어하는 첫 번째 규칙은 '아무도 믿지 말 것!'이고, 특히 사용자는 더더욱 믿어서는 안 됩니다. 이들 중 90퍼센트는 매주 정해진 시간에 종교 시설에 가는 완전히 신실한 사람들이라고 확신하지만, 이런 선량한 사람들이 무엇을 하느냐가 중요한 게 아니고, 사실 저는 정말 완벽하게 착한 사람은 본 적이 없습니다. 오히려 이런 사람들에 대해서 들어 봤습니다. 당신의 멋진 웹에서 돈을 훔치려 들고 사기를 시도해서 혼란을 일으키는 도둑들, 얼간이들, 선천적인 바보들이요. 그리고 나머지는 (제가 만나 본 적은 없습니다만) 정말 완벽하게 착한 사람들로, 이들은 당신의 시스템을 공격하지 않고 논리적으로 고려된 방식으로만 사용합니다. 그래도 만약 당신과 그들의 논리가 불일치할 땐, 콰쾅. Kode Vicious는 콰쾅을 싫어합니다. 이는 곧 저의 과도한 알콜과 카페인 섭취로 의사 선생님이 불평을 쏟아놓게 될 거란 걸 의미하거든요. 약 처방에 인색한 의사라면 어쩔 수 없이…. 그렇지만 거기까지 손대지는 맙시다.

두 번째 규칙은 '당신 스스로도 믿지 말 것!'입니다. 이 말은 당신이 한 작업의 결과에서 놓친 게 없는지 꼭 확인해야 한다는 말입니다. 당신이 사용자에게 무언가를 직접 보냈다고 해서 사용자들이 당신에게 그것을 되돌려 보내기 전에 이상한 짓을 하지 않았으리란 법이 없습니다. 대표적인 예시로 웹 폼을 들 수 있습니다. 만약 당신이 사용자에게 보낸 웹 폼에서 데이터를 받아오는 거라면, 모든 폼을 검사하는 편이 좋습니다. 이 경우엔 사용자들이 브라우저에서 당신이 예상했던 영역 외에도 손댈 수 있다는 걸 알고 있어야 합니다. 적절한 사용자 입력에서 약간 변경된 양식을 전송하여 양식 제출 코드의 에러를 악용하는 건 생각보다 쉽습니다.

당신 말대로라면, 당신이 사용 중인 시스템은 블랙리스트로 작성되어 있는 것 같습니다. 블랙리스트라는 건 하면 안 되는 나쁜 행동으로 가득한 목록이란 뜻입니다. 냉전 때 미국은 블랙리스트를 이용해 특정 사람들이 직업을 구할 수 없게 했습니다. 만약 당신의 이름이 목록에 들어갔다면, 죄송하지만 당신을 위한 일자리는 없습니다. 마찬가지로 소프트웨어는 특정 유형의 동작에 대한 블랙리스트를 갖고 있는데, 이 경우에는 사용자 입력이겠죠. 블랙리스트의 문제는 관리가 어렵다는 점입니다. 처음에는 'URL을 입력할 수 있어서는 안 된다.'라는 식으로 비교적 간단하게 시작합니다. 그렇게 시작했지만 곧 'JavaScript'를 마주치고 다양한 유형의 하면 안 되는 것을 체크하고, 체크하고, 체크하고, 체크하고…. 무슨 말인지 이해했길 바랍니다. 그래서 가급적 화이트리스트를 이용하는 편이 더 좋습니다.

놀랍지 않겠지만 화이트리스트는 블랙리스트의 반대말입니다. 화이트리스트는 오직 허용하는 것들만 포함하고, 그래서 때론 엄청 짧습니다. 예를 들면, 'ASCII 알파벳만 허용' 같이 말이죠. 화이트리스트는 때론 지나치게 제한적일 수 있지만 화이트리스트를 변경하는 것은 블랙리스트에 비해 단순히 조금 더 관대하게 만드는 것뿐이라는 뚜렷한 장점이 있습니다. 블랙리스트는 기본적으로 대부분 허용되지만 목록의 항목들이 몇 가지 예외가 됩니다.

제 제안은 화이트리스트를 사용하는 방식으로 변경해 사용자가 제공 가능한 입력 항목을 매우 제한적으로 하는 것입니다. 좀 가혹해 보이겠지만, 당신의 코드를 사용자들과 스파게티 코드로 변모하는 것에서 지키는 가장 좋은 수단임에는 분명합니다.

KV

## 2.7 문서화 흥정하기

문서화는 마치 섹스와 같습니다. 좋으면 엄청, 엄청 좋고 별로면 아무런 감흥도 없습니다.

– 딕 브랜든

코더$^{Koder}$들이 자신의 시스템에 대한 문서를 남기는 것을 싫어한다는 것은 오랫동안 내려져 온 믿음입니다. "글로 쓰기 어렵다면, 이해하기도 어렵다."라는 말처럼 사실은 문서화되지 않은 대량의 코드를 살펴본 경험이 있는 사람들은 누구나 좋은 문서의 가치를 알고 있습니다.

사람들이 자신의 코드나 디자인을 문서화하는 데 어려움을 느끼는 이유는 좋은 글귀나 소설과 수필, 함수 블록, 하드웨어 기능에까지 내러티브[17]가 필수라는 사실을 받아들이지 못했기 때문입니다. 내러티브 없이는 독자들에게 아무런 정보도 제공 못하고 그저 글귀를 흩뿌리는 것에 불과합니다. 아이러니인 점은 소프트웨어에서 흔히 말하는 함수는 내러티브와는 거리가 멀다는 것입니다. 함수는 주로 어떤 입력값을 받아 출력값으로 변환하는 역할만 합니다. 좋은 내러티브는 초현실주의 소설과 다르게 독자를 무지의 장소가 아니라 깨달음의 장소로 안내합니다. 여러분들이 하나의 함수에 대해서 문서화를 시도할 때 다음 네 가지 질문에 답변을 하면 좋은 문서화가 될 겁니다.

- 입력은 무엇인가?
- 입력은 어떠한 변화를 겪게 되는가?
- 어떠한 형태로 출력이 나오는가?
- 적절하거나 부적절한 경우 어떠한 (에러) 반환 값이 있는가?

---

17. 역주 narrative. 말 또는 글로 서술되는 연결된 사건.

하나의 함수보다 더 높은 개념으로 문서의 독자들을 무지에서 깨우침의 영역으로 안내할 필요가 있습니다. 문서화 실패의 주요 원인은 독자가 그들이 모르는 지식들을 알고 있을 거라 섣불리 전제하는 것에 있습니다. 뭐 그렇다고 태초부터 하나 하나 설명하자는 건 아닙니다. 그렇지만 독자에는 미래의 여러분 본인도 포함된다는 사실을 명심해야 합니다. 그들 역시 현재의 여러분만이 지닌 몇 가지 컨텍스트들이 필요할 겁니다. 그러니 지금 여러분의 머릿속에 있는 개념을 글로 적어 이치에 맞게 설명을 남겨야 하죠. 요컨대, 문서를 작성할 때는 여러분이 어떠한 전제를 하고 있는지를 고려해야 합니다. 소프트웨어에서 표현되지 않거나 해석하기 난해한 전제조건은 버그로써 컴파일러가 잡을 수도 있지만, 문서화만이 여러분들이 작성하지 않은 전제조건이 버그를 유발할 수 있다는 것을 미리 알 수 있게 하는 유일한 수단입니다. 그런 문서가 없으면 시스템을 직접 다루거나 디버깅을 하거나 모종의 이유로 확장을 할 때만 알 수 있겠죠. 여러분의 전제조건을 머릿속에서 꺼내는 좋은 방법은 이것들에 대한 사전을 작성해 보는 겁니다. 이렇게 되면 여러분만의 용어를 정의하고 약어 체계를 확장하게 됩니다. 이 용어와 약어들만으로도 숨겨진 전제를 찾아내는 좋은 원천입니다. 만약 모든 코더<sup>Koder</sup>가 저마다 문서를 작성하거나 테크 라이터[18]를 이용해 소통하는 식으로 조금만 더 내러티브와 그들의 전제조건이 공유된다면, 전반적으로 소프트웨어 상태가 크게 향상될 겁니다.

좋은 문서화는 좋은 코드와 같이 작성 이후에도 꾸준히 관리되어야 합니다. 대개 코드가 변경되면 문서도 변경되어야 합니다. 간혹 버그가 있어서 원래 문서 의도와 다르게 동작하는 경우만 이런 경우에서 제외될 겁니다. 문서는 테스트와 마찬가지로 코드와 동기화를 유지해야 합니다. 만약 그럴 수 없다면 순식간에 쓸모없어지거나 더 안 좋게는 완전히 잘못된 방향으로 독자들을 이끌 수도 있습니다.

---

18. **역주** 개발자 중심의 기술 관련 용어나 설명을 독자가 쉽게 이해할 수 있도록 콘텐츠를 가공, 배포, 관리하며 프로젝트 초기 단계부터 철저한 문서화 작업을 계획하고 수행하는 사람.

친애하는 홍정꾼 씨,

일단 저는 '손으로 작성'이라는 게 무슨 말인지 모르겠네요. 당신이 생각만으로 컴퓨터를 조작할 수 있는 새로운 인터페이스를 가진 게 아니라면 말이죠. 저는 문서나 코드를 작성하건 컴퓨터로 무엇을 하건, 손으로 쓰거나 적어도 손으로 타이핑해 왔습니다. 만약 키보드를 손 말고 다른 무언가로 타이핑하고 있다면, 정중히 부탁드리는데 그건 당신만의 비밀로 해두세요.

당신의 질문은 '만약 시스템이 코드를 해석해서 문서를 추출할 수 있으면 유용하지 않겠느냐'이겠지만 제 대답은 이렇습니다. "맞습니다, 그렇지만…."

어떤 문서화 추출 시스템이건 일을 시작하려면 무언가가 필요합니다. 만약 당신이 함수의 모든 호출과 매개변수들을 코드에서 뽑아내는 것 정도가 충분한 문서화라고 생각한다면 심각하게 틀린 겁니다. 그렇지만 애석하게도 많은 사람이 이런 생각을 하고 있다는 걸 알고 있습니다. 아아, 다수가 공통적으로 믿는다고 그 믿음이 올바른 건 아닙니다. 만약 당신이 Doxygen에서 제대로 주석이 정의되지 않은 코드베이스에서 문서를 추출한다면 흔한 'API 가이드'보다도 별로인 문서를 받게 될 겁니다. 이러면 결과적으로 grep과 텍스트 포맷팅 시스템인 TeX나 troff 명령어를 파이핑해서 처리하는 현란한 방법과 전혀 다를 바가 없습니다.

문서화를 고려한 코드는 반드시 해설적인 문장들과 함께 존재해야 합니다. 함수와 변수의 이름은 무엇을 의미하는지 적어 주고, 드물게는 코드에 숨겨진 중요한 개념들도 함께 적어 줘야 합니다. '이 빌어먹을 것이 실제로 하는 게 뭐지?'라는 생각이 절로 드는 것들에 말이죠. 많은 프로그래머가 코드는 그 자체만으로 해석할 수 있어야 한다고 주장하지만, 스스로 의미를 명확하게 전달하는 코드는 몹시 드뭅니다. 그것보단 유니콘이 차를 몰고 바에 가다가 만티코어를 옆자리에 태워주는 광경을 목격할 확률이 높습니다. 만약 제가 방금 말한 것을 눈으로 보게 될 날이 온다면 놀랍기보단 행복할 거 같습니다. 그렇다면 제가 제정신이란 걸 증명해 주는 것일 테니깐요. 자기 스스로를 설명하는 코드는 단순하게 말하자면 그저 게으름에 대한 변명일 뿐입니다. 이 관점에서, 대부분의 프로그래머가 좋은 키보드를 갖고 있고 분당 40~60단어를 입력할 수 있을 테니, 이 단어들을 적당히 입력하면 쉽게 문서화를 할 수 있습니다. 우리가 지금 쓰는 건 태곳적에나 쓰던 라인 출력 터미널이 아니잖습니까.

Doxygen 같은 시스템에서 얻을 수 있는 이점은 문서를 작성할 수 있는 일관된 프레임워크를 제공한다는 것입니다. 코드에서 설명을 위한 텍스트를 추출하는 건 쉽고 간단하며, 이 텍스트는 사람들이 그들의 코드에 대해 의견을 남길 수 있도록 장려해줍니다. 다음 단계는 코드가 주석과 일치하는지 확인하도록 사람들을 설득하는 것입니다. 낡은 설명은 때론 당신이 코드에서 버그를 찾을 때 엉뚱한 방향을 제시해 더 나쁜 일을 초래할 수도 있습니다. "그렇지만 얘가 분명히 X인데!" 누구도 1시간이 지난 후 상반된 코드와 문서를 보며 그렇게 외치게 되는 상황을 바라지 않을 겁니다.

비록 반자동화된 문서 추출 시스템이라 할지라도 여전히 당신은 문서를 작성해야 합니다. API 가이드는 매뉴얼도 아니고 소프트웨어에서 가장 저수준에 대한 내용을 다루지도 않으니까요. API 문서가 한데 모여 '전체 시스템이 어떻게 구성되어 있는지', '어떻게 사용하면 되는지와 안 되는지'를 다루는 것이 좋은 문서의 두 가지 중요한 특징입니다. 이것이 결핍되면 좋지 않은 문서화이죠. 옛날에 저는 저수준의 기술집약적인 제품을 취급하는 회사에서 일했습니다. 우리는 자동으로 문서 추출을 하는 방식을 택했는데, 그 정도만으로도 충분했습니다. 왜냐면 우리에겐 뛰어난 문서화 전담 팀도 있었거든요. 그 팀은 코드에서 추출한 원료를 가져다가 회사의 개발자들로부터 필요한 정보를 정중하게, 때로는 정중하지 않은 방법으로 취합하여 API 가이드를 편집했을 뿐만 아니라 관련된 고수준의 문서를 작성하기까지 했습니다. 이를 통해 제품 코드를 작성하지 않은 이들도 충분히 사용할 수 있도록 만들었습니다.

네, 자동으로 하는 문서 추출이 유용하긴 합니다만, 그게 모든 문제의 해결책은 아닙니다. 좋은 문서화를 위해서는, 즉 문서 생산자와 소비자 양측 모두에게 가치를 제공하기 위해서는 엄격하게 따를 수 있는 도구와 절차가 필요합니다.

KV

## 2.8 Foo 필드에는 뭐가 있는 거야?

잘못된 문서화는 때론 문서가 없는 경우보다 나쁩니다.

*– 베르트랑 마이어*

우리가 문서를 다루는 동안 기술 문서화에서 자주 마주치는 문제가 하나 있습니다. 그건 바로 작성자가 코드상의 주석을 맹목적으로 가져와 매뉴얼로 만들거나 문서에 반영하거나 하는 행위로, 문서에서 변수나 필드 A를 1로 변경하면 그 결과 B의 내용이 지워진다고는 언급하지만 어째서 그런지는 설명하지 않는 것과 같습니다.

좋은 기술 문서화는 2.7절에서 말한 내러티브만으로는 부족합니다. 독자가 사용, 통합 또는 구축하려는 시스템에 대해 의도와 방법도 이해할 수 있게 해줘야만 합니다. 이번 편지와 답신은 문서 작성자가 그들의 문서를 읽는 이들의 삶이 조금이나마 덜 실망스럽게 할 수 있는 자그마한 힌트를 제공합니다.

친애하는 KV,

누가 문서를 작성해서 당신에게 제공해 줬는데 대상의 의미가 아니라 정의만 되풀이했던 적이 있나요? 저는 우리 시스템에 라이브러리들을 통합하는 작업을 하고 있습니다. 저는 라이브러리들이 제 코드에서 무얼 요구하는지 알고 싶은데, 매번 제공되는 문서는 '이건 foo 필드입니다.' 라는 식으로 그것들이 무엇인지만 설명하고 있습니다. 문제는 제가 알고 싶은 건 foo 필드의 정의가 아니라 foo 필드에 값을 지정하면 무슨 일이 벌어지는지라는 점입니다. 이런 문서들을 보다 보면 마치 제가 그게 뭔지 이미 알고 있었어야 하는 것처럼 느껴집니다.

어리둥절

친애하는 어리둥절 씨,

하드웨어 문서화 영역만큼 이 문제가 흔한 곳은 없을 겁니다. 제가 단언컨대 단테가 '왜'나 '어떻게'를 생략하고 문서를 만드는 사람들을 위해 별도의 지옥의 계층을 하나 더 만들어 뒀을 겁니다.

문제는 지식이 있다고 전제하고 문서를 작성하는 접근 방법입니다. 대부분의 엔지니어가 소프트웨어나 하드웨어에 대한 문서를 작성할 때 그들이 설득해야 하는 대상인 사람들이 글을 읽기 시작할 때 이미 전체적인 수준의 컨텍스트를 가지고 있다고 가정하는 것 같습니다. 그런 경우에 문서는 레퍼런스(참조) 문서이지 가이드 문서는 아닙니다. 만약 당신이 이미 뭐가 필요한지 알고 있다면 그건 당신이 레퍼런스 문서를 보고 있는 것입니다. 반대로 당신이 무엇이 필요한지 모른다면 당신에겐 가이드 문서가 필요한 겁니다. 문서화에 관심이 있는 회사라면 이 시점에 괜찮은 테크니컬 라이터를 고용하겠죠.

테크니컬 라이터의 역할은 엔지니어에게 장치나 소프트웨어의 정의와 함께 이유와 방법까지 알려 주는 것입니다. 이는 섬세함이 요구되는 작업으로, 소프트웨어는 엄청난 가단성[19]을 지니고 있어 하나의 대상에 대해 이유나 방법을 생략하고 그것이 무엇인지만 적어도 수천 페이지까지 늘어날 수 있습니다. '이것이 무엇이냐'라는 질문

---

19. 역주 malleability. 고체가 외부의 충격에 깨지지 않고 늘어나는 성질.

은 발생할 수 있는 여러 질문 중 가장 큰 질문이면서 가장 쉬운 질문이기도 합니다. 소프트웨어를 다룰 때 코드랑 같이 있으니까요. 아니면 VHDL[20]로 하드웨어와 함께 있을 겁니다. 다른 사람들과 대화하지 않고 얻을 수 있는 것은 무엇이며, 누가 그들이 사용하는 시스템에 대해서 필요한 적절한 수준의 정보를 얻기 위해 엔지니어를 곤혹스럽게 하며 하루를 소비하고 싶을까요? 무엇인지가 대답하기 가장 쉬운 질문이기 때문에 대부분의 문서들은 이 부분에만 집중하게 됩니다. 그래서 종종 다른 두 가지를 제외하곤 합니다. 대부분의 튜토리얼 문서는 짧은 데다가, 특정 부분에 도달하면 '나머지는 독자 분들에게 맡깁니다.' 같은 표현으로 알아서 연습하라는 식입니다. 혹시 레퍼런스 문서라고 들어 본 적이 있을까요?

많은 엔지니어와 엔지니어링 관리자들이 '좋은 문서화'의 필요성에 대해 그럴듯한 소리를 늘어놓지만 IBM 기술자들이 고객을 놀리기 위해 의도적으로 빈 페이지[21]를 넣는다는 기술자들의 농담처럼 별 볼 일 없는 쓰레기만 잔뜩 만들어 냅니다. 이들과 다르게 좋은 작가는 독자들이 작가의 의도를 머릿속에 그리고 이해할 수 있게 해야 한다는 걸 알고 있습니다.

아아, 그렇지만 프로그래머랑 엔지니어 중에선 글을 잘 쓰는 사람이 드물고 그들은 대부분 흉악한 작가들로 알려져 있습니다. 작가들은 어떤 식으로든 사람들과 관계를 맺고 싶어 하지만 기술자들은 이런 것에 대해서 드물게 취급합니다. 오히려 정반대인 경우가 흔하죠. 우리들 대부분은 혼자 구석에 짱박혀서 '쿨하고 멋진 거'를 하고 혼자 내버려 뒀으면 합니다. 그렇지만 그 누구도 진공 상태에서 일하는 게 아니기 때문에 적어도 프로젝트를 일정 내에 마감하기 위해서라도 우리 동족들과 효율적으로 의사소통하는 법을 배워야만 합니다.

모든 소프트웨어와 하드웨어 개발자는 시스템을 개발할 때 다음과 같은 질문에 답해야 합니다.

---

20. 역주 VHSIC Hardware Description Language. 디지털 회로 및 혼합 신호를 표현하는 하드웨어 기술 언어.

21. 역주 기술 문서를 인쇄하던 시절 전체 페이지 번호를 유지하기 위해서 또는 문서 수정을 대비해 빈 페이지를 넣는 관행이 있었음.

1. 이것을 왜 추가했는가? (필드, 기능, API)
2. 이 필드, 기능, API는 어떻게 사용하는가? 예시를 제공하시오.
3. 당신이 제공하는 것으로 인해 다른 필드, 기능, API가 어떠한 영향을 받는가?

만약 1번 질문에 대한 답변이 "관리자가 저한테 시켰어요."라면 관리자를 해고하거나 새로운 일자리를 찾을 때가 된 것입니다.

KV

# 2.9 성깔 있는 테스터

테스트는 보이지 않는 것부터 모호한 것들까지 저울질하는 과정으로, 누군가에게 생각지도 못한 일이 발생하는 것을 방지합니다.

― 제임스 바흐

코더$^{Koder}$들이 싫어하는 것을 꼽아보라면 문서화와 테스트가 우열을 가리기 힘듭니다. 그래도 테스트 주도 개발처럼 개발 절차가 수년에 걸쳐 바뀌어 오면서 이런 태도가 좀 변하고 있습니다. 일정 압박 속에서 많은 프로그래머가 테스트 작성보다는 코드 짜기를 선호합니다. 지성인들은 이런 접근 방법이 잘못되었음을 알고 있지만 상황이 닥치고 선택의 순간이 오면 결국 코드를 짜느라 테스트를 제대로 하지 않습니다.

테스트를 작성하는 데 시간을 들이지 않는 코더$^{Koder}$들에게 더 큰 도전은 어디서부터 테스트를 시작해야 할지 파악하는 것입니다. 여기서는 사람들이 최소한 올바른 방향으로 시작할 수 있도록 좋은 테스트 코드에 대한 간단한 몇 가지 지침을 제시합니다.

테스트하는 것에서 가장 중요한 것은 사고방식 아니면 태도와 관련된 것일 겁니다. 첫 단계로 좋은 습관은 테스트를 과학적 방법으로 접근하는 것입니다.(2.1절 참고) 그 다음 단계는, 아마 대부분 이게 가장 어려울 텐데, 바로 코드에 대한 당신의 선부른 가정을 내려놓는 것입니다. 사람들은 보통 이 두 번째를 불가능하다고 여겨 일반 코드 작성자와 테스트 코드 작성자를 별개로 두는 것을 선호합니다. 두 사람이 테스트를 개발하는 데 따르는 문제는 많은 회사들이 경험이 부족하고 저렴한 개발자를 고용해 테스트를 작성할 수 있다고 생각한다는 것입니다. 이게 심각한 에러죠. 코드를 작성하는 것만큼이나 테스트를 작성하는 것도 어렵습니다. 그나마 섣부른 가정으로 인한 문제를 다루는 현명한 방법은 코더$^{Koder}$들이 코드를 작성하는 시간만큼 테스트를 작성한 뒤 서로의 작업을 교환해 보는 것입니다. 앨리스가 모듈 A를 작성하면 테스트는 밥이 하고, 밥이 모듈 B를 작성하면 테스트는 앨리스가 하는 식으로요. QA 팀의 역할은 전체 테스트 인프라를 제공하고 누락된 중요한 테스트를 채워 넣는 것입니다. 앨리스와 밥이 아무리 업무에 능숙하더라도 여전히 실수할 수 있습니다.

친애하는 KV,

저는 최근에 거대한 웹 서비스 플랫폼을 개발하는 회사의 QA 조직에 입사했습니다. 제 현재 직무는 시스템의 유닛 테스트를 작성해 매일 밤 회귀 테스트에서 실행되게 하는 것입니다. 팀에 속한 많은 코드Kode 종사자들은 이런 저의 테스트가 무의미하고 제가 시간을 낭비하고 있다고 합니다. 이 코더Koder들은 자기 스스로 테스트도 만들지 않습니다. 그런데 그들이 이게 어떤지 어떻게 알까요? 저는 이런 사람들한테 매번 두드려 맞기도 지겹습니다. 당신은 테스트를 작성하나요, 아니면 코드만 짜요? 작성한 테스트가 좋은지 어떻게 알 수 있을까요?

성깔 있는 테스터

친애하는 성깔 씨,

먼저 얘기하자면, 모든 코더Koder는 테스트를 작성합니다. 월급을 받을 자격이 되는 코더Koder는 코드가 동작하는지 확인한다고 하루 종일을 낭비하지 않을 테니까요! 따라서 당신의 첫 번째 질문에 대해 답하자면, 네, 저는 테스트를 작성합니다. 사실 저는 몰래 다른 사람의 코드에 대한 테스트를 작성하는 걸 제 코드에 대한 테스트를 작성하는 것처럼 즐기고 있습니다. 다른 사람의 코드에 대한 테스트를 작성하는 건 시스템을 이해하고 다른 코더의 생각을 이해하는 재미있는 방법 중 하나입니다. 자기 코드에 대해 테스트를 작성하는 것은 남들에게 바보처럼 보이지 않으려는 방법에 불과합니다. 저는 바보처럼 보이는 게 싫습니다.

당신이 준비한 질문에서 가장 중요한 부위에 제대로 대답하려면 많은 시간이 필요합니다. 그래서 일단은 제가 개인적으로 좋은 테스트 작성법이라고 생각하는 것으로 짧은 레슨을 진행하겠습니다. 가장 손쉽게 테스트를 작성하는 방법은 많은 코더Koder들에게 친숙하리라 봅니다만, 당신이 작성한 코드에서 누군가가 아주 사소한 실수를 발견했다고 가정해 보겠습니다. (친절해야 하니 심한 말은 않겠습니다.) 버그 데이터베이스를 살펴보고 존재하는 모든 버그에 대한 테스트를 만들고 일종의 자동화된 도구에 연결하면 됩니다. 이런 방식은 상사 앞에서 당신 스스로를 멋지게 보이게 하는 믿을 수 없을 정도로 쉬운 방법입니다. 당신은 살펴봐야 하는 덩치가 큰 일감을 갖고 있으며, 기존에 제품이 깨지던 게 더 이상 깨지지 않는다는 걸 보여 줄 수 있습니다. 모두가 동의하진 않겠지만 개인적으로 이러한 종류의 테스트는 코딩Koding 팀 외부의 누군가가 아닌 코더<sup>Koder</sup> 스스로가 작성해야 한다고 믿고 있습니다. 당신이 깨뜨렸다고요? 그럼 고쳐야죠! 당신이 테스트도 해야 하고요! 다시 망가지지 않도록 해야 합니다. 불행하게도 제가 이런 작업을 코더<sup>Koder</sup>들이 하도록 해서 QA 팀이 할 일을 없애버렸습니다. 죄송합니다.

편지 내용만으로는 당신의 동료들이 테스트에서 어떤 문제를 보고 있는지 확신하긴 어렵지만 과거에 테스트 팀과 함께 작업했을 때 저를 괴롭혔던 점은 말해 줄 수 있습니다. 첫 번째는 어리석은 테스트 증후군, 줄여서 어테증이라고 하겠습니다. 어테증은 일반적으로 아직까지도 작업의 질이 아니라 코드의 라인 수로 작업을 측정해야 한다고 믿는 관리자에 의해 발생합니다. 이런 관리자들은 무엇이 테스트되어야 하는지, 어떤 것이 중대한 위험인지를 저울질하지 않고 전부 테스트할 것을 요구합니다. 따라서 QA 팀이 열심히 시스템에서 모든 가능한 진입점에 대한 테스트를 작성하게 되는데, 특정 지점 A에서 시작해서 제품이 출시될 때까지 계속됩니다. 이러면 테스트가 너무 번거로워져서 밤새 돌게 되고, 결국 성가신 문제를 피하기 위해 거의 돌리지 않게 됩니다. 이것이 비효율적인 이유는 QA 팀이 시스템 사용자에게 최악인 버그를 찾아내는 테스트를 작성하는 데 그들의 중요한 자산인 두뇌를 사용하는 게 허용되지 않는 것이기 때문입니다.

어테증을 예방하려면 몇 가지가 필요합니다. 먼저 두뇌가 필요합니다. 저한테 편지를 보낸 걸 보니 가지고 있을 거라고 확신합니다. 두 번째로 필요한 것은 시스템을 디자인하고 구현하는 사람들과의 관계입니다. 가장 위험한 영역에 대한 질문은 당신 스스로 직접 물어볼 수 있어야 합니다. 단순하고 쉽게 이해되는 작업을 수행하는 라이브러리의 인터페이스를 테스트하는 것은 큰 의미가 없습니다. 반면에 10,000줄이 넘는 실험적인 코드나 그냥 봐도 이상한 코드, 또는 회사의 매우 중요한 영업 비밀 같은 코드들은 꼭 테스트해 봐야 합니다. 마지막으로 어테증을 예방하는 데 필요한 것은 관리자나 관리사슬에서 좋은 테스트가 무엇인지 제대로 이해하는 것입니다. 만약 당신이 어테증을 유발하는 관리자와 일하고 있다면 불리한 상황에 처해 있는 겁니다. 좋은 테스트를 작성하려면 그들을 우회해 가야 하죠. 그런 다음 몇 달이 지나면 좋은 테스트를 작성한 보상을 받을 겁니다. 왜냐면 당신이 바로 조직 내에서 가장 난잡한 문제를 찾아낸 사람이 될 테니까요.

그 외로 저를 성가시게 했던 사항은 일관성 있게 조직화되지 않은 채로 흩어져 있는 테스트였습니다. 저는 좋은 테스트가 안전망이라고 강하게 믿는 사람입니다. 코더들이 테스트를 작성하기 편하게 해준다면 그들은 기꺼이 당신을 위해 테스트 코드를 작성해 줄 겁니다. 심지어 코드를 배포하기 전에 돌려주기까지 할 겁니다. 만약 당신의 테스트가 홈 디렉터리에 있고 많은 설정이 필요한 경우라면 작업에 대해 도움받는 걸 잊게 될 수도 있습니다. 테스트는 일회성으로 돌리는 게 아닙니다. 테스트 또한 당신이 테스트하려는 소프트웨어처럼 시스템의 일부여야 합니다.

따라서 당신에게 어테증이 있거나 당신의 테스트가 부족하다면 당신은 동료들이 왜 불평하는지 알 수 있을 겁니다. 제 경험상 좋은 테스트를 작성하는 기술은 서로 조금 다르긴 해도 좋은 코드를 작성하는 데 필요한 기술만큼이나 값어치가 있습니다. 좋은 테스트를 작성하려면 두뇌, 호기심, 무언가를 부수는 걸 좋아하는 경향이 필요합니다.

KV

# 2.10 테스트 방법

낙관주의는 프로그래밍의 고질적인 위험입니다. 피드백이야말로 해법입니다.

– 켄트 벡

KV가 테스트와 관련된 글을 수년 동안이나 작성해 오던 중 마침내 누군가가 질문했습니다. "좋은 테스트란 무엇인가요?" 요점을 제대로 짚었습니다. 이번 답신은 네트워크 방화벽을 테스트하는 것을 예시로 들지만 여기에 등장하는 조언은 어떤 시스템에나 적용할 수 있습니다. 이 편지를 받았을 때 저는 방화벽과 관련된 작업을 하고 있었고, 그게 무엇이 잘못됐는지 알아내는 게 당시 제 주된 관심사였습니다. 2.1절에서 논의했듯 테스트는 코딩$^{Koding}$보다 더 과학적 방법을 따라야 합니다. 각 테스트는 시스템에 대한 가설을 기반으로 해야 하며 가설이 참인지 거짓인지를 보여 줘야 합니다. 자동화된 테스트 프레임워크의 좋은 점은 이제 이러한 가설을 지속적인 통합 환경을 이용해 수시로 검증할 수 있게 되었다는 겁니다.

*친애하는 KV,*

당신이 테스트의 중요성을 강조해 온 걸 압니다. 그런데 테스트를 어떻게 해야 하는지 알려 주는 당신의 칼럼을 본 적이 없네요. 모두에게 테스트하는 게 좋다고 말하는 것도 좋지만 그걸 어떻게 하는지 알려 주면 더 좋겠습니다.

*왜가 아니고 어떻게*

*친애하는 어떻게 씨,*

변명으로 보이겠지만 소프트웨어를 테스트하는 방법은 너무 많아서 이 칼럼 한 번으로 답변하기는 어렵습니다. 그래도 이것들이 전부 궁금하다면 이미 소프트웨어 테스트에 관한 책들이 시중에 많다는 걸 말해 주고 싶네요. 그렇지만 내용이 무시무시하거나 대부분 이론적입니다. 만약 이런 제 의견에 동의하지 않는 누군가가 소프트웨어 테스트 관련 필독서 목록을 제 이메일로 보내준다면 저는 해당 목록을 공개하거나 제 발언을 철회하는 것도 고려할 생각이 있습니다. 여기서 제가 설명할 수 있는 내용은 저의 특수한 테스트를 위해 다양한 테스트 환경을 구축한 방법에 대한 것이고, 이 내용이 제법 유용할 겁니다.

어떤 종류의 테스트이건 체득하려면 적절성과 반복성이라는 두 가지 선행조건을 충족시켜야 합니다. 테스트 주도 개발(Test Driven Development)은 괜찮은 아이디어입니다만, 테스트를 작성하는 행위에만 집착하는 것은 소프트웨어 엔지니어의 생산성을 KLOC[22]으로 판단하는 것과 같습니다. 문제를 포착하는 테스트를 작성하기 위해 테스트 개발자는 소프트웨어가 동작하는 테스트와 실패하는 테스트를 고안할 수 있도록 도메인에 익숙해져야 합니다. 이 주제를 다루는 글들은 많으니, 이제 화제를 바꿔서 반복성에 대해서 이야기해 보겠습니다.

테스트는 하나의 시스템에서 서로 다른 두 테스트를 동시에 실행해도 서로 간섭하지 않을 경우 반복 가능한 것으로 간주됩니다. 저의 경험에서 상호간섭에 대한 구체적인 사례를 이야기해 보자면 소프트웨어 캐시와 관련된 것들이 있는데, 이를테면 패

---

22. [역주] Kilo of Lines Of Code. 컴퓨터 프로그램의 사이즈를 측정하는 단위.

킷 포워딩 테스트 시 라우팅과 ARP 테이블로 인해 두 번째 테스트부터는 속도가 빨라진다는 점이 있습니다. 따라서 진정한 의미의 반복성을 획득하기 위해서는 테스트를 수행하는 시스템이나 사람은 테스트가 동작하는 환경을 완전히 통제할 수 있어야 합니다. 만약 테스트 대상인 시스템이 아무런 부작용 없이 단일 프로그램으로 완벽하게 캡슐화되어 있다면, 동일한 입력을 반복적으로 수행해도 적절한 수준으로 제어가 가능합니다. 그렇지만 대부분의 시스템은 그렇게 되어 있지 않습니다.

구체적인 사례로 방화벽에 대한 테스트를 다뤄 보겠습니다. 특정 네트워크에서 다른 네트워크로 패킷을 전달하는 네트워크 장비를 테스트하려면 당신은 적어도 세 가지 시스템을 알아야 합니다. 소스, 싱크, 테스트 대상 디바이스[23] 말입니다. 제가 앞서 말했듯, 테스트 반복성을 위해서는 테스트 대상 시스템에 대한 적절한 수준의 제어가 필요합니다. 우리의 네트워크 테스트 시나리오에서 각 시스템에는 최소한 2개의 인터페이스가 필요하고 DUT의 경우엔 세 가지가 필요합니다. 소스와 싱크는 DUT로 패킷을 보내거나 받아오는 인터페이스와 제어 인터페이스가 필요합니다. "그냥 제어 인터페이스로 소스와 싱크 패킷을 손대면 안 되나요?" 당신의 울부짖음이 들리는군요. "그것들을 구성하는 게 너무 복잡한 데다가 저희가 가진 테스트 자원은 같은 스위치에 연결된 3대의 컴퓨터가 전부입니다." 올바르게 테스트를 수행하려면 모든 시스템에서 제어 및 테스트 인터페이스가 분리되어 테스트 도중 서로 간섭하지 않아야 합니다. 당신이 무엇을 테스트하든 테스트 대상이 아닌 외부 개입은 최대한 배제해야 합니다.

만약 외부의 개입이 시스템에 어떤 영향을 미치는지 확인하고 싶다면 테스트에 외부 개입도 포함시키면 됩니다. 하지만 아무 지점에나 외부 개입을 주입하지 마세요. 우리의 특정 네트워킹 사례에서는 패킷을 방화벽을 통해 전송할 때 어떤 일이 발생하더라도 세 노드에 대한 제어는 유지하고자 합니다. 부하 상황에서도 시스템에 대한 제어를 유지하는 것은 중요합니다.

시스템에 대한 제어를 유지하는 또 다른 방법은 직렬 또는 비디오 콘솔에 대한 접근 권한을 갖는 것입니다. 이를 위해서는 수많은 네트워크 포트보다 훨씬 더 복잡한 배선이 필요하지만 그럴 만한 가치가 충분히 있습니다. 종종 원치 않은 일이 발생하기

---

23. 역주 DUT(Device Under Test) 테스트 용어.

도 하는데 그럴 때 시스템에 대한 통제를 회복하는 유일한 방법은 콘솔 로그인밖에 없기 때문입니다.

제어의 궁극적인 안전장치는 테스트 대상 시스템의 전원을 껐다가 다시 켤 수 있는 능력입니다. 최신 서버에는 지능형 플랫폼 관리 인터페이스(IPMI, Intelligent Platform Management Interface)와 같은 대역 외 관리 시스템이 있어 계정과 암호를 가진 사용자가 원격으로 전원을 켜고 끌 수 있을 뿐만 아니라 콘솔 연결을 비롯한 저수준의 시스템 관리 작업을 수행할 수도 있습니다. 저는 누군가가 제가 설명한 대로 네트워크 시스템을 테스트하길 원한다면 네트워크에 연결된 전원 컨트롤러 또는 해당 시스템의 IPMI를 통해 대역 외 전원 관리도 테스트해 볼 것을 요구합니다. 시스템 스스로 무너져서 데이터센터까지 걸어 들어가서 재기동하는 것만큼 실망스러운 경험도 없을 겁니다. 이보다 더 나쁜 경우는 원격으로 상황을 잘 모르면서 수행해야 하는 경우일 겁니다. 누군가가 IPMI나 적절한 전력 제어기를 비치하는 일을 하기에는 지나치게 저렴한 인재였다는 이유로 제 많은 시간이 테스트에 쓰였습니다. 그런 식으로 낭비되지 않았다면 회사의 허접한 코드 내용을 흡수한 뇌세포를 죽이는 데 더 가치 있게 쓰일 수 있었을 겁니다. 세부사항에 대한 부주의가 만연해 있는 것처럼 보입니다. 이렇게 테스트 환경에 대한 준비가 미흡한 것을 목격하면 저 또한 부주의한 코드를 마주할 마음의 준비를 해야 합니다.

이런 관점에서 우리는 시스템에 대한 통제권을 유지해야 한다는 걸 알고 있습니다. 이는 분리된 제어 인터페이스를 통해 제공되어야 하며, 이를 통해 결국 시스템의 전원을 제어할 수 있어야 한다는 말이 됩니다. 그 다음으로 대부분의 테스트가 실패하는 영역은 필수 파일에 접근하지 못하는 경우입니다.

옛날에 워크스테이션을 판매하는 한 회사가 파일 저장소를 고가의 단일 대형 서버 한곳으로 집중시킬 수 있다면 저렴한 워크스테이션을 대량으로 팔 수 있을 거라고 생각했습니다. 이렇게 논란의 여지가 있지만 오늘날에도 여전히 유효한 네트워크 파일 시스템(NFS, Network File System)이 등장했습니다. 만약 당신의 테스트들이 어떠한 이유로든 시스템을 날려버리거나 새로운 소프트웨어를 통한 시스템 업그레이드가 파일을 날려버린다면, 어떤 형태이건 네트워크에 연결된 파일 시스템을 사용할 필요가 있는 겁니다. 최근에 저는 이러한 문제들을 해결하기 위해 git과 같은 분산 버전 시스템에 테스트 코드와 설정 등을 체크아웃하는 사람들을 보았습니다. 이 방법은 테스트 시스템의 모든 변화를 관련자들이 성실하게 확인하고 공유했다면 효과적이었을 겁니다. 그렇지만 제 경험에 따르면, 사람들은 절대로 성실하지 않았으며, 이는 필연적으로 누군가가 대수롭지 않게 매우 심각한 테스트 결과를 초래하거나 설정 변경을 야기하는 변경을 유발하게 됩니다. 네트워크에 연결된 파일 시스템을 사용한다는 것은 당신이 한 사소한 실수도 공유된다는 걸 의미합니다.(저도 최근에 이 사실을 몸소 배웠습니다.) 네트워크에 연결된 파일 시스템의 추가와 변경 등으로 인한 트래픽은 제어 인터페이스를 말하는 것이지 테스트의 인터페이스를 말하는 것이 아닙니다. 이는 언급할 필요도 없어야 하는 이야기지만, 테스트 환경을 만드는 과정에서 굳이 말할 필요가 없다고 여겼던 것들이 사실은 외부에도 알려야 하는 것들인 경우가 많았습니다.

이런 경험으로 우리는 네트워킹 테스트 시스템의 기본적인 요구사항을 식별할 수 있었습니다. 우리의 테스트 시스템은 모든 시스템을 제어할 수 있어야 했고, 모든 시스템들이 같은 설정 데이터를 데이터 유실 걱정 없이 볼 수 있어야 했습니다. 여기서부터 이 시스템들을 제어하는 자동화 코드를 작성해야 합니다. 대부분의 테스트 시나리오에서 저는 그냥 모든 시스템들을 테스트가 수행될 때마다 껐다 켜가며 캐시를 깨끗하게 비우게 하곤 합니다. 이게 모든 테스트에 유용한 방법은 아닙니다만, 직전 테스트 수행의 영향을 확실하게 제거해 주는 간단한 방법입니다.

KV

# 2.11 테스트 모드를 그대로 두세요!

당신이 들여다보고 있는 코드에서 에러를 찾기는 힘듭니다. 거기에 이미 에러가 없다고 가정하고 있다면 더욱이요.

— 스티브 맥코넬

코드를 추가하는 것을 좋아하는 코더<sup>Koder</sup>가 있는가 하면 덜어내는 것을 좋아하는 코더<sup>Koder</sup>도 있습니다. 어떤 이들은 죽은 코드를 제거하는 것만큼 만족스러운 일이 없다고 하기도 합니다. 이건 마치 코더<sup>Koder</sup> 버전의 소프트웨어 세상 속 잡초 제거 같은 겁니다. 이런 잡초 제거는 우리 작업에서 불필요한 코드를 제거함으로써 더 명확하게 만들고, 코드의 사이즈와 복잡도도 줄여 주며, 보안적 관점에서 공격이 들어올 수 있는 부분들도 줄여 주게 됩니다. 그렇지만 사람들이 전체 생태계에서 뭐가 잡초이고 뭐가 중요하고 보존될 가치가 있는 것인지 모를 때 문제가 벌어집니다.

이번 편지와 답신은 순수하게 테스트를 위한 코드를 유지보수하는 것에 대한 이야기를 다룹니다. 많은 시스템들이 조건부 컴파일과 같은 방식으로 보호하지만, 반면에 테스트 코드 자체가 시스템에 포함되고 한 방에 구워진 채로 나가는 시스템들도 있습니다. 테스트 코드가 같이 포함되어 구워지는 건 몇 가지 뚜렷한 장점이 있습니다. 테스트 코드가 출시에 포함된다는 건, 만약 출시된 코드에 문제가 있으면 해당 코드를 이용해 테스트를 실행해 보기만 하면 된다는 걸 의미합니다. 만약 테스트 코드가 함께 출시되지 않는다면 테스트하는 코드와 실제 출시되는 코드가 달라질 테고 테스트 결과는 항상 거짓된 통과로 나올 겁니다. 이런 상황에선 하이젠버그(2.16절 참조)가 발생합니다. 그럼에도 불구하고 모종의 이유로 출시된 코드에 위험한 코드가 포함된다면 어떻게 해야 할까요? 이 내용을 이제 함께 보겠습니다.

친애하는 KV,

우리 회사의 제품 코드 중 암호화 관련 코드를 리뷰하고 있던 찰나에 암호화를 끄는 옵션을 발견했습니다. 이건 암호화를 켤 수 있다는 뜻인데, 실제로 그 어떤 데이터도 암호화하거나 복호화하지 않고 있었습니다. 이 부분이 '항상 평문으로' 저장되고 있었습니다. 사용자가 이 암호화 옵션을 건드리는 의도치 않은 일이 발생하지 않도록 제가 그것을 소스 트리에서 제거했으나 아직 저장된 데이터는 여전히 평문 그대로였습니다. 팀 내의 다른 개발자가 저의 변경사항을 리뷰하다가 해당 null 코드는 테스트를 위해 쓰이는 거라며 변경을 막았지만, 저는 그 코드를 누군가가 실수로 사용하는 리스크보다 일개 테스트가 더 중요하다고 보진 않기 때문에 그녀의 말에 동의할 수 없었습니다. 우리 중 누구 말이 맞다고 생각하나요?

쓸모없는 NULL

친애하는 NULL 씨,

제 말에 놀라지 않았으면 좋겠습니다만. 저는 당신의 커밋을 막은 그녀가 옳다고 생각합니다. 저는 이제껏 테스트의 중요성에 대해 많은 글을 써왔습니다. 그리고 암호화 시스템은 추가적인 주의를 기울여야 할 만큼 중요하다고 확신합니다. 사실 암호화 시스템 테스트에서 null 암호화 옵션은 중요한 역할을 합니다.

암호화와 함께 작동하는 대부분의 시스템은 단일 프로그램이 아니라 실제로 빌드 시 또는 런타임에 서로 다른 암호화 알고리즘을 배치할 수 있는 프레임워크입니다. 암호화 알고리즘이 또한 프로세서 자원을 많이 요구한다는 점은 널리 알려진 사실이기도 하죠. 암호화 작업의 속도를 높이기 위해 특수 칩과 CPU 명령이 만들어지기까지 했습니다. 만약 암호화 프레임워크를 갖고 있는데 암호화 null 처리가 없다고 한다면, 암호화를 제외하고 프레임워크 자체에서 발생하는 오버헤드는 어떻게 측정해야 할까요? 저는 성능 분석에서 기준치를 설정하는 게 관행이 아니란 사실을 제 책상을 주먹으로 수차례 내려치고 욕설을 외쳐가면서 깨달았습니다. 저는 종종 프로그래머들에게 개인 공간을 제공하는 것보단 완충재로 채워진 공간을 제공하는 편이 좋지 않을까 생각합니다. 쉽게 망가지는 싸구려 합성목 책상 대신 사방의 푹신한 벽이라면 머리를 들이받아도 다치지 않을 테니 의료비 지출이 얼마나 줄어들겠나요?

암호화 null 처리라는 수단을 갖고 있기에 당신과 당신 팀이 함께 시스템의 두 부분을 준격리 상태에서 테스트할 수 있는 겁니다. 프레임워크 수준에서 변경이 발생하면 전체 프레임워크의 속도가 향상되었는지 저하되었는지 알 수 있을 것이고, 여기에 진짜 암호화 동작을 추가하면 최종 사용자에게 벌어지는 영향도 측정할 수 있을 겁니다. 어쩌면 프레임워크가 유도하는 부하가 적어서 당신이 한 변경으로 전체 시스템 성능이 별로 개선되지 않았다는 점에 놀랄지도 모르겠네요. 그렇지만 이 부분은 당신이 암호화 알고리즘을 끄는 기능을 제거하면 알 수가 없습니다.

조금 더 넓게 보자면, 어떤 프레임워크이든 특정 기능이 없을 때 어떻게 동작하는지 가능한 한 많이 테스트하는 게 좋습니다. 루프백 인터페이스에 종속된 네트워크 소켓의 성능 비교를 한다고 치면, 변덕스러운 하드웨어 관련된 요소는 제거해야 네트워크 프로토콜 코드 그 자체가 만드는 오버헤드가 제대로 보일 겁니다. null 디스크가 있다면 파일 시스템 코드 자체가 만드는 부하를 보여 줄 수 있고요. 데이터베이스 호출을 생략하고 데이터를 버리고 이미 정의된 응답만 하는 단순 함수를 이용해 테스트를 한다면, 웹과 데이터베이스 프레임워크 사이에서 어디가 오버헤드를 유발하는지 확인할 수 있습니다.

우린 대부분 시스템을 제대로 분해하지도, 불필요한 것들을 배제하지도 않은 채 성능 최적화를 시도합니다. 시스템이 복잡할수록 계측도 복잡해지는 식이니, 만약 당신이 구성품을 모르겠다면 당연히 전체도 이해할 수 없는 겁니다. 혹시라도 당신에게 이런 이해 없이 계측이 가능하다고 주장하는 사람이 있으면 그건 당신에게 X소리 하는 겁니다.

KV

# 2.12 유지보수 모드

모든 프로그래밍은 유지보수 프로그래밍입니다. 없던 코드를 짜는 경우는 거의 없으니까요.

— 데이브 토마스

저는 학교를 갓 졸업한 모든 코더$^{Koder}$가 깨끗한 초원 위에 그들만의 코드를 쌓아 올릴 수 있다고 말하진 않겠습니다. 그렇지만 이게 컴퓨터 과학 분야에서 그동안 가르쳐 온 방법입니다. 학생들이 작성하는 코드는 아무것도 없는 것에서 출발하는 오리지널인데, 이게 점수를 평가하기엔 더 쉬울 테니까요. 그렇지만 실제 개발자들이 어떻게 먹고 살아가는지 가르치는 것이라면 완전히 실패한 방법입니다.

이 업계에서 하루하루 연명하는 거의 모든 사람은 현재 소프트웨어 스택이라는 거대한 똥 덩어리로 이루어진 산에서 일하고 있습니다. 우린 대부분 이 산을 더 높이 쌓는 데 치중하고 아주 가끔은 멀찍이 떨어져서 새로 만들기도 합니다. 이러한 사실들과 주변을 맴도는 그 산의 악취를 바탕으로 판단해 보자면, 이런 시즈프스의 형벌 같은 작업들이 우리 쪽으로 떨어지지 않도록 다루는 방법을 배우는 게 최선일 겁니다.

당연한 소리지만, 소프트웨어 유지보수는 시스템이 잘 디자인되어 있고 관리가 잘되어 왔다면 어렵지 않습니다. 하지만 그런 게 드물다는 게 문제죠. 대부분의 소프트웨어는 지금 당장 디자인되고 만들어집니다. 그게 전부입니다. 디자인이란 게 되었다면 그나마 다행이고요. 소프트웨어를 만든다는 것은 유지보수가 필요하다는 소리이며, 그러려면 명확한 디자인과 다른 이들이 따를 수 있는 기초적인 구현 패턴, 그리고 최초 작성자가 아닌 다른 사람이 봐도 이해할 수 있는 수준의 가독성을 지닌 최종 코드가 있어야 합니다.

친애하는 아직 씨,

짧게 말하자면 당신 말이 맞습니다. 그건 컴퓨터 업계의 기만이 들어간 표현으로, 이력서에 '버그 고치는 사람'이라는 직함을 넣지 않기 위해 만든 단어인 것 같습니다. 사람들이 이 사실을 모르는 편이 더 좋을 거 같은데, 지금은 업계 방침을 따르기 좀 곤란한 상황이네요.

'소프트웨어 유지보수'라는 표현에는 버그 수정 외 다른 의미가 거의 없지만 당신의 질문은 조금 더 깊은 의미가 있습니다. 자동차나 다른 기계에서 유지보수의 이유는 움직이는 부품이 지속적으로 소모되기 때문입니다. 가령, 두 개의 기어가 모터에서 바퀴로 에너지를 전달하는 구조에서는 물리적인 압박이 부품을 소모시킵니다. 소프트웨어는 물리적인 압박을 받지 않습니다. 그렇지만 제가 최근에 읽은 코드는 물리적인 압박을 받았으면 좋겠네요. 적어도 그 코드를 작성한 사람이라도요. 소프트웨어 자체는 반복적으로 실행되어도 닳지 않지만, 소프트웨어 업계에는 유지보수가 필요한 부분이 있습니다.

소프트웨어 유지보수라는 단어는 신조어인 리팩토링이라는 표현으로 설명할 수 있습니다. 우리 업계에서 간단하고 직관적인 설명을 위해 우리가 생각해 낸 모든 용어들이 거의 등장과 동시에 타락하여 모든 의미를 잃는다는 건 애석한 일입니다. 저는 일반적으로 이런 상황에 저항하지 않지만, 이런 경우에는 우리 삶을 조금 더 어렵게 만듭니다. 많은 사람들이 리팩토링이라는 표현을 오해하고 사용하고 있습니다. "오, 우리는 지난 6개월 동안 작성했던 전체 시스템을 망쳤어요. 그래서 처음부터 다시 작성해야 하지만 프로그램 이름과 많은 클래스 이름은 동일하게 유지할 거예요. 물론 우리 클래스의 내부 메서드 시그니처와 내용의 90퍼센트는 정도는 바꾸겠지만 밖에서 보면 전이랑 똑같아 보일 거예요." 만약 당신의 API의 대부분을 교체한다면, 교체된 게 코드의 내부이건 기능이건, 그건 리팩토링이 아닙니다. 그건 그냥 재개발입니다.

리팩토링이란 건 작은 변경으로 다른 프로그램에서 함수나 클래스를 사용할 수 있음을 의미합니다. 이게 더 솔직한 의미의 리팩토링이고, 이것이 소프트웨어 유지보수에 가까운 행위입니다. 리팩토링이 어째서 유지보수에 가깝냐면 당신이 바라보는 구동계인 코드들이 더 이상 서로에게 난잡하게 엮여 있지 않게 되기 때문입니다.

기존 시스템이나 프로그램은 보통 서로 심각하게 엮여 있습니다. 게다가 프로그램이 정확하게 동작하지 않고 있었을 겁니다. 이러한 것들은 새로운 디자인과 정확히 맞물리지도 않아서 새로운 용도에 맞게 잘 동작하게 하려고 은유적인 그림을 넣거나 기어에서 톱니를 몇 개 떼어내는 작업을 해야 하기도 합니다.

당신이 리팩토링을 생각하고 있다면 바로 지금이 초기 디자인에 대해서도 생각하기 좋은 시기입니다. 리팩토링에 대한 생각이 초기 디자인에 부합하고 이게 지금도 부합된다면, 그리고 미래에도 같은 디자인에 갇히고 싶다면 말이죠. 지금 당신이 보는 모든 코드를 닦고 조이고 기름칠하라는 말이 아닙니다. 제가 사람들에게 시스템의 모든 코드를 헤집어도 된다는 면죄부를 주는 건 상상도 못할 일일 겁니다. 그런 종류의 방종은 채찍질로 다스려야 합니다만, 현재까지 대부분의 직장에서 채찍질은 허락되지 않는다고 하더군요.

당신이 유지보수하는 동안, 아니 제 말은 리팩토링하는 동안, 뭐를 바꾸건 간에 테스트를 꼭 하세요. 당신이 비록 'API의 정말 자그마한 필드 하나를 추가'했을지라도 변경에 대한 테스트를 하지 않은 것에 대한 변명이 되지 않습니다. 만약 당신이 테스트를 하지 않는다면, 제가 장담하건대 옛날 방식의 소프트웨어 유지보수를 하고 있는 거라고 말할 수 있습니다.(버그 수정이요.)

KV

# 2.13 일찍 머지하기

머지는 일찍, 자주하도록.

— 익명

이번 편지는 git이 VCS 세계를 평정하기 전에 작성된 내용들입니다. git의 세계에서는 한 놈만 남고 나머지는 자멸합니다. 이걸 머지(merge)라고 하며, 이것만이 git의 유일한 작동 모드입니다. git에서 리베이스(rebase)를 하고 싶은 유혹을 경험해 본 사람이라면 이것이 약을 하는 것보다 더 즐거운 경험이라는 걸 알고 있을 겁니다. 이번 문서에서 다루는 내용은 특정 VCS에 국한되는 이야기가 아닙니다. 그보다는 동료들의 실수, 아니, 작업을 얼마나 자주 당신의 코드에 통합할 의사가 있냐는 질문에 대한 답변에 가깝습니다.

친애하는 KV,

개발 과정 중에 머지를 할 때, 얼마나 자주 머지해야 할까요? 확실한 건 지나치게 오랜 기간을 두고 하면 머지 지옥에 머물게 된다는 겁니다. 그럴 때면 저는 지긋지긋하게 커밋(commit)보다 리버트(revert)를 명령을 더 많이 합니다. 그렇지만 또 브랜치로 관리하는 개발 환경의 핵심이 되는 브랜치를 불안정한 변경사항에게서 보호하려면 이런 과정이 필수라는 것도 알겠습니다. 혹시 이 중간 어딘가에 행복한 중립지대는 없는 걸까요?

머지 데몬(Merge Daemon)

친애하는 머지 씨,

수년 동안 많은 사람들이 브랜치 관리 이외에 다양한 분야에 대해서도 '행복한 중립지대'에 대해서 참 많이 물어 왔습니다. 이미 눈치챘을지 모르겠지만 이런 취지의 질문이 행복한 결말이나 중립지대를 찾아내는 경우는 거의 없다고 보면 됩니다. 머지 연옥(만약 지옥이라면 탈출 불가능하겠지만, 연옥은 언젠가는 벗어날 수 있습니다.)을 다루는 두 가지 테마가 있습니다. 첫 번째 주제는 개발 중인 소프트웨어에 대한 주제입니다. 만약 코드상에 경계가 잘 정의되어 있다면 머지 연옥에 빠져들 이유가 없을 겁니다. 컴포넌트가 잘 정의되어 있고, 그 안에서 변경을 유발하는 사람은 당신 혼자일 테니까요. 뭔가 달라져도 그건 당신의 코드뿐일 테니 머지가 쉽게 될 겁니다. 물론 이런 건 아주 적은 인원이 투입된 프로젝트에서나 가능한 이야기입니다.

프로젝트는 종종 모두의 손이 닿는 코드가 있다는 문제를 갖기도 하는데, 프로젝트가 크지 않다면 이런 문제를 해결하는 게 어렵지 않습니다. 그냥 프로젝트의 다른 참가자들을 불러 모아 논리적 경계에 따라 일감을 분배하면 됩니다. 대형 프로젝트의 경우에는 여러 명이 같은 코드를 살펴보고 수정하는 경우가 많습니다. 누군가가 버그를 고치고 있으면 다른 사람은 새로운 기능을 만들고 있거나 동일한 메인 흐름을 바탕으로 두 팀이 서로 다른 버전의 제품이나 프로젝트를 수행하고 있을 수도 있습니다. 어떤 경우이건, 연옥에 삼켜지지 않으려면 지켜야 할 몇 가지가 있습니다. 먼저 자동화된 빌드 프로세스가 있어서 누구의 작업이 머지되거나 체크인되었을 때 빌드가 깨지는지 알 수 있어야 합니다.(이와 관련된 자세한 내용은 5.3절을 보세요.)

당신이 질문한 사례는 두 번째 주제인 머지 방향성 문제에 더 가깝습니다. 당신이 당신만의 브랜치에서 작업을 하고 있다면, 건물의 구석에서 혼자 일하고 있는 것과 마찬가지입니다. 왁자지껄한 동료들과 살짝 떨어져 조용한 곳에서 당신의 작업이 끝날 때까지 집중할 수 있는 식이죠. 아, 당신은 지금 일시적인 코드 극락(Nirvana)에 들어섰습니다. 지구는 여전히 돌고 있고, 다른 모두는 고통받고 있습니다만. 극락에 계속 머물고 싶겠지만 그럴 수 없습니다.

당신에겐 두 가지 선택권이 있습니다. 하나는 가능한 한 오랫동안 극락에 머무르기로 결심하고 버티고 버티다가 머지 연옥의 막바지에 담대하게 걸어 들어가 당신의 세계에 작은 고통을 수용하는 선택을 하는 것입니다. 거기서 모든 고통이 시작됩니다. 저는 브랜치를 이용하는 개발을 할 때 대략 95퍼센트의 확률로 자주, 일찍 하는 걸 택합니다. 마치 제가 투표하러 갈 때처럼요.

제가 말한 '일찍'이란 표현이 '이른 아침'을 의미하는 게 아니란 걸 밝힙니다. 저는 '이른 아침'이라는 표현을 거의 사용하지 않습니다. 왜냐면 저는 그런 시간이 존재하는지 모르겠거든요. 그런 시간이 존재한다고 할 사람은 제 뇌 내 망상 속에나 존재할 겁니다. 강조할 사항이 하나 있는데, 당신의 코드를 작성하거나 디버그하기 전에 다른 사람의 코드를 머지하지 않는 걸 권장합니다. 다른 사람의 망가진 코드로 당신의 아름다운 브랜치를 망가뜨리고 하루 일과를 시작하는 것만큼 실망스러운 일은 몇 없을 겁니다. 먼저 당신이 하려는 작업을 완료하고 메인 브랜치의 고통을 당신 것으로 받아들이세요. 저는 제 작업을 먼저 완료해서 기분이 좋아진 다음에 이런 종류의 머지를 하는 것을 선호합니다. 그러면 적어도 기분 좋은 상태에서 시작할 수 있을 테니까요. 그리고 나서 제 브랜치에 발생하는 문제를 고치다 보면 다시 중립적인 상태에 접어들 수 있습니다. 순서가 달랐다면 저는 코드 우울증에 빠졌을 겁니다. 제가 말하고자 하는 건 빠르게 변화하는 프로젝트는 적어도 하루에 한 번, 아무리 못해도 일주일에 한 번 정도는 머지를 해야 한다는 점입니다. 일주일 사이에 많은 일이 벌어질 수 있습니다. 주말을 당신 브랜치의 문제를 해결하는 데 보내고 싶지 않다면 미리 해두세요.

그렇다면 언제 머지된 코드를 트리에 반영하는 게 최선의 선택일까요? 그건 당신이 무엇을 머지하느냐에 따라 다릅니다. 버그를 고치는 것이라면 다른 사람들이 그 영향을 받을 수도 있으니 테스트가 끝나는 대로 가능한 한 빠르게 반영해야 합니다. 기능 추가라면, 테스트가 다 끝나고 나서 사용하는 데 지장이 없을 때 머지하는 게 좋습니다. 완성은 버그가 없다는 의미가 아닙니다. 어느 시점에 도달하면 똥 덩어리에 손대지 말고 일단 시스템에 흘려보내야 할 때가 있습니다.

그런 부분들은 머지할 때의 업무 절차가 해결해 주겠지만, 도구가 이런 부분을 도와 주기도 합니다. 다른 소스 코드 제어 시스템들이 브랜치를 지나치게 장려해서 메인 코드로 돌아오지도 못할 분기를 양산하는 동안 일부 소스 코드 제어 시스템들은 단순한 해법으로 브랜치를 이용한 개발을 아예 지원하지 않기도 합니다. 뭐가 되었든 당신이 브랜치를 이용한 개발을 하려면 이런 도구들은 피해야 할 겁니다.

브랜치 개발 환경을 지원하는 제대로 된 도구는 기본적으로 다양한 버전의 파일을 비교하는 기능을 제공해야 합니다. 이상적인 세상에서는 소스 코드 제어 시스템들이 모든 머지를 자동으로 하겠지만 여기는 현실 세계이고 여러 가지 예외가 있어 그건 불가능해 보입니다. 따라서 머지를 한다는 것은 머지 과정 중에서 발생하는 예외를 어떻게 다룰 것인지를 의미합니다.

다른 브랜치에 속한 파일들 간의 차이점을 비교하는 도구가 좋지 않다면 당신은 이런 차이를 통합하는 데 상당한 시간을 소모하게 될 겁니다. 자각 있는 사람들은 이걸 '머지 지옥'이라 부르는데, 도구 본연의 목적대로 도구가 머지하는 게 아니라 많은 부분에 사람의 개입이 필요하기 때문입니다. 당신이라면 밥이 1.2.2.1 버전에서 작성한 코드를 당신의 현재 버전의 코드에 반영하고 싶겠나요? 이런 것들이 머지 과정을 매우 불쾌하게 만듭니다. 그나마 다행인 점은 이것은 잘 알려진 문제라 매우 많은 사람들이 더 나은 도구를 제공하기 위해 열심히 노력하고 있고, 실제로 개선되고 있는 영역이란 점입니다.

요약하자면, 제 조언은 당신의 브랜치에 매일 외부에서 발생하는 변경을 통합하라는 것입니다. 이걸 아침 일찍부터 할 필요는 없습니다. 변경사항을 머지해 주고 코드 간 차이로 인한 문제를 해결해 주는 좋은 기능을 지닌 최신의 소스 코드 제어 시스템도 사용하세요.

KV

## 2.14 멀티코어 만티코어[24]

소프트웨어는 하드웨어가 빨라지는 만큼 느려진다.

– 니클라우스 비르트

10여 년 전 하드웨어 업계가 소프트웨어 업계에게 말하길, 프로세싱 성능을 향상시키는 것에는 한계가 있으니 단일 CPU 동작 속도를 증가시키는 대신 처리 코어의 개수를 늘려주겠다고 했습니다. 그들이 칩 위에 올릴 수 있는 트랜지스터의 수를 늘림으로써 이런 것이 가능해졌습니다. 만약 동작 속도가 꾸준히 향상되어 왔다면, 오늘날엔 20GHz 프로세서를 손에 넣었을 수도 있었을 테지만, 부끄럽게도 여전히 5GHz대에 머물고 있으며, 이 또한 수냉을 했을 때나 가능합니다.

문제는 하드웨어 종사자들이 소프트웨어 종사자들에게 "멀티코어로 가세요."라고 말했을 때, 하드웨어 사람들은 분산 처리 시스템, 네트워킹, 잠금 문제(locking problem)가 뭔지도 잘 몰랐다는 것이고, 이건 소프트웨어 사람들도 비슷했습니다. 이 코어들을 이용하는 장점을 취하려면 문제들이 잘게 나뉘어 서로의 발을 밟지 않도록 분리시켜야 했습니다. 그런데 이게 어려워서 여전히 해결되지 않은 문제로 남아 있습니다. 오늘날까지도 대부분의 소프트웨어는 멀티스레드를 사용하는 것이 더 나은 상황에도 싱글스레드를 의식하고 작성되고 있습니다. 다른 곳에서는 스레드 프로그래밍의 문제에 대해 다루겠지만, 이번에는 멀티코어 문제의 핵심(core)을 다룹니다.

---

24. 역주 전설 속에서 퇴치된 사례가 없는 무시무시한 괴물.

친애하는 KV,

지난 10년 동안 제 소프트웨어에서 사용 가능한 코어 수가 늘어왔다는 사실을 깨달았습니다. 그런데 이 코어들의 동작 속도는 제가 학교를 졸업할 때보다 오히려 더 떨어져 버렸습니다. 멀티코어 소프트웨어는 처음 등장했을 때만 해도 매우 중요한 주제였으나, 최근에는 코어 개수가 여섯 개, 그 이상이 되었는데도 논의가 시들해졌습니다. 대부분의 프로그래머가 코어의 개수를 무시하고 마치 그들의 시스템이 단일 CPU에서 동작하는 것처럼 코드를 작성하고 있습니다. 이건 그저 단순히 저의 착각일까요. 아니면 제가 올해 잘못된 스타트업에 입사한 걸까요?

코어 긍그미

친애하는 코어 씨,

멀티코어 하드웨어가 소프트웨어 설계에 진정으로 기여한 바는 모든 시스템을 동시(concurrent) 시스템으로 만든 데 있습니다. 최근에 등장한 디지털 시계만 해도 코어가 두 개나 들어갑니다. 그리고 여전히 사람들은 '디지털 시계는 제법 멋진 생각이야 -《은하수를 여행하는 히치하이커를 위한 안내서》 중'이라고 생각합니다. 최근의 컴퓨터 언어들이 만들어질 때만 해도, 진정한 동시 시스템은 드물고 매우 비싼 짐승과 같아서 정부 연구소나 유사하게 다른 희귀한 영역에서만 쓰였습니다. 하지만 이젠 누구나 동시 시스템을 인터넷에서 살 수 있고, 데이터 센터에 설치할 수 있으며, 코드를 푸시할 수 있습니다. 사실, 버튼 하나만 누르면 클라우드에서 그러한 시스템을 손에 넣을 수 있죠. 그런데 과연 그런 시스템 환경에서 동작할 소프트웨어를 쉽게 구할 수 있을까요!

대부분의 애플리케이션이 코어가 여러 개인 서버에 구현된 분산형 시스템이란 건 차치하더라도, 우리가 현대 소프트웨어와 하드웨어의 동시성 생태에 대해서 뭐라 말해야 할까요? 간단히 말하자면, '다 엉터리'입니다. 그렇지만 이런 건 전혀 발전적이지 않고, KV는 언제나 도움이 되고 발전적이어야 합니다.

컴퓨터 과학이 조성되던 무렵, 우린 이미 동시 시스템에서 두 개의 다른 코드가 일제히 수행될 수 있다는 걸 알고 있었으며, 현대 서버들은 이게 단순히 두 개가 아니라 32 내지는 64개가 될 수 있습니다. 이런 동시성이 증가하며 복잡성도 증가했습니다. 소프트웨어는 보통 선형적으로 실행되지만 어떻게 작성했느냐에 따라 동시에 실행

가능한 여러 작은 조각으로 나눌 수도 있습니다. 동시성을 지닌 소프트웨어의 코드가 상태만 공유하지 않는다면, 동시성을 고려하지 않은 소프트웨어만큼이나 좋을 겁니다. 소프트웨어의 목적은 데이터를 처리하고 그것을 가져와 조작하거나 변경하는 것입니다. 동시성을 요구하는 부분끼리 계속해서 상태를 공유해야 하는 소프트웨어 시스템의 수는 매우 적습니다.

소프트웨어는 애초에 동시성을 상정하고 만들어진 것이 아닙니다. 당연하게도 이쪽이 관리나 디버그에는 유리합니다. 그렇지만 시스템의 연산 능력을 낭비하는 것이다 보니 점점 더 많은 소프트웨어가 동시성을 지원하는 방향으로 변환되거나 처음부터 동시성을 고려해 작성되고 있습니다. 특정 시스템들은 차라리 소프트웨어를 다시 작성하는 편이 더 쉬울 수도 있습니다. 옛날부터 내려져 온 전통적인 동시성 해소법 대신에 언어부터 이미 동시성에 친화적인 것을 이용할 수 있습니다.

이제 당신도 코드를 보면서 동시성이 없다는 걸 의식하리라 믿습니다. 그 이유는 스레드를 사용하지 않고 있기 때문인데, 어쩌면 당신은 그게 괜찮다고 여길지도 모르겠네요. 그렇지만, 아, 단언컨대 전혀 괜찮지 않습니다. 예를 들자면, 파일 시스템이나 메모리 공유 같은 일반적인 초기 단계의 동시성은 시스템을 데드락이나 동시성 버그라는 해악에 노출시킵니다. 이건 Posix 스레드와 뮤텍스(mutex)로 하듯 두 개의 동시 프로세스들이 메시지를 주고받는 것만으로도 데드락을 유발할 수 있습니다. 모든 문제는 하나로 귀결됩니다. 바로 멱등성 있는 데이터와 데이터 구조, 데드락과 기아 상태 방지입니다.

이 주제들은 운영체제가 겪는 가장 큰 어려움이라 운영체제와 관련된 책들에서 많이 다루고 있습니다. 제 설명을 듣고도 여전히 궁금한 점이 남아 있다면 이런 책들을 읽어 보길 추천합니다. 동시 시스템이 지닌 위험을 이해하고, 그리고 난 후에 이런 동시성과 관련된 지뢰들을 스스로 만들고 밟기까지 해보고, 디버그를 거듭해 보고, 다른 유사한 시스템의 디버그도 해보세요.

KV

## 2.15 이건 제품이 아니야

첫 도전에 성공하지 못했다면 그걸 버전 1.0이라고 한다.

— 팻 라이스

어떻게 해야 시스템이 완성되었다는 걸 알 수 있나요? 타이머라도 설정해 두나요? 온도를 보고 제대로 구워졌는지 보나요? 대부분의 회사들은 베타 수준의 소프트웨어를 출시해서 시장이 어떻게 반응하는지 살펴봅니다. 그 제품이 잠재력이 있건 없건 말이죠. 마케팅 관련자들이 그런 말을 할 때마다 KV는 그들을 병원에서 재워주고 싶습니다. 일부 회사들(구글 등)은 심지어 시장에 출시한 소프트웨어도 수년 동안 베타라고 꼬리표를 단 채로 호구들을 모아들이고 있습니다. 아니, 제 말은 사용자들과 데이터입니다만, 이것들을 모아서 베타 이후 버전을 만든다고 합니다. 그럴싸한 마케팅 때문인지 독점적인 시장 상황 때문인지, 되다 만 제품을 선호하는 사용자가 없음에도 불구하고 회사들이 사람들에게 절반 정도 만들어진 그따위 시스템을 들이밀 수 있다는 게 안타까울 따름입니다. 아아, 매수자 위험 부담 원칙(caveat emptor)은 다른 비즈니스와 마찬가지로 소프트웨어에도 있는 겁니다.

친애하는 KV,

작년에 우리 회사 제품 네트워크에 모니터링 시스템을 구매하고 설치하는 데 시간을 보낸 이후 처음으로 제조사의 시스템 소프트웨어에 있는 버그를 발견했습니다. 우리는 이 버그를 그들에게 알렸고, 제조사는 시스템을 최신 버전으로 업그레이드할 것을 부탁했습니다. 업그레이드 과정에 장치를 공장 초기화하는것이 있어서 각 시스템에 대한 모든 설정 데이터를 잃게 되었고, 업그레이드 후에 모든 구성 데이터를 다시 입력해야 했습니다.

처음에는 이런 과정이 특정 메이저 버전 업그레이드에만 필요한 작업일 거라고 생각했는데 이 개별 설정 데이터와 관련된 작업을 매 업그레이드마다 하게 되었습니다. 제 생각엔 이건 시스템을 도입하기 전에 우리가 물어 봤어야 했던 질문이기는 하지만, 그 누구도 현장에서 쉽게 업그레이드하기 어려운 제품을 팔던 적이 없었습니다. 우리 회사의 누군가는 그냥 박스를 반송하고 환불을 요청해야 한다고 말했으나 슬프게도 이게 네트워크 모니터링을 위해 우리가 찾아낸 최고의 시스템입니다.

업그레이드 다운

친애하는 다운 씨,

아마 당신은 그걸 제품이라 생각했겠지만, 그건 그저 고객을 사려깊게 생각하는 누군가가 특정 상황에만 잘 동작하는 부품들을 한곳에 모아 둔 것에 불과합니다. 안타깝게도 버전 1.0 시스템 이후 벌어질 일들을 고려하는 회사의 수는 매우 적습니다.

저는 운이 좋았거나, 아니면 지난 10여 년 동안 거래해 온 영업 담당자들이 당신이 설명한 대로 작동하는 시스템들을 너무 많이 접하지 않은 행운을 겪었나 봅니다. 제조사가 이미 사용자나 시스템 관리자가 입력하고 저장했던 데이터를 업그레이드를 한다고 다시 입력하게 하는 건 멍청하고 바보같으며, 그 외에도 제 편집자가 출판을 허락하지 않을 다양한 표현들에 속하는 행동입니다.

하물며 최악의 디자인이 적용된 제품들(저도 이런 거 많이 써봤습니다.)마저도 Perl 같은 걸로 오래된 설정 데이터를 최신 버전으로 옮길 수 있게 해 줍니다.

사실 저는 수년 전에 네트워크 스위치 프로젝트에 참여한 적이 있습니다. 그때 시스템 팀(상자 안에 믿음직스러운 운영체제와 애플리케이션을 담을 책임이 있는 조직)

에서 제일 중요했던 게, 바로 시스템을 현장에서 업그레이드하는 것이었습니다. 스위치나 라우터를 설정해 본 경험이 있는 사람이라면 누구나 기존에 있던 설정을 집어 던지는 행동은 하지 않습니다.

애석한 부분은 이게 그렇게 어려운 작업이 아니란 사실입니다. 대부분의 임베디드 시스템들은 오늘날엔 유닉스 계열 시스템인 리눅스나 BSD에서 한꺼풀 벗어던진 것을 사용합니다. 다시 말해, 설정 파일이 매우 잘 알려진 형태로 존재한다는 겁니다. 물론, 설정 데이터가 약간 흩어져 있는 경향이 있기 때문에 이 방법이 설정 데이터를 저장하는 가장 좋은 방법은 아니지만, 버전 간의 차이를 처리하고 조정할 수 있는 스크립트를 작성하는 것은 그리 어렵지 않습니다. FreeBSD에는 etcupdate가 있고, 리눅스에는 etc-update와 dispatchconf가 있습니다. 적절한 수준으로 디자인된 시스템은 설정 파일이 단순한 형태의 데이터베이스나 XML 파일과 같은 것으로 저장되어 현장에서도 단순한 스크립트를 이용해 업그레이드할 수 있어야 합니다.

이러한 이슈는 사람의 간섭을 거의 받지 않고 기계가 알아서 배포하고 관리할 수 있는 시스템을 가려서 대응해야 합니다. 슬프게도 대부분의 프로그래머와 엔지니어는 기기에 대해서는 별로 생각하지 않고 사람들이 '남자답게' 시간 낭비를 기꺼이 하기를 경솔하게 기대합니다.

저는 생애 처음으로 목격한 '모든 것이 디지털화된 스테레오 시스템'을 여전히 기억하고 있습니다. 그것은 Sun 워크스테이션과 유사했고 가격은 $15,000정도였습니다. 당신이 그것의 조작부를 봤다면 그 순간 이걸 만든 사람들이 일반 대중이 사운드 시스템에 무얼 바라는지는 전혀 생각하지 않았다는 걸 분명히 알 수 있었을 겁니다. 대개 스테레오에게 바라는 건 최소한의 버튼을 눌러 좋은 품질의 소리를 듣는 거라는 것을 말이죠. 당시에 제가 본 시스템은 엄청 많은 버튼들을 눌러 앰프나 CD 플레이어 수준의 품질을 지닌 소리를 듣는 것이었습니다. 사용자 인터페이스는 흉물스러웠지만 시스템 성능에 비할 바는 못 되었습니다. 박스는 제가 가게에서 들고 나가기까지 세 번이나 부딪혔습니다. 이 경험에서 제가 배운 한 가지는 시스템과 제품이라는 게 동일선상에 존재하지 않는다는 것이었습니다.

시스템은 부품들을 한데 모아 하고자 하는 일을 해내는 집합입니다. 그리고 제품이라는 건 시스템으로 하고자 하는 일을 사용자에게 훨씬 더 자연스럽고 부드러운 방식으로 제공하도록 디자인되고 만들어진 것입니다. 저는 조금 거친 방법이라도 제

PC로 CD를 리핑하고 저장하고 재생할 수 있는 소프트웨어를 만들 수 있습니다. 이런 게 시스템이고, 반대로 아이폰 같은 건 제품입니다. 제가 제 휴대폰을 업그레이드할 때 데이터를 다시 입력하지 않습니다. 만약 그래야 했다면 제품은 첫 번째 업데이트 때 시장에서 사라졌을 겁니다. 아마도 스티브 잡스가 업그레이드할 때 데이터를 다시 입력해야 한다고 들었으면 누구 머리 하나는 날아갔을 겁니다. 현대의 기기들이 아무리 복잡할지언정(확인하고 싶다면 지금 당신의 TV 뒷면을 보세요. 이더넷 연결단자가 있을 겁니다.) 이런 문제들은 이미 생각하고 해결도 해놔야 합니다.

진짜 문제는 이러한 장치를 디자인하는 사람들에게 있습니다. 이들은 기기가 서버실 같은 곳에 있는 여러 대의 컴퓨터들과 지지고 볶고 한다는 이유로 제품을 숙련된 IT 인력이나 능숙한 사용자만이 다룰 수 있는 형태로 만들어 냅니다. 이런 관행은 이제 그만 멈춰야 합니다. 이건 다른 사람들이 저처럼 대머리가 되는 일은 없길 바라는 마음에서 전하는 말입니다. 제 머리카락은 자연히 떨어져 나간 게 아니라 제가 쥐어뜯었습니다!

KV

# 2.16 하이젠버그(Heisenbugs)[25]

거기에 하이젠버그가 도사리고 있습니다.

– 익명

베르너 하이젠베르크는 소프트웨어 엔지니어가 아니라 물리학자입니다. 그의 주요 업적 중 하나는 불확정성의 원리로, 그는 입자의 공간에서의 위치와 속도를 동시에 정확하게 알아낼 수는 없다는 사실을 밝혀냈습니다.

하이젠버그는 얼마나 악독한 녀석인지 그걸 지칭하는 이름이 따로 있을 정도입니다. 그렇지만 물리학에서와는 다르게, 소프트웨어 엔지지어들은 이 문제를 막아낼 수 있습니다. 하드웨어와 소프트웨어 영역에 있는 많은 도구들은 이런 유형의 문제들을 해결하는 데 도움이 됩니다. 조금 더 시간을 들여 Circuit Emulator나 JTAG 인터페이스, 또는 로직 분석기를 학습하면 일반적인 소프트웨어 도구들이 잡아내지 못하는 버그들을 잡아낼 수 있습니다. 현대적인 서버의 CPU 대부분은 하드웨어에서 다양한 관점으로 성능 모니터링을 할 수 있는 시스템에서 사용 가능한 관측점을 제공하여 이런 문제들을 추적할 수 있습니다.

---

25. 역주 테스트를 수행할 때 발생되는 버그로서 문제를 발견하고 수정하기 위한 디버깅을 수행하려고 하면 문제가 사라지는 형태의 버그. 하이젠베르크와 버그의 합성어.

친애하는 KV,

제가 다니는 회사에서 지난주에 새로운 모니터링 시스템을 출시했는데, 우리가 기대했던 것처럼 잘 되고 있지는 않습니다. 우리가 모니터링 시스템을 처음 적용시켰을 때 몇몇 서버들의 CPU 사용률이 치솟았습니다. 처음에는 왜 그런 일이 벌어지는지도 알 수 없었습니다. 각 서버에 띄워 둔 모니터링 프로세스 자체가 매우 바쁘더군요. 그래서 일단 모니터링 시스템을 껐는데, 그러자 서버의 부하가 해소되었습니다. 결국 알아낸 점은 모니터링 시스템에서 지나치게 자주 서버 정보 수집을 하면 CPU 타임 문제가 생긴다는 것이었습니다. 그래서 우리는 수집 주기를 10분마다로 변경했고, 이 정도가 딱 적당한 수준인 것 같았습니다. 제가 궁금한 것은 이러한 시스템은 어떻게 조정해야 하는지입니다. 이건 그냥 시행착오를 통해 어쩌다가 완료한 것 같아서요.

너무 잦은 조회

친애하는 조회 씨,

시행착오라고요? 이 문제는 그냥 시스템에서 정보를 가져가는 게 어떤 문제를 야기할 수 있는지 몰랐어서 발생한 일인 것 같네요. 현대의 시스템들은 수천, 수만 가지 수치를 쌓아 둡니다. 맹목적으로 시스템이 제공하는 정보들을 가져가는 것도 나쁘지만, 짧게 자주 가져가는 건 다른 여러 가지 이유로 더 나쁜 편에 속합니다.

첫 번째 이유는 당신이 이미 편지에서 언급했습니다. 바로 단순히 데이터를 요청하는 것으로 인해 발생하는 오버헤드입니다. 당신이 시스템에 라우팅 테이블이나 sysctls(system 제어 변수) 설정 상태에 대해 질의한다면, 시스템은 현재 어떻게 돌아가고 있는지 사진을 찍듯 알려 주기 위해 잠시 멈추게 됩니다. KV는 최근 몇 년 동안의 경험을 통해서 성능이 좋은 다양한 데이터베이스 프로젝트가 등장하고 난 이후로 일관성(consistency)에 대한 개념이 무시되고 있다는 것을 알고 있습니다. 그렇지만 시스템의 세계에서는 여전히 일관성은 좋은 것™입니다. 그런 관점에서 보면 시스템이 당신의 요청으로 데이터를 읽는 동안 일관성을 위해 잠시 멈추는 것은 나쁘지 않습니다. 만약 당신이 `sysctl -a`를 써서 제가 사용하는 서버의 9,000개의 시스템 제어 변수 중 임의의 수천 개를 요구한다면 시간이 제법 걸릴 겁니다. 영원히는 아니겠지만 그렇다고 문제가 되지 않는 건 아닙니다.

두 번째 이유는 데이터를 주기적으로 가져가는 행위 자체가 당신이 필요로 하는 일부 정보를 숨기게 되는데, 데이터를 가져가는 행위가 데이터 자체에 노이즈를 유발한다는 점입니다. 시스템에 어떤 정보를 요청할 때마다 시스템은 매번 당신의 요청을 다른 작업들과 나눠서 처리하지 못합니다. 만약 당신의 모니터링 시스템이 1분마다 데이터를 다룬다면 당신은 모니터링 시스템 스스로가 만들어 내는 부하를 목격하게 될 겁니다. 모니터링 시스템이 측정에 막대한 영향을 미치는 그런 하이젠-모니터링은 완전히 무의미합니다.

모니터링 시스템에서는 지나치게 많거나 적은 정보 사이에서 균형을 찾아야 합니다. 당신의 디버깅 문제는 시스템이 정상적인 상황에서도 지나치게 많은 정보를 제공하는 것을 원했기 때문에 발생했습니다. 모니터링 시스템을 별 생각 없이 내보내기(소셜 미디어 세상에도 있는 사람들처럼요.) 전에 당신의 모니터링 시스템을 위한 골디락스 존[26]을 먼저 찾는 것이 필요합니다. 해당 영역을 찾기 위해서는 먼저 무엇이 필요한지를 알아야 합니다. 당신의 서버에서 어떤 명령어가 모니터링 시스템에 의해 실행될지 추측해 볼 필요가 있습니다. 그리고 해당 명령들을 테스트 환경에서 개별적으로 수행해 보고 그 명령에 필요한 시스템 자원을 측정해야 합니다. 당신은 런타임에 어떤 일이 벌어지는지 알고 있어야 하며, 이에 대해서는 time(1) 명령어로 대략적으로 알 수 있습니다. 방금 언급한 서버의 경우라면 아래와 같은 예시를 들 수 있습니다.

```
time sysctl -a > /dev/null sysctl -a > /dev/null
        0.02s user 0.24s system 98% cpu 0.256 total
```

운영체제가 당신의 요청에 필요한 정보를 제공하기 위해 시스템의 다양한 시스템 제어 변수를 가져오는 데에는 CPU 시간의 1/4 정도가 사용되며, 이는 시스템 오버헤드입니다. time(1) 명령어는 어떤 도구나 프로그램에서든 사용해 볼 수 있습니다.

이제 요청에 따른 CPU 시간 소모를 대략적으로 추측할 수 있게 되었으니 데이터가 어느 정도 되는지도 알 수 있어야 합니다. 여기서 사용할 만한 프로그램으로 wc(1)이

---

26. 역주 Godlilocks zone. 지구상의 생명체들이 살아가기에 적합한 환경을 전제로 이와 같은 환경을 지니는 우주 공간의 범위.

있는데, 이걸로 각 요청에서 얼마나 많은 데이터가 오가는지 알 수 있습니다.

```
sysctl -a | wc -c 378844
```

위 경우엔 1/4메가바이트 이상의 데이터를 취급한다는 것을 알 수 있습니다. 오늘날의 세상에선 그렇게 많은 것은 아니지만 매분 요청한다고 가정하면 평균적으로 초당 6,314바이트가 오가게 됩니다. 현실적으로 보자면 순간적인 비율은 더 높아질 것이고, 이런 요청을 할 때마다 3Mbps의 순간적인 네트워크 부하를 유발하게 됩니다.

당연하게도, 그 누구도 맹목적으로 sysctl 값을 커널에서 1분마다 요청해서는 안 되며, 당신이 서버에 데이터를 요청할 때는 더욱 의미 있는 형태를 요청해야 합니다. KV는 이런 말도 안 되는 수준의 모니터링 데이터를 남기는 것 같은 체계적이지 않은 경우들을 많이 봤습니다. "우린 그 어느 것도 놓쳐서는 안 돼, 버그를 찾기 위해서는 투명한 시스템이 필요해!" 저는 데브옵스 친구들이 우는 소리를 낼 걸 압니다만, 모든 데이터를 가져와 버려서 발생하는 노이즈가 섞인 상태에서는 그들이 더 행복해진다거나 버그를 찾는 데 딱히 도움이 되진 않을 겁니다.

모니터링 시스템에 필요한 것은 시스템 요구사항에 따라 수집하는 데이터의 수준을 높이거나 낮출 수 있는 능력입니다. 당신이 디버깅 시스템을 활성화시킨다는 것은 데이터의 볼륨을 11까지 올리는 것과 같습니다. 그렇지만 시스템이 잘 돌아가고 있는 상황에서는 볼륨을 4 내지 5로 낮추는 것과 같은 겁니다. 여기서 볼륨은 가져오는 데이터의 양과 수집 빈도가 될 수 있습니다.

아마 당신은 훨씬 자주, 그렇지만 더 적은 양의 데이터를 원할 수도 있을 것이고, 아니면 큰 그림을 보기 위해 더 많은 데이터를 가져오지만 드문 빈도로 요청하고 싶을 수도 있습니다. 이런 식으로 수평과 수직적인 조정이 당신이 만드는 시스템의 런타임에서 제공되어야 합니다. free 사이즈 옷 같은 모니터링 시스템은 사실 누구에게도 딱 맞는 것이 아닙니다. 우리가 볼륨을 11로 끌어올리지 않으면 뭔가 중요한 걸 놓칠 거란 두려움은 정당한 두려움처럼 보입니다만, 그게 모든 발생 가능한 이벤트에 대해서 항상 수집해야 한다는 데 당위성을 부여하진 않습니다. 따라서 당신은 볼륨의 0과 최대 사이에서 적절한 균형을 찾아내야만 합니다.

KV

# 2.17 나는 당신의 PDF 따위 원치 않습니다

당신의 티셔츠에 피가 묻었다면, 세탁이 제일 시급한 문제가 아닐지도 모른다.

— 제리 사인펠트

코드<sup>Kode</sup>에 꽤나 신경 쓰는 사람을 위해 KV는 문서 작성에 대해 많이 언급했습니다. 코드와 관련된 문서화에 대해서는 2.7절과 2.8절을 포함해 이 책의 곳곳에서 다루고 있습니다. 문서화 과정에서 발생하는 많은 불만 중 하나는 문서가 패키징된 경우입니다. 소설이라면 어디서 정보를 복사해 올 필요 없이 단일하고 직설적인 서술이 가장 표현이 매끄러울 겁니다. 그렇지만 기술 문서는, 가령 데이터 시트나 매뉴얼이라면 아마도 쉽게 이해할 수 있는 형태로 표현되어야 할 것입니다. 혹자는 이럴 때 일반 텍스트 형태를 선호할 수도 있습니다!

마크다운(Markdown)은 '평문 ASCII'와 PDF 사이에서 적절하게 중간의 입장을 취하고 있습니다. KV는 이 포맷으로 칩 매뉴얼을 비롯한 다양한 문서가 작성되기를 희망합니다. 마크다운은 평문 텍스트와 매우 근접해 grep 같은 검색 도구로 찾기도 쉬울 뿐더러 vi(m)와 Emacs 같은 편집기로도 편집할 수 있습니다.

이번 이야기는 휴대하기도 다루기도 불편한 주제에 Portable Document Format이라고 잘못 이름 붙여진 포맷으로 사람들에게 필요한 데이터를 제공해서 벌어진 일을 다루고 있습니다.

친애하는 KV,

저는 최근 기존에 존재하던 명세에 맞춰 새로운 코드를 구현하고 있었습니다. 문서는 30여 페이지의 표에 이름과 값들로 이뤄져 있었습니다. 불행하게도 이 문서는 PDF 파일로만 제공되어, 프로그래밍적인 방법으로 표에 있는 값들을 추출할 수 없어서 그다지 좋지 않았습니다. 스크립트로 5분이면 해결할 수 있는 문제인데, 복사하고 붙여넣는 데만 반나절이 걸렸고 에러들도 발생했습니다. 물론 저도 인터넷 RFC(Requests for Comments)를 포함해서 많은 명세서들이 평문 ASCII 텍스트 형태로 제공되는 걸 알고 있습니다. 그래서 누군가 명세서를 프로그래밍적으로 작업하기 힘든 PDF 같은 것으로 출판하는 게 도저히 이해가 안 됩니다.

복사하고, 붙여넣고, 굴리고, 박살내고

친애하는 박살 씨,

당신은 현대 데스크톱 출판물의 아름다움과 권위를 존중하지 않는 것 같군요. (매우 많은) 폰트 사용이나 글자를 두껍게 하고 밑줄을 넣는 것은 화염이 돌에 아로새긴 듯 문장들의 의미를 더욱 명확하게 해줍니다.

당신은 지금 자기 자신만 생각하는 문제에 직면한 거 같지만 큰 회사에서 마케팅 부서 사람들이 이메일을 보낼 때 글자를 두껍게 하고 밑줄이나 색상을 넣는 건 우리의 주의를 끌고자 하는 것입니다. 아니면 당신이 표준을 정의하지만 절대로 구현하지는 않는 이들을 상대하고 있어서 그런 걸 겁니다. 두 경우 모두 단순히 문서화에만 문제가 있는 것이 아니라 코드에도 문제가 있습니다.

신화와는 다르게 정책과 코드는 바위에 새겨지지 않습니다. 따라서 어떤 문서건 변화가 발생할 것이고 이러한 변화는 소스 코드 제어 시스템과 같은 변화 관리 시스템으로 추적될 수 있어야 합니다. 이는 컴파일될 코드에 대한 문서에서도 마찬가지입니다. 문서를 추적 및 비교 가능한 포맷으로 관리하면 sed, cut, grep 같은 표준 텍스트 편집 프로그램에서 정보를 추출해 사용할 수 있습니다. 또한 Perl과 Python 같은 스크립트 언어에서도 쉽게 접근할 수 있고, 당연히 텍스트 제어가 가능한 다른 컴퓨터 언어들을 통해서도 접근이 가능합니다. 저는 당신이 제안한 것과 같은 처리들을 사람들이 실제로 Perl과 Python으로 수행한 것을 많이 찾아낼 수 있었습니다.

저도 마찬가지로 누군가가 소프트웨어 명세서를 갱신하면 문서를 대상으로 프로그램 몇 개를 돌려서 값을 추출하고 비교하고 제 코드에 남아 있는 것들을 찾아내는 걸 하고 싶네요. 이렇게 할 수 있다면 에러도 줄고 수정하는 시간도 비약적으로 단축될 겁니다. 차이점을 여전히 시각적으로 확인해야 할 수도 있는데, 저 같은 경우에는 기본적으로 내재된 편집증과 불신으로 인해 제 것을 육안으로 확인합니다. 그렇지만 PDF 파일을 인쇄해서 펜으로 검토하거나 PDF 리더로 동일한 작업을 전자적으로 수행하는 것보다는 훨씬 쉬울 겁니다. PDF 파일을 해석해 주는 프로그램들도 있지만 만족스러운 녀석은 없습니다. 제일 큰 문제는 명세서를 작성하는 사람들이 명세를 작성하려고 워드를 열기 전에 30초만 생각했더라도 이런 것들이 필요하지 않았을 거란 사실입니다.

IETF(Internet Engineering Task Force)와 관련해 불평할 만한 건 많지만 그들의 프로토콜을 단순한 텍스트 형식으로 계속 출판하겠다는 약속만큼은 거기에 속하지 않습니다. 아아, 모든 사람들이 존 포스텔에게서 수천 개의 문서에 대해 안내받을 수 있는 것은 아니지만 그들도 예제를 통해 같은 것을 배울 수 있습니다.

KV

# 2.18 PIN 코드 관리

누군가가 당신의 비밀번호를 훔쳐간다면 바꾸면 그만이다. 그렇지만 누군가가 당신의 지문을 훔쳐갔다고 해서 손가락을 바꿀 수는 없다. 이처럼 관리 실패의 결과는 매우 다르다.

– 브루스 슈나이어

비밀번호의 길이를 정하는 것은 실무자들 사이에서는 매우 일반적인 주제이며 이걸로 끝없이 논쟁할 수도 있습니다. 모바일 컴퓨팅 기기의 등장으로 논쟁의 대상이 지문이나 얼굴 인식과 같은 생체 인식 쪽으로 넘어갔으나 아직도 모두가 납득할 만한 정답에 도달하지는 못하고 있습니다. 문제는 정답이 딱 하나가 아니란 점입니다. 사람들은 허접한 기억력을 갖고 있으며, 특히 연관 없는 숫자나 글자들의 긴 조합 같은 것에 취약합니다. 사람들이 신용카드 번호나 친한 친구들의 전화번호는 곧잘 기억하면서 이런 것들은 기억하지 못한다는 게 코더<sup>Koder</sup>들에겐 이상하게 느껴집니다. 어쨌든 기술을 사용하는 일반 사용자들에게 이런 것들은 쉬운 일이 아닙니다. 따라서 우리는 그들이 문제를 극복할 수 있는 방법을 고안해야 합니다.

친애하는 KV,

저는 웹 애플리케이션을 모바일 플랫폼에서 동작하도록 전환하고 있습니다. 이 애플리케이션이 은행 정보 같이 엄청난 보안이 필요한 정보를 다루지는 않지만 어쨌건 사용자는 여전히 비밀번호를 입력해야 합니다. 우리의 비밀번호 체계는 최소 8자 이상에 대문자 하나와 영숫자가 아닌 문자가 필요하지만 그다지 엄격하진 않습니다. 그런데 우리 제품 쪽 친구들 말로는 화면에서의 입력은 부정확한 면이 많아서 비밀번호에 대한 요구사항이 더 완화될 필요가 있다고 했습니다. 사용자들에게 네 글자, 전부 소문자를 허용하는 비밀번호인 PIN 코드를 제공해야 한다는 거죠. 모바일 PIN은 오직 모바일 앱에서 동작하는 요소이고 웹과는 무관해야 합니다. 저는 네 글자 가지고는 충분치 않다고 그들을 설득하려고 했지만, 어쩌면 모바일 앱에 한정해서는 괜찮을지도 모르겠다는 생각이 듭니다. 이에 대해 당신은 어떻게 생각하나요?

비밀번호 네 자리

친애하는 비번 씨,

저는 이런 편지를 받기를 기다리고 있었습니다. 지난 몇 년 동안 다양한 형태의 태블릿을 다뤄오며, 마케팅 담당자나 제품 담당자가 편의적인 이유로 엔지니어에게 보안을 무시하라고 요구하는 건 시간 문제일 거라는 걸 알았습니다. 우선, 당신의 애플리케이션이 은행과 무관함을 알려 줘서 고맙습니다. 덕분에 '어떤 은행이죠?!' 같은 질문을 하지 않았습니다. 이런 질문은 문제만 불러일으켰을 겁니다.

잠시 다른 주제로 넘어가서, 저는 사람들이 보안을 신경 써야 하는 곳은 은행뿐이라고 생각한다는 흥미로운 사실을 발견했습니다. 누군가가 당신의 은행 계좌에서 자신의 계좌로 모든 돈을 이체하는 것은 매우 나쁜 일이지만 더 큰 문제는 현금 흐름과 직접 관련이 없는 온라인에서도 정말 나쁜 일이 많이 발생할 수 있다는 것입니다. 취약한 비밀번호는 사용자를 신원 도용, 스토킹, 납치의 위험에 노출시키고 사귀다가 헤어진 사람들에게도 당신의 정보를 노출시킵니다. 저라면 사귀다가 헤어진 사람에게 스토킹 당하느니 차라리 돈을 잃는 편이 더 낫다고 봅니다.

네 글자 비밀번호의 문제는, 당신이 앞서 지적했듯이 너무 짧아서 추측하기 쉽다는 점입니다. ATM에서 쓰이는 카드와 PIN은 일종의 물리적인 제약이 있어서 채택된 것으로, 카드를 이용하는 방법은 효과적입니다. 온라인에서 사용자를 지키기 위해 그들이 지니고 있는 물건, 신체 일부, 또는 그들만이 아는 지식을 비밀번호처럼 이용합니다. 비밀번호는 언급한 것들 중 후자의 구체적인 예시일 겁니다. 이런 보호 수단들이 혼합 및 조합되어 쓰일 수 있습니다. 가령 PIN과 물리적인 카드를 같이 사용하듯, 사용자가 갖고 있는 것과 아는 것을 함께 이용하는 겁니다.

현재 모바일 장치의 문제점은 키보드가 있는 컴퓨터보다 사용자 입력에 대한 제약사항이 크다는 점입니다. 구글은 화면에 표시되는 키보드는 그다지 좋지 않다는 이유로 패턴 입력을 가지고 안드로이드 기기의 화면 잠금을 해제하게 했습니다. 저는 이 방법이 어깨너머로 슬쩍 보고 따라 하는 걸로 끝나버린다는 사실을 알아냈지만 그래도 다른 사람들의 보안 관련 시도보다는 좋다고 생각합니다.

기기 자체를 소유하는 것이 사용자라는 증거라고 생각하면 좋습니다. 그렇지만 비밀번호가 있으면 사용자가 실수로 바에 놓고 간 기기를 줍거나 훔쳐서 접근하는 악의적인 공격자들이 체념하게 만드는 강력한 수단이 됩니다. 그게 취한 사람일지라도말이죠. 만약 복잡한 암호 사용이 마음에 들지 않는다면 잠금 해제 옵션을 이용하는 방법도 있습니다. 네 자리 PIN 코드를 사용할 때 입력 시도 횟수에 제한을 두지 않으면 공격자는 끊임없이 숫자 조합을 시도해 볼 수 있지만, 입력 3번 실패 시 5분 후에 재시도 가능하게 해두면 공격자가 알맞은 숫자를 알아내기까지 많은 시간이 필요할 겁니다. 1234, 2580 같은 흔한 숫자만 아니라면 말이죠.(독자들을 위한 소일거리를 준비했습니다. 이게 왜 흔한지에 대해 케임브리지 대학교 컴퓨터 연구소의 조셉 보노와 그 동료들이 작성한 논문 〈생일선물로 지갑 11개를 줘야 하는가? 사용자가 선택한 은행 PIN 번호 보안(A birthday present every eleven wallets? The security of customer-chosen banking PINs)〉을 보세요. https://www.cl.cam.ac.uk/~rja14/Papers/BPA12-FC-banking_pin_security.pdf)

좀 못된 놈처럼 생각해 보자면, 저는 세 번 이상 실패하면 기기를 아예 못쓰게 하는 것도 좋다고 봅니다. 이때 모든 로컬 데이터는 지워 버리고 복구 모드도 접근 못하게 해버리는 겁니다. 만에 하나 종종 정신에 문제 있는 사람들이 당신의 애플리케이션을 사용한다면(음, 아니에요. 전 지금 당신 회사의 관리 조직을 생각한 게 아니라 SNS를 생각했습니다.) 이 짜증나는 복구 절차는 당신의 제품 개발 친구들에 의해 받아들여지지 않을 겁니다. 너무 많은 사람이 친구들의 사회적 지위를 더럽히는 사진 및 기타 등등을 업로드하고 싶어 합니다. 아아, 보안에는 늘 절충이 필요합니다.

KV

## 2.19 재부팅

뭔가 이상하면, 껐다 켜라.

– 익명

디버그 중인 누군가에게 엿을 먹이고 싶다면, 디버그에 필요한 정보를 없애는 것만큼 좋은 방법이 없을 겁니다. 그렇지만 여전히 많은 사람들이 묻곤 합니다. "혹시 코드 뺐다 껴 봤어요?" KV는 최근에 기술 최전선의 인물에게 웹 페이지에 대한 질문을 던졌다가 이 질문에 당했습니다. 컴퓨터가, 웹브라우저가, 인터넷이 내부적으로 어떻게 동작하는지 설명하는 대신에 말이죠. 그때 제 대답은 "농담하세요?"였고, 앞서 언급한 채팅 내용은 현재 스크린샷으로 박제되어 현재 제 동료들이 증거로 보존 중인 상황입니다.

거의 모든 시스템은 내부의 프로그램들이 제공하는 정보를 로깅하는 시스템을 갖고 있습니다. 유닉스가 syslog를 갖고 있듯이, 모든 프로그램들은 이런 특정한 시스템을 이용해 로그를 쌓아야 합니다. 관련 정보를 기록하지 않는 것은 변명의 여지가 없지만, 무엇을 로깅해야 하는지 아는 것은 그것만으로 또 하나의 기술입니다.

디버깅 시스템의 기술과 소프트웨어의 요구사항은 매우 많은 정보입니다. 이번 편지는 우리가 할 수 있으나 절대로 해서는 안 되는 것을 다룹니다. 비록 그게 증상을 해결하는 가장 쉬운 방법일지라도, 해법 찾기엔 전혀 도움이 안 되기 때문입니다.

친애하는 KV,

우리 회사의 일선 엔지니어들이 저희 스위치와 서버에 들어오는 실시간 트래픽을 통해 발생하는 문제들에 대응하고 있습니다. 그런데 다른 누군가가 서버에 발생하는 문제를 확인하기 전에 그들이 시스템을 재부팅해서 수집된 정보들을 다 지워 버리고 있습니다. 시스템이 잘못된 동작을 하고 있다면 정보를 수집해 두는 게 문제를 찾고 해결하는 데 가장 중요하다는 걸, 당신이라면 어떻게 설명할 건가요?

부팅됨

친애하는 부팅됨 씨,

저라면 일단 그 사람의 가슴을 제 발로 짓누르고 소리치며 시작할 겁니다. "시스템이 잘못된 동작을 하고 있다면 정보를 수집해 두는 게 문제를 찾아내고 해결하는 데 가장 중요한 거라고!" 그렇지만 저는 당신이 이미 이걸 시도해 봤으리라고 봅니다. 아마 필요한 만큼 소리를 지르진 않았을 테지만요.

사실, 시스템은 실행 중일 때 연관된 상태들을 영구 저장소에 필요한 시점에 적절하게 저장하지 않는 경우가 많습니다. 당신이 해결해야 하는 문제는 사람들이 기계가 이상하게 동작한다고 바로 재부팅하는 걸 막는 것이 아니라, 시스템이 실행 중일 때 수행하던 작업에 대한 검색 가능한 좋은 기록이 있는지 확인하는 것입니다. 현대 서버상에서 돌아가는 대부분의 시스템 모니터링 도구들은 일반 텍스트 파일로 구성된 출력을 지원합니다. procstat, netstat, iostat 등과 같은 도구들의 출력을 재부팅 시 보존할 파일에 기록하기 위해 주기적으로 실행되는 스크립트를 작성하는 것은 간단한 일입니다.

훨씬 더 심각한 문제를 위해 시스템을 종료하거나 재부팅할 때 실행되는 스크립트나 새 프로그램을 직접 작성할 수도 있습니다. 이 방법을 택하면 사람들이 당신의 기기를 갖고 즉각 재부팅을 하는 경우도 고려사항에 넣을 수 있을 겁니다. 심지어는 재부팅할 때마다 코어 덤프를 생성하도록 운영체제를 조정할 수도 있습니다. 이럴 경우 시스템의 어디가 망가져도 문제없던 시점으로 돌아가 다시 가져올 수 있습니다. 그렇지만 제가 당신에게 경고하는데, 커널 코어 덤프를 남기는 것보다 개의 벼룩을 잡는 게 훨씬 재밌을 겁니다.

이렇게 데이터를 수집하는 것의 유일한 단점은 데이터를 수집했으면 분석해야 한다는 점입니다. 과거와는 다르게 지금은 데이터를 삭제하는 게 필수가 아닌 상황이라, 파일을 트리 형태로 구성하는 데 상당히 많은 시간을 소모하게 될 수 있습니다. 따라서 저는 여기서 몇 가지 빠른 제안을 드리겠습니다. 사람이건 프로그램이건 트리 구조를 넘나들기 어렵게 만들어서는 안 됩니다. 만약 트리가 엄청 무거운 파일의 깊숙이 구성되면 디렉터리 트리를 오가는 시간이 길어집니다. 그러니 관련된 것들을 단순하게 구성해 당신과 당신의 분석 프로그램이 고생하지 않도록 하세요. 시작하기 전에 무엇을 저장해야 하는지, 어디에 저장할 것인지, 어떻게 접근할 것인지 계획을 세우세요. 많은 사람이 이걸 자신들의 애플리케이션 영역에서 생각하는 것으로 끝내지만, 시스템에서 생성되는 로그나 기타 런타임 정보에 대해서도 애플리케이션 영역에서 계획하는 데 들인 것 이상으로 많은 시간을 들여 준비해야 합니다.

KV

# 2.20 코드 스캐너

컴파일러에게 거짓말을 하면, 컴파일러는 반드시 복수합니다.

— 헨리 스펜서

정적 분석과 기타 다른 도구들은 일정 부분 스테로이드를 맞은 컴파일러와 같아서 코드에 있는 잠재적인 위협을 짚어 냅니다. 일부에게는 이런 것들의 사용이 습관화되었지만, 그 누구도 그들의 코드에 에러가 존재할지 모른다는 이유로 지적받는 것을 좋아하지 않기 때문에 이러한 도구들은 두려움과 조롱거리로 여겨지곤 합니다. 지난 달까지만 해도 KV는 이런 도구들을 앞으로 어떻게 사용할 것인지에 대해서 설명하며 개발자 집단을 진정시켜야 했습니다. 아, 부탁컨대 KV가 누군가를 진정시키는 장면은 상상하지 않길 바랍니다. 그래도 이런 게 얼마나 많은 두려움을 심어주는지는 다들 알고 있을 겁니다. 정적 분석 기술의 상태는 여전히 초기 단계에 머물러 있으며, 아직 많은 개선의 여지가 있습니다. 그리고 이건 많은 사람들이 부끄러워해야 하는 건데, 아직 이 기능이 컴파일러 차원이 아니라 별도의 단독 기능으로 존재한다는 점입니다. LLVM 컴파일러는 좋은 컴파일러를 원하는 사람들을 위한 컴파일러로, 과거에는 별도의 정적 분석기에서만 볼 수 있던 일부 기능들을 가져오는 데 성공했지만 사용하기 위해서는 몇 가지 작업이 더 필요합니다. 왜 별도로 커다란 후처리 과정을 끼워 넣어서 프로그래머에게 문제가 있다고 알리려는 걸까요? 그들의 소스에 충분히 밀접하게 접근 가능하다면, 그들이 코드를 처음 작성하는 무렵에, 아직 그들의 머릿속에 문제가 명확하게 존재할 때 알리는 게 좋지 않을까요? 이런 이유로 많은 사람들이 컴파일러 경고(warning)를 에러(error)로 변경하는 옵션을 활성화시키곤 합니다. 그러면 코더$^{Koder}$들이 더 많은 이슈를 안내받고 그들이 뒤늦게 이슈를 듣고 구석에 몰래 숨기는 것을 방지할 수 있습니다. 만약 빌드 환경이 빠르면 좋은 사용 방법으로 이런 유형의 검증을 더 빠르게 해볼 수 있습니다. 그게 아니면 적어도 남아도는 CPU 시간을 이상한 코인 채굴에라도 쓸 수 있을 겁니다.

친애하는 KV,

저는 실리콘 밸리의 중간 규모 스타트업의 QA 조직에서 일하고 있는데, 우리 최고 임원 중 한 사람이 회사 경영진 회의에서 코드 스캐닝 소프트웨어를 도입해야 한다고 말했습니다. 당신도 알다시피, 그게 해줄 수 있는 거라곤 C와 C++에서 발생 가능한 모든 문제에 대해 경고하는 게 전부입니다. 물론 버퍼 오버플로우나 다른 문제들을 코드에서 발견했지만 이 물건은 지나치게 비쌉니다. 한 계정당 5,000달러가 넘습니다. 저는 이게 그 정도 가치가 있는지 확신이 서지 않는데, 당신은 이런 상황을 어떻게 생각하나요?

답을 찾기 위한 스캐닝

친애하는 스캐닝 씨,

수년간 무료, 유료 프로그램 진영 양쪽에선 사람들의 코드에서 잠재적인 위협을 찾아내기 위해 노력해 왔습니다. lint 프로그램이 작성된 이후로 이 분야가 분명히 진전은 있었지만, 이 프로그램이 시종일관 실패하고 있는 한 가지가 있습니다. 바로 개발자 자체에 대한 문제입니다.

마찬가지로, 빌드 시스템이 로그 데이터를 쌓아 줘도 로그를 보지 않는 사람이라면 무용지물일 겁니다. 사람들이 비싸고 멋진 도구를 사는 이유는 코드를 빠르게, 더 좋게, 또는 더 안전하게 하기 위함입니다. 반면에 도구가 제공하는 조언은 계속 무시되어 왔습니다. 저는 최근에 한 엔지니어와 프로젝트에서 오픈소스 도구를 이용해 그의 팀 소스 코드에 존재하는 버퍼 오버플로우를 유발할 수 있는 취약점과 기타 보안 취약점을 찾아냈습니다. 도구는 한때 100개가 넘는 시스템 결함을 지적해 내기도 했습니다. 해당 결함은 모두 동일한 내용이었고, 결국 과잉 탐지(false positive)로 밝혀졌습니다. 오래된 프로그래밍 패러다임인 함수 호출을 사용하여 문제 코드를 캡슐화하여 과잉 탐지의 수를 성가신 100개에서 1개로 줄이는 대신에, 엔지니어는 탐지 도구가 과잉 탐지된 내용에 플래그를 표시하지 않도록 '수정'할 수 있는지 물었습니다. 아마도 그 순간만큼은 제가 대머리인 게 다행이었습니다. 왜냐면 머리를 쥐어뜯고 싶어도 뜯어낼 게 없었거든요. 해본 적이 있다면 알겠지만, 그거 엄청 아픕니다. 적어도 옛날엔 그랬던 거 같습니다. 도구가 다른 영역에서 충분한 조언을 제공해 주고 있음에도 도구를 '수정'하고픈 충동은, 작게는 고쳐야 할 코드를 고치지 않게 되거나,

어쩌면 소프트웨어 문제까지 야기하는 잘못된 관행마저 고치지 않게 될 겁니다. 이것이 당신이 짊어져야 하는 가장 큰 문제가 될 테고요.

그래서 제 대답은 "사정에 따라 다를 겁니다."입니다. 이건 순전히 당신이 어떤 회사에서 일하고 있느냐에 따라 다릅니다. 당신 회사에서는 사람들이 도구를 보조 수단이나 위협이라고 보나요? 만약 자신의 도구들과 싸우는 사람들이 있다면 그런 사람들은 쓸모없는 사람들일 겁니다. 반면에 프로그래머들이 도구로부터 배우고 도구를 통해 그들의 행동을 바꾸고자 한다면, 그 도구는 당신이 살 가치가 있는 겁니다. 만약 당신 동료들이 행동 교정이 필요하다면, 저는 〈시계태엽 오렌지〉[27]를 보는 걸 추천합니다. 하나만 기억하세요, 베토벤은 버퍼 오버플로우를 코딩하지 않았습니다.

KV

---

27. 역주 스탠리 큐브릭의 영화. 범죄자였던 주인공이 좋아하던 것들을 싫어하게 하는 실험적 치료를 받으며 겪게 되는 일들이 나오는데, 그로 인해 좋아하던 범죄와는 무관한 평소 좋아하던 베토벤 9번 교향곡을 들으면 구토를 하게 된다.

# 2.21 하드웨어 디버깅

컴퓨터의 역사에서 예기치 않게 짧게 끝난 디버깅 기간은 없습니다.

– 스티븐 레비

아아, 하드웨어, 모든 개발자들의 고통의 종착역. 악마 같은 전기 공학자들이 구질구질하게 이것들을 만들어 내지 않았더라면 우리가 구상한 모든 시스템은 의도한대로 정확히 동작했을 겁니다. 소프트웨어 시스템에서 가장 저수준의 영역을 다루는 개발자 중의 한 사람으로서 KV는 하드웨어와 소프트웨어 양쪽에서 끔찍한 것들을 많이 봐왔습니다만, 아아, 아직 이 고통은 끝날 줄을 모릅니다. 대부분의 소프트웨어 개발자는 하드웨어의 잘못된 동작의 범위가 공포에서 지루함까지 존재한다고 여기지만, 솔직히 말하자면, 대부분 공포의 영역에 존재합니다. 이번 편지는 불쌍한 코더$^{Koder}$에게 하드웨어를 어떻게 디버깅하면 좋을지에 관한 올바른 방향을 제시합니다. 다른 사람들이 선호하는 방식인 거슬리는 이 쓰레기를 창 밖으로 내다버리는 것 대신에 말이죠.

친애하는 KV,

오작동하는 하드웨어는 어떻게 디버깅해야 하는 거죠?

버그 대항자, 궁핍

친애하는 궁핍 씨,

저는 매우 날카로운 칼로 기판의 회로가 동작하거나 이상한 냄새가 날 때까지 난도질해 보기를 제안합니다! 제가 Communications of the ACM 2008년 12월호의 〈영속성과 변화(Permanence and Change)〉 칼럼에서 '체인지니어(changeineer)'라는 단어를 쓰게 된 질문과 똑같은 질문을 하는 건 아니겠죠? 당신이 실제로 망가진 하드웨어를 갖고 있고, 이미 세 번에 걸쳐 제조사에게 돌려보냈는데, 계속 고장난 제품을 되돌려 보내면 법적 조치를 취하겠다는 은밀한 언급이 담긴 불쾌한 편지를 받은 상황에 놓여 있다고 추정하겠습니다.

경쟁 상태(race condition)와 더불어, 또 다른 주제인 하드웨어 문제는 아마도 파악하기 가장 어려운 문제 중 하나일 겁니다. 하드웨어 엔지니어가 그들의 스크류 드라이버를 들고 소프트웨어 엔지니어를 비웃는다면, 만약 그들이 정말로 두려워하게 하고 싶다면, 논리 분석기나 논리 스코프를 꺼내어 그들의 보드에 연결해 주면 됩니다. 안타깝지만 대부분의 소프트웨어 엔지니어는 논리 분석기 사용이나 심지어 기본적인 전기 공학 교육도 받지 않았기 때문에 보드 공급업체나 운영체제 공급업체에서 제공한 소프트웨어를 통해 보드를 확인하는 것으로 만족해야 합니다.

믿거나 말거나(그리고 단언컨대 당신이 일반적인 소프트웨어 엔지니어라면 듣고 싶지 않겠지만) 가장 좋은 출발점은 하드웨어 제조사가 제공하는 문서입니다. 물론 많은 하드웨어 제조사는 소프트웨어 제조사만큼이나 문서에 대한 관점이 흐릿합니다. 제가 여태껏 경험해 온 문서들은 사용성이 전반적으로 끔찍해서 '머리를 책상에 들이박고 울고 싶은 수준'이었습니다. 드물게 하드웨어 문서가 존재하는 데다가 정확하고 구조까지 있는 경우도 있지만, 그래 봤자 초기에 그걸 같이 만들어 넣은 사람에게나 말이 되는 내용이었습니다. 다행히도 요새는 잘못된 값을 잘못된 메모리 위치에 넣어서 완전히 하드웨어를 망치는 경우는 거의 없습니다. 〈스타 트렉〉 세계의 폭발하는 컴퓨터가 등장하려면 몇 세기는 더 기다려야 합니다.

말하자면, 소프트웨어를 통해 하드웨어에 손상을 입힐 수도 있고, 또는 더욱 흔한 방식으론, 문제가 무엇이든지 장치에서 전혀 상관없어 보이는 것들을 손대는 설정의 마법을 통해 감출 수도 있습니다. KV가 진짜 마법을 믿지 않는 게 아니니 오해는 없길 바랍니다. 그는 사실 아무것도…. 믿지 않는 경향이 있어요.

만약 당신이 운이 좋다면, 시스템에 대한 문서를 갖고 있을 겁니다. 그게 아니라면 회사에서 변호사를 선임해 기밀유지 협약서와 함께 업체가 당신에게 마땅히 내줘야할 문서를 내놓으라는 내용의 편지를 보낼 수 있습니다.

문서를 읽는 게 우선되어야 합니다. 그냥 제 말을 믿으세요. 결국에는 필요하지 않은 일이 될 수도 있지만, 문서에서 당신에게 필요한 정보 조각을 찾아내는 데 필요한 엄청난 시간을 줄여 줄 수도 있습니다. 저는 가급적이면 모든 레지스터와 설정 가능한 옵션들을 읽어 봅니다. 경우에 따라서는 수백 가지가 있는데 저의 버그와 연관되어 있어 보이는 것에 표시를 해두고 결과가 나올 때까지 하나씩 바꿔 보죠. 이건 짜증나는 과정이지만, 지금까지 제 경험상 가장 잘 되는 방법이었습니다.

때론 이미 오작동하고 있는 장치 드라이버를 제외하고 하드웨어와 상호작용을 할 수 있는 방법이 딱히 없는 경우가 있습니다. 장치가 조금 더 복잡해지면, 제조사가 테스트와 설정 프로그램을 이용해 장치와 직접 소통할 수 있는 수단을 제공합니다. 예를 들면 PCI 버스를 사용하는 프로그램이 있습니다. 당신의 하드웨어에 그런 프로그램이 있고 동작한다면 당신은 복받은 겁니다. 반면에 하드웨어와 함께 그런 프로그램이 제공되지 않는다면, PCI 기반의 장치를 디버깅하는 도구가 있습니다. 바로 PCI Utilities로, 이 답신 말미에 조금 더 자세히 다루겠습니다.

PCI Utilities는 여러 운영체제 버전으로 포팅도 되어 있지만 윈도우에 있는 것과 대동소이합니다. 그렇지만 이건 우리가 다루려는 고통과는 아무런 연관이 없습니다.

만약 그 어떤 것도 결과를 내놓을 수 없는 상태에서 '동작만이라도' 해야 한다면, 도움을 요청할 시간이 된 게 맞습니다. 업체가 제공하는 도움의 수준은 딱 장치의 가격과 비례합니다. 싸구려 장치는 엔지니어도 저임금이라 높은 수준의 엔지니어가 문제해결에 도움을 줄 수 없으며, 비싼 장치는 보장할 수는 없긴 하지만 그래도 더 숙달된 엔지니어가 제공될 확률이 큽니다. 만약 장치의 업체를 선정해야 한다면 훌륭한 엔지니어들을 보유하고 있을 것 같은 회사를 택하길 바랍니다. 모든 장치들은 문제가 있지만 수리가 가능한 기기에는 훌륭한 엔지니어링 자원들이 있는 겁니다. 싸구려는 결국 싸구려일 뿐입니다.

어쩌다 고객 또는 현장 엔지니어의 지원을 받게 되더라도, 당신은 그들에게 친절할 필요가 있습니다. 무슨 생각을 하고 있는지 압니다. 'Kode Vicious가 갑자기 왜 이러지?' 그렇지만 이건 사실입니다. 당신의 코너 케이스를 고려하지 못한 사람들에게 소리지르고 그들에게 멍청이라고 하는 것은 버그를 빨리 고치는 방법이 아닙니다. 당신이 대기업의 CEO에게 불려가 매일 같이 고치라는 압박을 받고 있다고 하더라도 말이죠. 이 사람 또는 이 사람들이 당신의 버그를 조치하는 데 필요한 시간이 있습니다. 따라서 중요한 것은 정중하고 프로답게 일정을 협의하는 것입니다. 돌아가서 다시 찬찬히 살펴보고 오세요. 기다리겠습니다.

마지막으로 문제에 대해서 좋은 기록을 남겨 두는 편이 좋습니다. 버그 리포트에서 '그냥 안 됨'처럼 실망스러운 내용은 없습니다. 농담이 아닙니다. 저는 이런 내용의 버그 리포트를 여러 번 봐왔습니다. 당신은 이게 안 될 때 왜 안 되는지 말할 수 있어야 합니다. 안 되는 상태에 머물러 있으면, 어쩌다 안 되는 상태로 접어들게 되었는지라도 말이죠. 그 외에 버그와 연관 있어 보이는 정보들에 대해서도 말할 수 있어야 합니다. 또한 버그가 있을 때만 기록을 남기는 게 아니라 조치 중일 때도 남겨야 합니다. 당신이 업체의 엔지니어와 작업을 같이 한다면, 그들이 당신에게 준 패치들도 추적할 수 있어야 합니다. 특히 하드웨어나 드라이버의 변경이 있다면 꼭입니다. 무엇이 문제를 유발한 것인지 다양한 이론들이 확장될 겁니다. 거의 모든 것들이 버그를 고치거나 우회하는 것에 연관되어 있다고 보면 됩니다. 이런 관점에서 보면 당신은 프로젝트 매니저로 업체의 엔지니어의 손을 빌어 버그를 고치는 상황과 같습니다. 이런 일을 하고 싶어서 근로 계약서에 사인하진 않았겠지만, 하드웨어 문제 해결에선 생각보다 자주 있는 일입니다.

저는 당신이 운이 좋아서 충실한 문서와 업체로부터 지원을 받았으면 좋겠습니다. 그렇지 않다면, 바에서 만나기로 하죠. 바 구석에 앉아 칩 매뉴얼을 들여다보며 통곡하고 있는 남자가 있다면 저일 겁니다. 옆에는 진 토닉이 가득한 잔이 있을 테고요. 제 바텐더가 저를 잘 알고 있죠.

KV

## PCI Utilities

PCI Utilities 패키지는 PCI bus를 다루는 다양한 도구들로 구성되어 있습니다. PCI 구성 레지스터에 대한 포터블 액세스 라이브러리가 제공되며, lspci도 포함되어 있어 모든 PCI 장치의 목록을 볼 수도 있습니다.(커널과 장치 드라이버 디버깅 시에 매우 유용합니다.) 또한 setpci도 있어서 수동으로 PCI 장치에 대한 설정을 입력할 수도 있습니다.(http://www.linuxfromscratch.org/blfs/view/svn/general/pciutils.html)

# 2.22 분별성 vs 가시성

고대의 달걀 깨기는 양손으로 할 수 있으나, 달걀을 깰 때는 반드시 둥근 쪽을 깨야 했습니다. 현 황제의 할아버지는 어린 시절에 고대의 관습대로 달걀을 깨뜨리려 하다가 손가락을 다쳤습니다. 그 일 이후로 그의 아버지인 당시 황제는 신하들에게 달걀을 깰 때는 뾰족한 쪽을 먼저 깨뜨리라는 칙령을 선포하고, 이를 어길 시엔 큰 벌에 처한다 하였습니다.

– 조너선 스위프트, 《걸리버 여행기》

그 어떤 코더<sup>Koder</sup>도 코드 포맷팅과 관련된 전쟁에서 자유로울 수 없습니다. 일명 '탭 vs. 스페이스'입니다. 이건 너무 오래되고 유명한 주제라 이젠 〈실리콘밸리(Silicon Valley)〉 같은 인기 TV 프로그램에서도 다룰 정도입니다. 이렇게 오래 묵은 질문은 당연하게도 KV에게도 옵니다. 그리고 이게 저의 답변입니다.

친애하는 KV,

저희 팀에서 오래된 Python 코드를 찾아내서 버전 3 환경으로 끄집어 냈습니다. 새로운 버전에서는 탭과 스페이스를 소스 코드에서 혼합해서 사용하는 것을 허용하지 않아서 그 과정에서 어려움이 있었습니다. 탭을 공백으로 자동으로 변경해서 조치했더니 많은 주석들이 형태가 무너져 대혼란을 야기했습니다. 왜 사람들은 화이트 스페이스(white space, 공란)에 민감한 언어를 만드는 거죠?

화이트 아웃


친애하는 화이트 씨,

Makefile을 편집해 본 적 있나요? 프로그래밍 언어 세계에는 화이트 스페이스에 대한 유서 깊은 전통이 있지만, 모든 전통은 바뀌어야 합니다. 더 이상 프린터를 동작시키기 위해 처녀를 제물로 바칠 필요는 없습니다. 적어도 KV는 최근에 아무도 제물로 바친 적이 없습니다.

Python에서는 (중괄호가 아니라) 화이트 스페이스를 코드 블록의 경계를 표현하는 데 채택해서 많은 사람들이 곤경에 처해 있습니다. 그런데 이 생각이 Python 3 버전까지 쭉 내려왔습니다. 저는 우리 모두가 꽤 오랫동안 그것에 집착하고 있다고 생각합니다. 그리고 저는 크건 작건 다른 언어들에도 여전히 화이트 스페이스가 남아 있을 것이라고 확신하고 있습니다.

제가 만약 모든 프로그래밍 언어 디자이너들의 생각에서 하나만 고칠 수 있다면, 프로그램의 구문이나 구조적 의미에 있어서 중요한 것은 무엇이든 사람이 쉽게 볼 수 있도록 해야 한다는 생각을 각인시키고 싶습니다. 그래야 코더$^{Koder}$들이 작성한 코드$^{Kode}$가 읽힐 테니까요.

마지막 부분부터 짚어 보겠습니다. 도구가 소프트웨어 구조를 이해하기 쉽도록 만드는 건 프로그래머가 적절한 컴퓨터 프로그램을 만드는 데 있어 중요한 열쇠입니다. 소프트웨어 개발 초창기에, 프로그래머들은 프로그램에 있는 문자들 중 편집 불가능한 상태가 되기 전에 어디가 문제인지 보여 주는 도구를 만들고자 했습니다. 그 전에는 필연적으로 편집-컴파일-테스트-실패의 무한 반복이었습니다. 코드 편집기에는 색상과 문법 강조, 접기, 그리고 누군가는 실속 없다 말하는 프로그래머 생산성 향상을 위한 필수 기능이 추가되었습니다.

새로운 언어가 도입되면, 코드에서 이러한 특징들이 일관성 있게 사용되는 것이 중요합니다. 만약 그렇지 않으면 당신의 편집기가 생산성을 향상시키는 편의 기능들을 제대로 지원할 수 없게 됩니다. 예를 들어, 이런 건 절대로 있어서는 안 되겠지만, 두 개의 심볼들이 서로 같은 의미를 지닌다고 해보겠습니다. 만약 서로 다른 프로그래밍 커뮤니티의 요구 또는 통사적으로 변수를 역참조하는 방법이 여러 종류라는 등의 이유로 코드 블록의 경계를 표현할 때 중괄호, 대괄호를 모두 써도 된다고 해보겠습니다. 기본적인 생각은 언어가 해야 하는 각각의 일을 하는 한 가지 분명한 방법이 있어야 한다는 것입니다. 이는 일반적인 사람들의 이해의 영역이기도 하지만 편집기 개발자의 정신 건강에도 좋습니다. 따라서 구조나 구문을 코드에 표시하기 위해서 보이지 않거나 거의 보이지 않는 표현 수단으로 탭과 공백을 사용합니다.

보이지 않는 표시나 거의 보이지 않는 표시 문제는 인간적인 부분에서 문제를 불러옵니다. 우리는 코드 편집기를 만든 사람이 아니라 대부분 코드 편집기를 사용하는 사람들에 불과해 새로운 편집기를 만들 수도 없습니다. 우리 모두가 알 듯, 옛날에는 컴퓨터 메모리가 작았습니다. 탭은 1바이트로 8개의 스페이스를 표현해 귀중한 디스크에 저장되었으며, 원시적이고 느린 버스를 통해 저장소에서 메모리로 옮겨졌습니다.

코딩 표준이 8칸에서 4칸 공백으로 바뀐 것만 해도 진보일 수 있습니다만, 현실을 직시해 보면 이 중 어느것도 수십 년 동안 문제를 야기하지 않았습니다. 이런 보이지 않는 표시를 사용하는 이유는 코드 조각의 범위를 명확하게 나타내기 위할 뿐입니다.

사실만 두고 말하자면, 탭과 스페이스보다 나은 다른 문자를 택하는 편이 좋을 수도 있습니다. 예를 들면 유니코드 중에 U+1F4A9[28]가 있습니다. 이 문자를 범용적인 들여쓰기 문자로 쓰는 겁니다. 이 문자를 택하면 편집기는 사용자 설정에 맞춰 얼마든지 일관된 방식으로 코드를 들여 쓸 수 있습니다. 사용자가 몇 개의 들여쓰기를 하건 상관없게 된다는 의미입니다. 8, 4, 2이든 소수이든 뭐든 가능해집니다. 그렇지만 디

---

28. [역주] 저만 당할 수 없습니다. 한번 찾아보세요.

스크에는 오직 하나의 문자(2바이트)로 들여쓰기가 저장될 겁니다. 만약 당신이 들여쓰기가 된 내용을 보고 싶다면, 현대의 편집기에서 해당 기능을 켜기만 하면 됩니다. 보세요. 이제 모두가 원하는 그 결과가 나오고 모두가 행복해질 겁니다. 우리가 오래 묵은 탭 vs. 스페이스 난제를 풀었을지도 모르겠네요.

KV

# 시스템 디자인
## System Design

컴퓨터 과학은 무엇을 자동화할 수 있는가에 대한 연구입니다.

– 도널드 E. 커누스

시스템을 디자인하는 것은 본질적으로 단일 기능을 디자인하거나 구현하는 것과는 다릅니다. 최고의 경우, 간결한 함수 구현은 동시에 진행될 수도 있습니다. 여러분들은 입력과 기대되는 출력, 발생 가능한 에러를 고려할 수 있으며, 운이 좋다면 입력부터 출력까지 한 번에 할 수도 있습니다. 이런 이야기는 코드 작성을 지나치게 단순화한 것처럼 보이겠지만, 코더$^{Koder}$들의 진실과 멀지 않으며, 이런 단일 기능 디자인 및 구현과 특정 규모의 시스템을 디자인하는 것은 완전히 다른 이야기입니다.

잘 디자인된 시스템은 3장 도입부에 다루는 핵심 주제인 조합성(composability)을 따릅니다. 좋은 코드는 다른 코드에서도 쉽게 사용할 수 있듯, 좋은 시스템은 기능성을 지닌 부품들로 이루어지는데, 그 안에서 함수, 클래스, 모듈, 또는 시스템을 구성하는 모든 프로그램들이 스스로 조합성을 제공합니다. 유닉스의 초기 개발자들은 다양하게 인용된 시스템 디자인 철학을 제시했지만, KV는 피터 H. 살루스의 설명을 좋아합니다.[29]

1. 프로그램은 한 가지를 위해 작성되고 잘 동작되어야 한다.
2. 프로그램들은 서로 협력할 수 있어야 한다.
3. 텍스트 스트림은 범용 인터페이스이므로 프로그램은 텍스트 스트림을 처리할 수 있어야 한다.

프로그램이란 용어는 유닉스 프로그래머들이 텍스트 스트림 처리하며 서로 협업할 수 있는 프로그램들을 구축하는 데 관심이 있었다는 사실에서 유래했지만, 우리는 모듈, 클래스, 메서드, 함수에도 같은 조언을 적용할 수 있습니다. 결국 세 번째 제안은 시스템들이 분화되고 단순 ASCII 텍스트 이상으로 소통하는 경향이 생기면서 떨어져 나갔지만, 이는 유닉스 구축 당시에는 표준이었습

---

29. 피터 H. 살루스, 《유닉스의 사반세기(A quarter Century of Unix)》, Addison—Wesley Professional, 1994.

니다. 이제 이 문서는 '한 프로그램의 출력이 쉽게 다른 프로그램의 입력이 될 수 있도록 인터페이스가 잘 정의된 프로그램을 작성해야 한다.'라고 변경될 필요가 있습니다.

시스템 디자인에서 중요한 점은 모든 컴포넌트들을 한데 모아 봐도 서로 다른 수준에서 상호연결과 종속성 관점에서 일관된 설명을 할 수 있어야 한다는 것입니다. 시스템 디자인에 대한 두 가지 접근법이 소프트웨어 개발에서 설파된 적이 있습니다. 바로 탑 다운(top down)과 바텀 업(bottom up) 방식입니다. 《걸리버 여행기》의 릴리퍼트 사람들이 삶은 달걀을 어디로 깨야 하는 것인지 논쟁했던 것처럼 이것들도 찬성과 반대측으로 나뉘어 있습니다. 간단히 말하자면 탑 다운 디자인은 작업이 시작되기 전에 최종 시스템에 대한 거의 완전한 지식을 확보하는 것을 강조하는 반면, 바텀 업 디자인은 기존에 존재하는 부품에서 시작해 더욱 크고 복잡한 시스템을 구축하는 것을 강조합니다. 현대 시스템 디자인은 거의 이 두 가지 접근 방식으로 구성되는데, 그 이유는 기초부터 작성하는 코드가 거의 없기 때문입니다. 오히려 현대 시스템들은 대부분 현존하는 코드, 라이브러리 및 기타 시스템을 기반으로 구축됩니다. 정말 아무것도 없는 푸른 초원에서부터 시작하는 프로젝트는 매년 100개도 채 안 될 수도, 어쩌면 10개도 안 될 수도 있습니다. 현대 시스템 디자인에서는 컴파일러와 같은 도구와 운영 체제 및 지원 라이브러리와 같은 플랫폼들을 포함하는 것이 당연하게 여겨집니다. 그렇지만 혹자는 이 모든 것들이 제대로 동작하게 하는 것은 자갈길을 걷듯 고행이라고 말합니다.

우리는 1장에서 코드$^{Kode}$에 코를 들이밀고 가까이에서 살펴봤고, 2장에서는 코딩 수수께끼$^{Koding\ Konundrums}$를 풀기 위해 약간 뒤로 물러서서 봤습니다. 이번에는 코드들이 일관된 시스템을 만들기 위해서는 어떻게 상호작용해야 하는지 관찰할 수 있을 정도로 조금 더 높은 곳으로 멀어져서 내려다볼 겁니다.

# 3.1 추상화

프로그래밍 기술은 많은 경우의 수를 정복하고 끔찍한 혼란을 가능한 한 효율적으로 회피하는 것을 통해 복잡성을 정리하는 기술이기도 합니다.

– 에츠허르 데이크스트라

적절한 추상화는 좋은 시스템 디자인의 핵심입니다. 왜냐하면 추상화가 잘못되면 복합성이 저하될 가능성이 매우 높기 때문입니다. 그렇게 되면 전체 시스템이 유기적으로 동작하지 않고, 설령 작동할지라도 결점이 있을 것이며 서로 자연스럽게 맞물리지 않을 겁니다. 추상화를 올바르게 하지 않으면 두 컴포넌트 사이에 오해가 생기게 됩니다. 그리고 오해는 버그를 유발하고, 버그는 시스템 실패를 유발합니다. 추상화가 제대로 고려되지 않아 시스템이 실패하면 구성 요소를 구현해야 했던 코더<sup>Koder</sup>가 아니라 디자이너가 책임을 지게 됩니다.

1960년대부터 오늘날까지 소프트웨어 위기를 해결하려는 시도는 우리가 시스템에게 무엇을 요구하는지를 나타내는 적절한 추상화만 찾아낸다면 우리의 모든 작업들은 맞아떨어지고 모든 것들이 문제없을 거라는 생각에 기인했습니다. 이러한 추상화와 관련된 이야기가 60년 가까이 제대로 정리되지 않았음에도 소프트웨어 업계에 주기적으로 찾아와 추상화와 관련된 유행이 사그라드는 일은 없었습니다. 예로부터 내려오는 재미없는 진실은 일정 수준의 추상화는 복잡한 시스템을 디자인하는 데 필수라는 점이며 동시에 지나치면 역효과를 낳는다는 점입니다.

좋은 추상화는 사용 가능하고 테스트 가능하며 유지보수할 수 있는 방식으로 전체 또는 일부를 캡슐화(encapsulation)하는 방법을 제공합니다. 고작 세 단어로 표현할 수 있는 단순한 것이지만, 실상은 하나 하나가 다 어렵습니다. 수년간 우리는 함수의 개념을 발전시키고, 그 다음에는 함수를 이용해 라이브러리를 만들고 모듈을 만들고 객체와 객체지향 프로그래밍까지 이르렀습니다. 이 모든 것들이 우리가 이미 몸담고 있는 코드의 재사용에 도움이 되는 추상화입니다. 리스트, 테이블, 트리와 같은 것들은 데이터를 대상으로 하는 추상화의 일종입니다. 데이터를 대상으로 한 추상화는 마치 포식자는 적고 먹이는 풍부해서 주체할 수 없이 급증한 호주의 토끼 사례를 떠오르게 합니다.

추상화가 관련된 함수나 데이터를 한데 모아 주는 개념이 좋거나 나쁘거나 그대로거나는 차치하더라도 객체지향 프로그래밍의 경우, 데이터와 이를 조작하는 함수를 함께 두는 것은 아마도 좋은 생각일 겁니다. 그렇지만 추상화를 향한 시도가 계속해서 작게 쪼개는 작업으로 되다 보면 제논의 역설처럼 추상화가 쓸모없어지게 되는 상황이 생깁니다. 시스템이 매우 작고 이해할 수 있는 코드 조각들로 이루어져야만 안정감을 찾는 유형의 코더<sup>Koder</sup>들이 있습니다만, 그런 시도는 보통 이해하기가 거의 불가능한 코드의 늪으로 귀결됩니다. 어떤 부분이 생산적인 작업을 하고 있고 어떤 부분이 다른 응집성 없는 작은 부분들을 하나로 묶어주는 목적으로 존재하는지 알아내는 것은 불가능에 가깝습니다. 추상화의 목표는 복잡성을 높이는 게 아니라 줄이는 데 있습니다. 시스템이 지나치게 작은 함수들과 메서드로 구성되어 있다면 프로그램의 로직을 함수들 사이의 연결로 효과적으로 밀어 넣습니다. 이 결과로 호출 구조가 대부분의 로직을 정의하는 형태로 바뀌며, 이게 전통적인 스파게티 코드가 탄생하는 과정입니다. 이러한 시스템은 또한 매우 높은 프레임워크 오버헤드를 갖고 있어서 누군가 임의로 정의한 우아함에 대한 개념에 따라서 많은 메모리와 CPU를 낭비하게 됩니다.

우리가 코드나 데이터 관점의 추상화를 살펴본다면, 반드시 다음 세 가지 질문에 답해야 합니다. 이 추상화가 다른 프로그래머들에게 사용성이 있는가? 이 추상화가 스스로 테스트할 수 있는가? 이 추상화를 사용하는 코드를 유지보수하게 된다면 간접적인 영향이 어디까지 발생되는가?

추상화의 유용성은 두 가지로 측정할 수 있습니다. 사용량의 증가와 단순화입니다. 단순한 추상화가 의미하는 건 작업 하나만을 수행하는 것이 아닙니다. 단순하다는 의미는 프로그래머들이 이것들을 언제 써야 하는지 쉽게 알 수 있어야 한다는 것입니다. 조금 더 구체적인 예를 들자면, 유닉스 시스템의 전통적인 파일 관련 작업들로 open(), close(), read(), write(), seek(), ioctl()이 있습니다. 이처럼 파일에 대한 작업들은 소비자들이 보기에도 연관성 있고 이해하기 좋은 적절한 예시입니다. 그 덕분에 수백만 개의 시스템들에서 잘 쓰이고 있습니다.

우리가 다룰 두 번째 측정 수단은 테스트 가능성입니다. 이는 단순화와 연관된 주제로, 작업 범위가 제한된 코드 조각이나 데이터 구조를 테스트하는 것이 훨씬 쉽기 때문입니다. 작업이 10개로 구성된 모듈은 100개로 구성된 모듈보다 테스트하기 훨씬 쉽습니다. 이건 얼마나 좋은 테스트 프레임워크를 사용하느냐가 아니라 프로그래머의 머릿속에서 테스트하기 쉬운가에 대한 질문입니다.

유지보수성은 추상화의 품질을 따지는 마지막 척도입니다. 만약 제가 코드에 있는 버그나 데이터 구조의 레이아웃을 일부 수정한다면, 기존 코드에서 어떤 변화가 유발될까요? 추상화가 변경될 때마다 얼마나 많은 재테스트가 필요하게 될까요? 추상화된 코드의 급진적인 변경은 보통 해당 코드를 소비하는 이들이 가정했던 사항들이 급격하게 나아가는 것에 불편함을 느끼는 문제를 유발합니다. 이런 변경이 추상화된 대상을 소비하던 코드들이 잘못되었음을 의미하는 게 아닙니다. 그냥 어쩔 수 없었음을 의미하는 것입니다. 그러나 추상화된 대상과 소비하는 대상 사이에는 언제나 서로 잘 이해되지 않고 넘어가는 가정들이 있다는 점을 명심해야 합니다. 추상화된 대상이 변경될 때마다 문제가 발생한다면, 추상화 또는 그것이 제공하는 인터페이스가 소비하는 코드에게 제공하는 것이 무언가 잘못된 것입니다.

우리가 추상화와 관련해서 얼마나 많은 시간을 보내는지 따져 보면, KV에게 이와 관련된 주제로 편지가 많이 오는 건 그리 놀라운 일도 아닐 겁니다.

친애하는 추애 씨,

짧게 답변하자면, 회사 동료에게 그 코드 평생 유지보수를 시키면 됩니다. 그 정도면 적절한 처벌일 거 같습니다만. 그러다 보면 석 달 전에 작성했던 코드가 더 이상 기존 방법으로는 해결할 수 없음을 깨닫게 될 겁니다. 안타깝게도 짜증나는 습관을 지닌 사람들(시끄럽게 통화하는 사람, 운전 습관이 고약한 사람, 쓸데없이 참견하는 사람 등)은 그들의 방법에서 문제를 발견하는 경우가 드뭅니다. 이것이 바로 선과 정의를 위해 십자군이 나서야 할 이유입니다. 바로 우리처럼요.

저는 당신이 편지에서 '함수(function)'가 아니라 '메서드(method)'라는 표현을 언급했다는 점에 주의를 기울였습니다. 이 말은 당신이 일종의 객체지향 언어를 사용하고 있다는 생각이 들게 합니다. 더 깊게 이야기하기 전에, 지금부터 제가 전할 말은 객체지향 언어의 메서드와 객체지향 언어가 아닌 언어의 함수 양쪽 모두에 통용되는 이야기입니다. 기본적인 문제는 기능이 한곳에 과도하게 몰려 있다는 것입니다. 이렇게 지나치게 긴 메서드가 문제가 될 수 있다는 걸 증명하기 위해 몇 가지 이유를 들어 보겠습니다.

가장 먼저 떠오르는 이유는 코드 재사용성에 대한 이야기입니다. 프로그램에 메서드나 함수가 있는 이유 중 하나는 다른 사람이 쉽게 재사용할 수 있도록 하나의 아이디어나 알고리즘의 본질을 포착하기 위해서입니다. 메서드가 1,000줄이 넘어가기 시작하면 해당 메서드는 매우 특수한 한 가지 작업을 위해 고도화되고 자주 쓰이지 않는 작업이 되어 버립니다. 이런 큰 프로그램을 작고 재사용한 메서드로 분해하는 것이 다음 프로젝트에서도 쓰일 수 있게 하는 방법입니다. 재사용 가능한 메서드는 작성하는 코드의 양을 줄여주고 프로젝트를 더 빨리 끝낼 수 있게 해주므로 코더[Koder]에게 좋습니다. 이런 종류의 일감 줄이기는 제가 뭘 하든지 가장 좋아하는 핑계입니다. 왜 제가 해야 하는 것보다 더 열심히 일해야 하죠?

또 다른 이유는 지나치게 긴 메서드는 읽기도 이해하기도 어렵다는 점입니다. 메서드가 1,000줄이 넘어가면 화면에서 50줄씩 본다고 할 때 전체 코드를 보기 위해서는 20페이지를 살펴봐야 합니다. 다른 사람은 어떨지 모르겠지만 일단 저는 책이든 잡지이든 코드이든 그 어떤 저작물이라도 20페이지가 넘어가면 그것들을 한번에 이해해서 머릿속에 넣지 못합니다. 무언가를 이해하려면 반드시 맥락이 있어야 하고, 이 맥락이라는 건 한곳에 모여 있어야 합니다. 18페이지에 있는 코드를 읽고 있다가 변수가 마지막으로 변경된 내용을 보기 위해 2페이지로 돌아가야 하는 식이라면 지금껏 어디까지 살펴봤는지 잊어버리게 될 겁니다. 2페이지의 도입부에서 '내가 여길 왜 보고 있었지?'라는 생각과 함께 제 눈빛은 흐려지고 허공을 응시하며 입에선 침이 흐르기 시작하는데, 이런 상황이 닥치면 제 동료들은 불안에 사로잡힙니다.

마침내 당신이 지적했듯이 훌륭하고 응당 그래야 하는 유지보수 가능한 코드 이야기를 해보겠습니다. 분명한 점은 만약 무언가가 이해하기 어렵다면, 지난 절에서 확인한 바와 같이, 유지보수하기도 어려울 겁니다. 1,000줄짜리 메서드가 한번에 너무 많은 일을 하고 있는 건 분명합니다. 예를 들어, 가계부 금액을 계산해 주는 메서드에 버그가 있는 상황에서, '환희의 송가'를 휘파람으로 불고 전기톱으로 저글링하면서 그 버그를 찾아야 한다면 어떻게 할 건가요? 이런 형태의 메서드는 이해하는 것만으로도 문제를 상당히 복잡하게 만들고, 코드 조각에서 발생할 수 있는 의도치 않은 영향들이 당신이 코드에 한 줄 추가할 때마다 상당한 수준으로 증가한다는 문제가 있습니다. 아마 기하급수적까지는 아니겠지만 선형적인 것보단 더할 겁니다.

깨끗한 삶을 살지는 못할지라도 사무실 동료가 깨끗한 코드로 가는 올바른 길로 향하게 만드는 몇 가지 방법이 있습니다. 한 가지 방법은 지금까지 말한 이유들을 동료에게 건네주어 어떻게 반응하는지 보는 겁니다. 때론 사람들은 에러를 보여 주기만 해도 그들의 방법에서 실수를 깨닫곤 합니다. 중립적인 제3자의 좋은 코드를 보여줌으로써 '내가 너보다 더 나은 프로그래머' 같은 쓸모없는 싸움이 시작되지 않도록 하는 게 좋을 겁니다. 내가 더 낫다는 식의 접근으로 상대가 당신 편으로 돌아서는 경우는 매우 드물 테니까요. 합리적인 이유를 제시했는데도 실패한다면 소프트웨어 스펙을 이용하여 합리적 크기의 기능 사이즈를 제시할 수 있습니다. 당신 소프트웨어에는 스펙이 있겠죠? 스펙에 각 메서드에서 수행해야 하는 작업의 양이 명확하게 명시되어 있으면 이 사람이 스펙을 위반할 때 명확하게 표시되고 그 시점에서라면 당신이 원하는 만큼 거칠게 처벌해도 됩니다.

물론, 때론 합리적인 논쟁이 있어야 할 때도 있습니다. 예를 들면, 당근을 통한 방향 제어와 채찍질을 통한 통제도 해야 합니다. 그런 상황이 지리멸렬하게 오래 걸린다면 옆에 끓는 기름과 녹은 납을 같이 두고 하면 되는데, 그 대신 국제 사면 위원회가 모르게 처리하세요. 그렇지만 그 집단에 속한 사람들도 만약 그들이 당신 동료의 코드를 유지보수하게 된다면, 이 일을 눈감아 줄지도 모릅니다.

사랑을 담아,
KV

데이터가 지배합니다. 만약 여러분이 올바른 데이터 구조를 선택하고 잘 정리했다면, 알고리즘은 거의 항상 자명할 것입니다. 데이터 구조는 알고리즘과 달리 프로그래밍의 중심입니다.

— 롭 파이크

객체지향 시스템은 추상화의 양이 압도적으로 많은 편입니다. 객체지향 시스템의 대표적인 홍보 수단이 추상화를 더욱 명확하게 할 수 있다는 것이었기 때문에 그렇게 놀랍지도 않습니다. 객체지향 프로그래밍 이전에 추상화는 수작업으로 만들어 냈어야 했으며, 추상화라는 건 사실 그 어떤 언어에서건 가능합니다. C와 같은 저수준 언어에서도 말이죠.

친애하는 KV,

저는 회사에서 간단한 데이터 분석을 처리하기 위해 C++ 프로그램을 작업하고 있습니다. 프로그램은 작은 프로젝트가 되어야 하는데, 객체와 메서드를 정의하기 시작할 때마다 라인 수와 최종 프로그램의 크기 모두 커지고 있습니다. 제 생각에 문제는 시스템이 분석해야 하는 대상이 너무 많다는 것입니다. 그리고 개별적으로 다 독특해서 개별적으로 코드가 좀 다르고 아니면 다른 서브 클래스를 만들어야 하는 상황입니다.

도와주세요!

추상화로 내몰린 이

친애하는 추내 씨,

객체지향 언어를 다루는 사람들의 가장 큰 문제는 그들이 다른 클래스를 만드는 게 얼마나 쉬운지 깨닫고 난 뒤로는 거침없이 새로운 클래스를 만든다는 점입니다. 그들은 일이 벌어지는 곳이 아니라 엉뚱한 곳을 살펴보는 식의 실수를 자주 합니다.

물론 당신의 코드를 보지 않고 설명에만 의지해 말해보자면, 저는 당신 코드를 보고 싶은 마음이 들지 않습니다. 저는 당신에게 자상한 답변은 못 하겠습니다. 물론 저의 자상한 답변은 매우 비싸기도 합니다.

예전에 같이 일했던 사람이 아무런 코드 구현도 하지 않고 클래스만 주야장천 식별해대던 적이 있었는데, 그때 저는 건물 주변을 오래 걷는 걸로 인내했습니다. 제 담당 치료사가 사람들에게 소리지르는 게 전혀 도움이 안 된다고 했거든요. 저는 치료사의 의견에 동의하지는 않지만 최근에는 그의 말을 따르려고 노력하고 있습니다.

단순할 것이라 여겼던 것이 주체할 수 없이 시간과 공간을 차지하기 시작할 때 도움이 될 만한 몇 가지 조언이 있습니다. 첫 번째 조언은 컴파일 언어에서 인터프리터 언어로 갈아타는 것입니다. C++라면 BASIC 같은 것으로 옮겨 보는 겁니다. 아, 죄송합니다. BASIC은 안 되겠네요. 제가 하고 싶었던 말은 Python입니다. 현재 제가 밀고 있는 스크립트 언어이죠. 제가 Python을 추천하는 이유는 이 언어도 객체지향이라 다른 객체지향 언어에서 비교적 쉽게 옮길 수 있어서입니다. Python이 당신의 요구사항에 완벽하게 맞아떨어지며 컴파일 언어로 전환한 필요가 없다는 사실도 발견할 수 있지만, 이런 결정은 잘 선택되지 않습니다.

제 두 번째 조언은 스크립트 언어를 사용하는 것입니다. 작업 중인 문제의 작은 부분은 스크립트 언어로 해결해 보세요. 프로그래머와 엔지니어들은 때론 씹을 수 있는 것보다 더 많은 양을 한입에 담아보려 합니다. 우리는 마케팅 담당자랑 이야기할 때가 아니면 이상할 정도로 낙관적입니다. 마케팅 담당자와 낙관적으로 대화하려면 2 + 2 같은 방정식을 풀어내기 위한 수백만 달러 투자, 현란한 기계들, 모두의 집에 설치되는 고성능 네트워크, 그리고 문제 해결 후 바르셀로나로의 6주간 유급휴가를 제시해야 할 겁니다. 네, 마케팅 부서를 그 정도로 쥐락펴락할 수는 없겠지만, 이 정도도 저는 부족하다고 생각합니다.

스크립트 언어는 문제를 더 작게 만들고 다루기 쉽게 합니다. 만약 당신이 문제의 한 부분을 해결하고 작업한 결과물을 얻을 수 있게 된다면, 그 뒤로 해야 할 대여섯 가지 일도 찾아서 해결할 수 있을 겁니다.

일을 작은 단위로 하면 좋은 점은 결과를 더 빨리 확인할 수 있다는 것입니다. 그리고 그건 수백 장의 UML 도표를 가지고 신세계를 향하며 손을 흔드는 것보다 훨씬 만족스럽습니다. 이런 작업들은 보통 의도한 대로 끝나지 않기 때문입니다.

천 리 길도 한 걸음부터입니다. 여러 가지 일을 한번에 해결하려고 하는 것보다는 할 수 있는 작은 일들부터 구현하세요.

KV

# 3.3 재방문 유도

프로그램은 90퍼센트 이하의 완성도를 갖는 경우가 없으며, 95퍼센트 이상의 완성도를 갖는 경우도 없습니다.

— 테리 베이커

추상화는 KV의 독자들에게는 인기 있는 주제입니다. 이전 편지와 답신은 세 장의 새로운 편지를 불러왔습니다. 이번 절에서는 이것들을 전부 다룹니다.

친애하는 KV,

저는 당신이 ACM Queue에 기고하는 코딩<sup>Koding</sup>에 대한 칼럼을 좋아합니다. 대부분은 당신이 글 말미에 '열렬한 자전거광'이라고 적기 때문입니다. 마치 저처럼요. 당신이 사는 캘리포니아에서 자전거를 타는 게 제가 사는 독일에서 타는 것보다 더 즐거울 거 같습니다. 캘리포니아의 날씨는 늘 화창하다고 들었거든요. 거기는 날씨가 화창해서 그런지 저희 같은 구닥다리 유럽인들에겐 당신의 말이 때때로 이해되지 않을 때가 있습니다. 당신은 ACM Queue 3권 2호에서 '추상화에 내몰린 이'라는 불쌍한 독자에게 '문제의 작은 부분부터 시작'하고 스크립트 언어를 쓸 것을 권했습니다.

캘리포니아에는 충분한 햇빛만 있는 게 아니라 구현과 관련이 없는 일부 프로그래밍 언어에 좋아하는 '작은 문제'를 가지고 놀 수 있는 충분한 시간도 보장하는 고용주도 있나 보네요. 저는 좋아하는 문제를 먼저 해결하고 그 다음에 별로 좋아하지 않는 것을 더하는 게 시스템 디자인에서 편리할 수 있지만, 사실 그러기는 매우 어렵다고 생각합니다. 예를 들면, 보안은 나중에 추가할 수 있을까요? 아닙니다! 〈엔터프라이즈 패치하기(Patching the Enterprise)〉<sup>30</sup>를 읽어 보면 그럴 리가 없습니다. 성능을 나중에 개선할 수 있을까요? 그럴 리가요! 실망스러운 소프트웨어를 들여다보고 재개발을 하는 수밖에 없습니다. 우리나라의 햇빛이 부족한 것보다 훨씬 더 실망스러운 것은 프로젝트 마감일이 임박하고 예산이 이미 초과 지출되어 있을 때 스크립팅 언어로 이런저런 시도를 해 볼 수 있는 시간을 주는 고용주가 없다는 걸 겁니다. 우리는 먼저 좋은 전체 디자인을 만들고 반복적으로 개선해야 합니다. 오, 캘리포니아, 젖과 꿀이 흐르며 햇살 속에서 자전거를 탈 수 있는 아름다운 땅이여!

Koder-User-Rider-Teacher (KURT) ;-)

---

30. 역주 ACM Queue 3권 2호에 수록된 칼럼.

친애하는 KV,

'단순한' 데이터 분석을 위해 C++에서 Python으로 전환하라는 당신의 의견에 대해 전할 말이 있습니다. 당신의 질의/응답 서신의 시나리오에서는 두 가지 문제가 있습니다.

1) 그는 자신에게 주어진 문제가 무엇인지 모르고 있습니다. 그의 편지 말미에는 '개별적으로 다 독특해서 개별적으로 코드가 좀 다르고'라고 했는데 이건 단순한 게 아닙니다. 그는 문제를 제대로 이해하지 못하고 있는 것으로, 이와 같은 표현은 그가 코드를 작성하기 전에 했어야 합니다. 그가 문제를 파악하는 데 더 시간을 할애했더라면 스스로 부끄러운 상황을 자초하진 않았을 겁니다.

2) 당신도 그가 다른 언어로 바꿔야 한다고 무책임하게 제안함으로써 그와 다를 바 없는 행동을 했습니다. 그 사람이 속한 부서에 대한 자세한 내막도 모르면서 어떻게 조언을 할 수 있느냐는 말입니다. 해결책은 별다른 게 아니라 어떻게 생각하고 디자인해야 하는 것인지가 되었어야 합니다. 저는 당신이 세계적으로 권위 있는 '사상가' 집단을 위한 글을 쓰고 있다는 걸 상기시켜주고 싶습니다.

첫 번째 제안은 개발자가 문제를 이해하는 데 필요한 사전 고려사항과 디자인을 수행하는 것입니다. 인터프리터 언어는 문제가 무엇인지, 즉, 관련 데이터의 특성과 분석 방법을 이해하지 못한다면 더 나을 것이 없습니다. 엔지니어가 '스스로 감당할 수 없는' 기술을 택한다면 그건 기술을 하는 게 아닙니다.

그는 그냥 단순 코딩을 한 것에 불과합니다. 그리고 당신은 대중들에게 무책임하게 다른 언어로 코딩할 것을 종용한 거고요. 진짜 문제는 언어가 아니라 어떤 코드를 작성해야 하는지 잘 몰랐다는 것에 있습니다. 만약 제 추측이 맞다면, 팀과 매니저는 그런 걸 할 여력이 없었을 겁니다. 당신은 단순히 코드를 두 번째 단락에서 마지막 단락으로 옮기는 것처럼 묘사했습니다.

저는 당신이 IEEE/EIA 표준 12207.0 개발 절차를 읽어 보았으면 합니다.

진심을 담아,
칼 헤닝

나의 오랜 유럽 친구들에게,

따사로운 햇살과 관대한 고용주가 있는 신세계의 KV에게 편지를 보내주다니 고맙습니다. 여러분의 편지가 도착했을 때 저는 이곳에서 개인 마사지사에게 마사지를 받고 있었습니다. 저는 진심으로 여러분의 편지에 답하는 데 집중하기 위해 마사지사 자크를 잠시 내보냈습니다.

안타깝게도 제가 '추상화로 내몰린 이'에게 보낸 답신에서 문제를 작게 한입에 담을 수 있는 크기로 분해하라는 제안을 오해한 거 같습니다. 프로그램의 모든 측면을 고려할 수 있는 게 좋지만, 이는 디자인을 시작하기 전에 문제의 모든 부분에 대해 이해했을 때 가능한 이야기입니다. 저는 여러분 각자가 완전히 이해하지 못한 시스템을 대면하고 있고 더 작은 모델과 프로토타입으로 작업했다면 문제를 제대로 인식할 수 있으며 결국엔 해결할 수 있었을 것이라 봅니다.

과도한 스펙의 시스템을 설계하느라 시간을 낭비하는 것이든 작은 문제에 대해서 스크립트로 프로토타입을 만들며 노는 것이든 둘 다 프로젝트 성공에 있어 위험 요소인 건 마찬가지입니다. 근데 그렇다면 뭐가 제일 위험한 걸까요? 그건 바로 여러분들의 노트북이나 화이트 보드의 텅 빈 화면에서 진전이 없는 경우입니다. 한번 여러분의 상사에게 말해 보세요. "음, 지난주 내내 문제 고민만 하다가 시간을 보냈습니다."라고 하면 그가 받아들일까요? 비록 여기가 젖과 꿀이 흐르는 땅이라도 그건 안 될 거 같은데요.

제 제안의 의미는 추상화로만 풀기는 어려운 정신적인 영역의 교착상태를 해결하기 위해 코를 비틀거나 막대기로 때리는 정적을 깨는 행위를 의미한 겁니다. 저는 사람들에게 큰 문제를 작은 문제로 나누라고 말하는 것이 코를 비틀거나 막대기로 때리는 것보다는 직장에서 더 용인될 행동이라고 생각합니다.

KV

친애하는 KV,

저 역시 당신이 말한 소화할 수 있는 한입 크기에 대한 이야기에 동의합니다만, 당신이 추상화로 내몰린 이에게 보낸 답신에서 질문이 있습니다. 저는 당신을 전적으로 신뢰하는 독자들이 클래스를 만들지 않아도 된다고 여길까봐 우려스럽습니다. 저는 너무 많은 객체지향 프로그램이 단일 클래스에 의해 좌지우지되는 걸 목격해 왔습니다. 당신이 클래스를 쓰지 말라고 하는 게 아닌 걸 잘 압니다. 그렇지만 당신이 '추상화로 내몰린 이'에게 클래스에 대한 두려움을 해소하기 위한 조언을 해주지 않은 것도 사실입니다.

존경을 담아,

클래스를 두려워하는 사람들이 두려운 이


친애하는 쿨두사두 씨,

'추상화로 내몰린 이'에 대한 제 답신으로 또 다른 문제를 발견하는 건 즐겁네요. 그리고 당신의 말에 진심으로 공감합니다. 바로 이틀 전에 누군가의 코드를 리뷰해 주었는데, 그 사람의 클래스에 대한 두려움인지 절대적인 무지인지가 반영된 코드였습니다. 사실은 그것들이 4,000여 줄짜리 단일 파일로 구성되어 있어서 모듈화에 대한 개념도 없는 것 같았습니다. 코드^Kode 자체는 매우 영리한 구조지만, 현재 상태로는 재사용은 불가능합니다. 불행하게도 이게 우리가 매번 마주하는 현실입니다. 일정 압박과 연습 부족, 누군가의 한입 크기는커녕 말도 안 되게 누구보다 큰 덩어리를 집어삼키는 의사결정 같은 것들요.

이 세상에는 너무 큰 것과 너무 작은 것 사이에 무수히 많은 스펙트럼이 존재합니다. 사람들은 너무 자주 그들이 만든 코드^Kode를 타인이 읽고 디버깅해야 한다는 사실을 깨닫지 못한 채 자신만을 위한 코드를 작성합니다. 이기심만 내려놓을 수 있다면, 아마도 우리 모두는 잘 지낼 수 있을 겁니다.

KV

# 3.4 가역적 변경(Changative Changes)

크고 갑작스러운 변화만큼 인간의 마음에 고통스러운 것은 없습니다.

– 메리 W. 셸리, 《프랑켄슈타인》

소프트웨어 시스템이 성장하고 확산됨에 따라 라이브러리 또는 컴포넌트에 대한 업데이트로 인해 다른 라이브러리 또는 컴포넌트가 깨질 가능성이 더욱 높아지고 있습니다. 많은 컴포넌트들이 운영체제 커널과 응용 프로그램에서 런타임에 로드되기 때문에 이러한 문제가 컴파일러나 링커나 기타 빌드 시스템에서 발견되지 않습니다. 이 문제를 해결하려는 시도로는 일반적으로 패키지 시스템을 이용합니다. 패키지가 업데이트될 때 기록을 유지하여 이러한 충돌을 해결하려고 합니다. 이를 통해서 컴포넌트를 호환 가능한 버전으로 강제 업데이트합니다. 현재의 패키지 시스템은 컴포넌트를 API 수준이 아니라 전체 버전 수준에서도 인지합니다. 이는 라이브러리의 버전을 호환 또는 비호환으로 표시하는 인간에 의해 종속성이 표현되기 때문에 불충분하게 세분화되고 에러가 발생하기 쉽습니다. 한 가지 제안하고 싶은 건 버전 번호의 의미를 조금 더 엄밀하게 하라는 것입니다. 메이저 번호는 완전히 호환성이 깨질 때만 증가시키고, 마이너 번호는 하위 호환성이 깨질 때 증가시키고, 마지막 숫자인 패치 번호는 각 패치나 사소한 변경이 있을 때 증가시키는 겁니다. 버전 번호에 더욱 확고한 의미를 부여하는 것이 사람들로 인해 발생하는 문제를 완전히 해결하진 못하지만, 이런 표준의 존재가 코더$^{Koder}$들이 변경을 받아들이려고 할 때 그것이 프로그램이 소화할 수 없는 변경인지 아닌지 쉽게 눈치챌 수 있게 합니다.

의존성 분석은 자동화가 무르익은 지역입니다. 컴파일 언어에서는 시그니처가 모든 함수의 진입점별로 이름과 전달인자(argument) 반환 타입에 의해 정의됩니다. 단순히 이름을 변경하는 건 쉽지만, 전달인자의 타입을 변경하거나 반환 타입을 변경하는 것은 언어가 타입 해석이 느슨하다면 종종 누락되곤 합니다. 컴파일러는 이미 수많은 함수의 진입점에 대한 데이터를 기록하고 있으며, 이 정보들은 디버거에게는 필수입니다. 따라서 패키징 및 동적 로딩 시스템은 의존성 분석의 동작 방식을 확장해 사용하여 단순히 애매한 호환 불가 에러를 던지는 수준이 아니라 무엇이 호환되지 않는지, 특정 진입점을 직접 지목해 줄 수 있습니다.

여기서 우리가 얼마나 비참하게 잘못될 수 있는지를 볼 수 있습니다. 그리고 불행한 사실은 의존성 문제는 소프트웨어 시스템에서 여전히 빈번하게 포착되는 일반적인 에러라는 점입니다.

친애하는 KV,

지난 2년 동안 저는 여러 운영체제에서 동작하는 최종 사용자 애플리케이션을 제공하는 소프트웨어 팀에서 일해 왔습니다. 저는 엔지니어로 일을 시작했으나 빌드 시스템을 세팅하고, 밤새 사람 대신 작동하는 테스트 스크립트를 작성하고, 이제 저는 일부 컴포넌트들이 스스로 유지되는 빌드 시스템들을 다룹니다. 현재 제가 소프트웨어를 빌드할 때 겪고 있는 가장 큰 문제는 소프트웨어 API의 안정성이 부족하다는 점입니다. 새로운 API가 추가되는 것은 경우에 따라 무시하면 그만이라 괜찮지만, API가 제거되는 경우에는 빌드가 깨지게 됩니다. 그래서 가장 큰 문제는 누군가 API를 변경했을 때 발생합니다. 이런 것들은 어떤 테스트 코드가 돌지 않고서는 잡아낼 수도 없습니다. 더 나쁜 상황은 사용자들이 그 코드를 실행시키고 터진 뒤에야 알게 되는 것입니다. 당신이라면 이렇게 수시로 변경되는 API를 어떻게 관리하겠요?

변경

친애하는 변경 씨,

가장 좋은 방법은 변경이 일어나면 기존 것들은 머릿속의 모래 더미에 묻고 잊는 겁니다. 결국 우리 모두는 과거의 위대한 경영 관련 전통들에서 배울 것이 있습니다. 엔지니어도 예외는 아닐 겁니다. 흠, 아닐 수도 있겠지만요.

당신이 지적한 점은 크고 복잡한 시스템의 빌드 과정에서 겪는 가장 커다란 도전입니다. 소프트웨어는 놀라울 정도로 변화시키기 쉽습니다. 따라서 실제로 가능하죠. 불행은 누군가가 변경을 유발하는 일이 제법 자주 일어난다는 점입니다. 많은 엔지니어와 프로그래머들은 그들이 라이브러리를 만든다는 게 무엇인지 또는 컴포넌트를 만드는 것이 무엇을 의미하는지 제대로 깨닫지 못하고 있습니다. API라는 건 그들의 코드와 그것들을 사용하는 모두와의 계약사항이라는 사실을 말이죠.

당신이 편지에서 언급했듯, 일이 벌어지는 데에는 세 가지 경우가 있습니다. 첫 번째 경우는 API를 추가할 때고 이는 아무에게도 영향을 주지 않습니다. 왜냐면 새로운 API는 아무도 쓰지 않을 테니 별다른 피해를 유발하지 않습니다. 두 번째 경우는 API를 제거하는 것입니다. 이 결과로 연결된 모든 프로그램들은 에러가 발생하는데, 이는 컴파일 또는 실행 시 벌어집니다. 따라서 적어도 당신은 이런 변경은 해당 코드를 사용하는 이들에게 공지를 해야 합니다. 마지막으로, 당신에게 발작과 악몽을 안겨 줄 수도 있는 세 번째 경우는 똑같아 보이지만 실상은 그렇지 않은 API에 대한 경우입니다. 이런 경우를 찾아 주는 자동화된 방법은 거의 없기 때문입니다. 제가 과거에 조금 더 그럴싸하고 기술 작가처럼 보이도록 작명한 '가역적 변경(changative change)'이라는 표현이 있습니다.

하나의 특정 시스템은 10번 중 8번의 빈도로 다른 하위 시스템과 통합되는 경향이 있습니다. 문제는, 당신이 상상할 수 있는 것처럼 관련된 컴포넌트의 숫자가 매우 빠른 속도로 증가한다는 점입니다. 2개의 하위 시스템이 서로에 적어도 하나의 의존성으로 연결되어 있다면, 4개의 하위 시스템이면 6개의 의존성이 생기고, 8개의 하위 시스템이면 28개의 의존성이 생기는 식입니다. 어떤 형태로든 특정 모듈들과 긴밀한 연결을 지닌 시스템을 만들어 낸다면, 이것들이 모두 변경이 발생하므로 작업이 매우 힘들어집니다. 여기에 대해서는 몇 가지 해법이 있습니다.

운영체제를 만들어 온 사람들은 이 문제를 진즉에 알고 있었습니다. 그래서 그들의 API는 매우 천천히 변경되거나 전혀 변경되지 않습니다. 이런 까닭으로 유닉스와 유닉스 계열의 운영체제들은 20년이 넘도록 open(), close(), read(), write()에 전달인자와 반환 타입을 그대로 유지하고 있습니다.

네트워킹 같은 새로운 하위 시스템이 추가되면, 필요에 따라 새로운 함수 호출도 더해질 겁니다. 따라서 소켓을 열기 위해서 open()을 호출할 필요는 없습니다. 전달인자의 변경이 필요했다면 거기서 알아서 변경했을 테니까요. 대신 당신이 socket() 시스템 호출을 한다면, 전달인자는 다르겠지만 사용하는 곳이 read()와 write()일 테니 사용성을 위해 반환 타입은 기존과 같아야 할 겁니다. 시스템 프로그래머는 또한 제공하는 기능의 범위를 작게 한정 짓는 경향이 있는데, 임의로 광범위한 API를 제공했다가 들이닥치는 유지보수 악몽을 알기 때문입니다. FreeBSD를 예로 들자면, 400개 정도의 시스템 호출이 가능합니다. 이 정도가 API를 사용하는 프로그래머들이 OS에게 시킬 수 있는 기능의 전부입니다. 파일 읽기, 무언가를 찾기 같은 것들이죠. 이 숫자가 작다고 말하진 못하겠지만 추적 가능하고 유지보수 가능한 수준입니다. 전체 API 세트의 숫자는 POSIX 라이브러러나 Microsoft Foundation Classes가 훨씬, 훨씬 더 큽니다.

시스템 프로그래밍 세계에서 도입해 볼 만한 또 다른 요령으로는 ioctl()이나 I/O 제어가 있습니다. 장치 드라이버는 단순한 open(), close(), read(), write()를 의미론적으로 이용해 대부분의 필수 동작들을 해결합니다. 사람들은 장치를 열거나 사용하고 싶어 하며, 데이터를 읽고 쓰고 싶어 하며, 결국에는 다 쓰고 치우거나 종료하고 싶어 합니다. 여기서 문제는 종종 장치별로 운영체제에 직접 특별한 접근을 해야 하는 경우가 있다는 점입니다. 예를 들자면, 네트워크 장치가 무제한 청취 모드로 할 경우나 다양한 주소 파라미터를 설정할 때입니다. 이런 특수한 경우를 위해서 ioctl()이 쓰입니다. ioctl() 호출은 이 때문에 오랜 세월 동안 매우 안 좋은 쪽으로 남용되어 왔으나, 그것이 말하고자 하는 디자인 원칙은 명확합니다. 항상 도망갈 구멍 하나는 남겨 두라는 소리입니다.

마지막으로 짚고 넘어가야 할 원칙이 하나 있습니다. 어떤 사람들은 좋아하겠지만, 이건 책과 같은 형태가 아닙니다. 제가 실제로 말하고 싶은 건 시스템 변경을 결정짓는 의사결정 방법에 대한 것입니다. 무언가를 변경한다는 건 오늘날 유행과도 같은데, 제 생각엔 소위 말하는 익스트림 프로그래밍 방법론이 이런 걸 이끌어 낸 것 같습니다. 특정 API 부분은 변경이 불가능하고 변경하려고 하면 많은 호출자들이 변경되어야 하니, 변경만 보인다하면 많은 엔지니어들이 너무 쉽게 새로운 API를 만들게 됩니다.

불행하게도 제가 당신의 진짜 문제를 해결할지는 확신이 없습니다. 왜냐면 당신과 당신의 팀이 바닥부터 다시 시작한다고 해도, 사람들이 그걸 할 수 있도록 자비를 베풀어야 하며, 할 수 있다고 해도 실수가 발생할 것이기 때문입니다. 제가 전할 수 있는 현실적인 다른 조언은 당신 팀이 가능한 한 작은 규모의 외부 API를 제공해서 새롭거나 특수 기능을 지나치게 많이 제공하지는 않는 것입니다. 이런 것들은 대부분 변경될 것이기 때문입니다.

KV

# 3.5 바늘에 실 꿰기(thread the needle)

왜 스레드는 (대부분의 경우) 나쁜 아이디어인가?

– 존 오스터하우트

때론 좋은 조언은 오래도록 남아 세대를 뛰어넘어 그 영향을 미치기도 합니다. 프로그래밍 세계에서는 존 오스터하우트가 스레드 프로그래밍에 대해 언급한 문장이 그렇습니다. 이는 너무 잘 알려진 이야기라 여기에 대한 의견을 묻는 편지가 KV에게 와도 전혀 놀랍지 않을 정도였습니다. (이 주제는 3.6절에서 한 번 더 언급합니다.) 프로그래머들이 멀티코어 환경에서 그들의 코드를 성능 목표를 달성해 가며 실행해야 한다는 현실적인 하드웨어 환경 때문에라도 산적한 소프트웨어 문제를 해결할 때 스레드 프로그래밍을 전혀 고려하지 않는 것은 불가능하다고 봅니다. 무슨 말이냐면, 모두가 스레드 프로그램을 작성할 줄 알고 디버깅을 할 줄 알아야 한다는 말입니다.

이 주제에 관심이 있으면 https://web.stanford.edu/~ouster/cgi-bin/papers/threads.pdf에서 오스터하우트의 원본 프레젠테이션을 살펴보길 바랍니다.

친애하는 KV,

제가 학생이었을 때 스레드를 이용하는 게 위험하다는 논문을 봤습니다. 그렇지만 대다수의
CPU가 멀티코어잖아요. 요새는 성능 향상을 하려면 스레드가 필수인 것처럼 보입니다. 스레드
프로그래밍이 예전보다 더 안전해졌다는 이야기도 본 적이 없는 것 같습니다. 당신은 스레드 프
로그래밍이 여전히 위험하다고 생각하나요?

위험한 스레드

친애하는 스레드 씨,

당신의 질문은 총이 여전히 위험하냐고 묻는 걸로 들립니다. 답은 둘이 매우 비슷하
거든요. 차이점이라면 총은 장전된 채로 당신을 겨눌 때만 위험한 정도려나요.

스레드와 스레드 프로그래밍은 같은 이유로 늘 위험한 상태로 존재해 왔습니다. 대
부분의 사람이 비동기 동작 방식에 대해서 제대로 이해하지 못합니다. 거기다가 둘
이상의 프로세스가 독립적으로 작동하는 시스템에 대해 잘 생각하지도 않습니다.

가장 위험한 사람들은 싱글스레드 프로그램을 멀티스레드로 쉽게 변경할 수 있다고
여기는 사람들입니다. 뭔가 마법 같은 일이 벌어져서 자연스레 빨라질 거라고 여기
나 봅니다. 모든 허풍선이 사기꾼들에게 그러하듯, 이런 사람들은 자루에 담아 넣고
몽둥이로 때려줘야 합니다.(이 방법에 대한 영감은 코미디언인 다라그 오브라이언에
게서 얻었습니다. 그는 이 해법을 영매, 점성술사, 성직자들에게 사용할 것을 제안했
습니다.)

스레드 프로그래밍에 대해서 제대로 생각하지 않는 상황에 대한 예시 중 제가 좋아
하는 것은 한 무리의 사람들이 이미 만들어진 서버와 클라이언트 컴포넌트가 있는
시스템의 속도를 개선하고 싶어 할 때입니다. 시스템은 이미 배포되어 있고, 스케일
업을 통해 더 많은 클라이언트를 대응하고 싶지만 서버는 오직 한 번에 한 번의 리퀘
스트만 처리할 수 있습니다. 따라서 클라이언트들이 많아져도 호출을 처리할 수 없
습니다. 여기서 해법은 당연하게도 멀티스레드를 이용하는 서버입니다. 여기에 팀이
성실하게 임해야 합니다. 스레드 풀이 생성되고 각 스레드는 단일 리퀘스트를 받아
서 응답을 클라이언트에게 보냅니다. 이런 구조라면 서버가 새로 증설될수록 더 많

은 클라이언트를 대응할 수 있게 될 겁니다.

서버가 멀티스레드일 때 추가로 고려해야 할 것이 하나 있습니다. 바로 트랜잭션 식별자에 대한 개념입니다. 원래 초기 배포판에서는 모든 리퀘스트가 싱글스레드에서 처리돼서 N번째 리퀘스트가 N-1번째 리퀘스트보다 먼저 처리될 일이 없었습니다. 그렇지만 시스템이 멀티스레드로 된다면, 이런 단일 클라이언트가 발생시킨 여러 리퀘스트들에 대한 처리와 응답 순서를 보장할 수 없게 됩니다. 트랜잭션 ID는 클라이언트로 하여금 이러한 요청과 응답을 맞춰 보기 위해 필요합니다. 그렇지만 이런 게 고려되지 않았을 겁니다. 그와 더불어 서버가 부하를 최대로 받는 상황도 고려되지 않았습니다. 시스템 테스트는 서버가 버틸 수 있는 최대 부하를 식별해 내지 못했고, 관련된 문제는 시스템이 완전히 배포될 때까지 주목받지 못했습니다.

불행하게도 문제의 이 시스템은 은행 관련 시스템이었습니다. 이 말은 아주 적지만 0이 아닌 소수의 사용자들이 자신의 계좌 정보를 아예 못 볼 뿐만 아니라, 다른 고객의 정보를 보게 된다는 겁니다. 이 결과는 단순히 개발팀의 수치로 끝나는 게 아니라 프로젝트를 중단시키는 결과를 불러오고, 몇 명은 잘리기까지 합니다. 아아, 충성 없는 참극이 벌어집니다. 이런 일이 벌어질 때마다 저는 유감이라고 느낄 뿐입니다.

이 이야기에서 주목할 부분은 스레드 간의 락과는 전혀 무관하다는 점입니다. 그럼에도 많은 사람들이 코드의 일부를 멀티스레드로 하면 되지 않을까 생각합니다. 크고 복잡한 시스템에서는 스레드나 또 다른 무언가를 통해 해결하는 그런 마법 같은 일은 결단코 없습니다. 시스템은 전체적으로 이해되어야 하며, 부작용으로 발생 가능한 에러 상태들 역시 잘 알려져 있어야 합니다. 스레드 프로그램과 멀티코어 프로세서가 이것들을 태생적으로 위험하게 만드는 게 아닙니다. 단지 이것들은 당신이 잘못했을 때 입는 피해를 더 키울 뿐입니다.

KV

# 3.6 스레드는 여전히 안전하지 않은가?

어떤 속도에서도 안전하지 않습니다.

– 랄프 네이더

스레드 코드를 둘러싼 전투는 그칠 줄 모릅니다. 스레드는 시스템을 분해하여 협력하는 부분에 집어넣을 때 사용되는 핵심 추상화이지만, 이를 이해하기 위한 도구는 통탄스러울 정도로 부족해서 Go와 같이 아예 새로운 컴퓨터 언어를 만들어 스레드 사용을 이해할 수 있도록 노력해야 할 정도였습니다. 스레드와 관련된 문제는 단순히 우리 도구에 국한된 문제가 아니며, 우리 생각에도 있습니다. 소프트웨어 디자인 경험으로 비추어 보면 협력하고, 상대적으로 조정되지 않은 독립적인 작업을 통해 시스템을 구축하는 방법을 이해할 수 있는 사람들의 수가 상대적으로 적다는 것을 확인할 수 있습니다.

친애하는 KV,

성능 요구사항 때문에 우리 팀은 고사양 멀티코어 CPU 서버에서 옛날 코드가 멀티스레드로 동작하게 코드를 재작성하는 작업을 하고 있습니다. 우리 예상으론 멀티스레드에서 적절한 잠금과 중요 섹션을 구현하는 것처럼 기존 소프트웨어를 적절하게 분할하는 데 적어도 6개월 정도가 필요합니다. 저는 우연히 온라인에서 스레딩과 관련된 오래된 논문 〈스레드는 해롭다 (Threads Considered Harmful)〉를 발견했는데, 해당 내용은 평소 제 생각과 같았습니다. 논문은 오래 전에 작성되었고 우리에게 멀티코어 CPU가 있기 전이었고, 당시에는 상용 SMP 기기도 적었습니다. 저는 스레드 코드를 쓰는 번거로움을 감수하는 건 말이 안 된다고 생각은 합니다만, 그래도 어쩌면 지금은 상황이 좀 달라졌다고 생각합니다. 당신은 이 논문에 대해 들어 본 적이 있나요? 여전히 스레드는 해로운 걸까요?

위험한...


친애하는 위험 씨,

존 오스터하우스의 경고는 작성된 이후로 오늘날까지 여전히 중요합니다. 시간이 흘렀고 기술이 달라졌음에도 그게 여전히 중요한 이유는, 아, 사람은 바뀌지 않기 때문입니다. 많은 사람들이 멀티스레드 코드를 작성하기로 하는 이유는 당신이 말한 것처럼 성능 향상을 원하기 때문입니다. 이러한 사람들은 코드를 측정하거나 여러 스레드에서 실행하는 것이 실제적으로 의미가 있는지를 확인하는 데 전혀 신경 쓰지 않는 것 같습니다. 이 사람들은 충분한 스레드가 있다면 마법처럼 갑자기 그들의 코드가 더 빨리 실행되리라는 헛된 희망 속에서 코드를 조각내기 시작합니다.

KV의 오랜 독자라면 제가 이런 마법 탄환 같은 걸 안 믿는다는 사실을 잘 알고 있을 겁니다. '스레드'라고 이름표가 붙어 있는 마법 지팡이를 허공에 휘젓고 닭을 제물로 바치며 당신의 코드의 속도를 올려달라는 주문을 외우는 꼴입니다. 적어도 제물로 바쳤던 닭을 먹을 수는 있을 겁니다. 이게 제가 당신 코드에 대해 해줄 수 있는 조언보다 나을 겁니다. 당신의 코드에 스레드를 적용하면 어쩌면 코드가 더 느려질 수도 있습니다. 왜냐하면 좋지 않은 방식으로 작성된 스레드 코드는 때론 스레드가 적용되지 않은 코드보다 더 느려지기 때문입니다. 기본 요소에 락을 걸 때는 올바른 대상에 자명하게 걸어야 하며, 만약 적절하게 스레드를 사용하지 않으면 코드를 모두 같은 락에서 차단하기 때문에 속도가 느려지거나, 더 나쁜 경우에는 미묘한 버그가 발생하게 됩니다.

스레드를 이용하는 코드에서 발생할 수 있는 또 다른 문제는 도구의 디버그가 아직 스레드에 대해서 원시적인 상태라는 겁니다. 대부분의 디버거는 현재 스레드를 올바르게 처리한다고 주장하지만 실제로 항상 그런 것은 아니며, 코드를 디버깅하는 동안 디버거를 디버깅하고 싶은 마음은 없습니다. 경합상태(race condtion)는 20여 년이 지난 지금도 여전히 디버깅하기 어렵고 찾기도 힘들며, 고치는 것은 말할 것도 없습니다.

많은 사람이 자신의 코드를 스레드로 처리하기 위해 서두르는 과정에서 놓친 마지막 한 가지는 그들이 링크하는 라이브러리에서 얻는 지원입니다. 만약 당신의 프로그램에 멀티스레드를 사용하는 라이브러리를 사용하면 괜찮을 것 같아 보이겠지만 이 중 일부는 스레드로부터 안전하지 않다는 사실을 뒤늦게 깨달으면 적잖이 놀랄 수도 있습니다. 스레드 안전을 추구하는(thread-safe) 프로그램에서 스레드 안전하지 않은 (non-thread-safe) 라이브러리를 사용하면 문제는 해결되지 않습니다.

이 모든 걸 고려해 가면서 당신의 코드에 스레드를 적용할 건가요? 아마 그럴 수도 있을 겁니다. 먼저 장단점을 이해하고 코드가 수행하는 작업이 멀티스레드에 적합한지부터 확인해야 할 겁니다. 코드에 완전히 독립적으로 작동할 수 있는 여러 구성 요소가 있는 경우라면 멀티스레드가 해법일 수도 있습니다. 그렇지만 반대의 경우로, 컴포넌트가 작은 데이터를 항상 공유한다면 스레드는 아무런 도움이 못 됩니다. 당신의 프로그램은 공유 데이터를 보호하는 잠금을 획득하고 해제하고 이를 위해 대기하는 데 대부분의 시간을 소비할 겁니다.

그래서 정말 확실한 경우이거나 당신의 팀 구성원들이 이에 대해 많은 고민을 한 게 아니라면, 저는 스레드에 얽매이지 말라고 말하고 싶네요.

KV

# 3.7 인증 vs. 암호화

보안은 마음의 상태일 뿐입니다.

*— NSA 보안 매뉴얼*

사람들이 공용 네트워크를 통해서 다양한 물건을 사고판 지도 20년이 넘은 오늘날, 기술을 이용하는 사람들이 보안과 암호화의 차이에 대해서 잘 알 것 같지만, 이번 편지에서 알 수 있듯이 이 지식은 널리 적절한 수준으로 보급되지 않았습니다. 이러한 개념이 잘 이해되고 거의 모든 소프트웨어 시스템에 지능적이고 일관되게 적용되더라면 온라인 세상은 훨씬 더 더 나은 곳이 될 수 있었을 겁니다. 그렇지만 아직은 아닙니다.

친애하는 KV,

저희 회사는 사용자들이 휴대용 재생 기기를 구매하는 대신 어디서나 그들의 웹 계정을 통해 음악을 들을 수 있는 새로운 웹 서비스를 만들고 있습니다. 집에서 인터넷이 연결된 컴퓨터를 통해, 아니면 바깥에서 노트북을 통해서도 음악을 들을 수 있습니다. 원한다면 음악을 다운로드 받을 수도 있고, 컴퓨터의 문제로 음악들을 유실해도 언제든지 다시 받을 수 있습니다. 제법 괜찮지 않나요?

이제 질문을 드리겠습니다. 디자인 회의에서 저는 그냥 모든 연결을 암호화만 하면 웹 서비스 사용자들에게 필요한 대부분의 보안을 제공할 수 있다고 말했습니다. 그러자 상급자들 중 한 명이 기분 나빠하는 표정을 지으며 저를 노려봤는데요, 정말 저를 한 대 때릴 것 같은 표정이었습니다. 그녀는 제가 인증과 암호화의 차이에 대해서 찾아봐야 한다고 했습니다. 회의에 참가한 다른 사람들은 웃었고, 시스템의 다른 부분에 대한 이야기로 화제가 바뀌었습니다. 저는 시스템을 위한 보안 프레임워크를 만드는 게 아닌데, 왜 그녀가 그런 말을 했던 걸까요? 제가 살펴봤던 모든 보안 프로토콜은 언제나 인증과 암호화가 있었습니다. 이게 무슨 차이가 있는 건가요?

믿음과 신뢰

친애하는 신뢰 씨,

그녀가 웃었다는 말에 다행이라 생각합니다. 제가 소리 지르는 게 아닌 한 누군가의 고함소리는 귀를 상하게 하거든요. 당신이 암호화에 대한 어떤 글을 읽었는지는 모르겠으나, 추측해 보자면 대학원 강의에서나 볼 법한 알고리즘이 분석된 복잡한 수학책일 거라고 봅니다. NP 완성도가 매력적이고 실제로도 매력적이긴 하지만, 이런 종류의 책들은 종종 추상적인 수학에 너무 많은 시간을 소비하고 현실 세계에 이론을 적용해 안전한 서비스를 만드는 데에는 그만큼의 시간을 투자하지 않습니다.

짧게 설명하자면, 인증은 존재를 식별하는 것입니다. 가령, 사람이나 컴퓨터, 또는 프로그램처럼 무언가를 요청하는 대상들을 식별하는 것이죠. 당신이 수표를 끊으면 은행에서는 당신이 수표에 서명을 했는지 확인해야 합니다. 수표에 쓰인 당신의 서명이 여기서는 인증 수단이 됩니다. 나중에 당신이 100만 달러짜리 수표를 써서 저에게 주고 제가 그걸 은행에 예금하려고 하면 은행은 서명을 확인하려 들 겁니다.

암호화는 컴퓨터 프로그램에 구현되었건 아니건 알고리즘을 이용해 메시지를 가져와 그것을 잠금 해제할 수 있는 올바른 키를 가진 사람만이 원본 메시지를 확인할 수 있도록 하는 것입니다.

당신의 설명을 통해 웹 서비스에서 암호화보다 인증이 더 중요하다는 것을 명확히 알 수 있습니다. 왜 그러냐고요? 음, 당신의 상황에서 가장 중요한 사항은 사용자들이 자신이 구입하거나 서버에 저장한 음악만 들을 수 있어야 한다는 겁니다. 음악은 비밀로 할 필요가 없습니다. 왜냐하면 굳이 그것 때문에 누군가가 네트워크 스니핑을 통해 중간에서 탈취하는 수고를 감행할 것 같지는 않거든요. 그보다 더 벌어지기 쉬운 일은 누군가가 다른 사람의 계정에 로그인해서 그 사람이 구매한 음악을 들으려고 하는 것일 겁니다.

사용자는 자신의 정체를 증명하기 위해 사용자 이름과 비밀번호 한 쌍으로 서비스에 자신을 인증합니다. 사용자가 최근에 구매한 음악을 듣고자 한다면 시스템에 사용자 이름과 비밀번호를 제공해 그들의 음악에 접근해야 합니다. 이런 절차를 구현하는 방법은 다양하게 존재하지만 기본적인 아이디어는 같습니다. 사용자가 일부 정보를 제공하여 시스템에게서 서비스를 제공받는 것인데, 이는 인증에 대한 이야기일 뿐 암호화에 대한 이야기가 아닙니다.

비밀번호는 서버에 전달하기 전에 암호화될 필요가 없이 해시화만 되어도 됩니다. 해시는 데이터의 집합을 취하여 고유하게 다른 데이터 조각으로 변환하는 단방향 함수로, 해시 함수 작성자를 포함해 그 누구도 원본 데이터를 찾아낼 수 없습니다. 여기서 중요한 점은 해시 함수가 충돌이 발생하여 서로 다른 두 개의 암호가 동일한 해시 데이터가 될 수 있기 때문에, 해시 함수는 각 입력에 대해 고유한 데이터를 생성해야 한다는 것입니다. 그렇지 않으면 사용자를 구별할 수 없게 됩니다.

이미 많은 책들과 논문에서 이와 관련된 이야기를 수없이 다루고 있습니다. 따라서 당신이 새로운 알고리즘을 연구하는 게 아니라면 그림의 떡과 같은 이 주제는 피하는 게 상책입니다. 이런 말을 하는 이유는 정말 필요한 게 아닌 한 이 주제에 대해 고민하는 것은 큰 성과 없이 머리만 아프기 때문입니다.

KV

# 3.8 다시 인증으로

인터넷에 올라온 명언들의 문제점은 그것이 진짜인지 알 수 없다는 것이다.

– 에이브러햄 링컨

KV가 작성했던 답신은 처음에 작성되었던 때보다 더 흥미있고 열띤 대화 주제가 되기도 합니다. 이번 편지와 답신은 3.7절에서 논의했던 주제를 다시 꺼내 다룹니다.

친애하는 KV,

제가 '믿음과 신뢰'의 고객이고, 저의 ISP의 시스템 관리자가 비양심적이지만 음악을 사랑하는 괴짜라고 가정해 보면, 시스템 관리자는 제가 '믿음과 신뢰'에 계정이 있는 걸 눈치챌 수 있을 겁니다. 그가 액세스 라우터에 로그로 모든 패킷 기록을 남기게 된다면 저와 '믿음과 신뢰' 사이 주고받은 데이터가 전부 남게 될 것이고, 그는 제 로그를 뒤져서 공짜 음악을 손에 넣을 수 있게 될 겁니다.

저도 이게 너무 과장된 시나리오라는 건 알지만, '믿음과 신뢰'가 물 샐 틈 없는 비즈니스 보안을 원한다면 이 부분도 신경 써야 하는 게 아닐까요? 당연히 그래야 한다고 생각합니다. '믿음과 신뢰'는 이러한 리스크를 경감시킬 필요가 있습니다. 설령 그들이 위험을 감수할 수도 있지만, 저는 당신에게 편지를 보냈던 사람의 제안이 찡그린 표정으로 묵살당할 게 아니라 적어도 요약해서 토론해 볼 정도의 가치는 있다고 봅니다! IPSec이 쓰이지 않는다고 가정하면, 페이로드를 암호화하면 또 다른 이점이 있는 겁니다. 페이로드의 암호화 해제가 대상 고객만 가능할 것이며, 이는 '믿음과 신뢰'의 상품을 도난으로부터 훨씬 안전하게 보호할 수 있게 됨을 의미합니다.

통제는 최선의 방어

친애하는 통제 씨,

2005년 4월에 제가 Queue에 쓴 칼럼을 읽어 주었다니 고맙습니다. 누군가가 이런 주제에 관심을 가져준다는 점이 감사하네요. 물론 당신이 조금만 더 신경을 썼다면 '믿음과 신뢰'가 말한 "디자인 회의에서 저는 그냥 모든 연결을 암호화만 하면 웹 서비스 사용자들에게 필요한 대부분의 보안을 제공할 수 있다고 말했습니다."에서 문제가 되는 문구는 '그냥 모든 연결을 암호화'였다는 걸 눈치챌 수 있었을 겁니다.

당신이 말한 시나리오는 딱히 과장된 경우가 아닌 것 같습니다만, 어쨌든 '믿음과 신뢰'가 제안한 '모든 연결을 암호화'하는 방법으로는 문제를 해결할 수 없습니다. 일단 사용자가 사악한 ISP 스니핑에 당하지 않고 음악을 얻더라도, 그들은 여전히 그들 스스로 음악을 주변에 나눌 수 있습니다. 설령 사악한 네트워크 관리자가 스스로 회원 가입하고, 음악을 좋아하는 10명의 친구들을 꼬드겨서 계정을 공유하는 등의 방법으로 스스로 대폭 할인 정책을 취할 수도 있을 겁니다. 따라서 '믿음과 신뢰'에 정말로 필요한 것은 디지털 권한 관리(DRM, Digital Rights Management)일 겁니다.

왜 이런 식으로 부르냐면 이쪽 업계 변호사랑 마케팅 사람들이 그렇게 정해 버렸기 때문입니다. 그렇지 않았다면 셰익스피어의 헨리 6세라고 불렸을 텐데 말이죠. '믿음과 신뢰'가 깨닫지 못한 사실은 수익 손실의 가장 큰 위협은 ISP 네트워크 관리자가 할 수 있는 것처럼 소수의 사람들만이 할 수 있는 네트워크 기술을 악용하는 것에 있는 게 아니라 음악의 배포와 수신 지점에 존재한다는 겁니다. 당신을 위해 일하던 누군가가 당신의 가치 있는 정보에 손대는 것이 네트워크 패킷을 하나 하나 뒤적여 보는 사람이 일으킬 수 있는 훨씬 더 현실적인 위협입니다.

컴퓨터가 데이터를 완벽하게 복제할 수 있었던 시점부터 첫 단추를 이런 식으로 끼운 채 디자인해 온 결과, 수익 손실을 막기 위해 시스템 한 쪽 끝에서 다른 쪽 끝까지 데이터 자체를 보호해야만 하게 되었습니다.

사람들은 대개 시스템의 시작과 끝 양쪽의 디자인을 고려하지 않고 한 부분만을 '그냥' 수정하려 들곤 합니다.

KV

우린 전산화된 개인 데이터를 무기급 플루토늄처럼 취급해야 합니다. 이것은 위험하고, 오래 잔류하며, 한번 밖으로 유출되면 돌이킬 수 없습니다.

– 코리 닥터로

인증과 암호화의 차이를 정확히 알게 되었으니 우리는 이제 적절한 인증 사용에 주의를 돌릴 수 있습니다. 이 편지의 원본을 쓴 사람이 그들의 인증 시스템에서 처음으로 시도한 일을 우리가 지금 시점에서 돌이켜보면 그건 제정신인 사람은 생각도 못할 방법입니다. 지금은 우리 모두가 그때보단 더 잘 알고 있겠죠.

조금 더 높은 수준에서 인증 시스템을 구축하고 작성하는 것에 있어서는 이 편지의 문제 외에도 많은 문제가 남아 있습니다. 질문의 중요한 키 중 하나는 지속성입니다. 얼마나 오랜 시간 동안 인증된 세션이 유지될 것인지, 그리고 특정 세션의 타임아웃을 연장하려면 어떻게 해야 하는지 같은 것들입니다.

이 질문에 대한 답변은 은행 애플리케이션에서 몇 분이 지나면 세션을 종료하도록 하는 것부터 슬랙(Slack) 같은 채팅 시스템 또는 페이스북(Facebook) 같은 고양이 관찰 웹 사이트에서 영원히 보이도록 하는 범위까지 다양합니다. 은행은 기본적으로 거절하는 정책을 택하는데, 이는 그들의 고객을 지키는 게 아니라 은행의 잠재적 손실을 예방하기 위해서입니다. 일을 올바르게 처리하도록 또 다시 소송을 시작하는 거라는 걸 보여 줄 때가 된 것 같습니다. 은행 애플리케이션이 아니라면 여러분은 어떤 식으로 적절한 세션의 타임아웃을 정할 건가요? 이런 결정을 쉽게 내릴 수 있도록 돕는 알고리즘이 있을까요? 네, 좀 꾸민다고 빙 둘러 말했습니다.

세션 타임아웃을 선택하는 건 공격자가 시스템의 유효한 사용자와 동일한 권한을 얻게 되는 위험을 줄일 수 있는 방법입니다. 만약 발생 가능한 위협이 공격자가 고양이 사진처럼 읽기만 가능하고 공개된, 별로 위협적이지 않은 데이터에 접근하는 것에 불과하다면 세션 타임아웃은 제법 유효한 전략이 될 겁니다. 온라인 신문사의 첫 페이지 같은 것을 예로 들 수 있을 겁니다. 요즘은 대부분 돈을 지불해야 전체 기사에 접근할 수 있는 식인데, 1면은 공개로 열어 둡니다. 그러지 않고서 새로운 독자들을 끌어올 다른 방법이 있을까요? 이런 시스템에선 공짜 뉴스 지면이 존재하는 이상, 세션 만료까지 시간이 길거나 세션 만료가 전혀 없을 수도 있습니다. 일단 결제를 하고 난 이후에는 당연히 세션에 타임아웃이 있어야 합니다. 그렇지 않다면 공격자가 영원히 사용 가능한 토큰을 이용해 결제를 하지 않고도 영원히 유료 정보에 지속적으로 접근할 수 있을 겁니다. 무기한 토큰을 쓸 만한 곳은 레딧(reddit), 에잇챈(8chan) 같은 글쓰기가 가능한 시스템으로, 모든 사용자들이 누가 했는지 검색하는 곳일 겁니다. 이제 우리는 세션 타임아웃의 필요성을 알게 되었습니다. 그렇다면 이걸 얼마나 길게 해야 할까요? 사람들은 어떤 빈도로 뉴스를 확인할까요? 아마도 뉴스 사이트의 타임아웃은 몇 시간 정도일 겁니다. 어쩌면 누군가는 하루 간격으로 확인할 수도 있는데, 그러면 세션 타임아웃을 거의 하루 정도로 늘려야 할 겁니다. 그렇지 않으면 해당 사용자는 마치 매일 일간지를 사서 봐야 하는 것처럼 매일 같이 로그인을 해야 할 겁니다. 이런 결정은 마케팅 부서와 같은 다른 조직들과 함께 해결해야 하지만 저는 여기서 그 사람들과 어떻게 이 문제를 다뤄야 하는지까지는 고민하지 않을 겁니다.

가급적 짧은 타임아웃이 최고일 거라는 생각에 우리는 이 유혹에 쉽게 끌리곤 하지만, 실제로 그렇게 들어맞지는 않습니다. 특히 세션 타임아웃으로 만료된 사용자에게 비밀번호를 다시 입력하라는 경우가 그렇습니다. 사용자가 비밀번호를 자주 입력하게 될수록 그들은 포스트잇에 그 암호를 써서 책상 어딘가에 붙일 가능성이 높아지죠. 이게 농담이면 좋겠지만 농담이 아닙니다. 인류는 비밀번호 암호문, 심지어는 랜들 먼로가 이런 경우에 도움이 되도록 제시한 조언(https://xkcd.com/936/)도 기억하지 못하는 치명적인 기억력을 갖고 있습니다. 지문 인식 기술과 얼굴 인식 기술 시스템의 발달로 휴대폰, 태블릿, 노트북에서 비밀번호 관련 문제가 줄어들긴 했으나 여전히 종식되진 않았습니다. 여러분이 알고 있는 수단 대신 여러분이 갖고 있는 것들로 변경한다면 세션 만료시간을 안전하게 만들 수 있습니다. 그렇지만 저는 비밀번호를 사용하지 않는 웹사이트, 은행, 또는 그 어떤 서비스도 본 적이 없습니다. 거기에 생체 인식 옵션이 있더라도 말이죠.

이쯤하고 편지의 내용으로 돌아오면, 이번 편지는 세션 타임아웃에 대한 이야기가 아닙니다. 그렇지만 답신을 읽어 본다면 세션 만료시간과 관련된 질문은 더 이상 여러분에겐 문제가 되지 않을 겁니다.

친애하는 KV,

저는 비교적 새로운 사내 인트라넷 웹 사이트의 새로운 웹 마스터입니다. 최근에 제가 사용자 인증과 관련된 내용을 구현(*.asp 페이지로 SQL 서버랑 연결되고 사용자 계정과 비밀번호를 입력하는 페이지)하다가 깨달은 사실은, 일부 사용자들이 특정 웹 페이지의 긴 URL을 치고 들어가면(홈페이지에서 로그인을 안 하고도) 아무런 인증 없이(SQL 데이터베이스에 기록된 로그인 계정 정보가 없어도) 접근할 수 있다는 사실입니다. 이런 상황에서 웹 서버에서 모든 웹 접근을 확인하고 기록하기 위해서는 어떤 해법을 택해야 하는 걸까요?

뉴비 웹 마스터

친애하는 뉴비 씨,

당신은 저에게서 매우 깊은 유감을 끌어내는 데 성공했습니다. 전에 제가 언급했던 내용입니다만, 우리 존재에게서 가장 고통스러운 부분일 겁니다. 그 비열한 놈들은 로그인 시스템에 전혀 신경 쓰지 않고 원하는 데이터를 얻기 위해 매번 당신의 시스템을 돌아다닐 겁니다. 자, 말 안 듣는 사용자들을 다루는 방법에는 여러 가지가 있지만 아쉽게도 여기선 합법적인 것밖에 언급할 수 없습니다. 불법적인 방법은 아니라도, 저를 믿어주세요. 이 편이 훨씬 더 즐거울 겁니다.

기분 나빠하지 않고 들었으면 좋겠습니다만, 당신이 묘사한 대로라면 당신은 사용자나 당신에게 더 이상 필요하지 않은 인증 시스템을 만든 것 같습니다. 사용자는 당신이 만든 로그인 페이지 말고도 어디든 갈 수 있어야 합니다. 따라서 당신이 작성한 코드는 정말 아무런 의미도, 가치도 없는 코드이며 이건 정말 부끄러운 일입니다. 문제 해결에 앞서 당신의 사고 방식부터 바꿔야 합니다.

현재 인증 시스템을 사용하는 것은 자발적이어서 사용자가 볼 수 있는 각 페이지에서 인증을 시행하지 않기 때문에 쉽게 우회할 수 있습니다. 편지에 등장하는 당신의 시스템은 인증 시스템이 가져야 하는 다음과 같은 필수 기능들이 결여된 듯합니다.

- 인증된 사용자에게 권한을 제공하는 기능. 가령, 읽기, 수정 또는 페이지 생성?
- 사용자가 시스템에 인증되었음을 증명하는 방법.
- 사용자와 시스템이 사용자가 누구인지 서로 소통하고 동의하는 방식.

당신은 웹 페이지로 구성된 시스템을 보유하고 있고, 그중 가치 있는 정보가 있다면 당신은 그것들을 보호하려 했을 겁니다. 그런데 이 페이지들이 링크 주소를 알고 있거나 추측할 수 있는 사람들의 접근으로부터 안전하지 않다고요?! 이건 명백한 잘못입니다. 만약 보호하고자 하는 정보가 있다면 당신은 그걸 보호해야만 합니다. 그러기 위한 한 가지 방법은 앞의 목록에 포함된 기능으로, 사용자가 로그인 시스템에게 자신의 신원을 증명한 후 페이지에 접근할 때마다 해당 정보가 인증되었는지를 먼저 증명하고 내용을 볼 수 있는 권한을 가져가는 것입니다.

사용자들은 어떻게 자신의 권한을 증명할 수 있을까요? 그러려면 사용자는 먼저 로그인 시스템에 스스로가 누군지를 밝혀야 할 겁니다. 당신의 경우에는 당신이 만든 웹 페이지에서 데이터베이스의 사용자 계정과 비밀번호로 확인할 수 있습니다.

잠시 더 말하자면, 비밀번호는 평문이 아닌 해시 처리해서 입력하고 있기를 빕니다. 해시는 암호를 고유한 방법으로 파괴하므로 암호가 foo인 경우에는 해시 결괏값은 언제나 숫자 5가 될 수 있습니다. 숫자 5만으로는 진짜 암호인 foo를 알아낼 수 없지만 foo를 해시 처리하면 결과는 언제나 5가 됩니다. 이런 식으로 비밀번호를 식별할 수 있고 비밀번호 비교는 해시 처리된 값을 비교하면 됩니다. 단, 평문 foo는 한 번도 저장된 적이 없어야 합니다. 데이터베이스에 사용자 계정과 비밀번호 쌍을 평문으로 저장하는 건 심각한 취약점이며, 이런 종류의 버그는 KV가 프로그래머의 다진 고기(hash)를 담을 커다란 솥을 하나 만들고 싶어 하게 만드는 주제입니다.

이제 사용자가 누구인지는 사용자 계정과 비밀번호 입력으로 입증했습니다. 그렇다면 세 번째 사항은 어떻게 만족시킬 수 있을까요? 사용자가 사용자 계정과 비밀번호를 당신의 시스템에 제공했는데, 그래서 어쩌라고요? 진짜 문제는 당신이 만든 로그인 페이지가 아니라 다른 페이지들은 스스로 보호하지 못한다는 점입니다. 만약 당신이 해당 페이지들이 스스로 사용자 인증을 하게 하려고 한다면, 웹 서버로 보내지는 각 리퀘스트는 사용자가 인증되었다는 정보의 일부를 지속적으로 전달해야 합니다. 만약 서버가 인증된 사용자인지 리퀘스트를 확인하지 않는다면, 인증 시스템이 존재해 봤자 아무런 의미가 없게 됩니다. 사용자가 시스템에게 뭘 제공해야 할까요?

웹의 세상에서 사용자와, 아니 정확히 말하자면 사용자의 브라우저와 서버 사이를 오가는 데이터는 주로 쿠키로 주고받습니다. 쿠키는 서버가 사용자 브라우저에 저장해 두는 일종의 데이터 셋입니다. 사용자가 특정 도메인을 브라우징할 경우, 서버는 쿠키를 통해 필요한 정보를 가져갑니다. 인증 시스템에서 서버는 사용자의 브라우저에 쿠키를 설정해야 하며, 이 쿠키는 이후 시스템에 대한 모든 액세스마다 사용자에게 시스템 사용 권한이 있는지 확인하는 데 쓰여야 합니다.

쿠키 안에는 어떤 데이터가 존재하는 걸까요? 대부분은 당신, 바로 시스템을 관리하는 사람이 추적하고자 하는 정보가 무엇인지에 따라 달라집니다. 그렇지만 시스템이 악용되는 것을 막기 위해 반드시 두 가지 사항을 명심해야 합니다. 하나는 쿠키는 전자 서명되어야 한다는 것입니다. 전자 서명은 사용자가 접근해서는 안 되는 권한을 얻기 위해 쿠키를 조작하는 것을 방지할 수 있습니다. 누군가가 당신의 쿠키의 포맷을 알아냈는데 그게 전자 서명도 안 되어 있다면, 그 누군가는 손쉽게 그만의 쿠키를 만들어서 서버에게 제공해 인증 시스템을 기만할 수 있을 겁니다. 두 번째 필수사항은 쿠키도 타임아웃이 존재해야 한다는 것입니다. 오래된 쿠키는 더 이상 유효하지 않으며 반드시 갱신되어야 합니다. 무기한 인증 쿠키는 만료의 우려도 없으니 매우 가치 있는 탈취 대상이 됩니다. 타임아웃을 정하면서 동시에 균형도 유지해야 합니다. 당신의 사용자는 그들의 인증 토큰이 가능한 한 길게 유지되길 원할 것이며, 어쩌면 수개월 동안 유지되길 원할 수도 있습니다. 반면에 시스템을 관리하는 당신은 짧은 편을 선호할 것이며 어쩌면 한 시간이길 원할 수도 있습니다. 타협 가능한 수준에서 파시스트 같은 수준 사이의 타임아웃 절충안을 찾는 것은 이 글의 범위를 벗어나는 것인 데다가 당신이 하고자 하는 방법을 관리 조직이 얼마나 지지하느냐에 따라 달라집니다. 저는 사용자가 시스템에서 정보를 유출하고 외부로 반출할 경우 경영진이 얼마나 많은 돈을 잃을지 상기시켜 주는 것이 짧은 기간의 타임아웃을 구현하는 데 매우 효과적이라는 걸 알게 되었습니다. 경영진에게 손실이란, KV가 술 진열장의 열쇠를 잃어버리는 것만큼 끔찍한 일입니다.

그래서 이제 당신은 인증 시스템이 어떤 모형인지 알게 되었습니다. 인증 시스템은 사용자가 내킬 때 로그인한 이력을 남기는 그런 유형의 시스템이 아닌 겁니다. 사용자는 로그인하고 전자 서명되고 유효기간이 있는 쿠키를 통해 임의의 장난질을 방지합니다. 쿠키를 이용해야만 특정 페이지를 읽을 수 있어야 합니다. 이런 인증 체계를 구현하는 방법은 이 외에도 많습니다. 그렇지만 일반적인 외형은 이러하며, 인터넷에는 아주 다양한 예제들이 존재합니다. 그들 중 하나를 골라 문제를 고치세요!

KV

# 3.10 크로스 사이트 스크립트

완벽한 보안이란 없습니다. 단지 다양한 수준의 위험이 있을 뿐입니다.

— 살만 루시디

이번 장을 만들 때 제가 짊어졌던 고통은 동일한 질문이 계속 반복되는 것을 마주하는 것이었습니다. 조언은 단순하고 직접적이었음에도 문제는 거의 줄어들지 않고 계속되었습니다. 이번 답신은 적어도 십 년 정도 전에 쓴 크로스 사이트 스크립팅(CSS, Cross Site Scripting) 글로, 검색 창에 해당 단어를 입력해 보길 바랍니다. 만약 그보다 더한 재미를 찾는다면 MITRE의 CVE[31]검색(https://cve.mitre.org/cve/search_cve_list.html)을 함께 보세요. 저는 여기서 조회했던 341건의 문제들이 전혀 줄어들지 않고 오히려 늘어난다는 점과 그중 4건이 올해 1월부터 몇 달 사이에 발생했다는 것을 알게 되었습니다.

크로스 사이트 스크립팅 취약성은 거의 다 입력에 대한 검증 무시 또는 과도한 아키텍처의 결과입니다. 이 경우에 CSS는 증상 중 일부에 불과합니다. 저는 20년 넘게 전 세계적인 인터넷을 두고 코드를 개발하는 코더[Koder]들이 여전히 사용자 입력 검증을 실패하는 게 놀라울 따름입니다. 그렇지만 아직까지도 화장실을 이용하고 나서 손을 안 씻는 사람이 많은 걸 보면, 어쩌면 사람이라는 게 본래 배우지를 못하나 봅니다.

입력의 유효성 검사 메타 문제는 사용자 입력을 처리할 때 시스템 디자인에서 세 가지 중요한 점을 제공합니다.

- 입력을 실행하는 영역에 사용자 입력을 그대로 전달하지 마세요.
- 모든 사용자 입력은 알려진 양호한 패턴과 일치시키세요.
- 당신이 사용하는 언어에 내재된 위생 절차를 준수하세요.

---

31. 역주 Common Vulnerabilities and Exposures. 공개적으로 알려진 소프트웨어 보안취약점.

모든 언어는 좋든 나쁘든(사실 대부분 나쁘지만) 시스템을 호출해 작업을 실행할 수 있습니다. 가령, 파일을 삭제하거나 권한을 변경하거나 다른 프로그램을 시작하는 것 등등을 예로 들 수 있습니다. 이러한 관용구들은 일반적으로 C 라이브러리의 system() 루틴 같은 것에서 찾아볼 수 있지만, Python, PHP, Go, Rust 등 거의 모든 언어에도 존재합니다. 이런 동작들은 사용자 입력을 안 쓰는 게 최선이며, 그 다음인 차선책은 이런 관용구를 사용할 수 없게 만드는 겁니다. 이런 관용구들의 문제는 너무 일반적이라 정적 분석기가 여러분의 코드를 확인해 보면 무언가 찾아냈다며 비명 지르듯 커다란 경고들을 토해낼 겁니다.

이걸로 우리는 사용자 입력이 system() 루틴을 건드리는 문제는 해결했고, 이제는 어떻게 사용자들이 적절한 입력을 하게 할 것인지 생각해 보겠습니다. 모든 사용자 입력이 항상 예측 가능한 건 아니지만, 때로는 이미 정해진 답변들과 같이 몇 가지 유형의 응답에만 관심이 있는 경우가 있습니다. 이런 상황에서 우리가 운이 좋다면, 우리 시스템 내부에 사전 정의된 목록을 만들어 목록에 부합하지 않는다면 허락하지 않는 방법이 있습니다. Postel이 작성한 초기 인터넷 프로그래밍 지혜가 가득한 문서를 다시 살펴보면, 우리는 우리가 받아들일 것에는 보수적인 태도를 취해야 합니다.

마지막으로 세 번째 경우는 사용자 입력이 제멋대로인 경우인데, 이번 편지와 답신에서 이를 다루고 있습니다.

친애하는 KV,

지금까지 당신의 칼럼을 읽어 보니 당신이 보통 C나 C++를 사용하는 시스템 똥통에서 시간을 보낸다는 걸 알겠습니다만, 조금 떨어져서 비트 단위의 저수준이 아니라 바이트 단위의 세계인 PHP 언어에서 겪는 문제에 대해서도 도움을 줄 수 있는지 궁금합니다. 제가 일하는 곳의 대부분의 시스템은 PHP로 이뤄진 웹 사이트들인데, 제 생각엔 당신은 이것도 이미 다뤄 봤을 거 같습니다. 제 최근의 프로젝트는 상거래 사이트로 사용자 댓글을 지원합니다. 사용자들은 사이트에 상품이나 판매자를 대상으로 한 리뷰를 제출할 수 있습니다. 그런데 우리 QA 팀이 계속 XSS 공격인 크로스 사이트 스크립트가 가능하다고 불평하고 있습니다. 우리 테스터들에게는 이런 걸 찾아내는 특수 능력이 있는 것 같습니다. 그래서 당신에게 묻고 싶습니다. 첫째, 크로스 사이트 스크립트는 왜 문제가 되며, 둘째, 이런 버그를 제 코드에서 피하려면 어떻게 해야 하는 건가요? 마지막으로, 크로스 사이트 스크립트의 약자면 CSS지 왜 XSS라고 부르는 거죠?

웹 틈새 공격 (Cross with Scripted Sites)


친애하는 CSS 씨,

먼저 하나 분명히 하고 넘어가야 할 게 보이네요. 제가 C와 C++로 많은 시간을 보내왔지만 '똥통'이란 표현은 쓰지 않았으면 합니다. 그러지 않아도 제 직업은 이미 충분히 비참하니 문자 그대로 똥통과 관련된 이미지가 더해질 필요가 없습니다.

제일 쉬운 마지막 질문부터 답변해 보도록 하겠습니다. 크로스 사이트 스크립트 약어가 XSS인 이유는 제가 코드를 코드$^{Kode}$라고 치는 거랑 같은 이유입니다. 프로그래머와 엔지니어들은 자신들이 영리하다고 생각합니다. 그래서 그런 '영리한 나'에게 도취한 채 언어를 비틀어 사물의 이름을 바꾸는 걸 좋아합니다. 가능하다면 모든 용어를 자신만이 아는 약어로 바꾸기도 합니다. 이건 우리 같은 이들이 혼자 일하도록 냅둬서 생긴 부작용이기도 합니다만, 요즘엔 이런 짓을 시도하면 저보다 학식 있는 친구들이 횃불과 쇠스랑을 들고 저를 쫓아온답니다.

다시 원래 주제로 돌아와 남은 심각한 질문들에 대해 이야기해 보겠습니다. 크로스 사이트 스크립트는 JavaScript를 사이트에 주입해서 해당 스크립트 코드를 사용자에게 보낼 수 있는 걸 말합니다. 실제로 크로스 사이트 스크립트 공격으로 인한 수많은 리스크가 있는데, JavaScript 코드는 다양한 종류의 악의적인 행위가 가능하기 때문입니다. 예를 들면, 코드를 이용해 HTML을 의도한 것과 완전히 다르게 보이게 할 수도 있고, 당신은 원치 않겠지만 누군가가 사용자가 제출한 리뷰의 내용을 덮어쓰는 일 같은 것도 할 수 있게 됩니다. 또 다른 예시로, 악의적인 코드를 이용하면 사용자 쿠키도 얼마든지 탈취가 가능합니다. 쿠키는 때론 웹 사이트의 사용자 식별을 위해 쓰이기도 합니다. 만약 공격자가 사용자의 쿠키를 빼앗으면 그들은 사용자로 위장할 수도 있고 어쩌면 계정을 탈취할 수도 있습니다. 사이트가 이런 식으로 쿠키를 사용한다면 이건 매우 큰 리스크가 됩니다. 그러니 당신은 QA가 왜 안절부절 못하는지 이해해야 하고, 솔직히 말하자면 저는 그들이 당신에게 이게 얼마나 심각한 문제인지를 설득하려 들지 않았다는 게 더 의아합니다. 어쩌면 그들은 당신이 이미 그걸 더 잘 알고 있다고 생각했는지도 모르겠네요.

크로스 사이트 스크립트와 관련된 버그들을 돌이켜보면 항상 적절한 입력 검증이 안 되었던 게 문제였습니다. 당신은 과거의 칼럼도 읽어 본 것 같으니, 제가 사용자들을 믿지 않는다는 걸 알고 있을 겁니다. 그들을 믿지 마세요. 웹 사이트를 디자인할 때는 수백만의 잠재적 사용자들 중 일부가 당신의 사이트를 공격하리라는 사실을 받아들여야 합니다. 이게 세상의 이치입니다. 세상에는 그냥 이유 없이 얼간이인 사람들도 있는데, 이 말은 우리가 정상적인 사용자뿐만 아니라 얼간이들도 고려해야 한다는 걸 의미합니다.

사용자 리뷰를 다룰 때는 사용자가 단순한 평문 텍스트로 '우와, 판매자가 좋네요, 제가 주문한 상품들을 모두 24시간 내에 받아서 다음번에 또 이용해야겠어요!'와 같은 것뿐만 아니라 HTML ⟨b⟩⟨font color='red'⟩우와⟨/font⟩⟨/b⟩처럼 굵은 폰트에 빨간색 글씨라든가 춤추는 GIF 같은 게 요구되기도 합니다. 어쩌면 마케팅 부서 사람들은 프로젝트에 어리석은 기능을 추가할수록 돈을 더 받는 게 아닐까 생각이 들기도 합니다. 저는 마케팅 담당자가 아니라서 버튼 20개가 버튼 10개보다 더 낫다고 생각합니다. 저는 이런 유형의 사람들과 그들을 위해 마련된 지옥을 단테가 글로 남겼다고 생각합니다. 앞에 있는 문제는 HTML 중 지정된 일부(굵은 글씨, 밑줄 및 색상 처리)만 통과시키고 다른 것은 허용하지 않는 방법입니다. 당신이 찾고 있는 접근 방식은 화이트리스트를 이용하는 방식이며, 의사 코드로 이러한 태그만 허용하도록 문자열을 정리하는 함수는 다음과 비슷한 형태로 만들 수 있습니다.

```
//
// 함수: string_clean
// 입력: 가공되지 않은 문자열
// 출력: 대문자와 소문자, 숫자, 단순 구두점(. , ! ?)들과 일부(볼드, 이탤릭, 밑줄)
//       HTML 태그만을 허용합니다.

string string_clean(string dirty_string)
{
    string return_string = "";

    array html_white_list = ['<b>', // 볼드
                             '<i>', // 이탤릭
                             '<u>']; // 밑줄

    array punctuation_white_list = ['.', ',', '!', '?']

    for (i = 0, i < len(dirty_string), i++) {
        if (isalpha(dirty_string[i])) {
            return_string += dirty_string[i];
            continue;
        } else if (isnumber(dirty_string[i])) {
            return_string += dirty_string[i];
            continue;
        } else {
            if (dirty_string[i] is in $punctuation_white_list) {
                return_string += dirty_string[i];
                continue;
            } else if (dirty_string[i] == '<') {
                $tag = substring(dirty_string, i, i + 2);
                if ($tag in $html_white_list) {
                    return_string += $tag;
                } else {
```

```
                return_string += ' ';
                i += 2;
            }
        }
    }
    return_string += ' ';
}
return return_string;
}
```

string_clean 함수에는 제가 강조하는 몇 가지 기능이 있습니다. 첫 번째는 당신보다 더 엄격한 규칙을 정의해서 운이 좋다면 마케팅 조직의 무리한 요구를 피할 수 있습니다. 허가되는 문자열은 영문 대문자, 소문자, 0부터 9까지의 숫자, 그리고 네 종류의 구두점들(마침표, 쉼표, 물음표, 느낌표)이며, 괄호나 꺽쇠는 허용하지 않습니다. 그리고 HTML 구문에서 볼드 〈b〉, 이탤릭 〈i〉, 밑줄 〈u〉만 허용합니다. 이 함수에는 화이트리스트가 구현되어 있어서, 허용하는 문자열이면 반환되는 문자열에 더해집니다. 대부분의 문자열을 정리하는 기능들은 허용하지 않는 것들로 구성된 블랙리스트를 구현하는 식으로 문제에 접근합니다. 블랙리스트와 화이트리스트는 '잘못된 입력'의 편지에서 이미 다뤘어서 같은 이야기를 다시 하고 싶진 않습니다. 효율 관점에서 가장 흔한 경우인 문자부터, 그 다음으로 흔한 숫자, 그리고 덜 흔한 경우인 구두점, 마지막으로 태그를 검사합니다. 제가 이러한 순서를 택한 이유는 코드가 가장 흔한 경우부터 빠르게 루프를 돌아서 가능한 한 가장 좋은 성능을 발휘하게 하려 했기 때문입니다. 여기서 기본 동작이 입력된 문자의 대소문자 여부를 무시하고 단순하게 반환 문자에 스페이스를 더하는 것이라는 걸 알 수 있을 겁니다. 문자열을 더하는 것을 통해 어디서 옳지 못한 텍스트가 발생하는지 알 수 있고, 단순하게 위협이 되는 문자를 제거함으로써 공격이 될 수 있는 상황을 매우 쉽게 피할 수 있습니다.

물론 이것은 필터링 기능에 대한 간단한 첫 번째 시도일 뿐이며, 당신의 환경에 맞춰 조정해야 합니다. 그렇지만 이게 당신의 방향성에 도움이 되면 좋겠습니다. 이러한 공격으로부터 보호하기 위해 그러한 기능을 코딩해야 할 뿐만 아니라 팀의 모든 사람이 사용자 입력의 모든 경우에 이것을 사용해야 합니다. 저는 여태껏 적절한 필터링 기능이 있는 수많은 라이브러리를 목격해 왔지만, 제품을 다루는 엔지니어들은 그들이 직접 입력을 처리하는 데 더 능숙하다고 생각했는지 아니면 단순히 그것을 무시했는지 어떤 이유에선지 모르겠지만 이런 것들을 잘 쓰지 않습니다. 저는 그런 사람들에게 조언을 하나 하려고 합니다. 그러지 마세요. 특정 입력에 특수 기능이 필요한 경우 기능을 확장하거나 일관성 있게 사용할 수 있는 새 기능을 만드세요. 그게 장기적으로 봤을 때 많은 시간 낭비와 두통을 줄여 줄 겁니다.

KV

# 3.11 피싱(phishing)과 감염

인터넷에서 암호화를 사용하는 건 신용카드 정보를 방탄차에 실어 공원 벤치에서 박스를 뒤집어쓰고 사는 사람한테 배달하는 것과 같다.

– 진 스패퍼드

피싱은 아마도 기술적 수단을 사용하여 보호해야 하는 공격 중 가장 기술적인 공격일 겁니다. 왜냐하면 피싱은 실제로 사람과 사람 사이에서 벌어지는 사기에 가깝기 때문입니다. 피싱은 코드에 대한 공격이라기보다는 키보드와 의자 사이에 앉아 있는 컴포넌트에 대한 공격인 겁니다.

두 사람이 있었고, 한 사람은 정직하지 않은 수단으로 다른 사람에게서 무언가를 얻고 싶어 했으며, 이런 식으로 사람들은 서로에게서 사기를 배워 왔습니다. 피싱은 전 세계와 연결된 컴퓨터 시스템을 이용해 사람을 속이는 행위로, 공격자와 피해자가 실제 세계에서 만날 필요가 없기 때문에 공격의 범위는 더 확대되고 실제로 잡힐 위험은 적습니다.

기술적으로는 피싱을 어렵게 하려는 시도들이 많았습니다. 가령, 이메일에 전자 서명을 도입한다거나, 웹 브라우저가 알려진 '나쁜' 사이트를 차단한다거나, 주소 막대의 색상을 다르게 한다거나, 제대로 암호화된 세션을 보유한 경우에는 자물쇠를 보여준다거나, 그 외에도 여러 가지 것들이 있습니다. 그렇지만 그 어떤 것도 피싱을 시도하는 사람이 다른 사람을 속이는 것을 막는 데 크게 효과를 거두지는 못했습니다.

피싱이 인간의 노력의 산물이듯, 해결도 인간이 노력해야만 할 수 있습니다. 이번 편지와 답신에서는, 우리가 피싱을 시도하는 이들의 삶을 조금 더 어렵게 만들 수 있는 방법을 볼 겁니다.

피싱이 뉴스에 등장한 지도 벌써 십여 년이 지났지만 세계화로 인해 피싱에 대한 너무 많은 생생한 '교육'이 있어서 사람들은 자연스럽게 의심이 더 많아졌을 겁니다. 그러나 이것은 KV의 경험과는 다릅니다. 사람들이 조금 더 자연스럽게 의심을 많이 하게 되었어도 모두가 그런 건 아닙니다. 저는 종종 저희 어머니의 이야기를 하는데, 어머니는 컴퓨터랑은 담을 쌓고 살아서 그런지 이메일을 이런 식으로 다룹니다.

> KV: 새로운 컴퓨터를 한 대 사드릴까 하는데요.
> 엄마: 내 건 하나도 문제없단다, 멀쩡해.
> KV: 그렇겠지만 바이러스가 한가득일 걸요.
> 엄마: 그건 걱정 말려무나.
> KV: 왜요?
> 엄마: 나는 인터넷에서 아무 사이트나 가진 않고, 모르는 사람이 이메일 보내면 열어보지도
>      않고 바로 지운단다. 그리고 휴지통도 바로 비우고.
> KV: …

제가 이 대화를 자주 회상하는 이유는, 기술직에서 만난 사람들의 절반이 이와 같이 올바른 태도를 취했다면 피싱을 경험할 일은 없었을 것이기 때문입니다. 피싱을 피하는 데에는 기술적인 노하우가 필요한 게 아닙니다. 이건 그냥 어린 시절부터 가족들과 공유해 온 의심하는 습관일 뿐입니다. 편집증적인 가정에서 자라지 않고서 어떻게 이런 종류의 생각을 가질 수 있을까요? 아마도 우린 잭 리퍼 장군의 불멸의 명언에서 무언가 배울 수 있을지도 모릅니다.

> 대원들은 철통 같은 경계를 해야 한다. 소규모 공격이든 대규모든 아군으로 가장하여 공격
> 하든 그들의 침입을 저지해야 하고 기지 안으로 들어오지 못하도록 하라. 간단한 규칙 3가
> 지를 하달하겠다. 첫째, 군복, 지위를 막론하고 아무도 믿지 말 것. 낯선 자는 그 누구도 말
> 이다. 둘째, 그 누구든 경계선 2000야드 내 접근자는 사격한다. 셋째, 의심스럽다면 일단 사
> 격한다. 질문은 나중이다. 개인의 부주의로 기지 전체가 점령되는 것보단 사고로 몇 명 잃
> 는 편이 내가 더 받아들이기 쉽다.

즉, 피싱을 예방하려면 다음 두 가지 중요한 사항을 사람들에게 가르쳐 줘야 합니다.

- **아무도 믿지 말 것, 개인적으로 아는 사람일지라도.** 만약 무언가를 해달라고 요청받게 되다면, 꼭 다른 수단을 이용해 당사자에게 확인해 보세요. 예를 들면, 이메일이나 전화를 통해 재확인을 하라는 겁니다.
- **일단 사격하고 질문은 나중에.** 이메일을 통한 연락에서 이 말은 피싱으로 의심되는 이메일이 있다면 일단 삭제할 것을 의미합니다. 이건 정말 중요합니다. 그리고 효과적이

기까지 합니다. 만약 정말 중요한 일이라면 그 사람이 다시 연락하려 들 것이고, 혹시라도 잘못 지운 게 아닐까 걱정스럽다면, 그 사람에게 다른 수단을 통해 연락해서 확인하면 됩니다.

제 답신에서 다루지 않은 한 가지 주제는 어리석은 비밀번호 복구 질문입니다. KV는 2020년에 여전히 온라인에서 쉽게 획득 가능한 개인정보를 비밀번호 복구 질문으로 사용하는 시스템이 존재한다는 것에 당혹감을 감출 수가 없습니다. 이를테면, 어머니의 처녀적 이름이나 거주지 같은 것 말입니다. 보안 업계에 종사하는 동료는 비밀번호 복구 질문으로 '당신 삶의 철학은 어떻게 됩니까?'와 같은, 위트 있고 본인만 기억할 수 있는 질문을 작성해서 공격자가 고객 센터의 상담사에게 연락해도 계정을 탈취하기 힘들게 합니다. 물론, 비밀번호를 'password'라고 하는 사람들의 숫자가 울적할 정도로 계속 늘어왔고, 이런 상황은 아무에게도 도움이 되지 않지만, 우리처럼 실제로 온라인 보안을 신경 쓰는 사람들에게는 유용할 수도 있습니다.

만약 우리가 어떻게든 사람들의 머릿속에 이러한 생각을 심어줄 수 있다면, 피싱과 관련된 문제는 급격하게 감소할 것입니다. 그렇지만 그날이 오기까지 우리는 아무래도 URL에 색상을 입히고 커다란 경고 창을 띄우는 게 최선일 것 같습니다.

친애하는 KV,

당신이 얼마 전에 크로스 사이트 스크립트에 대해서 다룬 것을 봤습니다. 만약 당신이라면 피싱과 같은 다른 종류의 웹 문제에 대해서는 어떻게 조언을 해줄 수 있는지 궁금해졌습니다. 저는 큰 금융 기관에서 일합니다. 우리가 새로운 서비스를 출시할 때마다 보안 팀이 내려와서 신규 서비스 점검 항목을 바탕으로 로그인 페이지가 다르게 생겼다거나 우리 사용자가 사용하는 입력 양식이 정보를 피싱하기 쉽다는 등의 내용을 점검합니다. 사용자들이 피싱을 당하지 않기를 바라는 것도 아니고 이 문제를 심각하게 받아들이고는 있습니다만, 한편으로 저는 이게 기술적인 문제는 아니라고 생각합니다. 그저 우리 사용자들이 바보라서 우리 페이지 일부를 흉내낸 누군가에게 그들의 정보를 넘기는 거라고 봅니다. 그러니깐 제 말은, URL만 봐도 사기라는 걸 알 수 있지 않냐는 겁니다.

핑- 좌절

친애하는 좌절 씨,

아, 맞습니다. 당신 사용자들은 바보예요. 그들은 그저 누군가 로그인 창이나 페이지를 띄워 주면 거기에 개인정보를 가득 채울 사람들입니다. (그들은 그저 당신에게 해당 정보를 전달하고자 했던 겁니다.) 이런 사고의 연장선에서 생각하는 것은 당신을 그들보다 우월하게 만들고 문제를 해결하기 위해 어떠한 작업도 하지 않아도 된다는 것을 의미하게 되기 때문에 매우 편안해지곤 합니다. 그 대신 사용자를 고쳐야 한다고 생각하게 돼죠. 불행하게도, 제가 오랜 경험을 통해 깨달은 점은, 멍청한 사람을 두드려 팬다고 머리가 좋아지진 않는다는 것입니다.

저는 이제 당신보다 더 사용자들을 좋아하지 않습니다. 그들은 요구사항도 많으면서 또 단순하길 원해서 저의 '장난감'을 망가뜨리며 제 즐거움을 빼앗아 갑니다. 아아, 그래도 우리는 이 장난감들이 서비스에서 사용자 대상으로 잘 동작하라는 이유로 돈을 받고 있기 때문에 고려는 해야 합니다. 그래서, 피싱이 뭘까요? 음, 일단 매우 짜증나는 의도된 오타죠. 마치 코드를 코드^Kode라고 쓰듯이요. 네, 저를 위선자라고 불러도 됩니다.

요컨대 피싱이란 건 공격자가 누군가의 중요하거나 유용한 정보를 제공하도록 유도하는 능력입니다. 피싱의 가장 높은 단계는 오래 전에 책에서도 다루었고 역사적으로도 오래된 전문직, 바로 사기꾼입니다. 당신의 사용자들은 타깃이 되고, 타깃이 주의를 기울이지 않으면 그들이 사기를 쳐서 사용자들의 계정과 비밀번호, 사회 보장 번호, 전화번호, 생년월일 등을 훔쳐갑니다. 컴퓨터에 저장된 소름끼칠 정도로 많은 중요한 정보를 수백만의 가정에서 지구상의 어디로든 빼돌릴 수 있는 인터넷은 사기꾼의 능력을 증폭시켜주었습니다.

피싱 문제를 해결할 수 있는 기술적 방법이 존재하는지 확신할 수는 없지만, 가능한 해결책을 평가하는 방법은 있으며, 회의 중 누군가 다음과 같이 말한다면 이 평가 방법을 떠올리면 됩니다. "음, 그런데 만약에…" 저는 이런 특정 문구에 대해서 알러지 반응을 일으킵니다. 보통 이 문구 다음에 나오는 제안들은 허울만 좋거나 빈약한 생각들인데, 이 사실이 밝혀지려면 당신이 해당 제안을 수용하기 위해 논리적으로 답을 내야만 알 수 있습니다.

분명한 점은 매우 많은 사람들이 이와 관련해서 생각을 했다는 점이고, 제가 지금껏 접한 것 중 최고의 조언은 러스티 새클포드[32]의 조언입니다. 러스티의 규칙은 다음과 같이 요약할 수 있습니다.

- 공격자가 볼 수 있는 모든 것들은 공격자가 조작(spoofing)할 수 있다.
- 사용자가 아는 모든 것, 할 수 있는 모든 것은 외부로 유출된다. 필연성: 사용자의 브라우저가 아는 모든 것, 할 수 있는 모든 것은 (아주 기꺼이) 외부로 유출된다.
- 당신의 해결책은 오직 처음에만 통한다. 이는 당신의 사용자들이 낯선 것들 속에서 해야 하는 것을 찾을 때만 당신의 해법이 통한다는 의미이다.

하나씩 살펴보겠습니다. "공격자가 볼 수 있는 모든 것들은 공격자가 조작(spoofing)할 수 있다."라는 말은 단순해 보일 수도 있겠습니다만, 많은 사람들이 이 부분을 놓칩니다. 종종 사람들은 사용자들이 올바른 페이지에 로그인하고 있음을 '알 수' 있도록 화면에 시각적 표시를 하는 것에 많은 어려움을 겪습니다. 문제는 당신이 모든 사용자들에게 보여 주는 것이 있다면 '나쁜 사람'들에게도 보여진다는 것이고, 그들이 마음만 먹는다면 원래 얼마나 복잡했든 어렵지 않게 그럴싸하게 다시 만들 수 있다는 것입니다. 복잡하게 만들수록 사용자만 잃게 되므로 그들을 귀찮게 해서는 안 됩

---

32. 역주 미국 애니메이션 〈킹 오브 더 힐(King of the Hill)〉의 등장인물.

니다.(사용자들이 눈치채서는 안 됩니다.) 이제 당신이 이미지 10개 또는 100개의 목록으로 되어 있는, 무언가가 개인화된 페이지를 착안할 수 있다면 그런 것들이 어느 정도 개인정보 보호 기능을 제공할 수 있을 겁니다. 소리도 개인화를 하는 또 다른 방법이지만 카페나 열람실 같은 공공장소에서 소음을 싫어하는 사람들에겐 성가신 방법입니다.

더 다루기 어려운 문제는 "사용자가 아는 모든 것, 할 수 있는 모든 것은 외부로 유출된다."입니다. 이는 필연적으로 사용자의 브라우저가 당하면 사용자도 당하게 된다는 것입니다. 이게 문제의 원인이란 사실을 받아들일 때입니다. 사용자들이 사기를 당하는 동안, 만약 피싱 방지 시스템이 사용자로부터 수집되는 데이터인 '어머니의 성은?' 같은 질문을 '삶의 의미는 무엇인가요?' 같은 질문으로 대체한다고 한들 이건 침몰하는 타이타닉 갑판에서 의자를 섞는 것처럼 무의미한 행동입니다. 좋은 피싱 방지 시스템의 목표는 가능하다면 '개인정보와 비밀정보'를 수집하지 않는 것입니다. 이런 정보는 영리하게 만들어진 피싱 페이지에 사용자들이 기꺼이 입력해 줄 것이기에 더 이상 개인정보도 비밀정보도 아니게 되기 때문입니다.

어쩌면 이해하기 가장 어려운 규칙은 "당신의 해결책은 오직 처음에만 통한다."일 겁니다. 이 말의 의미는 당신 시스템의 뒷부분을 아무리 견고하고 훌륭하게 쌓아 올렸어도 첫 단계에서 앞의 두 가지 규칙에서 지적된 이슈에 영향을 받기 쉽다면 모든 것이 수포로 돌아갈 수 있다는 것입니다. 혼란스러운 사용자야말로 가장 속이기 쉬운 대상인 법입니다. 가령, 당신의 계정 복구 페이지가 사용자가 알고 있을 복잡하고 많은 '개인 비밀' 정보를 요구한다면, 사기꾼들은 피싱을 할 때 가짜 로그인 페이지와 가짜 복구 페이지를 기꺼이 호스팅해 당신 시스템의 복잡하고 많은 정보 입력 요구를 악용하여 사용자 정보를 빼돌릴 겁니다. 계정 복구 시도와 정보 입력 역시 계정과 비밀번호를 이용하는 방식과 마찬가지로 탈취하기 쉽습니다.

네, 이쯤에서 인정하겠습니다. 1,200단어 내외로는 피싱 문제에 대한 해결책을 제시할 수 없습니다. 그렇지만 러스티의 조언이 당신을 조금이나마 덜 좌절하게 할 거란 생각은 듭니다. 저는 이 조언 덕분에 그간 들어왔던 미심쩍은 피싱 방지에 대한 아이디어들을 정리할 수 있었고, 언젠간 이런 논쟁이 줄어들지 않을까 싶습니다.

KV

# 3.12 UI 디자인

사람들이 명확한 무언가를 디자인할 때 흔히 하는 실수는 완벽한 바보의 창의성을 간과하는 것입니다.

— 더글러스 애덤스

저수준 시스템을 하는 사람은 어떻게 UI 디자인을 알 수 있을까요? 음, 제가 UI 디자인에 대해서는 잘 모릅니다만, 제가 무얼 좋아하는지는 알고 있습니다. 이 말은 제가 싫어하는 것들에 대해서도 많이 알고 있다는 의미이기도 합니다. 이번 편지와 답신은 UI를 디자인하는 방법이 아니라 전체 시스템의 디자인으로부터 UI 디자인을 안전하게 보호하는 방법입니다. 많은 최신 사용자 인터페이스가 Model–View–Controller 및 Model–View–Presenter 패러다임을 기반으로 구축되어 있습니다. 이를 통해 시스템이 작업을 수행하는 방식과 시스템이 보여지는 방식을 적절하게 나누어 줍니다. 모델(model)은 데이터를 포함하고 있습니다. 컨트롤러(controller)에는 데이터를 변경하는 로직이 포함되어 있으며, 뷰(view) 또는 프레젠터(presenter)는 UI 디자이너가 가장 적절하다고 생각하는 방식으로 데이터를 사용자에게 제공합니다. UI 디자이너를 상자에 넣어 그들의 선택이 시스템 전체 로직에 부정적으로 작용하지 않도록 보관하는 게 가장 좋습니다. 때론 저는 그 상자에 공기 구멍을 뚫기도 하지만 그렇지 않은 경우도 있습니다.

이번 편지와 답신에서는 MVC 또는 MVP와 같은 공식적인 패러다임을 논의하지 않지만 그 대신 대규모 시스템 설계를 수행하는 사람들에게 특히 중요한 것을 언급합니다. 그건 바로 시스템이 사용자에게 어떻게 보이든 무엇을 제공하든지 간에 가능한 한 깨끗한 인터페이스를 만들기 위해 노력해야 한다는 것입니다. 담장이 이상적이면 이웃도 이상적이기 마련입니다.

*친애하는 KV,*

당신이 Queue에 연재 중인 칼럼을 가끔 읽어 왔습니다. 그런데, 여지껏 당신의 조언 중에 사용자 인터페이스 디자인에 관한 내용이라든가 전체 소프트웨어에 어떻게 맞물려서 돌아가는지에 대해서는 본 적이 없습니다. 저는 POS(금전등록기를 고상하게 말한 것입니다.) 소프트웨어를 판매하는 회사의 프로젝트에서 프로그래머로 일하고 있습니다. 우린 여러 종류의 제품군을 갖고 있는데, 마케팅 사람들이랑 사용자 인터페이스 디자이너들의 목표는 언제나 소프트웨어의 방향성을 틀어서 더 취약하게 만드는 방향으로 제시되고 있습니다. 이들은 순진한 사용자들이 개인화하거나 사용하기 쉽도록 사용자 인터페이스에 기능 추가를 요청하곤 하는데, 이 프로젝트에 참여하고 있는 모든 프로그래머는 그 기능들이 하나같이 코드의 사이즈, 명확성, 그것도 아니면 끔찍한 부작용 등의 부정적인 영향을 유발한다는 사실에 동의할 겁니다. 우리의 릴리즈가 여러 번 지연되었었는데, 그 이유는 중반쯤에 요청받은 기능들이 실제로 끔찍한 부작용을 유발한다는 것이 입증되어서 말미에는 제거되곤 했기 때문입니다. 때론 이런 '기능들'이 단순히 보이는 것만 바뀔 뿐이지만 우리 시스템은 시각적인 부분이 너무 쉽게 변경되어서 마케팅이랑 디자인 쪽 친구들이 그냥 재미로 이것들을 바꾸는 게 아닐까 싶을 정도입니다. 가령 빨간색이었던 버튼 하나가 다음날이면 파란색이 되는 식으로요. 이런 역병 같은 상황에 대한 해결책은 없을까요?

*회전목마*

*친애하는 회전목마 씨,*

제 칼럼을 '가끔 읽어 왔다'라는 게 무슨 말이죠!? 만약 당신이 제 칼럼을 꾸준히 읽어 봤다면, 제가 이미 이와 관련된 주제로 조언을 했다는 사실을 알 수 있었을 겁니다. 그 전에 비밀 하나를 알려 주겠습니다. 오래 전에 제가 운 좋게 화면 개발에서 탈출하기 전까진 저도 사용자 인터페이스를 만드는 걸 좋아한다고 생각했던 적이 있었습니다. 결국, 누군가가 당신의 소프트웨어를 사용할 때 가장 먼저 볼 수 있는 것, 그리고 그게 제대로 동작한다면 사람들이 가장 먼저 칭찬하는 것이 바로 사용자 인터페이스입니다. 누군가가 당신에게 와서 "이봐, 정말 멋진 프로토콜이야. 네가 남는 비트로 플래그를 위한 필드를 사용한 방식이 정말 맘에 들어."라고 말하는 일은 극히 드뭅니다. 사실 이런 경험은 정말 기쁜 일이라 처음 겪었을 때는 우리 엄마한테까지 말했답니다.(네, 저도 엄마가 있고 다른 사람들이 주장하는 것처럼 어디서 부화하지 않았습니다.) "이봐, 그거 봤어!? 내가 했다고!"라고 말하며 단순한 용어로 제가 무엇을 했는지 설명했죠. UI 작업을 하는 동안에는 저는 두 가지와 멀어져 있었습니다.

첫 번째는 운영체제의 저수준(가령, 드라이버와 네트워크 같은)에 대한 깊은 관심이었습니다. 두 번째는 당신이 언급했던 것처럼 마케팅과 디자인 사람들과 관련된 내용입니다. 제 기억 속에는 수정사항이 쌓이는 게 마치 우리가 만들고 있는 시스템에 대한 개인적 기여라고 생각해 요청하는 걸 즐기는 게 아닐까 싶었던 사람들이 있었습니다. 실상은 정반대였죠. 그들은 귀한 리소스를 빨아먹는 사람들이었습니다. 아아, 그런 사람들은 잘라야 합니다. 종종 관리자에게 그런 말을 한 적이 있는데 그런 사람이 잘리지는 않더군요. 잘리긴커녕 잘 다녔습니다. 그래도 지금은 다른 회사에 다니고 있습니다. 제 생각엔 그가 고문하고픈 다른 사람을 찾아냈거나, 아니면 제가 그 사람 차의 타이어를 계속 찢어놔서 그랬을까 싶기도 합니다. 그때 그 짓을 한 게 누구였는지 그가 알고 있을까요? 저는 지금도 궁금합니다.

다시 주제로 돌아와서, 몇 초 가지곤 소프트웨어 전반에 걸친 변화를 만드는 게 어렵다는 걸 정말 알고 있는 훌륭한 사용자 인터페이스 디자이너들과 그들의 요청을 신중하게 받아들이고 일을 하는 프로그래머들이 있다면 서로 협력해서 이상적인 상태를 만들 수 있습니다. 제가 아는 사람 중에 그럴 수 있는 사람이 다섯 명 있습니다만, 물론 그들의 이메일 주소는 알려 줄 생각이 없습니다.

여러 해가 지나면서 저는 디자이너라고 부르기 힘든, 참견하기 좋아하는 디자이너들을 대하는 몇 가지 전략을 습득했습니다. 이런 사람들은 색상 선택 정도에 대해서나 적당하게 말할 수 있는 정도의 돌팔이라서 집 꾸미기 정도에나 쓸 만하지 소프트웨어 개발에는 하등 도움이 안 됩니다. 아, 지금부터 제가 말하고자 하는 전략은 폭력적이지도 않고 제 생각엔 구속될 위험도 없어서 공유하는 겁니다.

시스템 구성 초기에 프로그래머나 소프트웨어 아키텍트에게 가장 중요한 것을 하나 꼽자면, 사용자 인터페이스에 표시되는 정보와 핵심 시스템에서 데이터가 저장되고 취급되는 방법을 분리해 여기저기 질질 끌려다니지 않도록 만드는 것입니다. 이런 게 모호하다는 건 저도 압니다. 그렇지만 저는 사람들이 이것과 정확히 반대로 해오는 걸 매번 봐왔습니다. 어떤 데이터가 시스템에 필요하고 입력들을 어떻게 처리할 건지 들여다보는 것은 좋은 생각입니다만, 이걸 어떻게 저장할 것인지와 어떻게 처리할 것인지는 입력을 어떻게 할 것인지랑은 별개이거나 아예 고려 대상이 아니어야 합니다. 단테가 이런 상황을 다루는 지옥을 빼먹은 게 분명합니다. 컴퓨터와 사용자 인터페이스와 관련된 죄악이 당시에는 덜 알려졌을 테니까요. 그럼에도 불구하고 이런 유형의 지옥은 실존합니다. 제가 거기 있었거든요. 그 당시 흉터와 함께 회사 티셔츠도 손에 넣었는데, 티셔츠로 흉터를 가리고 다녔습니다.

네, 이제 우리는 화면 영역과 가공하는 시스템은 별개로 취급해야 한다는 걸 충분히 이해했습니다. 다음으로 해야 할 일은 시스템의 기존 것들을 파괴하지 않고 변경하기 쉬운 화면 표시 계층을 디자인하는 겁니다. 만약 당신의 디자이너가 사용자 인터페이스상에서 색상, 문구, 색상, 폰트 크기, 캐릭터 셋을 매주, 매일 또는 시간 단위로 변경하려 한다면 그렇게 하게 두세요! 그러면 그들이 팬톤 색상과 버튼의 테두리 굵기로 이리저리 살펴봐가면서 시간을 보내는 동안 당신은 진짜 기능을 작성할 시간을 벌 수 있습니다. 분명한 점은 사용자 인터페이스를 변경하는 게 어떤 소프트웨어 개발 기술이나 텍스트 편집기 같은 복잡한 도구와는 상관없어야 한다는 것입니다. 당신도 저처럼 디자이너가 빌드할 때마다 깨진다고 불평하는 건 절대로 원치 않을 겁니다. 사용자 인터페이스를 수정하는 것이 무언가를 컴파일하게 해서는 안 됩니다.

실제 시스템이 없는 상태에서 사용자 인터페이스를 시뮬레이션해 보는 게 때론 매우 좋은 방법이 될 수도 있습니다. 당신이 나머지 시스템을 만드는 동안 디자이너가 UI를 가지고 놀게 두는 편이 나을 겁니다. 디자이너가 당장 필요하다고 재촉하지만 당신이 보기에는 한참 뒤에나 필요한 기능을 아직 완결되지 않은 시스템에 지속적으로 유지보수하는 것보단 말이죠.

이러한 디커플링이 진행됨에 따라 시스템에서 가장 주의해야 할 가장 큰 내부의 적은 계층 증식(layer proliferation)입니다. 제가 자주 인용하는 문구로는 네트워크 연구자인 반 제이콥슨의 표현이 있습니다. "계층은 네트워크 프로토콜을 생각할 때는 좋은 방법이지만, 구현에는 좋지 않은 방법입니다." 이는 대부분의 소프트웨어에도 통용되는 사실입니다. 얼마나 많은 계층이 필요한가요? 작업을 완료할 만큼은 필요하지만 성능에 영향을 줄 만큼 과하게는 아닐 겁니다. 이런 엉터리 같은 대답에 만족할 수 없어도 받아들여야 합니다. 당신 시스템은 당신이 가장 잘 압니다. 여기에 관해서는 당신 스스로 답을 낼 수 있어야 합니다. 여기에 대해 충분히 생각하지 않으면 당신은 머잖아 스스로를 정말 싫어하게 될 겁니다. 너무 적은 계층으로 구성하면 지저분한 코드 덩굴이 계층을 침범하며 문제를 유발할 것이고, 반대로 지나치면 데이터를 종이에 적어서 옮기는 게 보조 기억 장치의 어둑하고 깊숙한 곳에서 데이터를 끄집어내는 것보다 빠를 겁니다. 제가 보기엔 둘 중 그 어느 것도 당신이 바라는 모습은 아닐 것 같습니다만.

이제 당신은 바라던 대로 색깔을 정하는 데 시간을 보내는 사람들에게 끌려다니지 않을 수 있는 KV의 조언을 얻었습니다. API랑 UI를 분리시키세요. 화면 표시 계층은 프로그래머 없이도 변경 가능해야 합니다. 가능한 한 백엔드와는 무관하게 하고, 적절한 수의 계층을 사이에 두세요.

KV

# 3.13 안전한 로그 남기기

세상에서 가장 안전한 코드는 작성되지 않은 코드입니다.

— 콜린 퍼시벌

로그 시스템은 때론 보안의 아킬레스건이기도 합니다. 시스템을 검토할 때 매우 일반적인 상호작용은 다음과 같은 방식으로 표현될 수 있습니다.

KV: 어떤 종류의 데이터가 시스템에 저장되나요?

피의자: 일종의 개인정보들입니다.

KV: (눈썹을 치켜 올리고, 목소리는 낮추고, 천천히 말하며) 가령...?

피의자: 아, 아시겠지만 이름, 주소, 전화번호, 이메일...

KV: 어디에 저장하나요?

피의자: 우리 데이터베이스에 저장합니다.

KV: (목소리를 더 낮추며, 위험스러운 속삭임으로) 암호화되겠죠?

피의자: (물린 듯 뛰어오르며) 당연하죠!

KV: (정상 목소리로 돌아오며) 좋아요, 좋습니다. 결제 정보는 어떻게 관리하죠?

피의자: 마찬가지로 별도 데이터베이스에 암호화해서 저장합니다.

KV: 멋지네요! 그럼 디버그를 위한 시스템 트랜잭션 로그와 문제 추적용 로그도 남기고 있죠?

피의자: 물론이죠!

KV: 트랜잭션별로 어떤 데이터를 로그로 남기는지 말씀해 주시죠.

피의자: 우린 보통 로그 레벨을 높여서 문제를 쉽게 추적할 수 있게 하고 있습니다. 모든 트랜잭션의 모든 정보를 쌓고 있죠.

KV: 개인정보를 포함해서요?

피의자: (슬슬 걱정하기 시작한다.) 네...

KV: (냉정한 태도로) 그리고 신용카드 정보도?

피의자: (신발을 내려다보며) 네...

KV: (안경을 벗고, 대머리를 긁으며) 평문이겠군요.

피의자: 으, 네.

이 내용은 실제 대화 내용은 아닙니다. 왜냐면 실제 대화에서는 마지막에 형형색색의 비유가 등장하거든요.

대화의 핵심은 사람들은 종종 자신들이 안전한 시스템을 만든다고 할 때 정문만 잠그고 창문이나 창고, 뒷문은 활짝 열어둔 채 방치한다는 점입니다. 안전한 시스템을 만든다는 건 단순히 몇 가지 지침을 준수하고 책의 내용을 따르는 걸 의미하는 게 아닙니다. 그보다는 가능한 데이터가 접근되는 모든 위치와 접근을 모두 제어하는 것입니다. 로그 시스템은 데이터 유출이 되는 매우 흔한 지점이지만 그 외에도 데이터가 유출될 수 있는 다양한 경로가 있습니다. 예를 들면, 디버깅 인터페이스로 출시된 시스템에서 잦은 빈도로 노출되어 있곤 합니다.

저렴하고 쉬운 암호화 파일 시스템의 이점을 이용하면 로그 데이터로 인한 문제는 훨씬 줄어들 겁니다. 그렇지만 여전히 현장에서 이런 경우를 보기 어렵습니다.

안전한 로그 시스템을 만드는 것은 안전한 시스템 구축의 일부일 뿐이지만, 로그 시스템이 매우 일반적이니 일단 거기부터 시작하겠습니다.

친애하는 KV,

저는 직장에서 새로운 결제 처리 시스템의 로그 시스템을 작업하는 데 어려움을 겪고 있습니다. 당신이 상상할 수 있듯이 이렇게 하려면 많은 데이터를 로깅해야 합니다. 왜냐하면 우리 고객과 신용카드와 같은 다른 사용자와의 청구서, 또는 청구 과정 자체에 분쟁이 있을 때 우리의 로그 데이터로 중재해야 하기 때문입니다. 저는 두 가지 이유에서 이 일을 맡게 되었습니다. 하나는 제가 그룹에서 가장 새로운 사람이라는 점이고, 다른 하나는 또 다른 로그 시스템을 만드는 것에 아직까지 아무도 흥미를 못 느꼈기 때문입니다. 지금 저는 "시스템을 작성하는 데 생각했던 것보다 더 많은 시간을 보냈다."라고 하는 다른 팀원들로부터 적절한 도움도 받지 못하고 있습니다. 이런 상황의 로그 시스템에 대해 조언해 줄 수 있나요?

로그아웃

친애하는 로그아웃 씨,

당신 팀의 동료들이 과거에 로그 시스템을 작성하는 데 시간을 보냈다면, 그걸 당신이 사용하지 못하는 이유가 뭘까요? 어쩌면 당신 동료들은 당신에게 로그 시스템 한 줄도 안 짜보고 거짓말을 하고 있는 것이거나, 아니면 어쩌면, 저는 이쪽에 더 확신을 갖습니다만, 그들이 시도는 했으나 그들의 시스템이 구렸거나요. 그것도 아니면 그냥 제가 냉소적인 걸 겁니다.

좋은 로그 시스템을 작성하는 건 좋은 소프트웨어를 작성하는 것처럼 어렵고 드문 일입니다. 당신의 많은 결정은 로그 데이터에 대한 요구사항에 따라 달라집니다. 따라서 금융 거래를 로그로 남기는 것에는 매우 많은 요구사항이 있을 겁니다. 여기에는 데이터를 비공개로 유지하는 것과 로그에 오류가 있는지 감사하는 것, 그리고 로그에 포함된 데이터가 손상되지 않았는지 확인할 수 있는 기능이 포함되어야만 합니다.

데이터 프라이버시는 이제 우리 산업에서 매우 중요한 주제가 되었습니다. 수년 동안 Choice Point, Bank of America, Wells Fargo, Ernst and Young 같은 회사들이 관리를 소홀히 해서 개인 데이터 침해로 유명해졌으나 오늘날엔 모두 나아졌습니다. 개인정보 유출은 이제는 매우 큰 문제가 되어서 많은 정부에서 이러한 범죄자들을 처벌하기 위해 강력한 법을 제정했습니다. 제 생각엔 당신은 이런 처벌을 원치는 않을 겁니다. 저라도 그럴 겁니다.

데이터 프라이버시를 지키는 최선의 방법은 저장하지 않는 것입니다. 데이터를 저장하는 행위가 유출의 위험을 만들어 내니까요. 당연한 것 같지만, 뭔가 분명하다고 생각될 때마다 저는 뉴스 기사를 읽곤 하는데, 그때마다 충분히 명확하지 않다는 것을 알게 됩니다. 당신이 어떤 데이터를 백업하든지 정말 필요한 데이터만 유지해야 하고, 데이터를 너무 오래 보관해서는 안 됩니다. 대부분의 금융 기관들은 데이터를 보관하는 기간이 정해져 있습니다. 편지 내용처럼 당신의 제품과 유사한 규칙을 따르고 거기서 1초라도 더 길게 보관하지 마세요.

당신이 로그에서 정말 보관할 필요가 있는 것들만 목록으로 남기고 나머지는 발라낸 후 목록에서 어떤 것들을 난독화하고 어떤 것들을 반드시 암호화해야 하는지, 그리고 어떤 것들을 공개된 채로 남겨둬도 되는지 판단해야 합니다. 데이터를 난독화한다는 표현은 데이터가 고유의 방식으로 파괴된다는 걸 의미합니다. 이럴 때 해시 함수가 최적의 방법입니다. 어떤 입력이 주어지면, 좋은 해시 함수는 고유하고 겉보기에는 임의에 가까운 출력을 내놓습니다. 제 Mac에서 md5 프로그램을 실행하면 다음과 같습니다.

```
? md5 -s '1234 5678 9012 3456'
MD5 ('1234 5678 9012 3456') = d135e2aaf43ba5f98c2378236b8d01d8
```

```
? md5 -s '1234 5678 9012 3457'
MD5 ('1234 5678 9012 3457') = 0c617735776f122a95e88b49f170f5bf
```

가짜 신용카드 번호로 보이는 문자열 두 개가 주어졌고, 마지막 한 자리를 제외하곤 숫자가 동일합니다. md5 프로그램은 결과로 전혀 달라 보이는 임의의 두 숫자를 제공합니다. 여기서 당신이 어떠한 패턴을 발견할 수 있다면, 지역에 있을 MI6 지부의 요원이나 비슷한 수준의 정보 기관의 구성원에게 연락하세요. 아마 당신을 위한 일자리를 제안할 겁니다.

이 두 숫자가 임의로 보이는 것뿐만 아니라 고유하다는 것도 중요합니다. 이 말은, 이를 이용하면 데이터를 로그에 적재할 때 쓸 만한 고유키로 쓸 수 있다는 것입니다. 로그가 기록될 때마다 이 번호들은 고유한 식별자로서 신용카드를 찾을 수 있게 해줄 것이며, 누군가가 로그를 읽는다 해도 원래 숫자를 통해 해시화된 신용카드 번호가 무엇인지는 추측해 낼 수 없을 겁니다. 난독화는 모든 경우에 사용 가능하지만 도난당하거나 유출될 수 있는 항목에 대해 사용하는 것이 좋습니다.

만약 데이터가 원래 형태로 반드시 사용할 수 있어야 한다면, 난독화는 사용하기 힘들 겁니다. 이런 경우에는 암호화를 해야 합니다. 가치가 있는 데이터라면 어떤 형태라도 암호화를 해야 합니다. 저는 데이터베이스와 운영 중인 시스템의 데이터를 적절하게 암호화하는 데 많은 노력을 기울여 놓고 로그는 통째로 평문으로 넣는 사람들이 많아서 놀랐습니다. 더 이상 놀라지 않고 싶지만, 제 머리를 책상이나 벽이나 바닥 그것도 아니면 문제의 엔지니어에게 박아대는 것보단 나아서 어쩔 수 없습니다.

어떤 종류의 데이터가 암호화되어서 로그로 남겨져야 할까요? 전체 목록을 작성하는 것은 불가능하지만 이름, 주소, 전화번호, 휴대폰 번호, 이메일 주소와 같은 개인정보는 좋은 출발점이 됩니다. 결제한 금액, 결제한 위치, 그 외 결제 관련 세부사항도 당신 회사의 재무 데이터를 파헤치려는 사람들에게 유용한 대상으로 만들기 때문에 비밀로 유지해야 합니다. 이쯤 되면 당신은 묻고 싶을 겁니다. "그럼 뭐가 남는 거죠?" 제가 금융과 관련된 시스템에 대해 말해 줄 수 있는 건 그렇게 많지 않습니다만, 평문 형태로 로그에 들어가도 괜찮을 수 있는 디버깅 목적의 데이터가 있기는 합니다. 예를 들어, 기록이 만들어진 시간 같은 건 비밀로 할 필요가 없겠죠.

이제 모든 불필요한 데이터를 제거하고 노출 가능한 것들은 난독화로 숨겼으며, 나머지 대부분은 암호화까지 했습니다. 이제 로그 자체가 변조로부터 안전한지 확인해야 합니다. 항목들도 서명하고 로그도 서로 다른 키로 서명해야 합니다. 항목들은 유효성을 확인하기 위해 서명되며, 아무도 항목을 직접 추가하거나 제거하지 못하도록 전체 로그에도 서명을 합니다. 두 개의 서로 다른 키가 사용되는 이유는 서로 다른 두 사람이 키를 보유하게 해서 두 사람이 공모를 하지 않고서는 보안 위반이 불가능하게 하고자 함입니다. 키를 정기적으로 변경해 주는 것도 키를 도난당했을 때 노출되는 데이터의 양을 최소화할 수 있도록 하는 좋은 생각입니다.

데이터가 저장되는 위치, 네트워크를 통해 데이터를 이동시키거나 이동시키지 않을 수 있는 방법, 로그 교체 주기, 로그를 분석하고 읽는 도구를 작성하는 방법 등 로그 시스템과 관련하여 다루어야 할 다른 사항이 많이 있습니다. 여기서 제가 다룬 기본적인 로그 시스템을 만드는 내용이 구리지 않아서 사용자 개인정보를 침해한 회사로 뉴스에 등장하지 않기를 바랄 뿐입니다. 아, 조언 하나가 더 남아 있습니다. 노트북을 자동차에 남겨 두지 마세요. 당연한 이야기인가요? 네, 당연한 이야기입니다.

KV

# 3.14 Java

만약 Java가 정말 가비지 컬렉션을 수행한다면, 대부분의 프로그램들은 실행과 동시에 스스로를 삭제할 겁니다.

– 로버트 세웰

저는 이 편지를 받고 답장을 쓰기 전까지 대부분 Java라는 재앙을 피해 올 수 있었습니다. 이 페이지에서 제가 때론 어떤 언어라도 가장 적합한 영역을 가지고 있다는 생각을 자주 칭찬하지만, 자유주의 이데올로기 관점이고, 실제로 언어들이 초래한 문제들을 봤을 때는 제 개인적인 의견이 있습니다. Java의 원래 목적은 웃기게도 임베디드 시스템이었습니다. '한번 작성하면 어디에서나 실행'이라고 생각했지만 매일 임베디드 시스템으로 작업하는 사람으로서 저는 Java를 거의 접하지 않는다고 말할 수 있습니다. 창조자의 원래 의도를 벗어난 Java는 문자 그대로 이제 어디에나 있습니다. 서버, 브라우저, 그리고 요새는 안드로이드 폰에서 작동되는 애플리케이션까지. 안드로이드에서 Java를 사용한다는 것은 이제 애플리케이션을 작성하기 위해 이 언어를 사용하도록 강요받은 코더$^{Koder}$ 세대가 있다는 것을 이번 편지와 답신에서 다루고 있습니다. Java가 안드로이드의 일부라는 사실보다 더 안 좋은 점은 1990년대 말과 2000년대 초에 많은 학부생들이 프로그래밍 입문으로 Java를 배웠다는 점입니다. 정말 놀라운 규모의 실수였죠. Java는 당시에 좋은 소프트웨어 엔지니어링에 필요한 모든 것들(클래스, 객체, 메서드, 기타 등등)을 포함하고 있었지만, 사람들에게 이러한 개념을 자상하게 알려 주는 언어는 아니었습니다. 여러분이 Java 시스템을 처음 접하던 그 순간 알아야 하는 개념들이 지옥불처럼 쏟아져 내렸을 겁니다. 언어를 가르치는 입장에서 Java는 제가 가장 마지막에나 학생들에게 추천할 언어이지만, 업계에서는 프로그래머가 어떤 언어로도 프로그래밍할 수 있도록 지능적으로 프로그래밍하는 방법을 배우는 것이 아니라 최신 언어로 훈련된 프로그래머를 원하는 것 같습니다.

여러분이 지난 제 의견들에서 볼 수 있듯 저의 Java에 대한 사랑은 KV가 처음 질문을 받고 답변을 남기는 동안 계속 성장해 왔습니다. 그리고 언젠가 이 위대한 창조물은 도도새와 같은 길을 걸어야 합니다. 사람들은 도도새가 멸종되었다는 사실은 기억하지만 그들의 멸종이 사람들의 의식적인 행동에 의해 일어났다는 건 기억하지 못하는 것 같습니다.

*친애하는 KV,*

당신은 Java를 지나가며 언급한 적이 있습니다.[33] 저는 하루 정도 도입부를 보고 책을 마련했지만 심도 있는 코드를 개발하진 않았습니다.

관리자 역할로 저는 여러 Java 서버 프로젝트들과 밀접한 시간을 보냈습니다. 그리고 다음과 같은 문제들을 공유한다는 점을 알게 되었습니다.

- 성능. C보다 10배 정도 느림.
- 복잡성. 매우 커다랗고 무딘 편.
- 느린 코딩. 항상 뒤쳐지는 편.

제 관찰에 의하면 Java는 GUI/IDE 코드를 효율적으로 작성하고자 할 때 필요합니다. 필멸자들은 모든 클래스와 그들의 API들을 인지 범위 내에서(코앞에 두어도) 유지할 수 없습니다. 사용 가능한 IDE가 없는 Perl과 비교해 보세요. 여기에 재능이나 관심이 있는 사람이 없어서가 아니라 굳이 해야 할 필요가 없기 때문일 겁니다. 단순 텍스트 편집기로 코드를 들여다보고 편집하는 건 쉽습니다. Perl은 대규모 프로젝트에 적절한 언어가 아닙니다. 어쩌면 Perl 6이면 가능할지도 모르겠습니다. ;-)

Java 프로젝트가 과거의 언어보다 성공적이거나 성공적이지 못하다는 증거가 되는 데이터가 있을까요? Java는 상업적인 지원도 홍보도 많았으며, 프로그래머들을 돕고 특정한 유형의 결함을 줄이겠다는 숭고한 목표도 있었습니다. 그렇지만 전문 프로그래머로서, 우린 예리한 도구를 써야 하고, 도구가 잘 드는 만큼 위험하단 걸 알고 있어야 합니다. 제가 보기엔 Java가 '레벨 1' 프로그래머가 유발하는 에러에서 모두를 안전하게 지키기는 어려워 보입니다.

저는 '레거시' 애플리케이션을 대체하는 프로젝트가 팡파레와 엄청난 열기와 야단법석에다가 거대한 예산과 함께 시작되는 걸 줄곧 목격해 왔습니다. 그리고 '가장 최신 기술' 도입은 실패하거나 부분적으로만 구현되곤 했습니다.

제가 뭔가를 놓친 걸까요?

*Java로 인한 생산성 감소*

---

33. 조지 V. 네빌-닐, 〈코딩 시작하기(Gettin' Your Kode On)〉, ACM Queue, 2006년 2월.

친애하는 김소 씨,

Java 책을 읽고 강의를 수료했다니, 당신은 구닥다리 KV보다 Java 흐름에 잘 올라탄 거 같습니다. 저는 여전히 C, Python, 그리고 약간의 PHP를 해킹하면서 대부분의 시간을 보냅니다. 당신의 의견을 보면 어쩌면 제가 운이 좋았는지도 모릅니다. 그렇지만 의심이 드는군요, 제가 운이 좋았던 경우는 드물어서요.

어떤 면에서 저는 당신의 편지에 대해 별다른 의견 없이 당신의 말을 여기에 그대로 옮겨적어도 될 만큼 동의합니다. 하지만 당신이 제기하는 더 큰 문제들이 있다고 생각이 드네요. 그리고 저는 이 문제들에 대한 제 의견을 밝히지 않고서는 못 버티겠습니다. 그게 아니라면 저는 제 머리를 쥐어뜯으며 소리지를 거 같거든요.(그래도 평소에 머리를 면도하는 덕에 쥐어뜯은 흔적을 숨길 수 있답니다.)

KV의 독자인 당신은 제가 평소에 특정 언어를 공격하지 않는다는 걸 잘 알고 있을 테고, 저는 이 원칙을 이번 답신에서도 지킬 겁니다. 저는 당신이 목격한 문제가 Java 자체가 아니라 Java를 사용하고 있는 방법, 그리고 소프트웨어 산업 자체가 움직이는 방식 때문에 벌어진 것이라고 생각합니다.

제가 Java와 가장 가깝게 있었던 때는 C에서 Java 애플리케이션으로 관리할 수 있는 저수준의 코드를 만드는 프로젝트를 진행할 때였습니다. 당시에 두 팀이 있었는데, 한 쪽은 C로 (자바 관리 애플리케이션과는 독립적으로 작동할 수 있는) 시스템을 작성하는 C 팀이었고, 다른 쪽은 Java 팀이었습니다. 당신은 이쯤에서 Java 팀과 C 팀이 정기적으로 미팅을 하고 데이터 및 디자인 문서를 교환해서 저수준의 코드를 효율적으로 관리하기 위한 가장 효과적인 API 세트를 구축할 수 있었을 거라 기대했을 겁니다. 안타깝게도 그런 일은 벌어지지 않았습니다. 팀은 거의 독자적으로 일을 했고, 대부분의 상호작용의 결과는 참담했습니다. 여기엔 여러 가지 이유가 있었지만, 그중 하나는 전통적인 관리 방법 문제였습니다. 진짜 이유를 말해보자면 '의사소통 실패'로 두 팀 간에 서로 다른 두 가지 세상이 있었고, 누구도 두 세계를 잇는 전화선을 놓는 걸 원치 않았습니다.

Java 팀은 모두가 추상화에 빠져 있었습니다. 그들의 API는 달달한 데다가 모두가 보면 경탄할 만한 문법으로 번쩍였지만 문제는 그들 코드의 데이터 타입과 구조 레이아웃을 제외하곤 서로 상호작용하는 코드를 이해할 수 없었다는 것입니다. 그들은 소위 말하는 관리 애플리케이션이 무엇을 관리해야 하는지 제대로 이해하지 못했습니다. 지나친 가정을 하고 종종 틀렸으며, 코드를 실행하면 지나치게 느리거나 버그 투성이이거나 자주 깨지곤 했습니다.

C 팀도 완벽하지 못했습니다. 제가 알기로 그들은 Java 팀에 대해 어느 정도의 오만함을 갖고 있었습니다. 정보가 숨겨져 있던 건 아니었지만, C 엔지니어가 Java 엔지니어가 '이해 못한' 것으로 추정되는 것이 있어도 돕지 않고 지나쳐 가곤 했습니다. C 팀은 동작하는 코드를 출시하는 데 성공했고 동작도 잘 되었고 균형을 잃지도 않았습니다. 하지만 회사가 추구했던 목표는 하나의 애플리케이션으로 관리되는 상품군이기에, C 팀이 Java 팀과의 전투에서 승리했을지언정 그들의 회사는 전쟁에서 패배했습니다.

누군가가 코드를 들여다보고 이런 생각을 했을지도 모릅니다. 'Java 프로그래머가 일감을 이해 못했군. 다음에는 더 나은 프로그래머를 고용하거나, 그것도 아니며 더 나은 도구를 택해야….' 팩트를 말하자면 진짜 문제는 여기에 없습니다. 문제는 Java가 아닙니다. 진짜 문제는 시스템을 만드는 사람들이 코드를 많이 만들 수는 있으나 그들이 만드는 게 뭔지 이해를 못했다는 겁니다.

저는 이런 유형의 문제를 많이 봐왔습니다. 제 눈에 이런 프로젝트들은 마치 한 소절씩 주고받는 주디 갤런드와 미키 루니의 옛날 뮤지컬처럼 보입니다. 한 캐릭터가 다른 캐릭터에게 말하죠. "얘들아, 쇼를 시작하자!" 이런 건 영화에서나 되는 거고, "그렇지만 프로젝트 계획의 세계에선 모두가 행복하게 살았답니다." 같은 결론은 현실에선 매우 드뭅니다.

복잡한 걸 만들 때는 그게 무엇인지 이해하는 게 먼저입니다. 당신이 예로 든 레거시 시스템은 좋은 훌륭한 예시가 될 수 있습니다. 회사가 레거시를 전환한다고요? 아니길 빕니다. 그건 정말 재미없는 일이라서요. 레거시 전환 과정이라면 이미 동작하는 프로그램이 당신에게 있다는 건데, 그게 뭔가를 이미 하고 있습니다. 소스 코드가 당신에게 있을 수도 있고, 없을 수도 있습니다. 웃을 일이 아닙니다. 전 그런 경우를 봤습니다. 레거시 프로그램은 자기가 해야 할 일을 수행합니다. 대부분의 경우에는요. 다음으로 차세대를 담당할 팀이 기존 프로그램이 하던 것을 세심하게 분석하고 복제를 시도해 봅니다. 버그 호환성을 위한 버그도 시도해 보고, 그러다 그들의 새로운 기술로는 복제 불가능한 버그를 찾아내는 식으로 프로그램이 어디는 되고 어디는 안

되고를 찾다가, 대개 이쯤에서 포기하고 그냥 처음부터 다시 만들기 시작합니다.

이런 광대극 같은 일이 계속 반복되는 건 일반적인 항공학, 토목 공학 분야와 달리 이쪽은 실패해도 고작 돈만 날리기 때문입니다. 제가 '고작'이라고 말했지만 큰 문제가 될 수 있습니다. 미국 국세청(IRS, Internal Revenue Service)의 컴퓨터 시스템의 전체 개보수는 캘리포니아 자동차국 시스템 개발 비용을 상회하니까요. 거기서 실패한 프로젝트들이 뒷수습을 해야 하는 목록을 남깁니다. 이런 것들은 한동안 뉴스의 헤드라인을 장식하지만, 타코마 협곡의 다리 붕괴라든가 두 번에 걸친 우주선 폭발처럼 강렬하진 않습니다. 사람들은 챌린저 호의 폭발은 기억하지만 IRS 컴퓨터 시스템 개보수 비용은 기억하지 못하죠.

컴퓨터와 소프트웨어가 점점 더 중요한 미션 크리티컬 시스템에 투입됨에 따라 사람들의 태도도 시간이 지날수록 바뀔지도 모릅니다. 불행하게도 사람들이 그들이 하는 일을 계획하고 그들의 코드가 실제로 무엇을 의미하는지 알아내기 위해 더 많은 시간을 쏟기 위해서는 그 전에 금전적인 비용이 수반되는 비극적인 실패가 몇 차례 더 있어야 할 겁니다. 그렇게 되면 Java를 쓰건 Perl을 쓰건 오늘의 추천 언어를 쓰느냐 마느냐 하는 것들은 별로 의미가 없게 될 것이고 관련된 논의도 더 적게 하게 될 겁니다.

KV

**P2P 보안**

당신이 MP3를 불법 복제할 때, 공산주의를 다운로드하는 겁니다.

— 익명

이번 내용은 제가 오늘날 블록체인을 바라보는 것처럼 P2P(Peer to peer)를 바라봤던 시절의 기억으로 거슬러 올라갑니다. 당시는 냅스터(Napster)의 시대였고, 중앙 서버에 크게 의존하지 않고 한 컴퓨터에서 다른 컴퓨터로 저작권 및 기타 자료를 교환했습니다. 오늘날 P2P 방식으로 작동하는 많은 시스템이 있으며, 그 합법성과 공평성은 의심할 여지가 없습니다. P2P 시스템의 진실은 둥근 귀가 달린 쥐 모자를 쓴 변호사들을 성가시게 하는 불법적인 데이터 공유에 여전히 쓰이고 있다는 점이며, 요즘에는 적어도 투자자의 돈으로 뒷받침되는 더 믿음직스러운 다른 애플리케이션들에게 자리를 내어 주고 있습니다.

코더$^{Koder}$들이 이 주제로 대화를 시작하면 필연적으로 주제가 법과 관련된 이야기로 빨려 들어 갔다가, '법알못'이라 대답의 주제가 빠르게 보안과 파일 공유에 대한 것으로 변화됩니다. 대화는 기술적 관점에서 분산 시스템에서 불합리하지 않은 방법을 말하게 되었고, 그게 P2P 시스템입니다. 그 시스템들은 필요에 따라 목표 달성을 위해 중앙화된 인프라에 의존하지 않고 대신 클라이언트 집합 간에 작업을 분산하여 각자의 능력에 따라 작업을 수행합니다.

친애하는 KV,

저는 지금 막 P2P 소프트웨어 프로젝트를 시작했습니다. 그래서 여기에 대한 몇 가지 질문이 있습니다. 당신이 지금 무슨 생각을 하는지 알 것 같네요. 먼저 답하자면 아닐 겁니다. 제 질문은 저작권 침해와는 무관합니다. 제가 참여한 프로젝트는 믿을 수 있는 기업 애플리케이션으로 문서나 도면, 그 외의 업무 관련된 정보들을 주고받은 겁니다.

제 가장 큰 문제는 이 프로젝트의 보안입니다. 만에 하나 실수로라도 우리 사용자의 데이터가 유출되거나 바이러스에 노출되는 상황처럼요. 그리고 뭔가 더 고민해야 할 것들이 있을 거 같습니다만, 현재는 이 두 개가 제일 중요합니다.

그래서 제 질문은, 'KV, 당신이라면 어떻게 할 건가요?'입니다.

모르는 동료

친애하는 모동 씨,

KV는 지금 걸을 때가 아닌 거 같습니다. 가까운 바로 달려가 얼른 변호사를 찾아야겠네요. 제 경험으론 변호사는 언제나 바에 있던데, 거기에서 저보다 빨리 마시는 사람은 그들뿐이랍니다.

좋습니다. 일단 여러분의 회사에 '사람들이 시스템을 통해 주고받은 거로 발생 가능한 법적인 문제'에서 여러분을 지켜주는 변호사가 있다고 가정해 보겠습니다. 마찬가지로 사용자들이 무언가 잘못된 걸 주고받아도 보호해 줄 변호사가 있다고 가정하겠습니다. 그럼 이제 뭘 걱정해야 할까요? 아직도 많이 남았습니다.

P2P 방식이건 클라이언트/서버 구조이건, 아니면 당신이 지닌 어떤 형태의 수단이건 그 어떤 형태의 파일 공유 시스템의 핵심은 발행/구독(publish/subscribe) 패러다임을 따른다는 것입니다. 발행/구독 모델은 사용자들이 어떻게 데이터를 주고받을지 정의해 줍니다.

해당 모델은 낮은 위험부터 높은 위험으로 구분 지을 수 있습니다. 높은 위험 모델의 예시로는 하나의 애플리케이션이 가능한 많은 데이터를 공유하는 것을 들 수 있는데, 이건 기본값으로 당신 디스크의 데이터 모두를 아무나와 공유할 수 있게 하는 것과 같습니다. 맘껏 웃어도 됩니다만, 많은 회사가 기본으로 이런 형태이거나 묶인 되는 시스템을 만들고 있다는 걸 알고 나면 울고 싶을 겁니다. 이번에는 낮은 위험을 지닌 P2P 파일 공유 시스템을 만드는 방법을 제안해 보겠습니다.

첫째로, 기본 모드로 접근을 거부하게 하는 소프트웨어를 만드는 겁니다. 소프트웨어를 설치함과 동시에 새로운 파일은 누구에게도 공유되지 않아야 합니다. 이 간단한 규칙을 따르지 않는 소프트웨어의 경우가 몇 가지 있습니다. 따라서 악의적인 사람이 누군가에게서 데이터를 훔치고자 할 때 파일 공유 소프트웨어를 다운로드하고 설치하도록 속일 수 있습니다. 이를 종종 '설치 유도(drive by install)'라고 합니다. 공격자는 개인의 컴퓨터나 최소한 내 문서(MyDocuments) 또는 유사한 폴더에 자유롭게 접근할 수 있게 됩니다.

둘째로, 파일을 공유하고자 하는 공유자가 대부분의 데이터에 대한 제어를 직접 할 수 있게 하는 것입니다. 공유자의 컴퓨터에 연결을 하는 사람들은 오직 공유자가 허락한 파일만 볼 수 있고, 복사할 수 있습니다. 합리적인 낮은 위험의 시스템은 공유 데이터의 유효기간이 있어 24시간이나 일정 시간이 지나면 접근할 수 없게 합니다. 이러한 기간 제한은 공유자의 컴퓨터에서 생성된 특정 파일에 대한 유효기간이 포함된 일회용 토큰이 요청자의 컴퓨터에 있어야 하도록 구현되어 있습니다.

셋째로, 시스템은 접근 권한을 느리게 열어 줘야 합니다. 비록 우리가 사용자들이 모든 것에 'OK'를 누르길 바라는 건 아니지만, 결국 사용자들은 아무 생각 없이 OK 버튼을 누르게 될 겁니다. 그래서 당신은 더 많은 접근이 필요한 경우 사용자 개입이 필요한 시스템을 원합니다.

넷째로, 파일들은 기본 경로나 쉽게 유추할 수 있는 위치에 저장되어선 안 됩니다. 내 폴더(MyDocuments)처럼 잘 알려진 폴더를 공유했던 많은 사람들은 곤란을 겪었습니다. 다운로드한 파일과 공유 파일을 저장하는 가장 좋은 방법은 파일 공유 애플리케이션이 파일 시스템의 잘 알려진 위치 아래에 임의로 이름이 지정된 폴더를 만들고 해당 위치만 이용하도록 하는 것입니다. 적절한 크기의 문자 및 숫자 문자열을 디렉터리 이름으로 선택하는 편이 좋습니다. 알아내기 힘든 폴더 이름을 사용해야 하는 이유는 무엇일까요? 그 이유는 바이러스나 멀웨어를 작성한 사람이 중요한 정보의 위치를 알아낼 수 없게 하기 위함입니다. 만약 파일명과 경로가 잘 알려진 상태라면, 누군가가 기계에서 정보를 훔치기는 훨씬 쉬울 겁니다.

마지막으로, 이 편지의 다섯 번째 조언은 공유는 일대다가 아니라 일대일이어야 한다는 것입니다. 대부분의 파일 공유 애플리케이션들이 일대다로 데이터를 공유하고 있습니다. 이런 경우, 당신의 컴퓨터를 찾을 수 있는 사람은 누구나 당신이 공유하려는 데이터를 얻을 수 있습니다. 글로벌 공유는 사용자가 선택할 수 있는 가장 마지막 선택지여야지 첫 번째 선택지여서는 안 됩니다. 첫 번째 선택지는 단 한 사람과 공유하는 것이어야 합니다. 두 번째는 사람들로 이루어진 그룹이어야 하고, 마지막이 글로벌이어야 합니다.

이 조언들이 지난 수년 동안 만들어진 유명한 파일 공유, P2P 시스템들과 상반되는 이야기라는 걸 눈치챘을 겁니다. 그 이유는 데이터가 공유되는 동안 데이터 보호를 허용하는 시스템을 보여 주고자 했기 때문입니다. 냅스터(Napster)나 그 뒤를 잇는 후계자들처럼 위험한 애플리케이션을 만들고자 한다면 다른 이야기지만, 이건 당신 편지를 보면 원하던 내용은 아닐 거라고 봅니다.

걱정해야 할 다른 사항으로는 애플리케이션 자체의 보안이 있습니다. 다른 컴퓨터에서 파일을 가져오도록 설계된 프로그램은 바이러스 작성자의 공격에 대한 완벽한 운반체입니다. 사용자에게 먼저 묻지도 않고 전송 직후의 파일을 실행하거나 표시하는 프로그램을 작성하는 것은 현명하지 못한 행동입니다. 사실, 정말 어리석은 일이죠. 윈도우에서 '이 .exe 파일을 실행하시겠습니까?'라는 질문에 '네'라고 대답하는 것은 러시안 룰렛을 하면서 '제 차롄데 방아쇠를 당겨도 될까요?'라고 묻는 것과 같은 겁니다.

또 다른 공개 연구에 의하면, 음, 제 말은 큰 두통을 유발해서 말하고 싶진 않지만 인증 시스템 그 자체입니다. 다른 모든 조언들을 제외하고 보면 이 문제 자체가 매우 까다롭습니다. 당신이 진짜 당신이라는 걸 제가 어떻게 알 수 있을까요? 그리고 제가 진짜 저인지를 당신이 어떻게 알 수 있을까요? 어쩌면 제가 악당일지도 모릅니다.

KV

# 기계에서 기계에게
## Machine to Machine

분산 시스템은 어렵습니다.
– 조너선 앤더슨

Kode Vicious를 작성하면서 경험한 모든 기술적인 문제들 중에서 저를 가장 흥미롭게 했던 것은 분산 시스템이었습니다. 그건 아마 환장할 정도로 제어가 어렵고 올바른 정보를 가져오기도 어려웠기 때문일 겁니다. 수십 년의 연구 끝에 램포트 알고리즘, PAXOS 등 몇 가지 유용한 결론이 나왔습니다. 그럼에도 불구하고 컴퓨팅의 대부분의 영역에서는 여전히 많은 기술들이 미지의 영역으로 남겨져 있으며, 때론 가장 단순한 개념마저 사람들을 괴롭히기도 합니다.

코더$^{Koder}$들이 흔히 하는 착각이 있습니다. 네트워크 프로토콜 디자인은 난해한 문제를 해결하기 위해 소수의 선택된 이들이 모인 표준 위원회 같은 집단이 해결해야 할 문제라고 생각하는 것입니다. 그러나 사실 네트워크를 이용하는 코드를 작성하는 모두가 네트워크 프로토콜을 정의하며, 심지어 그것만을 다룬 책도 있습니다. 고 리처드 스티븐스가 쓴 책을 포함해 최고의 네트워크 책들은 한결같이 프로토콜 정의보다는 그 이후에 관한 이야기를 더 많이 다룹니다. 요즘에는 네트워크 프로토콜을 어떻게 정의해야 하는지 궁금하다면 IETF 초안을 살펴보고 IETF 회의에 참석해 그들이 뭐라 말하는지 보고 들으며 경험해 보는 것이 제일 좋은 방법입니다. 소시지가 어떻게 만들어지는지 보듯이요. 불행하게도 이건 시간을 엄청 잡아먹습니다. 회의에 개인적으로 참여한다는 건 개인적으로 비용이 많이 드는 것입니다. 거듭 말하지만 여러분들이 네트워크에 대해 찾을 수 있는 대부분의 교육들은 현재의 네트워크 프로토콜과 시스템에 대해서만 설명하고 있지, 그것들이 어떠한 연유로 여기까지 왔는지 다루지 않습니다. 만약 여러분들이 저마다의 프로토콜을 작성하고 싶다면, 설령, '이건 그냥 혼자 놀 때 해보려는 프로토타입일 뿐'이라 할지라도 생각보다 할 게 많습니다.

이번 장의 편지들은 기계 간 통신에 관한 몇 가지 실용적인 주제를 다룹니다. 네트워크 및 분산 시스템을 직접 개발하고 배포하거나, 만들어진 시스템들을 다루는 사람 모두에게 유용한 지침이 되면 좋겠습니다.

그녀는 왈츠는 생각 안 하면서, 왈츠를 추고 싶어 합니다.

— 오페라 《미카도》

모든 자원은 한계가 있습니다. 우리가 만드는 소프트웨어와 시스템 내부의 가상 자원도 예외는 아닙니다. 네트워크로 연결된 시스템의 경우에는 프로그램이 통신할 수 있는 포트의 개수가 가장 소중한 자원입니다. 포트 수는 프로토콜 디자인에 따라 제한됩니다. 프로토콜 디자이너는 포트를 표현하는 데 몇 개의 비트를 사용할지 정해야 하며, 이 값이 한번 정해지고 나면 프로토콜 자체를 바꾸지 않는 이상 변경할 수 없습니다. 좋은 예시로 전송 제어 프로토콜(TCP, Transmission Control Protocol)은 16비트를 이용해 65,535포트를 제공하고 있으며 최근 버전인 IP 버전 6 프로토콜 개정에서도 이 제약은 유효합니다. 사람에게 65,535라는 숫자는 제법 크게 느껴지지만, 컴퓨터 또는 코더$^{Koder}$ 입장에서 현대의 시스템들에겐 이건 작은 숫자일 뿐입니다. 그리고 네트워크 관점에선 우린 때론 이런 번호들을 예약하기도 합니다. 커뮤니케이션을 용이하게 하기 위해 사람들이 디자인하고 공표할 때마다 포트 번호들은 빠르게 소모되어 왔지만 이러한 랑데부 지점을 최신 상태로 유지하지 못하는 경우가 많습니다. 네트워크 시스템을 망가뜨리는 좋은 방법으로 포트를 초과 할당하는 것이 있습니다. 이번 편지는 이것에 관해 다룹니다.

*친애하는 KV,*

저는 새로운 네트워크 프로토콜을 만드는 것과 관련된 개인 프로젝트를 하고 있습니다. 그러던 중 호기심에 공식 포트 번호를 배정받는 방법을 알아내려 해봤는데, 그 결과 알게 된 건 이 작업에 1년 정도가 걸리고 IETF(Internet Engineering Task Force)의 압력을 앞뒤에서 버텨내야 한다는 것이었습니다. 이 과정이 단순히 웹 페이지에서 단순히 무언가를 클릭하는 것이 아님은 알았지만, 시간이 1년이나 소요되고 업무의 핵심적인 부분도 아니라 포기했습니다. 그래서 요즘에는 그냥 제 네트워크(UDP, TCP)에서 겹치지 않는 임의의 프로토콜 번호를 사용하고 있는데 별 문제없어 보입니다. 제 진짜 질문은 제대로 할당된 번호를 얻기 위해 이메일 캠페인에 누군가의 시간을 낭비할 수 있는 회사가 아니라면 굳이 왜 IETF에 가서 포트 번호를 요구하는 걸까요?

*대기 중*

*친애하는 대기 중 씨,*

먼저 칭찬부터 해야겠습니다. 당신이 실제로 이것을 올바르게 하는 방법을 알아내는 데까지 이르렀다는 사실에 대해서 말입니다.(많은 독자가 이쯤에서 모니터에 커피를 뿜었으리라 확신합니다. 저는 여태껏 편지를 보낸 사람에게 찬사를 보낸 적이 없으니까요.) 제가 당신을 칭찬하는 이유는 최근에 만났던 어떤 사람이 당신이 했던 것과 정확히 반대되는 행동을 했었기 때문입니다.

인터넷의 초기 설계에 존재하는 일부 전제조건 때문에 IPv4 패킷 헤더의 일부는 다른 부분보다 훨씬 더 중요합니다. 32비트 네트워크 주소의 제한이 가장 큰 전제조건이며, 8비트 프로토콜 필드도 그 다음으로 중요합니다. 8비트 필드에서는 IPv4 위에 255개의 가능한 프로토콜만 사용할 수 있습니다. 이는 많은 것처럼 보일 수 있으며, 대부분의 사람들은 모든 IP 패킷을 TCP를 사용하고, 그중에서도 프로토콜 6만을 이용해 전송한다고 가정하기 때문에 공간은 충분합니다. 그렇지만 나머지 프로토콜 번호의 절반 이상이 특정 프로토콜 또는 다른 프로토콜을 위해 이미 할당되었기 때문에 새 프로토콜 작성자가 쓸 수 있는 남은 프로토콜 번호는 109개뿐입니다. 또 다른 문제는 IPv6입니다. 주소 체계를 확장시켜 줄 것이라는 점에서는 명목상이나마 인터넷의 구세주입니다만, 여전히 프로토콜 필드는 8비트입니다. 따라서 머지않아 프로토콜 번호가 부족하게 될 것입니다.

프로토콜 필드는 인터넷에서 공공재의 영역처럼 보이지만, 제가 이쯤에서 다신 벌어져서는 안 되는 비극을 언급해야겠습니다. 이것은 교만과 광신에 대한 이야기이며, 아니나 다를까 오픈소스 진영과 기업 간의 충돌에 대한 이야기입니다.

1990년대의 어느 시점에 기업들이 프로토콜들은 IETF의 관리하에 표준화되어야 한다며 들고 일어났습니다. 이 이야기에서 프로토콜이 수행하는 작업은 별로 중요한 건 아닙니다. 그 프로토콜은 가상 라우터 중복 프로토콜(VRRP, Virtual Router Redundancy Protocol)이라고 불렸으며, 두 대 이상의 라우터에서 장애 극복 기능(fail-over)이 필요한 시나리오를 위해 존재한다고 했습니다. 한 라우터가 장애가 발생하면, 다른 라우터는 해당 장애를 프로토콜에서 제공해 주는 의미를 해석해 장애가 발생한 라우터 몫까지 하는 것이었습니다. 이 표준이 발행되고 난 이후 Cisco와 IBM은 프로토콜이 하는 것에 대해 특허권을 주장했습니다. Cisco는 합리적이며 비차별적인(RAND, Reasonable and nondiscriminatory) 라이선스에 따라 지적 재산을 공개했습니다. 법과 관련 없는 용어로 풀어 설명하자면, 누구든지 VRRP를 구현해도 되며 Cisco가 그런 이들을 대상으로 값비싼 소송을 걸지 않겠다는 뜻이었습니다. RAND 라이선스는 소프트웨어 표준화 프로세스에서 자주 쓰입니다.

안타깝게도, 다른 사람들과 어울리는 걸 잘 못하는 오픈소스 커뮤니티가 있습니다. 상대가 원하는 방식으로 함께 뛰어놀지 않는 사람들을 경험해 보지 못한 분들을 위해 설명하자면, 그건 마치 네 살짜리 아이와 이야기하는 것과 비슷합니다. 조카에게 체커를 하는 방법을 설명할 때 조카는 규칙이 맘에 들지 않는지 제멋대로 자기만의 규칙을 만들어 냅니다. 당신은 비위를 맞추려고 할 테고 그럴수록 조카는 더 창의적으로 굴 겁니다. 이런 상황은 네 살짜리 아이에겐 재밌는 경험일 테니까요. 그렇지만 만약 당신 동료랑 체스를 두는데 갑자기 그가 킹이 한 번에 세 곳을 움직일 수 있다고 말한다면 당신은 빠칠 겁니다. 왜냐면 이 인간이 지금 당신을 갖고 노는 게 분명하니까요, 그게 아니면 돌아버렸거나요.

제가 잠깐 이성을 잃었나요?! 대체 이게 VRRP 또는 네트워크 프로토콜이랑 무슨 상관일까요?

OpenBSD 팀은 언제나 그들의 영광스러운 지도자(그들의 표현이지 제가 정한 표현이 아닙니다.)의 지도를 따랐는데, RAND 라이선스가 그들 생각만큼 자유롭지 않다고 판단했습니다. 그래서 그들은 그들만의 프로토콜을 작성했지만 이 프로토콜은

VRRP랑 전혀 호환이 되지 않았습니다. 음, 여기까진 최악이 아닙니다. 이건 경쟁이었습니다. 우리가 알기로 경쟁은 좋은 제품을 이끌어 냅니다. 이게 자본주의의 위대한 업적이죠. 그렇지만 이 이야기에는 작은 균열이 있었습니다. 이 새로운 프로토콜인 공통 주소 결정 프로토콜(CARP, Common Address Redundancy Protocol)은 VRRP와 완전히 같은 IP 번호(112)를 사용해 버렸는데, 돌이켜보면 이건 멍청한 짓이었습니다. "그들은 왜 그래야만 했을까요?"라고 당신이 울부짖는 소리가 들리는 듯하네요. 음, KV가 포함된 그룹을 포함해 그 당시 대부분의 구성원들은 오픈소스의 적들과 전쟁에 돌입했다고 믿었습니다. 그들의 상대가 올바른 것의 대척점에 존재하는 이들이라고 여겼으며, 굳이 같은 프로토콜 번호에 뛰어든 행동은 그들 마음속에서는 선한 이들을 대신해 악의 무리와 맞서 싸우는 것과 같았습니다. 당연하게도, 이 행동은 같은 네트워크상에서 두 프로토콜을 병용하며 장치를 운용하는 것을 어렵게 만들었고, 마찬가지로 해당 프로토콜을 구현한 소프트웨어를 디버깅하는 것도 거의 불가능하게 되어 버렸습니다.

결국 당신의 네 살짜리 조카가 좌절하며 체커 게임을 접을 때와 같은 일이 벌어졌습니다. 아이는 엉엉 울며 뛰쳐나갔고, 남겨진 당신은 게임의 잔해를 뒤처리해야 하죠. 이제 우리 중 일부는 이 프로토콜을 가져와 적절한 프로토콜 번호를 얻은 다음, 레거시 장치가 과거의 망령이 된 프로토콜을 사용하고 있는 현실을 알아서 처리해야 합니다.

이제 제가 왜 당신을 칭찬했는지 이해되었을 겁니다. 상식적으로 행동하는 것이 우리 모두를 위해서 좋습니다. 멍청이처럼 굴지 않아줘서 고맙습니다.

KV

## 4.2 부족한 포트

시계 밑에서 만나요.

— 뉴욕시 센트럴 시티에서 만남의 장소 안내

포트는 모든 네트워크로 연결된 시스템들의 랑데부 지점이며, 4.1절에서 봤던 것처럼 한정되어 있습니다. 포트 자원이 한정되어 있다면 애플리케이션에서 자원을 아끼는 몇 가지 방법을 고안해야 합니다. 이번에 다루는 내용은 그 방법 중 일부입니다.

친애하는 KV,

저는 단순한 네트워크 코드 조각으로부터 네트워크 문제를 디버깅하고 있습니다. 데이터 센터에 있는 다른 모든 시스템의 명령을 수신하고 나서, 실행할 다른 서버로 명령을 전달하는 목적의 작은 서버 프로세스가 있습니다. 각 명령이 발생하면 클라이언트는 새로운 TCP 연결을 구성해 명령을 발송합니다. 그런 다음 우리 서버가 해당 명령을 접수하면 연결을 종료합니다.

기존에 사용하던 데이터 센터의 컨트롤러는 전혀 문제가 없습니다. 그렇지만 클라이언트 기기의 수가 늘면서 더 큰 데이터 센터로 이전해야 했습니다. 요새는 때론 명령을 시도하면 종종 연결이 불가능해지고 전체 시스템들의 속도가 느려집니다. 단순한 디자인이라 오히려 어디서 문제가 발생하는지 알 수가 없습니다. 컨트롤러 그 자체는 한 페이지짜리 코드에 불과합니다! 제 생각엔 새로운 데이터 센터의 장비들이 들어오는 접속 부하를 제어하지 못한다고 봅니다.

연결 거부

친애하는 거부 씨,

고작 한 페이지밖에 안 되는 코드에서 아직도 버그를 못 찾았다고요? 아마 그 코드에 버그가 없을 거고 스위치도 마찬가지일 겁니다. 분명히 이건 개발자 사이에 만연하는 남 탓하기 게임입니다. "내 코드는 전에 동작했다고! 네가 뭘 바꿨겠지!"라며 변경을 비난하는 거죠.

문제는 올바른 변경을 비난해야 한다는 것입니다. 누군가에게 소리지르고 나서 사실 틀린 건 본인이었음을 인정해야 하는 것만큼 어려운 일도 드물 겁니다. 저는 당신이 네트워크 관리자들에게 화풀이하지 않았길 바랍니다. 이번 경우엔 당신이 분명히 틀렸거든요.

이제 저는 당신 코드를 공격해 보겠습니다. 그 코드는 당신 주장대로 매우 정확할 테지만, 여기서 비난받을 지점은 TCP를 제대로 이해하지 못한 것과 TCP를 효율적으로 사용하지 못한 것입니다.

당신의 클라이언트가 서버에 연결할 때 두 호스트 간 연결의 유일성을 식별하기 위해 네 조각의 정보를 이용합니다. 이 정보 조각들은 소스와 목적지 IP 주소들과 포트를 포함하고 있습니다. 저는 당신의 코드가 목적지로 발송할 때 딱 하나의 포트만 쓰고 있다고 확신합니다. 예를 들자면 웹은 80번 포트를 쓰고 있고, e-mail은 25번 포트를 쓰고 있듯이요. 당신이 뭘 택했건 간에 이 부분도 문제는 안 될 겁니다.

그렇다면 나머지 소스 포트는 무엇을 위해 사용해야 할까요? 대부분의 코드, 특히 한 페이지 정도의 간단한 코드는 운영체제가 알아서 결정할 수 있도록 하세요. 운영체제가 알아서 원천 포트를 선택하게 두면 운영체제는 임시 포트(Ephemeral port)를 선택하게 됩니다. 여기서 임시라는 것의 사전적 의미는 '아주 짧은 기간 동안만 존재'한다는 의미입니다. 물론 여기서 짧다는 건 관찰자에 따라, 경우에 따라 다를 겁니다. TCP가 연결을 종료해도 운영체제에서는 TIME_WAIT 상태로 여전히 유효한 연결로 남아 있게 됩니다. TIME_WAIT 상태는 최대 세그먼트 길이의 두 배 이상 지속되지만 데이터 센터에서는 이 상태 시간을 60초 이상으로 하지 않습니다. 이는 2MSL(twice the maximum segment lifetime)을 위한 최솟값으로 시스템에 정의되어 있습니다.

좋습니다, 이제 당신의 경우에 짧은 시간이 1분을 의미한다는 걸 알게 되었습니다. 그래서 닫힌 소켓이 얼마나 오래 붙어있을지도 이제 알 겁니다. 소켓이 닫혀도 운영체제가 제공한 임시 포트 번호는 아직 재사용할 수 없는 상황인 거죠. 여기까진 괜찮습니다. 당신의 생각처럼 많은 수의 포트 번호가 여전히 가능하니까요. 그렇지만 불행하게도, TCP가 고안되었던 무렵에는 수백만 대의 기기들이 서로 연결될 거라는 생각이 일상적이지 않았고, 그런 게 가능할 것이라 여기지도 않았습니다. 따라서 사용 가능한 모든 포트의 수는 65,536개입니다만 임시 포트는 그 전체 범위를 사용할 수 없고 서브셋만 사용할 수 있습니다. 그리고 대부분의 최신 운영체제에서 사용 가능한 포트 범위는 약 16,384개입니다.

이 제한의 의미는 당신이 임시 포트로 제공 가능한 연결은 운영체제의 설정을 변경하지 않는 이상 16,384개가 최대라는 의미입니다. 어떻게 해서 그 범위를 32,768 정도로 늘린다 치더라도 현대적인 컴퓨터에서는 몇 분 안에 다 사용합니다. 그리고 명심할 점은 어떤 연결이라도 실제로 끊어지기까진 1분이 더 필요하다는 사실입니다. 지금까지 이 버그가 일어나지 않은 이유는 여태껏, 총체적으로 임시 포트가 1분 안에 소진된 적이 없었기 때문입니다.

이제 당신의 머릿속에는 TCP를 확장하거나 2MSL의 최솟값을 변경해 볼까 하는 무모한 생각이 떠오르기 시작할 겁니다. 제가 할 수 있는 말은 그런 생각들은 전부 잊으라는 겁니다. TCP는 원래 인터넷에서 오래 걸리는 흐름을 제어하려고 디자인되었습니다. 짧은 메시지를 주고받으려던 게 아니라요. TCP 연결을 효율적으로 사용하기 위해서는 TCP 연결을 설정하고 해체하는 데 드는 오버헤드가 한 번에 몇 바이트 이상 넘겨야 하는데, HTTP의 초기 설계자들은 그러한 깨달음을 얻지 못했습니다. 그 이야기는 다음을 위해 남겨 두도록 하겠습니다.

현 상황에서 TCP를 올바르게 사용하는 방법은 중앙 서버에 대한 연결을 지속적으로 유지하는 로컬 프로세스를 각 클라이언트에 두는 것입니다. 애초에 소켓을 매번 열고 닫는 구조가 아니라면, 순환할 필요도 없고 소중한 임시 포트가 소진되는 일도 없을 테니까요.

KV

# 4.3 프로토콜 디자인

구현은 전송 동작에서 보수적이어야 하며, 수신 동작에서는 개방적이어야 합니다.

*– 존 포스텔*

네트워크 프로토콜을 만들기 전에 어떤 걸 더 알아야 할까요? 사람을 말하는 거라면 그건 아마 현대 인터넷을 디자인하고 일궈내는 데 기여한 존 포스텔일 겁니다. 이번 절 서두에 인용된 포스텔의 법칙(Postel's law)이라는 유명한 지침은 보안적인 측면으로 시작된 표현이지만, 당시에는 연구 목적의 네트워크였다는 걸 생각해 보면 적절한 조언이었습니다.[34] 존은 오랜 시간 동안 포괄적인 인터넷 프로토콜을 다루는 문서인 RFC(Request for Comment)의 편집자로서 단순히 TCP나 IP뿐만 아니라 다른 수백 개의 프로토콜을 다루었으며, 프로토콜들이 어떻게 쓰여야 하는지 조언해 왔습니다.

이번 답신에 포함되는 조언 중 일부는 KV가 원본에 넣을 수 있었던 것보다 더 많은 토론을 할 수 있습니다. 특히 필드 그룹화 및 정렬에 대한 조언이 그렇습니다. 이를테면 일부 CPU 아키텍처, 그중에서도 인텔의 경우에는 필드 기본 단어 경계가 비정렬된 읽기와 쓰기를 사용함으로써 정렬된 경우보다 처리에 더 많은 사이클(cycle)이 요구됩니다. 비인텔 아키텍처에서 작업하는 사람들의 경우 에러가 전체 시스템 중단까지 유발할 수 있습니다. 네트워크 세계의 고전적 예시는 매우 저수준 영역, 이더넷에서도 머물고 있습니다. 이더넷 헤더는 6바이트의 원천과 6바이트의 목적지 필드가 있고 2바이트로 프로토콜 필드가 정의되어 있습니다. 패킷 수신 시 저수준 소프트웨어는 이더넷 헤더 패킷의 캡슐화를 해제하고 추가 처리를 위해 스택을 상위 계층으로 전달하려고 합니다. 만약 이더넷 헤더가 기본으로 메모리에 정렬되어 존재한다면, 뒤따르는 헤더는 그렇지 않습니다. 그것은 초기 정렬 후 14바이트, 가장 가까운

---

34. 에릭 올먼, 〈견고함의 원칙 재고(The Robustness Principle Reconsidered)〉, Communications of the ACM 54권 8호, 2011년 8월, 40–45쪽. https://doi.org/10.1145/1978542.1978557

정렬 지점에서 2바이트 떨어져 있을 겁니다. 다음 패킷의 헤더를 읽는 것은 많은 칩 아키텍처에서 실패를 유발하게 되는데, 정렬되지 않은 읽기를 허용하지 않기 때문입니다. 이건 대수롭지 않은 것처럼 보이지만 지난 40여 년 동안 임베디드 시스템에서 작업해야 하는 거의 모든 코더$^{Koder}$의 발목을 잡아왔습니다. 지금은 메모리 버퍼의 오프셋 및 기타 온갖 수단과 방법으로 이 문제가 해결되었지만, 그럼에도 프로토콜의 필드 오프셋이 소프트웨어에 미치는 영향에 대해 경각심을 심어 주는 이야기입니다.

덜 과감하지만 더 일반적인 요점은 정렬되지 않은 읽기 및 쓰기가 시스템 성능을 저하시킨다는 것입니다. 그런데 이건 대수롭지 않은 이야기가 아닙니다. 문제는 64비트 아키텍처의 고수준 시스템으로 가면 더 복잡해집니다. 즉, 이제 정렬 대상들은 더 멀어지고, 하위 필드들을 64비트에 담는 것이 더 현저한 성능 장점을 유발한다는 것입니다.

이 전체 주제를 다루기에 하나의 편지와 답신은 너무 짧습니다. 하지만 어딘가에서는 시작을 해야 하니, 일단 여기서부터 시작해 보겠습니다.

친애하는 KV,

저는 회사에서 분산 시스템 프로젝트에 관한 재밌는 논쟁에 휩싸였습니다. 제 프로젝트의 어떤 사람은 새롭게 만든 가볍고 갱신된 시스템에서 보내는 모든 데이터를 유형/값 대신 유형/길이/값으로 인코딩해야 한다고 주장하고 있습니다. 우리가 유형을 취급한 이래로 길이가 문제가 된 적은 한 번도 없었습니다. 우린 언제나 이편에서 저편으로 데이터를 옮길 수 있었습니다.

우리의 프로토콜은 가능한 한 가벼워야 하는 휴대폰의 SMS부터 인터넷과 같은 믿음직한 네트워크까지 두루두루 쓰입니다.

당신이 보기에는 길이가 정말 필요하다고 느껴지나요?

길이의 값이 궁금하다

친애하는 궁그미 씨,

저는 재밌는 논쟁의 결과가 하나도 재밌지 않은 결과를 가져온다는 게 재밌습니다. 사실, 가장 재밌었던 건 인터넷이 '믿음직하다'라는 거였지만 일단 이 부분은 두고 넘어가겠습니다.

네트워크 프로토콜과 프로토콜 디자인은 늘 KV의 심장 가까이에 있었습니다. 네, 그렇습니다. KV도 심장이 있습니다. 길이의 중요성을 이야기하는 대신에 저는 제 답변의 범위를 조금 더 넓혀서 'KV가 생각하는 네트워크 프로토콜 디자인의 중요한 다섯 가지'를 이야기하겠습니다.

언제나 길이를 인코딩하세요. 당신이 유형/값 vs. 유형/길이/값 인코딩에 대해 말했으니 이거부터 시작하겠습니다. 패킷 또는 다른 유형의 인코딩에 길이를 빼는 것은 버퍼 오버플로우(buffer overflow) 재난을 초래하는 지름길입니다. 통신에서 패킷이나 데이터를 읽는 프로그램이 읽어야 하는 데이터의 양을 쉽게 파악할 수 없는 경우라면, 이는 항상 코드를 작성하게 되고 그 또는 그녀는 얼마나 읽어 내야 하는지 추측하려 들게 될 겁니다. 당연하게도 추측이 필요하단 건 매우 좋지 않은 겁니다. 어설픈 추측은 버퍼 오버플로우를 유발하고, 우리가 네트워크 프로토콜에 대해 논의하는 사이, 버퍼 오버플로우 원격 취약점 공격으로 악용될 수도 있습니다. 축하합니다. 이제 당신의 새로운 프로토콜은 인터넷에서 평생 까일 겁니다. 스크립트를 다루는 꼬맹이부터 그 수준을 벗어난 이들 모두가 하찮은 취약점 공격으로 당신이 일궈 낸 것들을 박살낼 수 있게 되었습니다.

프로토콜은 버전 번호가 필요합니다. '이번 한 번으로 끝날 텐데.'라고 생각하는 사람은 쫓아내거나 프로젝트에서 정중히 제거할 필요가 있습니다. 소프트웨어에서 딱 한 번으로 끝나는 경우는 매우 드물며, 당신은 소프트웨어처럼 프로토콜을 디자인하고 지속적으로 만들어 나가야 합니다. 따라서 프로토콜도 업데이트가 가능해야 합니다. 프로토콜에 버전 번호를 생략하고 인코딩을 한다면, 추측 없이 프로토콜을 업그레이드하는 건 불가능할 겁니다. 다시 말하지만 추측은 안 좋은 겁니다.

당신의 필드를 정렬하세요. 옛날 옛적, 그러니까 제 오랜 친구가 "공룡이 지구를 지배했었어."라고 말하는 그 옛날 이야기를 하자면, 패킷에 담을 수 있는 모든 마지막 비트까지 쥐어짜내는 것이 매우 중요했던 시절이 있었습니다. 게다가 프로토콜을 디자인할 때 데이터 정렬은 고려하지도 않았었죠. 패킷을 받는 프로그램은 전체 8, 16, 또는 32비트 엔티티를 통째로 읽어야 했고, 비트를 이리저리 만지작거려서 정말로 중요한 한두 개의 비트를 찾아내곤 했습니다. 비록 사람들이 의도적으로 대역폭을 낭비하는 것처럼 보일 정도로 프로토콜을 설계하는 반대 방향의 추세가 문제입니다만, 바이트 정렬된 필드를 선호해 균형을 맞출 필요가 있습니다. 정렬 문제는 대부분 프로토콜 디자이너들이 플래그를 그들의 패킷에 추가하기로 할 때 발생합니다. 그리고 이로 인해 우리는….

플래그를 그룹화해야 합니다. 제가 아는 거의 대부분의 네트워크 프로토콜들은 통신에 필요한 플래그(예를 들면, 1비트짜리 정보)를 갖고 있습니다. 플래그들을 그룹화해서 바이트 수준으로 정렬하기 쉽게 하세요.(3번째 조언 참조)

방이 커질 수 있도록 하세요. 처음에 프로토콜을 디자인할 때 확장성을 고려해 약간의 비트로 공간을 확보해 두면 두 번 작업하지 않을 수 있습니다. 약간의 여유 플래그 비트와 패킷 확장성은 모든 프로토콜 디자이너가 1.0 버전을 출시하기 전에 고려해야 할 두 가지입니다. 이 마지막 지점은 공간을 낭비하는 핑계가 아닙니다. 이는 미래에 벌어질 일에 대한 항소장 같은 겁니다. 그 미래가 어쩌면 당장 다음 주일 수도 있습니다.

목록은 당연히 더 길어질 수 있고, 그것을 전부 다루려면 책 한 권으로도 부족할 수 있습니다. 그렇지만 지금 제 기준에선 이 다섯 가지가 제일 중요합니다. 만약 당신이 이걸 잘 이해한다면, 어쩌면 당신의 프로토콜은 더욱 널리 알려지고 모두가 당신에게 "한 번 더 해줘!"라고 부탁할지도 모릅니다. 네, 이런 거야말로 진짜 재밌는 게 아닐까요?

KV

## 4.4 뭐가 먼저야?

네가 취한 만큼 나는 생각하지 않았어.

— 대학가의 금언

여러분들이 네트워크 프로토콜을 찾는 데 적절한 시간을 보낸다면, 그중 일부는 유명한 네트워크 아키텍트 애벗(Abbott)과 코스텔로(Costello)의 디자인 결과물인 걸 알 수 있습니다. 초기 디자인에 대한 그들의 대화를 재구성한 것을 보고 알 수 있듯 애벗과 코스텔로는 네트워크 프로토콜에 대해 제대로 알고 있습니다.

> 코스텔로: 애벗, 이걸 봐. 호스트들 사이의 이 패킷들을 보라고. 그런데 마땅히 부르기가 애매하네. 이것들한테 이름을 지어주거나 하지 않아야겠어?
>
> 애벗: 걔들은 이미 이름이 있어.
>
> 코스텔로: 이름이 있다고? 좋아! 이름을 말해 줘 봐.
>
> 애벗: 첫 번째는 누구고, 두 번째는 무엇이고, 세 번째는 나는 몰라.
>
> 코스텔로: 내가 궁금한 게 그건데.
>
> 애벗: 내 말이. 첫 번째가 누구고, 두 번째는 무엇이고, 세 번째는 나는 몰라.
>
> 코스텔로: 너 프로토콜 디자이너니?
>
> 애벗: 그럼.
>
> 코스텔로: 넌 패킷의 순서는 모르는 거고?
>
> 애벗: 알아. 첫 번째가 누구고, 두 번째는 무엇이고, 세 번째는 나는 몰라.
>
> 코스텔로: 그러니깐 첫 번째가 누구라고?
>
> 애벗: 맞아.

우리가 네트워크 패킷에 이름을 정하지 못한다면 그들에게 시퀀스 번호를 부여해야 합니다. 그래야 우리가 받은 정보를 올바르게 되돌릴 수 있습니다. 어떤 계층에서든 시퀀스 번호를 생략하는 것은 큰 실수이며, 이것을 이번 편지에서 다루겠습니다.

친애하는 KV,

왜 현대의 네트워크 프로토콜들은 시퀀스 번호가 없나요? 저는 패킷에 시퀀스 번호를 부여하면 사람들이 그들의 네트워크 설정 문제를 디버깅하는 데 도움이 된다는 사실을 프로토콜 디자이너들이 깨달았으면 합니다.

순서 이탈

친애하는 순이 씨,

사람들이 안전벨트를 잘 착용하지 않는 것처럼, 수년간 사람의 목숨을 구하는 것으로 알려진 기술을 외면하는 이유에 대해 먼저 생각해 봐야 합니다.

사람들은 다른 부분에만 주의를 기울이면 모든 게 괜찮을 거라는 낙관적인 믿음을 갖고 있는 것 같습니다. 그들 생각엔 그들이 아닌 다른 사람들의 프로토콜이나 패킷에서만 문제가 발생한다고 믿는 것 같습니다. 희망은 영원한 것으로부터 샘솟고, 차디찬 현실에 부닥쳐 스러집니다.

네트워크 프로토콜 디자인에서 정상적임을 부탁하기에 저는 두 가지 관점에서 대답하고자 합니다. 첫 번째는 시퀀스 번호 부여가 중요한 만큼, 시퀀스 번호가 있다면 그걸 어떻게 사용하는가도 중요하다는 점입니다. TCP에서는 두 엔드 포인트 사이의 바이트를 헤아려 봐야 합니다. TCP가 디자인되던 시점에는 가장 빠른 네트워크가 10Mbps 이더넷 랜이었습니다. 주의하세요. G가 아니라 M입니다. 초당 10메가 비트입니다. 10메가비트로 $2^{32}$바이트 데이터를 전송하려면 3,400초 정도가 필요하며, 이는 대략 한 시간으로, 컴퓨터 입장에선 영원에 가까운 시간입니다. 오늘날엔 10Gbps 하드웨어가 있고, 그만큼의 데이터는 3.4초면 주고받을 수 있습니다. 이 말은 시퀀스 번호가 부여되는 영역이 4초마다 새로운 번호가 된다는 걸 의미합니다. 만약 패킷이 4초 이상 유실된다면, 연결이 뒤죽박죽 섞일 겁니다. 하드웨어는 금방 다시 사용 가능해지겠지만, 시퀀스 공간이 확보되기까지 0.3초가 소요됩니다.

이 중 어느 것도 TCP가 디자인에 문제가 있다는 걸 의미하지 않습니다.(적어도 시퀀스 번호에 있어서는요.) 그렇지만 현대의 프로토콜 디자이너들이 시퀀스 번호를 정할 때 미래에 대한 보장 vs. 공간 절약으로 인한 트레이드오프를 이해하는 건 중요합니다. 어떤 이유로 TCP가 확장되면 시퀀스 번호는 64비트로 확장될 것이며, 이만큼 이 소진되려면 100Gbps여도 46년이 필요합니다. 네트워크에서 손실된 패킷은 실제로 오랜 시간이 지나야 네트워크에서 유실될 겁니다. 당신은 시퀀스 번호를 선택할 때 당신이 보호해야 하는 것이 무엇인지를 고려해야 합니다. TCP를 사용하면 전송한 모든 바이트를 보호해서 전송 시 손실되거나 재요청되지 않도록 하게 됩니다. 다른 프로토콜에서는 메시지의 전체 바이트를 헤아리기만 해도 패킷 A가 패킷 B보다 먼저 도착했다는 사실을 알 수 있지만, TCP는 모든 메시지상의 바이트를 신경 써야 합니다.

두 번째는 타임스탬프가 시퀀스 번호로 좋지 않다는 점입니다. 대중은 시간이 항상 앞으로 흘러간다고 믿겠지만, 컴퓨터 세계에서는 그렇지 않은 경우도 있습니다. 많은 버그가 컴퓨터의 시간과 관련된 영역에서 자라났으며, 이는 주로 다른 컴퓨터에 있는 다른 시계들이 다른 속도로 흘러가는 것에서 기인합니다. 이 때문에 네트워크 시간 프로토콜(NTP, Network Time Protocol)과 정밀 시간 프로토콜(PTP, Precision Time Protocol) 같은 프로토콜을 이용해 우리 컴퓨터 시계를 교정하는 것입니다. 아아, 컴퓨터는 교정받는 걸 좋아하지 않습니다. 그래서 시간 프로토콜을 이용하더라도, 두 컴퓨터에 있는 각각의 시계는 결국 어떠한 이유에선지 틀어지기 마련입니다. 그래서 시간 프로토콜도 이 문제를 해결해 주지 못합니다. 정신을 아득하게 만드는 컴퓨터 시간 수호에 대한 문제는 잠시 옆에 두고(저를 믿으세요, 당신도 이걸 신경쓰고 싶지 않을 겁니다.) 컴퓨터 시간을 패킷 시퀀스 번호로 사용하는 것은 문제를 유발한다는 사실만 남겨 두겠습니다. 카운터의 숫자를 증가시키는 건 타임스탬프가 단조롭게 증가하는지 확인하는 것보다 쉽고, 빠른 데다가 에러 발생률도 낮습니다. 따라서 패킷의 순번을 정할 때는 단순한 게 최고입니다.(그리고 단순한 건 카운터를 이용한 순번입니다.)

네트워크 프로토콜을 디자인하거나 디자인하려는 분들에게 부탁합니다. 제발, 순번을 생략하지 마세요. 오늘 아낀 바이트가 머지않아 당신의 뒤통수를 때릴 겁니다.

KV

# 4.5 네트워크 디버깅

혹시 껐다 켜보셨나요?

– 이름을 열거하기엔 너무 많음

코드를 학습하는 사람들은 대개 단일 기기인 로컬 환경에서 자신의 코드를 앞에 있는 화면에서 디버깅하는 방법만 배우게 됩니다. 대부분의 시스템은 원격 연결을 할 대상을 명확하게 알면 명시적으로, 어디서인지는 정확하지 않지만 클라우드를 이용한다면 암시적으로 네트워크를 알게 됩니다.

통합 개발 환경을 사용하거나 전문 디버거를 사용하는 프로그래머일지라도 네트워크상의 코드를 디버깅해야 할 일이 있으면 충격을 받곤 합니다. 이 경우 제일 잘 알려진 도구는 wireshark이며, 이 도구는 알려진 네트워크 프로토콜이라면 거의 사용되지 않더라도 정보를 보여 주겠다는 단호한 의지의 결과물입니다. 그래서 이 도구와 커맨드 라인에서 이와 유사한 역할을 하는 tcpdump도 이번 답신에서 언급합니다. wireshark의 모든 것은 경이롭습니다만, 이 도구가 분산 시스템 환경에서 우리가 가진 최고의 디버그 도구라는 점은 솔직히 말하자면 끔찍합니다. 코더$^{Koder}$들은 프로그램에 중단점(break point)을 설정할 수 있어야 합니다. 그래야만 프로그램의 변수의 상태, 프로그램의 실행 단계에 따라 다양한 조건에서 필요한 조치를 취할 수 있으니까요. 네트워크 프로토콜을 디버깅하는 디버거는 거의 없고, 있다고 해도 20~30년 전부터 쓰여 오고 있는 도구일 겁니다. 일반적으로 누군가가 네트워크 문제를 디버그하려 한다면 wireshark나 유사한 도구로 '아하!'의 순간이 올 때까지 패킷 트레이스를 체질할 겁니다. 또한 네트워크 문제를 디버깅하는 방법을 설명하는 참조 문서가 거의 없습니다. 네트워크 문제는 너무 많은 곳에서 발생할 수 있기 때문입니다. 문제는 하드웨어나 네트워크 인터페이스, 네트워크 인터페이스가 작동되는 드라이버, 네트워크 프로토콜상의 전송 계층, 전송 계층상의 애플리케이션, 그 어떤 계층에서건 발생할 수 있습니다. 그래서 여러분들이 애플리케이션 개발자라면 여러분들의 애플리케이션을 들여다봐야 하고, 거기서 문제를 찾을 수 없다면 여러분 근처의 많은 다른 계층들을 비난해야 할 겁니다.

분산 시스템의 또 다른 디버그의 어려움은 네트워크가 종종 부분적인 에러가 발생하기 쉽다는 점입니다. 이는 종종 처리량 저하 또는 설명할 수 없는 지연 시간 증가로 나타납니다. 대부분의 소프트웨어에서 시스템은 중지될 수도 있고 실패할 수도 있습니다.

네트워크 프로토콜은 모든 패킷을 드롭할 수 있으며, 다른 계층에서 문제를 해결할 것이라고 기대합니다. 우리의 제어와 상관없이 수천 마일 떨어진 호스트나 라우터에서 패킷을 드롭하면, 우리는 어떤 게 성능 저하의 원인인지 알 길이 없고 그저 연결 끝에 많은 패킷이 유실된 것만 알 수 있을 겁니다.

분산 시스템의 가장 높은 부분에서는 행성처럼 방대한 시스템을 디버깅하게 됩니다. 이 경우 매우 제한적이거나 거의 제어가 안되는 영역을 열쇠 구멍 하나를 통해 들여다보며 무엇이 잘못되고 있는지 알아봐야 하는 셈입니다. 이 문제를 통제하려는 시도 중의 하나가 이번 편지의 주제입니다.

친애하는 KV,

메일링 리스트에 질문 하나를 했다가 역으로 tcpdump를 갖고 있냐는 질문을 받았습니다. 제 질문에 응답한 사람(그리고 목록의 전체 구성원들)은 저의 네트워크 지식 부족이 일종의 모욕이라고 생각했던 건지 그의 답신은 개인적인 공격에 가까웠습니다. 가장 기본적인 유형의 디버깅을 스스로 수행할 수 없다면, 제가 메일링 리스트에서 기대할 수 있는 도움은 거의 없을 겁니다. 개인적인 모욕은 차치하고, 이 사람은 왜 그렇게 굴었던 걸까요?

덤프

친애하는 덤프 씨,

사람들이 컴퓨터 프로그래밍이나 소프트웨어 엔지니어링을 공부할 때 창의적 도구들(코드를 작성하는 편집기, 코드를 실행 가능한 형태로 변환시켜주는 컴파일러)을 다루는 법을 배운다는 게 저로서는 흥미롭습니다. 그렇지만 프로그램을 디버그하는 방법을 배우는 경우는 거의 없는 것 같습니다. 디버거 역시 강력한 도구입니다. 한 번 사용법을 배우고 나면 이전보다 훨씬 더 생산적인 개발자가 되어 있을 겁니다. 솔직히 말해서, printf() 같은 도리에 어긋난 방법으로 버그를 찾는 건 정말 성가신 일입니다. 많은 경우, 특히 타이밍과 관련된 문제에서는 상태를 출력하는 것은 잘못된 결과만 보여 주게 됩니다. 프로그래밍을 배우는 사람 중 디버깅하는 법을 배우는 사람이 적다고 한다면 네트워크 문제를 디버깅하는 법을 배우는 사람의 숫자는 더욱더 적을 겁니다. 저는 실제로 네트워크를 디버깅하는 방법을 직접 배운 경험이 있는 사람을 만나 본 적이 없습니다.

(운이 좋은) 어떤 사람들은 운명처럼 당신이 언급한 tcpdump나 그것의 그래픽이 반영된 유사품인 wireshark로 이끌리게 되지만, 저는 이 도구들의 사용법을 사람들에게 가르치려 하는 사람을 본 적이 없습니다. tcpdump와 wireshark의 멋진 점은 멀티 플랫폼을 지원한다는 점입니다. 유닉스 계열의 운영체제와 윈도우 어디서든 동작합니다. 사실 패킷 캡처 프로그램을 작성하는 것은 작업 중인 운영체제가 패킷을 스니핑하기에 충분히 낮은 수준(low level)에서 네트워킹 코드나 드라이버를 활용할 수 있는 기능을 제공한다면 비교적 쉬운 일입니다.

네트워킹 문제에 대해 골머리 썩으며 하루를 보내는 사람들은 이러한 도구를 사용하는 방법을 필연적으로 배우게 됩니다. 이건 마치 초기 인류가 날고기를 조리하는 법을 배우는 것과 같습니다. 조리 결과가 먹을 수는 있지만 미슐랭 스타를 획득할 정도는 아니었다고 가정해 보겠습니다.

패킷 캡처 도구를 사용하는 건, 네트워크 환경에서 일하는 사람 입장에서는 부모님한테 체온계를 들이대는 것과 같습니다. 어릴 적, 당신이 아픈 것 같아 보이면 부모님 중 한 분이 당신에게 체온계를 사용했을 겁니다. 부모님이 당신을 의사에게 데려가면 의사도 마찬가지로 체온계를 가져다 댔을 겁니다. 제가 발목이 부러졌을 때도 체온계를 들이대더군요.(네, 제정신이 아닌 것 같아 보이지만 의사가 최선의 처방을 작성해 줘서 저는 그가 즐기는 동안 태평하게 웃어야만 했습니다.) 아무튼, 부모가 아이의 체온을 측정하는 건 '우리 아이가 아픈가?'라는 질문에 대한 첫 번째 체크 리스트에 해당합니다. 근데 이게 패킷 캡처랑 무슨 상관이 있을까요?

네트워크를 사용하는 프로그램 또는 네트워크 자체의 문제를 식별하는 가장 좋은 도구는 tcpdump입니다. 왜일까요? 최초의 ARPANET 이후로 40년 넘게 지났으니 더 나은 도구를 개발해 냈어야 하지만 실상은 그렇지 않습니다. 네트워크에서 무언가 문제가 발생하면, 당신은 가능한 한 많은 계층에서 메시지를 확인하고 싶을 겁니다.

네트워크 디버깅 컴포넌트의 또 다른 핵심 구성 요소는 시점별로 어떤 일이 벌어지는가입니다. 좋은 패킷 캡처 도구는 이것들을 기록합니다. 네트워크는 아마 그 어떤 컴퓨팅 시스템들보다 가장 비결정적인 구성 요소일 겁니다. 누가 무엇을 누구에게 언제 했는지(형제끼리 싸움이 난 후에 부모님이 묻듯이요.)를 알아내는 건 지극히 중요한 일입니다.

모든 네트워크 프로토콜과 그것들을 이용하는 프로그램은 기능에 순서가 중요하게 작용합니다. '메시지를 유실했습니까?', '두 개 이상의 메시지가 목적지에 순서가 틀어져서 도착했습니까?' 같은 질문들은 패킷 스니퍼를 이용해 네트워크 트래픽을 기록하면 답을 찾을 수 있을 겁니다. 단, 당신이 이걸 사용할 경우에 한해서요!

당신이 네트워크 트래픽에서 문제를 발견하면 기록을 남기는 것도 또한 중요합니다. 왜냐하면 그들의 비결정적인 태생 탓에 네트워크는 시점과 관련된 최악의 버그를 유발하곤 합니다. 어쩌면 버그는 매우 긴 간격으로 발생할 수도 있는데, 이는 큰 카운터에서 롤오버가 발생하는 경우에 그럴 수도 있습니다. 당신은 버그가 발생한 후가 아니라 발생 전부터 네트워크 트래픽을 기록하고 싶을 겁니다. 왜냐하면 버그가 다시 발생하려면 오랜 시간이 필요하기 때문이죠.

따라서 가장 기초적인 패킷 스니퍼를 이용한 네트워크 문제 디버그에 대해 조언해 보겠습니다. 첫 번째, 권한을 획득하세요.(네, KV가 진심으로 전하는 조언입니다.) 사람들은 당신이 네트워크 트래픽을 기록하고 있다는 사실을 알면 경기를 일으킬 겁니다. 이를테면 메시지나 이메일, 은행 거래 같은 것들 말이죠. 이것을 심지어 메일링 리스트에 보내는 경우라면 더욱이요. IT 조직의 어리석은 누군가가 root나 admin 권한을 당신의 데스크톱에 그냥 주었어도 그 점이 당신이 모든 걸 기록하고 외부로 발송해도 된다는 걸 의미하는 건 아닙니다.

다음으로, 문제를 디버그하는 데 필요한 정보만 기록하세요. 만약 이 과정이 익숙지 않다면, 아무것도 놓치지 않고 싶어서 당신은 아마 프로그램의 모든 패킷을 빨아들일 텐데, 여기에는 두 가지 문제가 있습니다. 첫 번째는 앞서 언급한 프라이버시 문제이고, 두 번째는 당신이 지나치게 많은 데이터를 저장하면 버그를 찾는 건 건초 더미 속에서 바늘 찾는 것처럼 어려울 거라는 겁니다.(당신이 들여다봐야 하는 건초 더미가 얼마나 큰지 못 봤을 테니 설명하자면, LAN에 1시간짜리 이더넷 트래픽을 기록하면 수억 개의 패킷도 캡처할 수 있습니다.) 당신이 가진 도구가 얼마나 좋은지 간에 조회의 범위를 줄일 수 있다면 버그를 찾아내기 훨씬 좋을 겁니다.

만약 매우 많은 데이터를 기록해야 한다면, 모든 걸 커다란 하나의 덩어리로 저장하려고 하지 마세요. 이것들이 서로 어떤 문제를 일으키는지 알겠나요? 대부분의 패킷 캡처 도구에는 '캡처 파일이 가득 차면, 연결을 닫았다가 새로운 연결을 시작' 같은 옵션이 있습니다. 파일 사이즈를 1메가바이트로 한정 짓는 건 좋은 출발점입니다.

그리고 마지막으로, 당신의 패킷 캡처된 파일 데이터를 네트워크 파일 시스템에 담지 마세요. 패킷 캡처 파일을 캡처 대상에 두는 것만큼 모든 걸 망치기 쉬운 방법도 없을 겁니다.

마침내 여기까지 왔습니다. 지금까지 네트워크 문제를 디버깅할 수 있도록 데이터 캡처에 대해 간략하게 설명했습니다. 당신은 이제 네트워크에 열이 있다며 의사를 부르기 전에 메일링 리스트에 돌아가 더 심각한 문제에 대해 도움을 외칠 수 있을 겁니다.

KV

무조건, 분명히, 하룻밤 사이 도착해야 할 때

— FedEx 광고

네트워크 시스템에 대한 가장 큰 오해 중 하나는 어쩌면 지연 시간이 성능과 시스템 안정성에 영향을 준다고 여기는 것입니다. 모든 네트워크 연결이 사용 가능한 대역폭을 바탕으로 판매 또는 홍보된다는 사실을 비난하고 싶지만 이 사실이 기술 종사자들의 변명이 되어서는 안 됩니다. 메시지가 A 지점에서 B 지점까지 전달되는 데 걸리는 시간은 본질적으로 연결이 얼마나 최적화되어 있는지에 따라 달라지며 타임아웃 설정이 잘못되었다면 에러마저 발생할 겁니다. 제가 항상 신경 쓰고 있는 여러 가지 중 한 가지는 여러 지점 간의 전체 지연 시간 규모입니다. 평소에 이걸 신경 쓴다면 네트워크상에 존재하는 시스템이 망가져도 훨씬 쉽게 디버깅할 수 있습니다. 그레이스 머레이 호퍼 제독[35]이 나노초 동안 도달 가능한 길이의 전선[36]을 갖고 다니며 비기술 분야의 사람들에게 이러한 문제를 설명한 일화가 유명한데, 저는 우리가 그보다 더 이 점을 유념해야 한다고 봅니다. 잠잠하고 제대로 작동하는 네트워크에서 대기 시간은 밀리초 미만입니다. 만약 여러분들이 최신의 10Gbps 또는 그 이상의 스위치를 통한다면 그건 거의 수십 마이크로초에 가까워질 겁니다. 일단 여러분들이 이곳저곳을 돌아다니기 하기 시작하면 세상의 지연 시간은 더욱 흥미롭게 바뀔 겁니다. 북미 전역의 지연 시간은 대략 70ms입니다. 실리콘 밸리에서 유럽까지는 약 150ms이고, 아시아까지는 110ms입니다. 이 대략적인 숫자를 평소에 신경 쓰고 있다면 장기적으로 처리 지연 문제를 해결할 때 골치 아픈 일을 많이 줄일 수 있을 겁니다.

---

35. 역주 미국의 컴퓨터 과학자이자 해군 제독. 프로그래밍 언어 코볼의 개발을 주도한 인물.

36. 역주 약 30cm.

친애하는 KV,

저희 회사에는 모든 고객의 정보가 포함된 매우 큰 데이터베이스가 있습니다. 데이터베이스는 세계 곳곳에서 성능 향상을 위해 지속적으로 복제되고 있고, 이 덕분에 아시아에 있는 고객들이 그들의 데이터를 보기 위해 회사가 위치한 미국의 데이터베이스에 접근하고 대기할 필요가 없게 되었습니다.

몇 달 전에 회사는 데이터베이스의 소프트웨어를 업그레이드했는데, 이를 위해 고객 데이터베이스의 모든 레코드도 업데이트해야 했습니다. 업그레이드된 프로그램을 테스트할 때 많은 양의 레코드를 업데이트하는 데 몇 분 정도밖에 안 걸렸는데 거기서 우리가 아시아 고객들의 정보를 업데이트하자 프로세스가 아시아와 미국 데이터를 건드려서 훨씬 오래 걸리게 되었습니다. 회사가 미국과 아시아 사이의 매우 빠른 네트워크 연결을 갖고 있는데도 거리가 문제된다는 게 납득이 되질 않습니다. 분명히 시간을 더 지연시키는 다른 무언가가 있을 겁니다.

대책 없는 대역폭

친애하는 대책 씨,

커다란 파이프를 갖는 것과 그걸 어떻게 쓰는가는 완전히 다른 이야기입니다. 네트워크에는 두 가지 문제가 늘 존재합니다. 바로 대역폭(bandwith)과 지연 시간(latency)이죠. 안타깝게도 대부분의 사람이 전자만 고민하고 후자는 외면합니다. 지연 시간은 메시지가 A 지점에서 B 지점까지 전달되는 시간을 의미합니다.(예: 클라이언트에서 서버까지) 제 추측으로는, 변환 프로그램을 로컬 네트워크에서만 테스트해 본 것 같습니다. 아마 100Mbit 이더넷이었을 테고, 지연 시간은 평균적으론 1ms 미만이었을 겁니다. 그런 뒤에 프로그램을 원격으로 당신의 매우 빠른 네트워크에서 실행하고 나서야 엄청 느리다는 걸 발견했을 겁니다.

통상보다 100배 정도 느렸다는 데 뭐라도 걸겠습니다. 제가 어떻게 100배라고 확신하냐고요?

쉽습니다. 일반적인 태평양의 라운드 트립(round trip) 지연 시간이 약 100ms입니다. 이건 당신이 깜빡한 매우 중요한 상수입니다. 거기에다 당신은 네트워크가 어떻게 동작하는지도 잊은 거 같네요.

당신이 언급한 그 매우 빠르다는 네트워크는 아마도 초당 비트 속도 기반으로 판매되었을 겁니다. 따라서 당신의 네트워크는 1Gbps 연결로 일본과 미국이 연결되어 있겠죠. 그렇지만 이건 대역폭에 대한 이야기이고 지연 시간에 대한 이야기가 아닙니다. 당신의 경우에는 지연 시간이 문제입니다. 왜냐고요? 당신의 변환 절차는 하나의 레코드를 한 번에 하나씩 처리하고 포장하고, 서버에게 리퀘스트를 보내고 리스폰스를 기다리는 식이었을 겁니다.

기반에 있는 네트워크는 매우 짧은 지연 시간을 갖고 있는데, 로컬 네트워크가 그렇습니다. 이런 포장하고 리퀘스트를 보내고 리스폰스를 기다리는 시간은 눈치채기 어려울 정도일 겁니다. 그렇지만 당신이 지연 시간이 오래 걸리는 네트워크로 가게 된다면 당신 시스템의 성능은 군홧발에 짓밟히는 꼴이 됩니다.

당신이 잊은 사실은 빛의 속도 c입니다. 당신이 데이터 변환 프로세스를 도쿄에서 실행하고 이걸 캘리포니아 데이터베이스에 반영한다고 가정해 보겠습니다. 도쿄에서 캘리포니아는 약 5,000마일 거리이며, 빛의 속도는 초당 186,000마일입니다. 따라서 빛의 속도로 도쿄에서 캘리포니아까진 약 0.027초가 소요됩니다. 이걸 환산하면 27ms라는 넘을 수 없는 벽이 두 지점 사이에 존재함을 알 수 있습니다. 라운드 트립을 고려하면 54ms입니다. 여기서 이미 당신의 LAN보다 50배 느려졌습니다.

당연하게도 패킷은 지점 간 이동을 직접 하는 게 아닙니다. 그들의 여정에는 중간 지점마다 저장되고 전달되는 여정이 있습니다. 이게 인터넷이 동작하는 방식입니다. 각 중계지점(기술 용어로 라우터)은 저마다의 처리 지연 속도가 있어 패킷에 도쿄에서 캘리포니아까지 50ms 정도의 지연 시간을 유발합니다. 이제 당신은 다른 요인들에 의해 당신의 LAN보다 100배 느린 현실 세계의 네트워크에 있는 겁니다. 현실이 당신에게 한 방 먹였네요. 만약 레코드들을 변환하는 데 로컬에서 5분 걸리던 거라면 이젠 원격에서 500분(8과 1/3 시간)이 소요되게 됩니다. 제가 당신이었다면 데이터베이스 변환 작업을 실행하기 전에 일터로 책 한 권 들고 오거나 당신의 다른 동료들처럼 영화나 다운로드받을 겁니다.

빛의 속도를 둘러싼 문제가 꽤 오랫동안 사람들의 관심을 피해 다니기는 했지만, 이러한 문제를 개선하는 몇 가지 방법이 있습니다. 첫 번째 방법은 모든 변환을 로컬에서 수행하는 것이고, 두 번째 방법은 변환 프로그램을 배치 리퀘스트로 수행하게 만드는 것입니다. 이러면 고대역폭의 네트워크를 훨씬 더 효율적으로 사용해 회사의 고대역폭 네트워크 사용료가 헛되지 않게 할 수 있습니다. 그렇지만 데이터베이스 서버에서의 변환이 모든 레코드를 연결 간에 이동하는 데 걸리는 시간보다 빠르게 레코드 배치를 처리할 수 있다면 지연 시간이 발생하게 될 겁니다. 그 모든 레코드를 반드시 순서대로 처리해야 한다면 당신은 네트워크의 물리적인 거리가 멀어질수록 느린 성능으로 고통받게 될 겁니다.

KV

장거리 주행

테이프를 가득 채운 채 고속도로를 질주하는 짐마차의 대역폭을 우습게 보지 마세요.

– 앤드루 스튜어트 타넨바움

지연 시간을 인식하지 못하는 것과 관련된 정신적인 문제로는 스탑-앤-고(stop-and-go) 프로토콜과 스트리밍(streaming) 프로토콜의 차이를 이해하지 못하는 것이 있습니다. 사람들은 이 세상이 가장 많이 알려져 있고 가장 많이 학습된 네트워크 프로토콜인 TCP로 구성되어 있다고 지레짐작합니다. 그렇지만 많은 분산된 파일 시스템이 존재하고 이것들은 네트워크 파일 시스템(NFS, Network File System)이나 그 외의 것들은 블록 기반이나 스탑-앤-고 프로토콜입니다. 심지어 NFS는 TCP 계층상에 존재하지만 여전히 스탑-앤-고 프로토콜을 쓰고 있습니다. 전송 계층이 스트리밍 방식인데도 불구하고요. 이번 편지와 답신은 당신이 높은 지연 시간에 스탑-앤-고 프로토콜까지 쓰면 그 결과로 무슨 일이 벌어지는지 다룹니다. 물론 좋은 결과는 아닙니다.

친애하는 KV,

저는 글로벌 네트워크에 맞게 NFS를 설정하라고 요청받았습니다. 그렇지만 긴 연결 구조에서는 LAN에서처럼 동작하지 않습니다. 관리 조직은 계속 우리한테 수 기가비트 연결이 원격지마다 구축되어 있다고 큰소리쳐 왔지만, WAN을 통한 우리 사용자들의 경험은 정말 끔찍한 상황입니다. 이건 정말 해결 불가능한 문제일까요?

바다 건너까지 거열형

친애하는 거열형 씨,

여전히 사람들이 대역폭과 지연 시간을 혼동하고 있습니다. 이 빛의 속도의 한계를 모르는 사람들의 수는 제가 ACM Queue 2008년 3/4월호에 쓴 〈지연 시간과 라이브락(Latency and Livelocks)〉에서도 친절하게 지적했듯, 전혀 줄어들지 않고 있습니다. 저는 지금쯤이면 파이프가 얼마나 큰 게 중요한 게 아니라 거리가 멀어질수록 커지는 지연 시간이 가장 큰 문제라는 게 말이 나왔어야 한다고 생각합니다. 제 느낌으론 이런 유형의 문제는 2001년 테크 버블 붕괴 이후로 계속 발생할 거 같습니다. 싸구려 장거리 회선의 수가 줄어들지 않을 테니까요. 세상은 싸구려 대역폭의 바다입니다. 더불어 지연 시간은 또 다른 이야기입니다.

지연 시간이 왜 당신의 성능을 갉아먹는지 이해하기 위해서는 NFS 프로토콜이 어떻게 동작하는지를 적어도 기초 수준에서는 알아야 합니다. NFS는 클라이언트/서버 프로토콜로 사용자의 기계인 클라이언트에서 서버에 몇 번의 리퀘스트를 통해 데이터를 받아오는 프로토콜입니다. 아주 간단하게 말하자면, 클라이언트는 파일을 찾고 그 파일이 존재한다면 해당 파일을 서버에게 읽고 싶다고 알립니다. 그러면 파일을 블록 단위로 요청하게 됩니다. NFS 프로토콜은 파일을 32KB짜리 조각으로 나누고 가져와 해당 블록별로 완료 여부를 되묻는 식입니다.

이게 지연 시간이랑 무슨 상관이 있을까요? NFS의 대부분의 동작들은 앞선 동작이 완료되어야만 작동합니다. 당연하게도 클라이언트는 READ 리퀘스트를 파일을 찾을 때까지 못하고, 또 당연하게 아직 앞선 내용을 받아오는 중이면 뒤따르는 블록에 대해 READ 리퀘스트도 할 수 없습니다. NFS에서 파일을 읽는 것은 다음 동작들로 표현할 수 있습니다.

- 파일 찾기 / 블록 1 읽기 / 블록 2 읽기 / ... / 블록 N 읽기 / 완료

이런 과정 중에서 클라이언트는 서버의 응답을 기다리는 수밖에 없습니다. 서버가 멀리 떨어져 있을수록 리스폰스에 걸리는 시간은 더 길어질 겁니다. NFS는 태생적으로 LAN 세팅에서 동작하도록 디자인되었습니다.(네, 10메가비트 환경이요.) NFS가 처음 등장했던 이더넷 LAN 환경에서는 라운드 트립으로 인한 지연 시간이 5 내지 10밀리초 범위였습니다. 같은 시기에 컴퓨터의 CPU는 수십 메가헤르츠였습니다.(네, 다시 읽어 보세요, 수십 메가헤르츠입니다.) 이 시절의 좋은 점은 네트워크가 CPU보다 훨씬 빨랐기 때문에 사용자들은 기다리는 데 익숙했었다는 점입니다. 덕분에 파일 서버에서 기다리는 데 딱히 신경 쓰지도 않았습니다. 이건 아주 옛날 일이지만 그 시절 흡연자들에겐 긴 파일을 처리하는 건 담배 피러 갈 시간이란 걸 의미하는 것이었습니다.

로컬 영역에서 속도는 대역폭과 지연 속도 양쪽 모두 향상되어 왔습니다. 대부분의 사용자들은 1기가비트의 연결을 그들의 네트워크에서 갖고 있고, LAN의 지연 시간은 밀리초 미만 범위입니다. 불행하게도 전 세계적인 네트워크를 생성하기 시작하면 빛의 속도가 엮이게 됩니다. 일반적으로 태평양의 네트워크 연결을 오가는 라운드 트립 시간은 120ms 정도 걸립니다. 대서양과 북미 전역의 지연 시간은 더 낮지만 결코 빠르지는 않으며, 누군가 아인슈타인이 제시한 이론의 중요한 부분을 뛰어넘는 방법을 찾지 않는 한 더 빨라질 수는 없습니다. 모든 물리학자들이 아인슈타인을 뛰어넘고 싶어했지만 지금까지 이 위인의 영역은 공고합니다.

다음을 보겠습니다. 빛은 진공 상태에서 5.4μs에 1마일을 이동합니다. 이로 인해 클라이언트와 서버가 1마일만 떨어져 있어도 10μs 사이에 서버와 클라이언트를 오갈 수 없습니다. 이게 광케이블이나 구리선이 되면 신호는 더욱 느려질 겁니다. 만약 당신의 서버가 클라이언트로부터 1,000마일 떨어져 있다면, 최선의 라운드 트립 시간은 10ms 정도일 겁니다.

잠깐 당신에게 탈지구급 기술인 진공 광통신 기술이 있는 척해 보자면, 당신의 라운드 트립 시간은 언제나 10ms일 겁니다. 거기에다 대역폭도 전혀 문제가 안 된다고 해보겠습니다. 이런 완벽한 연결에서 1MB 파일을 읽는 데 얼마나 걸릴까요? 각 리퀘스트가 32KB라고 한다면, 32번의 리퀘스트가 발송될 거고, 이는 320ms를 의미합니다. 그렇게 나쁘게 보이진 않을 수도 있겠습니다만, 사람들은 컴퓨터에서 200ms

만 넘어도 렉이라고 그럽니다. 당신의 사용자가 파일을 열 때마다 이 지연 시간은 렉이라고 인식될 거고 그렇게 되면 당신의 문 앞에 사용자들이 길게 줄을 서서 당신의 비싼 네트워크 연결이 너무 느린 점에 대해 불만을 토로할 겁니다. 그들 입장에선 "거리가 멀면 NFS를 쓰지 마세요."라는 최선의 대답이 달갑진 않을 겁니다. 그런데 이게 최선의 답이 맞습니다.

그런데 지난 30여 년 동안 몇 마일이 넘는 먼 거리의 원격 파일에 대해서 끝없이 최적화를 거듭해 온 프로토콜이 하나 있습니다. 그건 바로 TCP입니다. "잠깐만요! 저는 NFS가 이미 TCP 기반인 걸로 알고 있어요!" 당신의 절규 잘 들었습니다. 그렇지만 당신이 말했듯 NFS 계층이 TCP 기반이라고 할지라도 이미 진 게임입니다. 왜냐하면 NFS에서 설명한 블록이 문제입니다. 이런 바탕에선 TCP 연결을 효율적으로 쓸 수 없습니다. 기저에 있는 프로토콜이 효율적이기 위해서는 NFS가 한 번의 리퀘스트로 서버에서 전체 파일을 가져올 수 있어야 합니다.

당신이 처한 상황을 개선할 수 있는 방법이 몇 가지 있습니다. NFS를 조정해서 당신이 원하는 바를 이뤄낼 수는 없겠지만, 기저에 있는 TCP를 조정하는 것은 효과가 있을 겁니다. 이것은 일반적으로 시스템별로 수행되지만, 이는 사용자의 원격 경험 개선을 위해 일부 로컬 성능을 희생해야만 합니다. 인터넷에 '고대역폭/지연 네트워크를 위한 TCP 튜닝'을 검색해 보세요. 그리고 거기에 나오는 지침을 적용하세요.

주어진 숫자를 맹목적으로 적용하는 대신에 시도하고자 하는 것들을 실험해 보세요. TCP 튜닝은 기본으로 주어진 것보다 상황을 더 안 좋게 만들기 쉽습니다. scp 같은 프로그램을 이용해 NFS로 파일 복사를 해오는 시간을 비교해 보길 제안합니다. scp가 암호화와 관련된 오버헤드를 유발하는 것을 알고 있습니다만, 사람들에게 rcp 같은 프로그램 사용을 제안하는 것은 저글링을 처음 배우는 사람에게 가위로 저글링을 해보라는 것과 같습니다.

알맞은 대역폭과 지연 시간 계산기 링크를 첨부합니다. 바로 사용할 수 있습니다.

https://www.speedguide.net/bdp.php

KV

# 네트워크는 컴퓨터다

...그리고 컴퓨터가 멈췄다.

– 익명

확장 실패는 저렴한 하드웨어의 진보와 네트워크상의 시스템의 증가로 우리에게 닥친 문제로, 이 문제는 확장과 관련된 장애가 언제 발생할지 알 수 없다는 것입니다. 시뮬레이션은 우리가 실제 환경에서 이런 문제를 회피하는 데 별 도움이 안 되고 있습니다. 따라서 많은 구현 담당자들은 시스템이 망가지기 전까지는 잘 동작하던 방식을 고수하는 선택을 했습니다. 이러한 주입식 사고 방식의 문제점은 분산 시스템이 실패할 때 크게 터집니다. 이는 일반적으로 장애 전파를 유발합니다. 많은 부분이 고장 나고 이런 고장들이 다른 부분도 함께 망가지게 만듭니다. 근본 원인을 추적하는 과정은 폭음부터 자살 충동까지 극심한 스트레스를 유발합니다.

대규모 네트워크 시스템을 다루는 개발자들이 제한적인 온전성을 유지하기 위해 취하는 방법 중 하나로 내부 제어 트래픽과 고객향 트래픽을 다루는 두 개의 네트워크를 배치하는 것이 있습니다.

아키텍처가 분할된다는 것은 고객 네트워크가 비정상적이거나 서비스 거부 공격을 받을 때 제어 네트워크를 사용하여 무엇이 문제인지 확인할 수 있다는 것을 의미합니다. 분할된 아키텍처는 또한 제어 트래픽이 테스트를 방해하지 않도록 하는 등의 경우에도 필수입니다.

네트워크 확장 실패한 시스템을 디버깅하는 방법은 책 한 권을 써도 좋은 주제이지만, 당장 우리는 이번 편지와 답신 수준에서 만족해야 합니다.

*친애하는 KV,*

저희 프로젝트는 잘 알려진 분산형 키/값 저장소를 인프라에 구축해서 운영 중입니다. 그런데 단순 클라이언트 수의 증가가 속도 저하뿐만 아니라 시스템을 완전히 중단시키는 사례가 몇 차례 발생해서 우리는 놀랄 수밖에 없었습니다. 그러면 롤백까지 하게 되고, 팀의 여럿이 온라인 포럼을 검색해가며 유사한 사례가 있었는지 확인합니다. 이 프로젝트 목적 자체가 대규모 시스템의 스케일 확장이기 때문에 작은 부하의 증가가 전체 장애를 여러 차례 유발하는 것에 저는 크게 놀랐습니다. 시스템 확장이 너무 어려워서 작은 규모 확장에도 취약해질 수 있는 걸까요?

*스케일 백*

*친애하는 스케일 씨,*

만약 누군가가 당신에게 분산 시스템의 스케일 아웃이 쉽다고 말한다면 그는 거짓말을 하고 있거나 술 취한 사람일 겁니다. 어쩌면 둘 다 일 수도 있습니다. 분산 시스템을 일주일 이상 사용한 사람은 이러한 지식을 자신의 생각과 통합해야 하며, 그렇지 않다면 삽질을 시작해야 할 겁니다. 이쪽이 더 쉽다는 말은 아니지만, 적어도 삽질은 어떤 일들을 투입하느냐에 따라서는 선형적으로 달성할 수 있는 멋지고 집중적인 작업을 제공합니다. 반면에 분산 시스템은 비결정적 방식으로만 정중하게 언급될 수 있는 제공된 부하의 증가에만 반응합니다. 만약 당신이 단일 시스템의 프로그래밍이 어렵다고 느낀다면, 분산 시스템 프로그래밍은 파티에 참석하려면 반드시 쥐를 잡아 먹어야 하는 식의 '조지 오웰스러운' 악몽에 가까울 겁니다.

분산형 시스템이 아닌 경우, 장애는 더욱 예측 가능합니다. 단일 시스템으로 세금을 징수하면 메모리, CPU, 디스크 공간 또는 기타 자원이 부족해지고, 이런 경우에 시스템이 살아남을 확률보다는 하와이에서 눈덩이가 휴가를 보내고 살아남을 확률이 더 높을 겁니다. 문제점들은 서로 밀접해 있으며, 컴포넌트 간의 상호작용은 그보다 더 확실해서 '누가 누구에게 무엇을 했는지'를 파악하는 것이 훨씬 쉽습니다. 당신이 컴퓨터에 부하를 주면 예측 불가능한 일이 단일 컴퓨터에서도 발생할 수 있지만, 일반적으로는 관련된 모든 자원들을 완전히 제어할 수 있습니다. RAM이 부족한가요? 그럼 더 사세요. CPU가 부족하다고요? 프로파일을 돌려보고 코드를 고치세요. 그런데 데이터에 디스크가 너무 많다고요? 더 큰 걸 하나 사세요. 무어의 법칙은 여전히 대부분의 경우 당신 편에서 작용하고 있습니다. 거의 모든 자원이 18개월 주기로 배로 커져서 당신에게 주어지고 있죠.

문제는 당신은 결국 목표로 하는 대상 시스템의 컴퓨터 구성에 적합한 구현을 해야 한다는 점입니다. 일단 고려해야 하는 컴퓨터가 하나에서 둘로 늘어난다는 건, 아이가 하나에서 둘로 늘어나는 것과 같습니다. 오래된 코미디 대사를 차용하자면, 당신이 아이 하나를 키운다는 건 둘이나 그 이상 키우는 상황을 전혀 모른다는 겁니다. 왜냐고요? 아이가 하나라면 쿠키 상자의 쿠키가 모두 사라졌을 때 누가 범인인지 쉽게 알 수 있습니다! 그렇지만 둘 또는 그 이상이 되면 다들 그럴싸하게 아니라고 할 수 있을 겁니다. 그들은 그럴 수 있고, 결국 쿠키를 먹은 범인은 거짓말을 통해 달아날 수 있습니다. 아침마다 아이들에게 자백제를 몰래 먹이는 게 아닌 한 누가 진실을 말하고 누가 거짓말을 말하는지 알 수 없을 겁니다. 통신의 신뢰성 문제는 컴퓨터 과학에서 많이 연구되어 왔습니다만, 여전히 우리는 대규모 분산 시스템을 구축할 때 완전히 신뢰할 수 있는 방법을 가지고 있지 않습니다.

분산 시스템을 만드는 사람들은 시스템이 너무 커지고 다루기 어려워지는 것을 방지하기 위해 자의적인 제한을 가했습니다. 분산 키 저장소 레디스(Redis)에는 시스템에 연결할 수 있는 클라이언트가 10,000개로 제한되어 있습니다. 왜 10,000일까요? 딱히 단서도 없습니다. 일반적인 2의 거듭제곱도 아닙니다. 8이나 192, 또는 16,384 같은 건 다른 글에서 다루기로 하죠. 어쩌면 코드를 작성한 사람이 도덕경의 만물에서 영감을 받았는지도 모릅니다. 이유야 어찌됐건 당시에는 좋은 아이디어로 보였을 겁니다.

물론 클라이언트의 수를 제한하는 것은 분산 시스템을 과부하로부터 보호하는 방법 중 한 가지일 뿐입니다. 만약 분산 시스템이 1Gbps에서 10Gbps NIC로 바꾸면 어떻게 될까요? 1Gbps에서 10Gbps로 변경하면 대역폭'만' 증가하는 것이 아니라 지연 시간도 줄어듭니다. 10,000개의 노드를 지닌 시스템이 1G에서 10G로 무탈하게 변경될까요? 좋은 질문입니다. 테스트나 모델이 필요하겠지만 단순히 클라이언트의 수 제한으로는 시스템이 예상치 못한 상황에 처하는 것을 예방할 수는 없습니다. 전체 시스템에서 작업을 할당하기로 결정하는 방식에 따라서 핫스팟(Hot Spot)이 발생할 수 있습니다. 핫스팟은 여러 리퀘스트를 단일 리소스로 전송하여 서비스 거부 공격과 같은 공격을 효과적으로 방어할 수 없게 만들고 노드의 효과적인 처리량도 붕괴시킵니다. 그러면 시스템이 해당 노드를 제거하고 작업을 다시 재분배할 겁니다.

다른 대상을 선택할 수도 있고, 시스템에서도 실패한 것 같기 때문에 해당 작업을 시스템에서 제외할 수도 있습니다. 최악의 경우에는 모든 시스템이 무릎을 꿇을 때까지 이런 상황이 계속되어 근본 문제가 해결되기 전까지 아무런 진전이 없는 상황을 만들 수 있습니다.

해시 함수를 이용해 작업을 분배하는 분산 시스템들은 종종 이 문제에 시달립니다. 해시 함수를 평가하는 방법 중 하나는 입력에 기반한 해시 함수의 결과가 얼마나 잘 분포되어 있는가입니다. 작업을 분배하기 위해 좋은 해시 함수는 입력을 기반으로 모든 노드에 작업을 완전히 균등하게 분배하지만, 좋은 해시 함수 가지고 모든 게 해결되지는 않습니다. 당신은 어쩌면 훌륭한 해시 함수를 갖고 있을 수도 있지만, 좋지 않은 데이터를 제공하게 될 수도 있습니다. 해시 함수에 제공되는 원천 데이터의 다양성이 충분하지 않은 경우라면(가령, 어떤 면에서 보면 거의 정적인 대상 같이 보이는 거의 변화가 없는 리퀘스트) 함수가 아무리 훌륭할지라도 작업을 노드별로 균등하게 분배하지 못할 겁니다.

전통적인 네트워크는 4-튜플(tuple)로 구성되어 있습니다. 원천, 목적지 IP 주소, 원천과 목적지 포트입니다. 이것들을 합치면 96비트의 데이터가 되고, 이 정도면 해시 함수를 위해 적절한 수준의 데이터의 양으로 보입니다. 일반적인 네트워크 클러스터에서는 네트워크는 잘 알려진 RFC 1918 주소(192.168.0.0/16이나 172.16.0.0/12 또는 10.0.0.0/8)로 구성되어 있습니다. 그럼 네트워크가 8,192개의 호스트로 구성되어 있다고 가정해 보겠습니다. 제가 2의 거듭제곱을 좋아해서요. 서브넷에 대해서는 잊어도 좋습니다. 192.168.0.0 공간에서부터 연속적으로 8,192개의 호스트 주소를 192.168.0.1부터 192.168.32.1까지 할당해 보겠습니다. 서비스의 대상 포트는 일정하며(예: 6937) 원천의 포트는 임시 포트입니다. 이제 데이터를 두 개의 IP와 포트들을 요구하는 우리의 해시 함수에 넣어 보겠습니다. 원천의 포트는 연결마다 무작위로 거의 16비트 범위 내에서 선택됩니다. 거의 16비트라고 하는 이유는 어떤 포트 번호의 범위는 사전 정의된 프로그램들을 위해 예약이 되어 있기 때문이고, 우리가 만드는 시스템은 이런 특권이 없는 시스템입니다. 목적지의 포트는 상수로 고정되어 있습니다. 그래서 함수에서 이 부분은 제거할 수 있습니다. 이 널찍한 IPv4 주소는 64비트의 데이터를 해시할 수 있지만 실제로는 13비트만 제공합니다. 우리는 8,192개의 호스트만 인코딩할 수 있으면 되기 때문입니다.

따라서 우리의 해시 함수에 입력하는 데이터는 96비트가 아니라 42비트보다 더 적을 겁니다. 이 경우라면 다른 해시 함수를 선택하거나 입력되는 값들을 변경할 수 있습니다. 그러면 실제로 출력이 호스트 전체에 고르게 분배될 겁니다. 분산 시스템의 호스트 집합에서 작업이 어떻게 분산되는지가 해당 시스템이 예측 가능한 규모로 확장될 수 있는지를 결정하는 중요한 요소 중 하나입니다.

분산 시스템을 어떻게 확장시킬지에 관한 논의는 이 책의 전체 내용보다 더 길어질 수밖에 없는 어려운 주제입니다. 그러나 분산 시스템에 어떤 디버깅 기능이 있는지 논의하기 위해서는 해당 주제를 벗어날 수 없습니다. '시스템이 느리다.'는 허접한 버그 리포트이고 솔직히 이런 건 쓸모없습니다. 그렇지만 분산 시스템과 관련하여 가장 많이 언급되는 것도 사실입니다. 보통 사용자가 시스템의 응답 시간이 길어지는 것을 눈치채고 그 결과로 시스템이 평소보다 지연되는 것을 눈치채는 식입니다. 분산 시스템은 DevOps 또는 시스템 관리 팀과 같은 시스템 운영자들이 문제를 추적할 수 있도록 로컬 및 원격 서비스 시간을 어떤 식으로든 표현해야 합니다. 핫스팟은 각 서비스별로 서비스 리퀘스트 도착 시간과 완료 시간을 주기적으로 로깅하는 것으로 식별할 수 있습니다. 이런 로그는 기본적으로 가벼운 구성이어야 하고, 단일 호스트만 고려해서는 안 됩니다. 이 부분에서 잦은 실수가 발생합니다. 당신의 시스템이 바쁘게 돌아가면 로그를 작성하는 시간도 서버에서 시간이 걸리게 되고 이건 좋지 않은 결과를 불러옵니다. CPU, 메모리, 네트워크 사용률을 포함한 시스템 수준의 지표를 기록하면 네트워크 에러 기록뿐만 아니라 문제를 추적하는 데에도 도움이 될 겁니다. 만약 중간에 있는 통신 구간에 부하가 발생하면 문제는 단일 호스트에 표시되지 않을 수 있지만 각 노드에 적은 수의 에러 집합이 분산되어 전체 시스템에 혼란스러운 영향을 미칩니다. 가시성은 디버그 용이성에 중요한 요소입니다. 가시성 없이는 디버그 용이성을 성취할 수 없습니다.

다시 당신의 논지로 돌아와 이야기해 보자면, 저는 사소한 부하의 증가가 전체 시스템의 장애를 유발하는 건 놀랍지도 않습니다. 오히려 대부분의 시스템에서 그런 일이 벌어진다는 게 놀랍습니다. 시스템의 부하와 핫스팟, 그리고 에러들에 가시성을 부여하면 문제를 추적하고 시스템을 더욱 확장해 나가는 데 도움이 됩니다. 그게 아니라면 적어도 사용 중인 시스템의 설계에 한계가 있다는 것을 알게 되어 사용 중인 시스템을 걷어내고 다른 시스템을 선택하거나, 스스로 새로 작성해야 한다는 사실을 알아낼 수 있을 겁니다. 이제 무슨 일이 있어도 외면하고 있던 불편한 진실이 보일 겁니다.

KV

## 4.9 확장 실패

커뮤니케이션이 열쇠다.

– 익명

분산 시스템의 확장 실패의 주된 이유는 KV가 자주 설명하는 어리석음이 아니라, 때로는 순진무구함에서 찾을 수 있습니다. 딱히 더 전문적인 용어가 필요치 않은 작업 제어 시스템에 대한 순진한 첫 번째 시도는 이번 편지와 답신에서 볼 수 있습니다. 멀티스레드 프로그래밍과 마찬가지로, 논블로킹 IO로 프로그래밍하는 방법은 네트워크상에서 동작하는 코드$^{Kode}$를 다루는 코더$^{Koder}$라면 빠른 시일 내에 배울수록 좋습니다.

친애하는 KV,

저는 네트워크 기반의 로그 시스템의 동작 방식에 대해 파헤치는 중입니다. 왜냐하면 때론 딱히 이유가 없어 보이는데 시스템이 멈춰 버리기 때문입니다. 이걸 고쳐내야 하는 게 제 일만 아니었다면 재미있었을 겁니다. 전체 로그 시스템의 중앙 디스패처는 한 쌍의 읽기, 쓰기 호출을 처리하는 단순한 for 루프에 불과합니다. for 루프는 파일 설명자 세트 중 하나에서 입력을 받아서 다른 파일 설명자 세트 중 하나에 출력을 보낼 뿐입니다. 일반적으로는 원격의 읽기 또는 쓰기 처리기가 차단하지 않는 한 시스템은 정상적으로 작동했고, 평소에는 전혀 문제가 되지 않았습니다. 문제는 한때 10대 미만의 기기를 처리하던 것이 이제는 40대를 처리하고 그중 일부는 광역 네트워크를 통해 원격에 있을 무렵부터 발생한 걸로 보인다는 것입니다. 확실한 방법은 코드를 논블로킹으로 만드는 것이겠지만 코드를 이런 식으로 작성한 사람이 아무도 없어서 놀랄 지경입니다. 당신이 한눈에 봐도 이 코드는 확장 불가능할 겁니다.

블록과 루프

친애하는 루프 씨,

제 생각엔 당신이 들여다보는 코드의 최초 작성자가 당신을 고문하려고 그렇게 짠 건 아닐 겁니다. 그렇지만 코드에서 비슷한 부분들을 반복해서 보다 보면 그럴 의도가 없었다는 걸 받아들이기 어렵겠죠. 당신이 보는 코드는 '일회성' 또는 '프로토타입' 같은 코드일 겁니다. 그 코드를 작성한 재수 없는 사람은 어느 날 상사가 그를 모니터 앞에서 불러내곤 '좋은 아이디어'가 있다며 로그 시스템을 모두 네트워크를 사용하고 중앙 디스패처를 사용할 것을 프로그래머에게 요청해서 주고받기 쉽게 만들라고 했을 겁니다. 그 단순한 아이디어의 결과가 지금 당신이 보고 있는 코드입니다. 제 생각에는 프로그래머들은 낙관론자들이기 때문에 코드가 실행될 때 흥분하고 그게 다 된 거라고 생각하는 것 같습니다.

그 다음으로 보고 있는 것은 코드가 배포된 이후에 사람들이 그걸 사용하기 시작하는 겁니다. 코드를 사용하는 사람들이 자주 사용하지 않는 코드는 거의 실행되지 않아서 문제를 일으키는 경우도 적습니다. 클라이언트가 10개에서 20개가 되면 이런 관점에서 슬슬 오작동하는 것이 보이기 시작하고 누군가 당신에게 이게 왜 이러냐고 묻기 시작할 겁니다.

제가 당신이라면 여태까지 얼마나 운이 좋았는지 헤아려 볼 정도네요. 단순하지도 않은 작업을, 단순 읽기/쓰기 루프와 적절한 수준의 탄탄한 하나의 논블로킹 코드 조각으로 만드는 건 엄청난 일입니다. 물론 당신이 이런 경지에 이르러 있다 해도 코드를 추가하면 당신 코드의 클라이언트는 느려지거나 끊어지거나 문제가 발생할 수도 있습니다. 정말이냐고요? 정말이죠! 시스템을 건드리고 연마하는 데 며칠이고 쓸 수 있겠지만, 저는 이미 당신이 충분히 많은 코드와 훅을 추가한 거 같이 보이고, 시스템의 노드가 100개로 늘어날 쯤에는 당신의 디스패처를 하나 이상으로 분리시켜서 개별 노드에서 동시에 수행할 수 있게 해야 할 겁니다. 이게 앞으로 확장성을 위해 당신이 해야 하는 일입니다. 만약 이 작업을 적절하게 수행하지 않는다면, 당신의 후임자도 저에게 비슷한 내용의 편지를 보내게 될 겁니다.

KV

## 4.10 포트 대기열

관료제는 공공서비스를 위해 고안된 것이지만 일단 자리를 잡으면 지적 생물체처럼 자라나서 대중을 마치 적으로 간주하게 된다.

– 브룩스 앳킨슨

저의 꾸준한 독자 분들이라면 놀랄지도 모르겠습니다만, KV가 네트워크 기술의 사용과 남용에 대해 누군가의 통제가 필요하다고 생각했던 초기 시절이 있었습니다. 상당 기간 동안 그 통제가 권력화되어 있지 않았기 때문이었죠. 하지만 일은 벌어졌고, 정치적으로 꼬인 사람들은 소위 무정부주의자 노선을 걷기 시작했습니다. 가장 존중받는 네트워크 표준 집단이자 인터넷 프로토콜의 창안자인 IETF는 항상 '대략적인 합의와 코드 실행'을 강조해 왔고, 이는 대부분의 기술자들에게 적절한 지침이었습니다. 그러나 인터넷 프로토콜이 등장하고 IETF가 기관으로 성장하면서 그들 중 대다수가 관료화되었습니다. 그래서 이번 편지와 답신은 KV가 해당 기관을 존중하면서 동시에 그들의 개선을 요구하는 내용입니다. "자유의 나무에는 때때로 물 대신 애국자의 피가 뿌려져야 한다."라는 제퍼슨의 말은 문자 그대로 받아들이면 약간 섬뜩하게 보이겠지만 대규모 조직의 변화에 대한 은유로서는 여전히 적절합니다.

*친애하는 KV,*

수년 전 당신은 IETF(Internet Engineering Task Force)에 예약된 네트워크 포트를 요청할 때 올바른 절차를 따르지 않는다고 일부 개발자들을 비난한 적이 있습니다. 사용 중인 포트에 대한 행정 절차를 밟기 위해 쭈그리고 기다리고 있는 건 나쁜 관례인 거 같습니다. 당신은 직접 IETF에 포트 할당 신청 절차를 밟아 본 적이 있는지 궁금하네요. 우리는 최근에 오픈소스 프로젝트에서 새로운 프로토콜을 사용하여 이 과정을 진행해 봤는데, 이 과정은 정말 쓸모없고 절망스러웠습니다. 저는 당신의 독자들이 왜 우리처럼 포트를 할당받으려 하염없이 기다리는 대신 할당되지 않은 포트를 직접 찾아서 간단하게 시작하고, 유명세를 통해 해당 프로토콜이 나중에라도 할당되길 원하는지 알 거 같습니다.

*솔직히 실망스러움*


*친애하는 솔직 씨,*

하필 이 시점에 당신이 저한테 이런 질문을 던졌다는 게 재밌네요. 이번 여름에 저도 그랬답니다. 저는 하나가 아니라 제가 작업하는 서비스(https://github.com/gvnn3/conductor)의 두 개의 포트에 대해서 그런 과정을 진행했습니다. 저는 단순하고 분산된 자동화 시스템에서 네트워크 테스트를 오케스트레이션하는 것이 늘 성가셨고, 그래서 저만을 위한 걸 하나 만들었습니다. 시스템을 만드는 가장 쉬운 방법은 두 개의 예약된 포트를 갖는 것이었습니다. 하나는 지휘자용이고 다른 하나는 연주자용으로 정해서, 운영체제의 프로세스가 시작될 때 확정된 포트를 통해 저마다 임시 포트에 대한 계약을 할 필요 없게 하는 것이었습니다.

당신이 보기에도 단순해 보일 겁니다. 그렇지만 이건 IETF 일이 아니라 IANA (Internet Assigned Numbers Authority) 소관이었습니다. 이와 관련해 웹사이트에 별도의 신청 양식(https://www.iana.org/form/ports-services)이 존재합니다. 여기에는 당신이 누구인지 묻는 당연한 질문부터, UDP, TCP, SCTP 등 여러 프로토콜 중 어떤 전송 프로토콜을 사용하는지나 해당 프로토콜을 어떻게 사용할 건지 묻는 질문들까지 있습니다. 왜냐면 16비트만으로 UDP, TCP, SCTP를 다루기에 공간의 제약이 있기 때문입니다. 그래서 이제 당신은 IANA가 왜 포트 할당에 신중한지 알 수 있을 겁니다. 현재까지의 할당 상황을 보면 우리는 TCP 공간에서 이미 10퍼센트 정도의 공간을 사용했습니다. 거의 6,100개의 포트가 TCP에 할당되어 있습니다.

제가 요청한 포트 쌍은 TCP와 SCTP로, 7월 7일에 신청했습니다. 제가 둘 다 신청한 이유는 구 주소 체계 모두 현재 가능하고 신뢰할 수 있는 전송 프로토콜이었기 때문입니다. 제가 이 글을 작성하는 시점은 11월 6일입니다. 11월 8일에 포트 하나가 할당될 거라고 확정되었습니다. 그 과정을 같이 살펴보겠습니다.

당신이 포트 요청을 보내고 나면 해당 내용은 티켓 시스템으로 전달됩니다. RT(Request Tracker)라는 것인데, 편의를 위해 다음부터는 비서라고 칭하겠습니다. 이 비서는 티켓들에 대해 일종의 분류 작업을 수행한 다음 다른 사람에게 전달하는 것 같습니다. 그리고 두 달 정도 지나서 비서가 두 포트 번호의 사용에 대해 명확하게 질문을 해왔습니다. 비서가 네트워크에 대한 지식이 없지만 전문가들이 내용을 검토하기 전에 통로 역할을 하는 건 분명해 보였습니다.

모든 종류의 지나치게 관료적인 프로세스와 이런 형태의 전화 주고받기를 통해 예상할 수 있듯이 관련된 내용이 유실되거나 중복되는 경우가 많았기 때문에 포트를 어떻게 사용할 것인지 자세히 설명해야 했습니다. 결국에 저는 전문가(마침내 네트워크 기술에 대해 아는 사람)와 연락이 닿아 우리는 해당 서비스가 포트 하나만 써도 되는 것으로 합의하기에 이르렀습니다. 저는 "동의합니다."라고 말하며 마음을 비웠는데, 이게 맞는 절차라고 생각했기 때문입니다. 사실 그렇게 말하면서도 화이트보드에 주먹을 꽂아 넣기 일보직전이었지만요.

저는 이 과정을 통해 포트 번호 부여에 대한 몇 가지 통계를 갖게 되었습니다. 대부분의 TCP 포트 할당은 하나만 요구하는 경우가 드물고 여러 개의 포트를 요구한다는 사실과 이 할당된 포트의 숫자들이 대략 6,100여 개라는 점이었습니다. 많은 서비스들이 포트 한 개 이상을 요구하는 것뿐만 아니라, 쓸모없어진 할당들도 있는데 이것들은 회수되지도 않습니다. 사용 가능한 공간이 10퍼센트밖에 안 되는 상황에서 전용 프로토콜을 위해 포트를 할당받은 기업들이 망해도 포트를 돌려받을 방도가 없다는 겁니다. 이런 할당된 포트 목록을 살펴보는 건 실패한 기업들의 추모관을 보는 것과 같습니다.

이 모든 것이 사람들이 포트 번호 할당을 받기 위해 쭈그리고 기다리게 하는 것에 긍정적으로 들리지는 않습니다. 그렇지만 IANA가 프로세스를 더 간소화할 수 있다는 것과 기존에 할당된 공간의 일부를 되돌려받기 위해 힘을 쓸 수 있다는 건 분명해 보입니다. 가장 큰 문제는 대부분의 운영체제가 '시스템' 포트라고 인지하고 있는, 처음부터 존재해 온 1,024개의 포트에 있습니다. 시스템 포트는 보통 서비스를 루트로 수행해서 일반적으로 특권 사용자용으로 취급됩니다. 이 중 도메인 네임 시스템(DNS)을 예로 들자면, 53번 포트를 사용합니다. 이 비좁은 공간에서 IANA가 취합하고 몇몇 서비스는 중단시켜야 하는 부분이 바로 이 영역입니다. 물론 저는 여러분 모두가 매일 같이 Berkeley rshd와 SPX 인증을 222번 포트를 통해 사용하고 있을 거라 확신하지만 말이죠.

KV

# 4.11 야생의 네트워크

모든 것은 파생 상품에 불과합니다.
모든 것은 리믹스이고, 우리 모두는 거인의 어깨에 올라타 있을 뿐입니다.

– 알렉시스 오하니언

사람들은 새로운 시스템을 만들 때 새 출발을 하고 싶어 합니다. 한편으로는 그게 더 만족스럽기 때문이고, 또 다른 한편으로는 기술자란 족속은 통제에 집착하는 사람들인지라 그들의 교만과 허세에 심취해 있기 때문입니다. 그러한 열망은 본질적으로 잘못된 것은 아니지만 좋은 판단을 통해 적당히 조절되어야만 합니다.

이번 경우에 좋은 판단은 일반적인 용의자인 IP, UDP, TCP와 그 외의 프로토콜 중 적절한 대상을 찾는 것입니다. 빅 3로 알려진 결함을 해결해 보려고 시도하는 많은 표준과 준표준에 해당하는 프로토콜들이 있습니다. 좋은 문서를 작성하기 앞서 여기부터 시작해야 합니다. 누군가에게는 단순히 지루한 숙제로 귀결되는 일이겠지만, 진정으로 유능한 전문가는 그렇게 해야 개발 시간이 단축되고 더 나은 결과를 얻을 수 있다는 것을 알고 있습니다.

이번 편지와 답신은 이해가 부족하거나 불충분한 상황에서 처음부터 깨끗한 목욕물로 아기를 씻기기 위해 목욕물과 아기까지 함께 내던져 버리는 상황을 다루고 있습니다.

친애하는 KV,

저희 회사에서는 중계기 상태가 좋을 때 지연 시간을 줄이기 위해 무선 네트워크 연결을 이용하기로 결정했습니다. 지점 간(point-to-point) 연결에는 손실이 있는 무선 연결로 라디오 주파수를 낭비하는 IP, TCP, UDP 헤더는 유용하지 않다고 봅니다. 대신 우리만의 프로토콜을 직접 태우도록 만들 겁니다.

무가공 네트워크

친애하는 무가공 씨,

새로운 네트워크 서비스를 도입하는 가장 좋은 방법이 해당 분야에서 30년 이상 연구해 온 내용들을 무시하는 거라는 데 저도 전적으로 동의합니다. 행운을 빌어요.

그런데 운영체제 개발자(모두 스케줄러[37]를 다시 작성하려 함)랑 네트워크 엔지니어, 개발자들만 그들만의 프로토콜을 만들려고 한다는 걸 알아야 합니다. "우리가 원점부터 새롭게 할 수 있다면 ARPANET보다 더 괜찮게 할 수 있을 겁니다. 그건 낡고 형편없는 하드웨어를 위해 고안되었지만 우리들에겐 훨씬 더 멋지고 새로운 하드웨어가 있으니까요." 이 문장은 참이자 거짓입니다. 그리고 새로운 코드를 작성하기 전에 당신의 생각이 이 부울 로직 어느 쪽에 위치하고 있는지 확실히 알아야 합니다.

인터넷 프로토콜은 네트워크의 모든 것을 다루고 있지 않습니다. 그렇지만 현재 존재하는 다른 네트워크 프로토콜들 중 무엇보다 더 많은 연구와 테스트에 시간을 들였습니다. 당신이 구축할 무선 네트워크가 당신이 구입 가능한 가장 뛰어난 품질의 네트워크 장비를 사용할 거라는 걸 알고 있습니다. 그렇지만 무선 네트워크 손실은 유선 네트워크에 비해 악명이 높습니다. 그리고 TCP는 바로 이런 손실이 빈번한 환경에서 이미 많이 연구가 이뤄졌습니다. 따라서 TCP를 통해 데이터를 전송하면 패킷당 40바이트를 추가로 지불하게 되지만, 데이터를 보내고 받는 노드에 존재하는 대역폭과 왕복 시간을 조절하는 작업을 통해 이점을 얻을 수도 있습니다.

---

37. 조지 V. 네빌-닐, 〈버그와 마음껏 뽐낼 수 있는 권리(Bugs and Bragging Rights)〉, ACM Queue 11권 10호, 2013년 10월, 10–12쪽. https://doi.org/10.1145/2542661.2542663

당신의 네트워크가 지점 간 연결 네트워크라고 했습니다만, 그렇다고 라우팅을 무시할 수 있는 건 아닙니다. 모든 작업이 한곳에서 시작해서 연결의 종단으로 전달되는 게 아니라면, 결국에는 주소와 라우팅 문제를 염두에 두어야 합니다. 누군가가 이미 그런 문제들에 대해 생각해 둔 게 있는데, 그래요, 바로 인터넷 프로토콜이란 겁니다.

TCP/IP 프로토콜은 단순한 헤더 값들이 아닙니다. 이건 주소, 라우팅, 흐름 제어, 에러 탐지와 같은 것들을 위해 30년 이상 쌓아 올려왔고, 가장 낙후된 네트워크부터 원격 네트워크의 구석진 곳에 존재하는 여전히 대역폭이 킬로비트에 지연 시간이 0.5초가 넘는 곳까지 고려되어 있습니다. 확장되거나 다른 그 어떤 것과도 연결되지 않는 시스템을 구축하지 않는 한 TCP/IP의 기능이 필요하지 않은지 고려해 보는 게 좋습니다.

저는 네트워크 프로토콜에 관해 처음부터 다시 연구해 보는 것에 찬성합니다. 시도되지 않은 것들도 많고 시도했지만 당시에는 할 수 없었던 것들도 여럿 있습니다. 당신은 많은 연구가 선행되지 않은 상태에서 출시를 언급했는데 그렇게 숙제를 하지 않은 상태에서 제품 출시를 하게 된다면 당신과 프로젝트 둘 다 납작하게 짓눌리고 말 겁니다.

KV

# 4.12 의미없는 PKI

정부가 당신의 개인정보를 보호하겠다는 말은 엿보기꾼이 당신의 유리창에 블라인드를
설치해 줘도 되냐고 묻는 꼴이다.

– 존 페리 발로우

네트워크와 보안에는 많은 교차점이 있습니다. 하지만 그중에서도 충돌이 발생하는
지점은 공개 키 기반 구조(PKI, Publick Key Infrastructure)를 구축하는 영역입니다.
쉽게 만들고, 관리하고, 이해할 수 있는 PKI 시스템을 만들어 내는 건 보안과 네트워
크 분야 양쪽 모두의 꿈으로 남아 있습니다. 많은 논문, 프로토콜과 코드 조각이 이
문제를 해결하기 위해 만들어지고 공개된 영역에 발행되었습니다. 그렇지만 여전히
이 문제는 그대로 남아 있는데, 그 이유는 안전한 인프라에 대한 정의가 모호하고 업
계의 참여자 전원이 여기에 동의하지 않기 때문입니다. 5.11절에서 살펴볼 내용이지
만, 사용자들은 그들의 정보가 침해되기 전까지는 보안 문제를 거의 알아채지 못하
고, 인프라를 소유한 이들은 시스템이 그들 스스로만 지켜주길 기대하며 전체 사용
자는 고려하지 않습니다. 보안이 고려된 시스템은 사용자가 악용하는 것을 막기 때
문에 수익을 창출할 수 있습니다. 정부나 사기업의 경우에는 진정으로 안전한 시스
템 대신에 어떻게 효율적으로 감시할 수 있는지를 따집니다. 정정합니다. 시민에 대
한 효율적인 보호와 봉사겠죠? 분산 시스템의 보안이라는 개념에 반하는 이 많은 강
력한 이해관계들을 고려해 보면 이 분야에서 좋은 성과를 거둔다는 건 놀라운 일일
겁니다.

친애하는 KV,

저는 거대한 웹 기반의 회사에서 근무하고 있고, 우리의 트래픽을 안전하게 하는 방법을 찾고 있는 중입니다. 다른 회사들과 다르게, 원격지의 사무실과의 트래픽이 아니라 회사 내부의 프론트엔드 웹 서버들과 백엔드 데이터베이스들 사이의 보안을 강화하는 방법을 찾고 있습니다. 과거에 내부 침해로 문제가 발생한 사례가 있어서 경영진은 전송 중 암호화만이 유일한 보호 수단이라고 결정지어 버렸습니다. 우리는 모두가 저장되는 정보의 암호화가 되도록 애플리케이션을 고쳐 쓰기에는 너무 어려워서 데이터를 암호화하지 않았습니다. 우리 시스템을 작동시키는 데 수천 대의 서버가 관련되어 있기 때문에 이와 같은 시스템을 구축하는 것은 쉬운 일이 아닙니다. 저는 PKI 시스템을 만들어 각 서비스별로 필요한 모든 키를 관리하려고 합니다. 혹시 서비스 자체를 견고하게 만드는 대신 회사 내부에서 데이터를 보호할 수 있는 다른 방법에 대해 조언해 줄 수 있는지 궁금합니다.

심란한 보안

친애하는 심란한 씨,

네, 당신이 맞습니다. 그런 시스템을 만드는 건 쉽지 않죠. 더 나쁜 사실은 당신이 설령 그걸 만들어 내도 전혀 쓸모가 없을 거라는 겁니다. 당신 편지에서 제가 조금 이해하기 어려운 부분들이 있으니 그 부분들부터 논리적으로 설명해 보겠습니다. 일단 당신의 경영진들은 친절하게 말하면 '반응 모드'라고 말하는 거 같고 제 기준으로는 '시간 낭비'하고 있는 겁니다.

제 견해로는 내부 침해라는 게 직원 중 누군가가 당신의 데이터를 유출시킨 걸로 보입니다. 내부 침해와 유출은 당연하게도 모든 회사가 가지고 있는 리스크이며, 회사가 커질수록 리스크도 커지기 마련입니다. 여러분의 단체 활동에 더 많은 사람들을 참여시킬수록 고용되지 않았어야 했을 사람들이 참여할 가능성이 더욱 커지는 거죠. 어떻게 해야 이 끔찍한 내부인들이 데이터를 갖고 해서는 안 될 일을 하지 않게 할 수 있을까요? 제가 말할 수 있는 건 모든 트래픽을 암호화하는 건 별로 도움이 안 된다는 점입니다. 내부의 공격자가 네트워크에 패킷 탐지기를 설치하고 하루 또는 일주일 분량의 데이터를 수집한 다음에 이것을 가지고 나갈 가능성은 매우 낮습니다. 그 많은 정보를 꼼꼼히 살펴보는 것은 너무 많은 일이고, 게다가 당신이 그들에게 훨씬 더 쉬운 목표를 제공했기 때문입니다.

만약 당신의 회사가 데이터를 백엔드 데이터베이스에 저장한다면, 내부의 공격자가 향할 대상은 바로 데이터가 있는 장소가 될 것입니다. SQL 몇 줄을 수행하고 DVD를 굽거나 빠른 네트워크만 있으면 되는데 군이 패킷 내역을 자세히 살펴볼까요? 만약 당신이 민감한 데이터를 저장한다면 데이터가 안전하게 보관되어야 합니다. 네트워크가 아니라요! 최근 몇몇 사례처럼 만약 공격자가 백업 데이터를 갖고 나간다면 어떻게 할 건가요? 데이터베이스의 데이터가 해시화 또는 암호화되지 않아서 안전하지 않다면, 그가 백업을 손에 넣는 건 데이터를 손에 넣는 것과 같습니다.

또 다른 중요한 고려사항은 대부분의 사람들이 이해를 못하고 있는 사항인데 이런 유형의 시스템들은 '알 필요가 있어서' 민감한 데이터를 갖고 있는 겁니다. 정부와 군대는 같은 동전의 양면과 같습니다. 이들의 시스템에 민감 정보들은 소수의 실제로 해당 데이터를 필요로 하는 사람들, 그러니까 '알 필요가 있는' 이들을 위해 존재합니다. 데이터베이스와 그 외의 컴퓨터 시스템들도 비슷한 방식으로 소수의 사람들이 실제로 일하는 데 필요한 데이터들만 갖고 동작하게끔 구성됩니다. 정직한 사람들에겐 그들이 일하는 데 필요한 모든 데이터의 접근 권한이 있는 것이 문제가 되지 않지만, 정직하지 않은 이들에겐 그렇지 않습니다. 그들이 접근할 수 있는 데이터의 범위를 좁혀 침해의 가능성을 줄여야 합니다.

안전한 시스템을 만든다면서 자주 하는 실수는 모든 데이터를 암호화하는 것입니다. 만약 모든 데이터를 암호화한다면 모두가 열쇠를 갖고 다녀야 하고, 그러다가 키를 잃거나 도난당하면 침해로 연결됩니다. 그렇기에 당신의 비즈니스에서 암호화할 필요가 있는 대상만 암호화해야 하고, 소수의 사람들만 해당 키를 갖거나 민감한 데이터에 접근할 수 있으면 됩니다.

마지막으로, 당신은 편지에서 감사에 대해 언급하지 않았습니다. 조직 내 도둑놈들을 찾아내는 가장 좋은 방법은 모든 상호작용을 암호화하는 게 아니라 중요한 데이터를 읽거나 수정 또는 삭제할 때 감사하는 것입니다. '누가 무엇을 누구에게 했는지'를 로그로 기록하고 정기적으로 검토해 시스템 오용자를 찾는 게 가장 좋습니다.

좋은 PKI 시스템을 어떻게 구현하는지 말해 주지 못해 유감입니다. 흥미로운 주제이긴 하지만 딱히 당신에게 도움이 될 것 같진 않고, 당신 회사의 경영자들이 안전해졌다고 믿게 되는 것에 불과할 겁니다.(현실은 그렇지 않은데 말이죠.)

KV

# 4.13 표준 위에 표준

표준의 멋진 점은 선택할 수 있는 것들이 매우 많다는 점이다. 만약 그중 무엇 하나 맘에 들지 않는다면 1년만 더 기다리면 된다.

— 그레이스 머레이 호퍼 제독

컴퓨터에서 가장 많은 표준이 존재하는 영역은 네트워크 분야입니다. 여기에는 여러 가지 이유로 상당한 의미가 있습니다. 둘 이상의 이기종 컴퓨팅 시스템들이 정보를 올바르게 교환하도록 하는 유일한 방법은 이들 간의 공통 교환 형식을 정의하는 것뿐입니다. 인류는 언어를 통해 이걸 해결해 왔으나 인간의 언어는 유기적이고 비논리적이며 에러가 발생하기 쉬우므로 컴퓨터 간 통신에 사용하기엔 매우 열악한 모델입니다. 이런 경우에는 컴퓨팅 시스템의 공통되는 기초에 존재하는 프로그래밍 언어가 최선입니다. 이를테면 부울 논리, 저장된 프로그램, 주소 지정 가능한 저장소(일명 메모리), 네트워크 프로토콜과 같이 네트워킹에서 사용 가능한 비유를 사용하여 쉽게 이해하고 구현할 수 있는 용어로 정의해야 합니다.

상호작용의 목적은 A 지점에서의 개념을 B 지점까지 온전히 동일하게 전달하는 데 있습니다. 인간의 언어에서 우리는 머릿속에 있는 개념을 말이나 글로 상대에게 전달합니다. 이런 관점에서 네트워크 프로토콜은 개념의 정의가 훨씬 더 좁습니다. 모든 네트워크 상호작용의 목적은 같은 데이터 조각을 하나의 비트 그룹에서 많게는 페타바이트까지 온전하게 전달하는 것이며, 데이터가 순서대로 중복이나 손실 없이 A 지점에서 B 지점까지 전달되도록 하는 것입니다. 이 정의가 사람들 사이의 의사소통에 비한다면 간단하게 들리겠지만, 현실 세계에서 네트워크 프로토콜을 정의할 때 고려해야 하는 많은 디자인 제약사항이 있습니다. KV는 4장의 궁극적인 논의로 향하는 이번 절에서 이와 같은 많은 도전들을 다뤘습니다.

존재하는 표준을 어떻게 코드로 만드는지가 이번 편지와 답신의 주제인데, 이는 서로 다른 관점의 고려사항을 다루고 있습니다. 프로토콜 디자이너는 아키텍트라고 여겨집니다. 불행하게도 오늘날 컴퓨터 업계에서는 이 명칭이 지나치게 남용되고 있습니다. 아무튼 구현하는 사람은 계획에 따라 건물을 실제로 쌓아 올리는 시공 팀으로 비유할 수 있습니다. 어쩌면 다행일지도 모르겠는, 아키텍트들이 잘 모르는 것들이 있습니다. 바로 건물을 쌓아 가는 과정에 대한 것입니다. 이 부분은 건물을 실제로 쌓아 올리는 시공 팀이라면 반드시 알고 있어야만 하는 내용들입니다. 만약 그렇지 않으면 전체 건축물의 붕괴를 초래하게 될 수도 있습니다. 이 편지는 이러한 현대적이고 눈에 보이지 않는 장엄한 건축물들을 쌓아 올리는 이들을 위한 헌사입니다.

친애하는 KV,

저는 제 고용주를 위해 네트워크 프로토콜을 구현해 왔습니다. 비록 사람들이 기술의 스펙에 대해 불평하는 것을 전에 들은 적이 있지만, 이것들을 설계한 조직에 대한 불만은 그중에도 특별할 겁니다. 단순히 문장들이 난해한 수준이 아니라, 중요한 지점들을 빠뜨린 것을 계속해서 발견하게 됩니다. 가령, 경우에 따라 일부 필드가 존재해야 하는지 같은 것들 말입니다. 별다른 방법이 없어 보이면 개발 프로세스의 후반부에 다른 구현체를 찾고 이를 테스트하여 실제로 작동하는지 확인하는 수밖에 없습니다. 누가 이런 문서를 기반으로 소프트웨어 구현을 할 수 있겠나요?

설명서에 속음

친애하는 속음 씨,

문서가 있다고요?! 행운인 줄 아세요! 아마 진짜 행운은 아니겠지만. 표준의 품질이 코드의 품질만큼 다양하다는 것이 밝혀졌습니다. 이 사실을 알아내는 좋은 방법은 KV가 그러했듯이 수십 년 동안 표준을 읽어 보는 것입니다. 만약 이번이 '표준'인 무언가를 구현하는 첫 번째 경험이라면, 당신은 이 표준이란 것이 지적인 전문가들에 의해, 자신의 아이디어를 구현하는 사람들이 최소한의 모호성으로 빠르고 효율적으로 할 수 있도록 하는 데 초점을 두고 쓰였을 거라고 기대했을 겁니다. 애석하지만 당신이 찾는 그런 철인왕은 전설 속에나 있습니다. 표준이란 건 매우 다양한 이유로 만들어집니다. 때론 표준에는 최종적인 제품에 대한 언급이 전혀 없는 경우도 있습니다. 심지어 (이걸 듣는다면 놀라겠지만) 어떤 회사들은 직원을 표준 쪽에 파견해 일을 하게 해서 그 표준이 세상의 빛을 보지 못하게 하거나, 빛을 보게 되더라도 상업적인 우위를 갖고자 하는 목적으로 표준을 만들기도 합니다. 물론 제가 사람들이 어리석고, 허영 덩어리에, 비열하고, 이들이 속한 기업들이 혁신을 촉진하는 것만큼 파괴할 수도 있다고 말하는 게 당신에게는 전혀 도움이 되지 않겠지만, 제 기분만큼은 한결 나아지네요.

조금 더 현실적인 수준에서, 코드로 표준을 구현할 때 몇 가지 유의사항이 있습니다. 첫 번째는 상호운용성 테스트로 바로 넘어가기보다는 당신이 언급했듯 먼저 표준에 확인해 봐야 합니다. 요즘에는 표준 스펙들이 일반적으로 PDF로 제공되고, 문서에 임의의 노트를 추가해 보관할 수 있는 몇 가지 좋은 프로그램들도 있지만, 그래도

KV는 펜과 종이를 쓰는 방법을 선호합니다. 몇몇 표준들은 출력하고 갖고 다니기에는 거추장스럽습지만 괜찮습니다. 당신이 어떤 도구를 택하건 간에, 조용한 어딘가로 가서 앉아서 전체 스펙을 읽고 메모를 작성하세요. 그리고 발견한 모호성은 전부 끄집어 내세요. 당신의 메모가 차고 넘치게 되면, 그것들을 위한 별도의 파일을 만들어 보관하세요. 당신의 코드에 주석을 다는 것과 비슷하게 생각하면 됩니다. 어떤 표준이나 스펙들은 주석이 존재하고 이것들이 유용하기도 하지만, 이런 문서들은 때론 지나치게 높은 수준에서 내려오는 느낌이라 그저 막연하게만 들리기도 합니다.

일단 당신이 문서의 내용들을 확인한 후에는 문서에서 식별한 모든 경우를 꺼내 테스트를 작성해야 합니다. 저도 이런 것들에 대한 테스트가 불가능에 가깝다는 걸 잘 압니다. 그렇지만 이것이 제가 생각해 낼 수 있는 가장 진정성 있는 방법입니다. 저는 개인적으로 작성자가 패딩 바이트를 일관되게 선언하지 않은 네트워크 표준으로 작업하는 것이 불쾌했었습니다. 드물게 "이 바이트들은 항상 0이다."와 같이 충실하게 언급하는 경우가 있긴 했지만 그 외의 경우들은 별다른 언급이 없었습니다. 이 프로토콜에 대한 여러 테스트를 작성한 후에야 선언된 모든 필드가 32비트 범위에서 시작해야 한다는 걸 알게 되었습니다. 이렇게 제가 바이트들이 유선상에서 어떻게 보일지 확인하고 난 이후에야, 표준에서 엉망인 표기로 인해 거의 불가능한 것들을 알 수 있게 되었습니다. 그들의 원래 의도가 그제서야 명확하게 보였습니다. 대부분 이런 걸 "아하 모먼트(aha moment)"라고 말하거나 욕조에 있으면 "에우레카!"라고 외칠 겁니다. 저는 둘 다 외치지 않았습니다만, 그냥 제 아버지가 선원 출신이어서 저도 선원들이 자주 쓰는 욕설을 내뱉었다는 것만 언급해 두겠습니다. 제가 직접 작성한 테스트 코드가 없었다면 이런 문제를 식별해 내는 방법은 전혀 없었습니다.

이제 당신이 편지에서 언급한 요점을 다뤄 볼 차례입니다. 다른 알려진 구현에 대응되는 테스트를 하세요. 당신이 운 좋게도 이 스펙을 테스트하는 첫 번째 불쌍한 얼간이가 아니라면 상호운용성 테스트는 아마도 당신에게 도움이 될 겁니다. 테스트 대상 코드를 구현한 사용자나 그룹이 당신보다 더 혼란스러운 상황에서 했을지도 모르거든요. 따라서 당신의 코드가 그들의 것과 호환이 된다는 것은 상호운용이 가능하다는 의미일 뿐이지, 같은 표준 바탕의 구현된 두 코드에 결함이 없을 거라는 의미는 아닙니다. 만세네요. 당신이 택한 표준의 구현된 내용이 존재한다는 것만으로는 그 표준이 유용할 거라고 가정해서는 안 됩니다. 세상은 상호운용은 가능하지만 잘못된 전제로 돌아가는 쓰레기 시스템들로 가득차 있습니다. 이쯤 오니 노스웨스트에 있는 대기업의 코드로 작업해야 하는 네트워크 클라이언트들에게 벌어진 여러 사례들이 떠오릅니다. 저는 보통 이 칼럼에서 특정 업체를 추종하진 않습니다만, 제 경험 중 한 업체가 지금껏 제가 겪어온 모든 업체들의 쓰레기 같은 네트워크 코드들을 합친 것보다 월등했습니다. 음, 이쯤해야겠네요.

마지막 조언은 코드에서 구현되는 표준 또는 스펙의 특정 구절을 구체적으로 언급하는 겁니다. 예를 들자면 다음과 같이 할 수 있을 겁니다.

```
/*
 * 링크에 대한 이전 버전 질의자 표시 타이머를 갱신합니다.
 * RFC 3376의 7.2.1절 참조.
 */
```

그리고

```
/*
 * RFC 1122, 3.2.2.1절과 4.2.3.9절.
 * 하위 코드 2,3을 즉각적으로 RST(재설정)합니다.
 */
```

이 예시들은 TCP/IP 계층을 구현한 FreeBSD에서 가져왔습니다. 표준이나 스펙 기반의 구현에는 이런 식의 주석 관행이 당신의 인생을 조금이나마 나아지게 만들 겁니다. 첫째로, 이런 것들을 적어 두는 것이 사람들에게 문제의 원인을 알 수 있게 해준다는 점입니다. 무언가가 당신의 머릿속에만 존재하는 한, 그것들은 종이나 파일에 존재하는 것만큼의 구체성을 가질 수 없습니다. 일단 당신의 머리에서 그것들을 밖으로 끄집어내면 이것들을 더욱더 객관적으로 검증해 볼 수 있으며, 당신이 생각한 것이 사실인지 아닌지에 대한 추론을 더 잘 할 수 있게 됩니다.

둘째로, 이러한 좋은 주석을 남겨 두는 행위 자체가 해당 코드를 유지보수하는 이들을 위한 이정표로 작용한다는 점입니다. 애매한 함수를 들여다보면서 '왜 이런거지?'라며 방황하게 되는 것만큼 좌절스러운 일도 없을 겁니다. 특히 발생하는 일이 즉시 이해가 안 되는 경우라면 더욱 그렇겠죠. 코드는 뭔가 좋은 이유로 존재할 겁니다. 그렇지만 코드를 작성한 프로그래머의 변덕과 표준의 변덕스러움을 분리하는 것은 중요합니다. 표준의 일부일 경우 비이성적으로 보일 수 있지만 상호운용성을 위해서는 그대로 두어야 할 때도 있습니다.

물론 눈치챘겠지만 표준을 작성하는 사람들에게 전하고 싶은 조언도 있습니다. 아마도 표준이나 스펙을 작성하는 사람들에게 있어 가장 중요한 것은 일관된 언어와 표현을 사용하는 것일 겁니다. 이 시점에서 새로운 표준에 들어가는 대부분의 구조는 이미 존재하니 데이터 구조를 나타내는 새로운 방법을 발명하는 건 이제 그만해야 합니다. 종이에 바이트와 비트를 표현할 수 있는 새로운 방법을 생각해 나가는 게 흥미롭다면 죄송하지만, 표준은 시각 예술 분야가 아닙니다. 표준은 명쾌해야 합니다. 저는 대부분의 RFC에서 볼 수 있는 32비트 너비로 각 부의 명칭이 부여된 박스 모양의 텍스트 표현을 선호합니다. 이것들이 시각적 표현의 전부이자 최종은 아니지만, 시작으로는 정말 좋습니다. 그러니 부디 거기부터 시작하세요.

이제, 명확하게 작성된 문서가 있다고 생각되면 프로젝트에 참여하지 않는 사람에게 전달하고 문서가 정말 명확한지 확인하세요. 표준과 관련해 긴밀하게 작업하는 그룹에 속한 사람들이 표준이 명확한지 확인하는 데 적합한 사람들이라는 생각은 터무니 없습니다. 내부 검토자라면 표준에 있는 아이디어들을 피상적으로 훑어보고는 머릿속에서 표준에 부족한 공백을 스스로 채우기 시작할 것이고, 그런 식으로 가면 절대 당신이 원하는 것이 나오진 않을 겁니다. 당신에게는 이러한 공백을 찾아내 당신이 이 부근에서 헤매게 될 것임을 알려 주는 사람이 필요합니다. 마침내 누군가가 스펙을 구현하려고 할 때가 오면(이번에도 그룹 외부의 다른 누군가가 될 겁니다.) 그 사람이 하는 말을 들으세요! 저는 정말 엄청 많이 "이거 리뷰했나요?"라는 질문을 던졌고, 그럴 때마다 그들은 "네, 당연한 걸 왜 묻죠!"라고 하며 마치 매일 샤워하는 사람의 위생 상태에 대한 의혹을 던졌을 때나 보일 법한 충격받은 태도를 보였습니다. 그런 다음 제가 다시 "그들의 피드백을 취합해 본 적이 있나요?"라고 되물었을 때 그들은 갑자기 수줍은 듯 조용해졌습니다.

표준을 구현하는 것은 다른 형태의 구현을 하는 것과는 많이 다릅니다. 표준으로 지정된 어떤 것들의 저자들은 신이 아니며, 따라서 그들의 말을 계명처럼 받아들여서는 안 됩니다. 당신의 질문에 대한 답변을 요약하자면 이렇습니다. 메모를 만들고, 테스트를 작성하고, 좋아하는 진정제 약병을 가까이 두세요. 이것들이 필요하지 않다고 느껴진다면, 글쎄요, 조만간 필요하게 될 겁니다.

KV

# 사람과 사람
## Human to Human

문제가 무엇이건 간에, 언제나 사람이 문제입니다.
– 제럴드 M. 와인버그

많은 사람들이 기술 분야에 발을 들이면서 보이는, 특히나 컴퓨팅 분야에서 두드러지는 증상이 하나 있습니다. 바로 기계에게 '말하는' 걸 사람에게 말하는 것보다 편안해하는 증상입니다. 여기서 말한다는 표현은 극도로 제한된 대화만 가능한 디지털 비서에게 "시리야, 맥주 사 줘"라고 얘기하는 걸 의미하는 게 아닙니다. 프로그래머들에게 말한다는 건 프로그램을 통한 것으로, 이것도 일종의 상호작용이기는 하나 컴퓨팅 분야의 전문가들이 아닌 외부에서 보면 눈치채기 어려운 부분입니다. 불행하게도 인생은 그렇게 단순하지 않으며, 종종 '실제 사람들'과 의사소통해야 하는 우리 자신을 발견하게 됩니다. 지저분하고, 불분명하고, 까다롭고, 성가시고, 화나게 하는 사람들 말입니다. 제한적일 수 있지만 프로젝트의 성공은 대학에서 우리와 '다른 길'로 표현되는, 기계보다 인간과 더 관련 있는 예술이나 과학 분야에 의해 결정됩니다. 이번 장은 KV에게 온 편지이지만 코드와는 일절 관련 없는 것들, 즉 의자에 앉아 키보드를 두드리는 존재가 지닌 문제를 다룹니다.

오만과...

멸망에 앞서 교만이 나가며 넘어짐에 앞서 거만한 영이 있느니라.

– 잠언 16:18 (킹제임스 흠정역)

흔히 "기억하지 않은 역사는 되풀이된다."라고들 하죠. 그렇기에 KV는 역사에서 배울 기회가 있을 기회가 있을 때마다 그것이 무슨 이야기를 하는지 주목하려 합니다. 설령 그 역사가 표면적으로는 소프트웨어와 관련이 없어 보이더라도 말이죠.

전함 바사 호 이야기는 제 마음 속에서도 특별한 위치에 있습니다. 한 가지 일화에 너무 많은 교훈이 잘 정돈되어 담겨 있기 때문입니다. 역사는 본디 많은 것을 담고 있습니다만 이것들이 잘 정돈되어 있는 경우는 드뭅니다. 기술 분야에서 일하는 우리 같은 사람들은 관리 조직과 조율하는 과정에서 문제를 겪습니다. 그리고 우리는 조율 과정에서의 문제와 관리 조직의 기술에 대한 이해 부족이 18세기부터 시작된 산업화와 전문화의 일부로 발전하여 19~21세기를 거치며 가속화되었다고 생각하는 반면, 바사 호 이야기는 이런 문제들이 현대 산업사회 이전에도 존재했음을 보여 주고 있습니다. 이 사실이 별로 놀랍지는 않을 겁니다. 왜냐면 문제가 기술에 있던 게 아니기 때문입니다. 문제는 매우 인간적인 원인이었는데, 나머지는 편지가 우리에게 이야기해 주도록 하겠습니다.

친애하는 KV,

저는 캘리포니아의 학교에서 학부생들 대상으로 컴퓨터 공학을 가르치고 있습니다. 그리고 영문과 친구가 요전에 저에게 흥미로운 말을 했습니다. 그는 저의 제자들에게 《프랑켄슈타인》을 읽게 하면 어떨지 물었고, 저는 그렇게 하면 그들이 더 나은 엔지니어들이 될 거란 생각이 들었습니다. 제가 그에게 왜 이 책을 골랐느냐 묻자, 그는 이 책은 사람들로 하여금 기술적인 부분에서 세상과 그들의 관계를 바꿔 버렸기 때문이라고 설명했습니다. 거들먹거리는 게 아니라 매우 진지하게 말이죠. 프랑켄슈타인 같은 프로젝트들이 정보기술 바탕으로 만들어진다는 것을 볼 때, 컴퓨터 공학 학부생들에게 이런 교훈을 가르쳐 그들에게 사회적 책임이 있다는 생각을 심어주는 것도 나쁘지 않을 거라 봅니다. 당신도 이런 제 의견에 동의하나요?

컴공과 교수

친애하는 컴공 씨,

저도 사람들을 가르칠 때 이야기를 해주는 건 일반적으로는 좋은 생각이라고 봅니다만, 메리 셸리의 소설을 컴퓨터 공학 수업에서 사용하는 건 굉장히 고리타분한 방법이고 컴퓨터 공학 강의 때는 그다지 효율적이지 않을 거라고 말해야겠네요. 제 대학 시절을 돌이켜 보면 저도 '컴퓨터와 사회' 강의 시간에 강제로 그와 비슷한 경험을 한 적이 있습니다. 《프랑켄슈타인》을 읽었던 것은 아니었지만, 설득하기 어려운 교수를 상대로 컴퓨터와 기술이 사회에 얼마나 해로운지를 놓고 일방적으로 머리를 두드려 맞았습니다. 제가 할 수 있는 것은 강의에서 A를 받기 위해 그녀의 모든 발언에 동의하고 기술을 부정적으로 표현하는 에세이를 작성하는 것뿐이었습니다. 이게 효과적인 경험이었을까요?

당연히 아니었습니다. 쇼에 불과했다고 봅니다. 만약 정말 청중과 교감하고 싶다면 당신이 이해한, 그리고 그들의 경험과 관련이 있는 이야기를 다뤄야 합니다. 제가 학부생에게 그런 종류의 이야기를 해줘야 한다면 저는 엔지니어들에게 더욱 널리 알려져야 할 배이자 이야기인 바사 호 이야기가 떠오릅니다.

바사 호 이야기는 1990년 컨퍼런스에서 티셔츠를 통해서 처음 알게 되었습니다. 친구가 시작한 회사는 배의 단면을 이용해 네트워크 프로토콜에 대한 ISO OSI의 노력을 비꼬았습니다. 문구는 "또 다른 7계층 모델이 실패했다."였습니다. ISO는 7계층이 있고 바사 호는 7개의 갑판이라는 점에서 연관성이 있었는데, 저는 바사 호의 실패담을 찾고는 그 이야기에 매료될 수밖에 없었습니다. 이 이야기는 기술 분야의 전통적인 실패 이야기였습니다.

바사 호는 1626년부터 1628년 사이, 그 무렵 발트 해의 실질적인 지배자였던 스웨덴의 왕 구스타프 2세 아돌프에 의해 건조되었습니다. 17세기 통치자들은 명령만 내리는 사람들이 아니었고, 아돌프는 전쟁 지휘뿐만 아니라 해군 전함을 설계하는 역할도 했습니다. 당시 스웨덴 전함은 갑판 하나에 양쪽에 대포를 배치해 적함을 향해(때론 그 외의 함선에도 피해를 입혔습니다.) 연사할 수 있게 했습니다. 바사 호가 의뢰될 때만 해도 이 일렬 대포들은 최첨단이라고 여겨졌죠.

그렇지만 배가 건조되는 동안 아돌프는 두 층으로 이뤄진 포갑판을 지닌 배들이 있다는 것을 발견했습니다. 그래서 두 번째 포갑판을 더하고자 설계를 수정했고, 이를 통해 바사 호는 그 당시 가장 강력한 해군 전함이 되었으며 파괴 가능한 면적도 훨씬 넓어졌습니다. 한편, 그가 배를 건조하기 위해 계약한 사람은 두 층의 포갑판을 지탱하기에는 밸러스트가 너무 적어서 배가 항해하기에 위험할 수 있다고 경고했습니다. 그럼에도 불구하고 왕은 많은 프로젝트 관리자들처럼 자신의 명령을 따라야만 한다고 우겼습니다. 소프트웨어 프로젝트라면 관둘 수 있었겠지만, 왕이 상사라면 직업보다 더 소중한 걸 잃을 수도 있습니다. 머리라든가 말이죠. 그래서 프로젝트는 계속 진행되었습니다.

1628년, 마침내 선박의 QA(Quality Assurance) 테스트가 가능해졌습니다. 17세기의 함선 QA는 오늘날과는 조금 달랐습니다. 서른 명의 선택된 선원들이 뒤에서 앞으로, 좌에서 우로, 배의 갑판을 살펴보는 게 전부라 배가 뒤집혀 침몰되지 않는 이상 테스트는 통과였습니다. 당신도 1628년에 QA 팀을 기대하진 않았을 겁니다. 그렇게 갑판을 오가는 실험을 고작 세 번하자, 바사 호는 심하게 기울기 시작했고, 테스트는 중단되었습니다. 그렇지만 테스트만 중단되었지 프로젝트는 중단되지 않았습니다. 이것은 왕의 배였고, 따라서 반드시 항해가 가능해야 했으며, 결국 항해에 나서게 되었습니다.

1628년 8월 10일, 가벼운 산들바람 속에서 바사 호는 출항했습니다. 부두에서 채 1마일을 가지 못해 거친 바람이 배의 측면을 때렸고, 바사 호는 수천 명이 지켜보는 가운데 물을 들이켜며 침몰했습니다. 이때 30~50명의 선원이 배에 갇히거나 해안까지 헤엄쳐 나오지 못해 숨을 거두고 말았습니다.

이 재앙에 대해 왕은 무능이 재난의 원인이었다는 편지를 썼습니다. 당연히 그의 말이 맞지만 그가 상상했던 것과는 달랐을 겁니다. 사건 당시 생존한 선원들, 선장, 조선업자들은 당시의 선원과 배의 상태에 대해 심문을 받았습니다. 조사가 끝날 무렵 대놓고 말할 수는 없었지만 설계가 실패했고, 설계자는 설계의 문제를 제시하는 건설자들의 말을 귀담아듣지 않았다는 것이 밝혀졌습니다. 물론 왕의 잘못을 물을 수 없었기에 최종 판결은 '신의 뜻'인 걸로 결론이 났으며, 그와는 별개로 이 재난은 스웨덴 경제에도 엄청난 손실을 불러왔습니다.

물론 이 이야기가 《프랑켄슈타인》처럼 잘 짜인 이야기는 아닙니다. 그렇지만 기술의 실패가 어떤 일을 야기하는지 훨씬 더 분명하게 경고해 주고 있습니다. 제 생각에 이 이야기에서 재밌거나 슬픈 부분은 현대에도 이런 일들이 자주 발생한다는 점입니다. 1628년 이후로 하나도 달라진 게 없습니다. 사람들은 여전히 소통에 실패하고, 이는 실패 사례 원인에 있어 처참할 만큼 많은 비율을 가져갑니다. 자아는 방해만 되고, 미지의 초자연적인 힘이 인간의 실수에 대한 비난을 대신 받습니다. 정말 슬픈 부분에서는 모든 게 명확합니다.

1960년대에 바사 호는 만의 바닥에서 건져지고 결국 스톡홀름의 박물관에 전시되었습니다. 저는 2000년 SIGCOMM 컨퍼런스에 참석하며 바사 호를 방문해 봤습니다. 그곳에는 전체 이야기가 현판으로 만들어져 벽에 걸려 있으니 엔지니어라면 적어도 한번은 방문해 보길 바랍니다.

KV

## 5.2 무슨 색깔이게...?

내가 왜 자전거 창고 색깔까지 신경 써야 하죠?

– 폴-헤닝 캠프

크고 복잡한 것을 이해하려 들기보다 사소한 것에 집착하고 마는 인류의 모습은 역사가 말해 주고 있습니다. 이러한 행태는 세상과 우리가 세상에 투입하고자 하는 시스템이 커질수록 더 나빠질 수밖에 없습니다.[38] KV는 이런 경향을 프로젝트의 사소한 세부 내용에 집착하는 마케팅 팀 탓으로 돌리곤 합니다. 애석하게도 기술 분야의 사람들도 같은 유형의 문제에 빠질 수 있습니다. 집착하는 부분이 좀 다를 뿐이죠. 마케팅 쪽은 보여지는 것에 집착하는 반면, 기술 쪽은 코딩 스타일 같은 것들에 집착합니다. 그렇지만 이러한 논쟁거리들은 근본 문제에 비하면 중요한 것들이 아닙니다.

사람들은 개인의 아젠다를 역설하기 위해 별의별 이유를 다 찾아내는데, 그러다 보면 때론 나만 옳고 다른 이들은 틀린 것처럼 느껴지게 됩니다. 시스템에서 별로 중요하지 않은 것에 집착하는 행동은 마치 독처럼 빠르게 퍼져 나가는 일종의 괴롭힘과도 같은데, 이게 옳지 않은 건 알지만 아무도 그들과 싸울 여력이 없기 때문입니다. 문제가 사그라들었을 때 다시 모여 모든 사람들이 알아들을 수 있게 발언하거나, 울부짖는 걸 목격하거나 하는 것은 배움에 있어 중요한 기술이며, 불필요한 논쟁거리를 물리치는 데 결정적일 수 있습니다.

FreeBSD 프로젝트에서 이러한 행동에 대한 감시는 수년 동안 계속되어 왔으며, '자전거 창고'의 비유가 존재하는 이유는 이제 더 명확해졌습니다.

---

38. 시릴 노스코트 파킨슨, 《파킨슨의 법칙》, John Murray, 1957, 1쪽.

친애하는 KV,

지난주에 우리의 새로운 엔지니어가 우리가 개발 중인 짧은 프로그램을 디버깅하는 걸 도왔습니다. 이건 테스트 프로그램이었는데도 몇몇 사람들은 코드를 읽고 거기에 주석을 달아서 변경할 것을 원하더군요. 코드에는 딱히 큰 문제가 있지도 않았습니다. 대신 주석이 발생할수록 이메일이 엄청나게 많이 생성되었고, 결국 주석으로 인한 스레드가 프로그램 자체보다도 길어져버렸습니다. 어떤 스레드에서는 코드를 올린 프로그래머가 주석을 남긴 프로그래머에게 "이봐요, 전 제 코드를 확인했어요. 당신도 자전거 창고 색상은 마음대로 할 수 있잖아요."라고 말하며 더 이상 코드 수정을 요구하는 것을 거절했습니다. 저는 그의 좌절을 충분히 이해합니다. 근데 자전거 창고 이야기는 무슨 말인가요?

저는 녹색이오

친애하는 녹색 씨,

자전거 창고는 당신의 자전거를 주차하고 날씨로 인한 외관 손상을 막기 위해 색상을 칠해야 하는 바로 그것입니다. 따라서 반드시 어떤 색상을 칠해야만 할 겁니다. 색상은 어떤 사람들에겐 매우 중요할 겁니다. 여기까지만 할게요. 당신이 물어본 건 이게 아닐 테니 말이죠.

당신이 목격한 건 불행하게도 코드베이스를 수정할 때 종종 발생하는 일상적인 반응입니다. 혹시 누군가가 복잡하거나 때론 끔찍하기까지 한 코드를 올렸는데도 다들 침묵하는 경우를 본 적이 있나요? 이건 단순히 사람들이 해당 코드를 리뷰할 시간이 없어서 그럴 수도 있습니다만, 불행하게도 대부분의 사람들은 10줄에서 50줄 정도의 변경만 리뷰하는 데 시간을 할애하고, 커다란 코드에서 결점을 찾지 않으면 죄책감이 드는지 작은 거라도 찾아서 트집 잡게 됩니다.

왜 이런 일이 벌어지는지를 최초로 설명한 사람은 시릴 노스코트 파킨슨으로, 그는 《파킨슨의 법칙》이라는 경영 책을 썼습니다. 그가 말하길, 만약 당신이 복잡한 것을 만들고 있다면 소수의 사람들만이 당신이 무엇을 하고 있는지 이해할 수 있기 때문에 당신과 논쟁할 것이라고 했습니다. 반대로 당신이 단순한 것을 만든다면(이를테면 자전거 창고 같은 것들) 아마 누구라도 만들 수 있을 것이기에 많은 이들이 저마다의 의견을 가질 겁니다. 불행하게도 당신이 경험했듯 이건 단순히 머릿속의 의견으로 끝나지 않습니다. 대부분의 사람들은 이 의견을 밖으로 표현하고 맙니다.

당신이 편지에서 이야기한 그 엔지니어는 분명히 이 무의미한 루프에 빠졌다는 것을 깨닫고 사람들에게 창고 색깔은 원하는 대로 칠하라고 말하며 그 상황을 빠져나갔을 겁니다. 그 또는 그녀는 사실 누구도 창고 색깔을 직접 바꾸려 들지 않을 거란 것도 확신했을 테고요. 무의미한 루프를 중단시켰다고 해서 사람들이 그간 외면했던 코드의 중요한 부분에 갑자기 관심을 갖거나 하지도 않을 겁니다. 이게 사람들이 그간 해 왔던 방식입니다.

KV

P.S. 또 다른 버전의 자전거 창고 이야기는 아래를 참조하세요.

http://www.freebsd.org/doc/en_US.ISO8859-1/books/faq/misc.html#BIKESHED-PAINTING

P.P.S. 저는 퓨시아 색이 좋다고 생각합니다.

난 당신 기계에서 동작하는 게 궁금하지 않아요! 우린 당신 기계를 파는 게 아니잖아요!

― 비디유 플라톤

사람들은 코더[Koder] 중 대다수가 낙관주의자들이란 사실을 믿지 않습니다. 저는 여기서 보안과 관련된 일을 하는 사람들은 제외하고 말한 거고, 대다수의 코더[Koder](네, 사육되지 않고 자연방목된 그들이요.), 즉 열에 아홉은 낙관론자입니다. 우리가 하는 일을 보면 이게 무슨 말인지 알 수 있을 겁니다. 시스템이 크거나 난해한 코드가 동작하게 하는 건 환장할 정도로 성가시고 어려운 일이기 때문에 코드가 빌드되면 대부분의 코더[Koder]는 그것이 동작될 거라고 확신하곤 합니다. 그래서 이런 농담이 자주 등장하곤 합니다. "빌드되네요. 이제 배포할게요." 물론 이 농담을 실제로 저지르는 사람들이 적었다면 더 재밌었겠지만요.

이런 낙관주의의 단점은 이 책에서 다양한 표현으로 언급되고 있는데 그중 가장 빈번한 건 코드를 커밋하기 전 테스트 부족입니다. 소프트웨어 개발은 90퍼센트 또는 그 이상이 공통된 노력의 대상이기 때문에 코드를 커밋하기 전에 테스트하지 않는 것은 소프트웨어 개발의 주요 죄악 중 하나입니다. 코더[Koder]들에게서 보이는 이러한 지속적인 경향에 대해 가장 실망스러운 점은 이제는 컴퓨터가 엄청 빨라져서 가장 큰 시스템을 실행하는 데에도 몇 분이면 충분한데도 그러지 않는다는 점입니다. 오늘날엔 빌드를 위한 인프라는 대기업의 일터에서만 사용할 수 있는 것이 아니라 가장 작은 오픈소스 프로젝트에서도 사용할 수 있습니다. 실제로 많은 시스템의 빌드 및 테스트 인프라는 노트북에서도 수행 가능합니다.

그 외에 코더[Koder]들을 머리 아프게 하는 요소로는 우리가 작업할 때 종종 우리 자신 외의 주변 다른 사람들은 고려하지 않는다는 것이 있습니다. 어떤 더러운 코드를 고쳐 내겠다는 한 가지 목적에 치중하다 보면 우리 앞에 있는 코드[Kode] 외적인 모든 것들에 대한 고려를 배제하게 되곤 합니다. 다른 이들을 고려하지 않는 이들로 인해 사람들은 외로움 속에서 그들이 만들어 내는 변화를 테스트하고, 그것들을 커밋하고, 알아서 다른 먹을거리를 찾아 헤매게 될 겁니다. KV는 우리가 개발, 머지, 테스트, 커밋 사이클에 갇혀 프로젝트에서 다른 사람들이 작업의 공유 저장소를 망쳤다는 것을 알아내는 데 모든 시간을 낭비할 것을 제안하지는 않습니다. 그렇지만 적어도 이 사이클이 프로젝트 구성원 전원에게 공통적이고 일상적인 사항이 되어야 할 필요는 있습니다.

공유되는 기반 사항을 깨뜨리는 행위는 수영장에서 오줌을 누는 행위처럼 모두의 얼굴을 찌푸리게 하는 행위여야 합니다.

친애하는 KV,

빌드를 깨뜨리는 코드를 올리는 동료보다 더 개발자를 화나게 하는 존재가 있을까요? 저는 빌드가 깨지는지 확인조차 하지 않는 다른 사람들의 사소한 실수로 빌드가 깨지고, 제가 그것들을 추적하는 데 대부분의 시간을 보내고 있다는 사실을 최근에 깨달았습니다. 최악인 점은 누군가가 빌드를 깨뜨리고 그것을 제가 지적했을 때 적반하장으로 화를 내는 경우입니다. 이러한 종류의 문제를 막을 수 있는 더 좋은 방법은 없는 걸까요?

애초에 깨지게 작성됨

친애하는 작성 씨,

당신이나 다른 사람들이 저에게 기대하는 것이 뭔지 알고 있습니다. 위반자들에게 그들의 부주의함에 대한 경고와 가르침을 주기 위해 그들의 새끼손가락 끝마디를 자르는 등의 형벌을 제안하기를 바라고 있다는 것을요. 그렇게 말하면 당신은 만족스럽겠지만, 그런 방법은 대부분의 국가에선 위법이고, 도덕적이지 않다네요.

빌드가 수시로 깨지는 건 일종의 병증으로, 그 자체가 질병은 아닙니다. 보통 세 가지 영역 중 어딘가에서 문제가 발생하고 있다는 것을 알려 주고 있는 겁니다. 바로 관리, 인프라, 소프트웨어 아키텍처요.

관리는 팀 또는 프로젝트 전체에 문제가 있을 때 가장 먼저 생각나는 영역입니다. 코드와 시스템을 작성하고 검증하는 임무를 맡은 프로젝트의 작업자 대부분은 프로젝트 전체의 문제는 엄마(또는 프로젝트 리더 또는 관리자라고도 부름)가 해결해야 한다고 생각합니다. 불행하게도 엄마는 사람들에게 종종 "방을 치우렴, 신발끈을 묶으렴" 같은 조언을 주지, 깨지는 코드를 올리는 것을 막지는 못합니다.

사람들이 코드를 체크인하기 전에 확인하지 않는 문제에 대한 최상의 해결책 중 하나는 동료들의 압력입니다. 컴파일도 하지 않은 채 체크인한 사람은 당연히 그런 실수에 당황해야 하고, 그렇지 않다면 주변 사람들이 그들이 부끄러움을 느끼도록 강력하게 독려해야 합니다. 수치심은 반사회적 행동을 피하는 강력한 동기라고 밝혀졌습니다. 어쩌면 KV의 여러 제안들로 수치심을 느끼게 하는 건 너무 지나칠 수 있지만 일단 해본 다음 어떻게 흘러가는지 보는 것도 괜찮을 것 같네요.

엄마가 나쁜 행동을 하는 아이에게 주의를 주는 일은 머지않아 당신과 프로젝트 관리자 모두에게 성가시게 됩니다. 당신이 원하는 개발문화를 이루기 위해서는 빌드를 깨뜨리면 덤프를 떠서 휴게실 한 가운데에 떡하니 두면 됩니다. 처음은 재밌겠지만 일반적으론 받아들여지지 않을 겁니다.

열악한 인프라 역시 수시로 빌드를 실패하게 할 수 있습니다. 계속해서 저를 놀라게 하는 한 가지는 컴퓨터 하드웨어가 점점 더 저렴해지고 있음에도 불구하고 여전히 회사들은 야간 빌드, 그리고 더 빈번한 빌드 시스템 없이 계속해 나가고 있다는 점입니다. 데스크톱 컴퓨터 한 대와 며칠의 스크립트 작성만 하면, 대부분의 팀은 코드의 테스트 빌드를 주기적으로 업데이트하고 빌드하고, 빌드가 실패할 때마다 팀에 이메일을 발송해 빌드 실패를 알리는 시스템을 가질 수 있습니다. 이러한 시스템을 통해 절약되는 비용은 쉽게 측정할 수 있습니다.

팀의 프로그래머 수에서 1을 뺍니다. 거기에 누가 빌드를 깨뜨렸는지 알아내고 그에게 수치심을 주고 빌드를 고치도록 하는 데 일반적으로 걸리는 시간을 곱해 보세요. 이제 그 숫자에 팀의 각 사람의 평균 시급을 곱하면 정기적인 빌드를 하지 않음으로 얼마나 많은 시간과 돈이 낭비되었는지 대략적으로 알 수 있습니다. 더 많은 시간과 비용을 절약할 수 있는 주기적인 테스트까지는 다루지 않겠습니다. 빌드가 항상 깨지는 경우 야간 테스트로 넘어갈 수 있을 만큼 충분한 수준의 정교함까진 달성하지 못했기 때문입니다.

깨진 코드가 여전히 시스템에 들어가더라도 주기적인 빌드 시스템을 사용하면 문제를 일으킨 사람이 빌드를 깨뜨렸다는 것을 상당히 빨리 알게 되고 "빌드를 깨뜨렸네요. 잠시만요."라는 이메일로 이를 조치할 수 있게 됩니다. 이것은 여전히 차선책이지만 이전보다 훨씬 낫습니다.

때로는 빌드 시스템 그 자체가 문제의 원인인 경우도 있습니다. 현대의 많은 빌드 시스템들은 캐싱된 대상을 바탕으로 빌드 절차를 병렬로 처리합니다. 병렬 빌드 프로세스가 결과를 더 빠르게 제공해 줄 수 있지만, 때론 빌드가 실패했음에도 거짓 양성 결과를 제공할 수도 있습니다. 자동 생성되는 include 파일처럼 특정한 빌드가 선행되어야만 빌드가 성공하는 대상이 있다면 항상 문제가 발생할 겁니다. 의존성 목록을 사람이 관리하는 건 에러가 발생하기 쉽지만 때론 절차상 어쩔 수 없는 경우도 있습니다. 당신이 빌드 시스템을 사용하고 캐싱을 이용해 병렬 빌드를 한다면 이 부분에 문제가 도사리고 있을 수도 있습니다.

이제 마지막으로 빌드 문제를 유발할 수 있는 영역에 대해 다뤄 보겠습니다. 빈번하게 아키텍처라고도 불리는 소프트웨어 조각들의 모음은 소프트웨어가 실행될 때 수행되는 방식뿐만 아니라 빌드를 하는 방식에도 영향을 미치는 경우가 있습니다. 저는 '아키텍처'라는 단어를 쓰는 걸 망설이는데, 이 단어의 남용이 잘못된 명칭인 '소프트웨어 아키텍트'라는 표현의 무분별한 증식을 초래했기 때문입니다.

만약 소프트웨어 시스템의 모든 컴포넌트들이 지나치게 상호의존적이라면, 변경 하나가 모두를 망가뜨릴 겁니다. 모듈화 수준이 부족하면 소프트웨어 출시 때에는 종종 문제가 되지만, 컴파일할 때는 반드시 문제가 됩니다. 한 영역에서 포함된 파일이 변경되면 다른 영역에서 빌드가 중단되는 경우, 아마도 당신의 소프트웨어가 너무 지나치게 연동되어 있을 수 있으므로 팀이 각 부분을 분리해야 합니다. 때론 이러한 연결 사항들은 시스템의 일부 부분을 경솔하게 재사용하기 때문에 발생합니다. 경솔한 재사용은 당신이 커다란 추상화를 보고는 '오, 나는 이 메서드 X의 이 버전을 원해.'라고 생각하는 것입니다. 여기서 X는 전체적인 추상화의 작은 부분이며, 이렇게 하면 코드를 당신이 원하는 작은 부분뿐만 아니라 X와 연관된 모든 부분에 의존하게 됩니다. 만약 당신이 확인한 내용이 경솔하거나 열악한 인프라로 인한 빌드 장애가 빈번하게 발생하는 것이 아니라면 이젠 소프트웨어 아키텍처를 살펴볼 때입니다.

이제 당신은 수시로 빌드가 깨지는 경우 고통을 경감시킬 수 있는 세 가지 기본적인 방법을 알게 되었습니다. 팀 동료들이 부끄러움을 느끼게 하고, 기본적인 인프라를 추가하고, 마지막으로 소프트웨어 아키텍처를 개선합니다. 이런 식의 접근은 당신이 감옥에 갈 일이 없도록 지켜줄 겁니다. 일단은요.

KV

로봇은 인간에 해를 가하거나, 혹은 행동을 하지 않음으로써 인간에게 해가 가도록 해서는
안 된다.

– 아이작 아시모프의 '로봇 3원칙' 중 첫 번째

21세기가 되고 나서 십수 년이 지난 끝 무렵엔 지나치게 과장된 세 가지 유형의 기술
을 피하는 것이 어려웠습니다. 그것들은 사물 인터넷(Internet of Things), 블록 체
인, AI입니다. 지금까지 KV는 블록 체인에 대해 언급하지는 않았지만, 블록 체인을
둔 다양한 분란의 악순환을 즐겁게 관망했습니다. 이번 페이지들은 전에 언급했던
IoT(Internet of Terror), 동종 업계의 다른 동료가 "IoT에서 S는 보안(Security)이
다!"라고 지적했던 것처럼 과거에 다루었던 내용들 중 일부를 다시 다룹니다. 지금까
지 인공지능에 대한 편지도 여러 차례 왔었으나 답변할 가치가 있던 편지는 딱 하나
밖에 없었습니다.

친애하는 KV,

우리 회사에서는 우리의 온라인 영업 시스템에서 수집한 데이터의 의미를 얻기 위해 '소프트 AI'를 사용한다고 주장하는 회사에 분석을 맡길 예정입니다. 경영진은 제게 해당 솔루션에 대해 평가를 의뢰했는데, 제가 본 건 그저 평범한 표준 분석 모델 위에 그럴싸해 보이는 인터페이스만 배치한 게 전부였습니다. 제 생각엔 그들이 진짜 말하고자 한 건 '약한 AI'였는데 그 대신에 소프트란 걸 달아서 상표화한 거 같습니다. 소프트(또는 약한) AI와 일반적인 AI를 구분 짓는 진짜 차이점은 무엇일까요?

인공 바보가 된 기분

친애하는 인바 씨,

AI 주제의 뉴스는 새로운 수준의 컴퓨팅 성능이 등장하고 이게 광범위하게 적용되어 새로운 유형의 애플리케이션이 가능해질 때마다, 즉 대략 10~20년마다 등장하고 있습니다. 1980년대에는 모든 것이 전문가들만을 위한 시스템이었습니다. 오늘날 우리는 군용 드론 같은 원격 제어와 검색 엔진, 음성 메뉴 등 통계적인 계산 영역의 진보를 목격하고 있습니다.

인공지능이란 아이디어는 이제 더 이상 새롭지 않습니다. 그리고 사실 우리가 인간이 아닌 존재와 만나 상호작용하고 싶다는 생각은 소설 속에서는 수백 년 동안 존재해 왔습니다. 20세기 AI에 대한 아이디어로 잘 알려진 출처가 몇 개 있는데 이 중에는 앨런 튜링과 아이작 아시모프의 글이 있습니다. 튜링의 과학적 결과물로 기계의 지능과 인간의 지능을 비교하는 오늘날 유명한 튜링 테스트가 있습니다. 마찬가지로 아이작 아시모프의 소설 속에 등장하는 로봇 3원칙이 있습니다. 이는 로봇 두뇌의 가장 저수준 영역에 내재된 윤리적인 규칙들로, 오늘날 대중문화와 기술 영역 양쪽에 영향을 주고 있습니다. 이 점은 쉽게 확인할 수 있는데, 요즘 신문들이 여전히 이 3원칙과 관련해 컴퓨팅 진보를 논하고 있기 때문입니다. 튜링 테스트도 마찬가지로 컴퓨팅과 관련된 사람들은 누구라도 알 것이며, 그게 아니면 정지 문제(https://en.wikipedia.org/wiki/Halting_problem)라는 표현으로 알고 있을 수도 있습니다. '컴파일러를 체크하는 컴파일러'를 만들고 싶어 하던 사람들에게는 매우 애통한 일일 겁니다.

이 문제는 대물림되어 AI 분야의 모든 비전문가들에게도 영향을 미치는데, 사실 사람들은 지능이 무엇인지조차 이해하지 못하고 있습니다. 컴퓨터 과학자들도 종종 그들이 지능이 무엇인지 이해한다고 착각합니다. 왜냐면 그들은 '똑똑한' 꼬마였던 사람들이었으니까요. 그렇지만 그 점은 지능이 무엇인지 실제로 이해하는 것과는 별 상관이 없습니다. 사람의 두뇌가 어떻게 아이디어를 생성하고 확장해 나가는지에 대한 명확한 이해가 없는 상태에서 지능에 대해 좋은 기초가 될 수도 있고 아닐 수도 있는, 지능을 해명하기 위한 수많은 대체제들을 도입했는데 그중 하나가 게임 플레잉(game playing) 행동입니다.

AI(여기서 말하는 건 넓은 의미의 AI로, 소프트하거나 약한 것 같은 마케팅 버즈워드와는 무관합니다.)의 초기 도전 중 하나는 컴퓨터가 체스를 하는 것이었습니다. 왜 수많은 컴퓨터 과학자들이 컴퓨터가 체스를 두게 하고 싶어 했을까요? 그 이유는 체스 같은 게임에는 여러 가지 규칙이 존재하고 규칙들은 코드로 작성할 수 있기 때문입니다. 체스는 틱택토(1983년 영화 워게임에서 등장하는 컴퓨터를 상대로 절대로 끝나지 않는 게임을 계속 반복하는 장면이 나옵니다.) 같은 게임들과 다르게 상당히 복잡한 편이고, 성공적인 움직임이나 전략을 프로그래밍하는 관점에서 보면 충분히 큰 규모의 잠재적 움직임들을 가지고 있습니다. 1960년대 사람과의 첫 대결에서 쓰였던 기계가 사용했던 방법은 가능한 모든 움직임이나 전략들을 전부 담는 것이었는데, 그걸 전부 담기에는 역부족이었습니다. 1996년에 이를 위해 특별하게 제작된 딥블루(Depp Blue)가 체스 그랜드 마스터를 꺾기 전까지는 불가능한 영역이었습니다.

시간이 흐르면서 하드웨어는 점차 커다란 메모리, 높은 클록 속도를 가지게 되었고, 오늘날은 코어의 수까지 늘어났습니다. 이제는 휴대폰과 같은 휴대용 컴퓨터조차 그랜드 마스터를 꺾을 수 있습니다. 우리는 거의 50년 동안 인간과 컴퓨터의 체스 대결을 해 왔습니다만, 이게 컴퓨터가 지능을 획득했다는 걸 의미할까요? 아뇨, 전혀 그렇지 않습니다. 여기엔 두 가지 이유가 있습니다. 첫째로 체스는 지능을 테스트하는 게 아닙니다. 이는 특정 기술 또는 체스를 두는 방법에 대한 테스트에 불과합니다. 제가 체스 그랜드 마스터를 체스로 이긴다 한들 식탁에서 소금 좀 달라는 말을 이해할 수 없다면 지능이 있는 걸까요? 두 번째 이유는 체스를 통한 지능 테스트는 뛰어난 체스 선수가 주변 사람들보다 뛰어난 두뇌를 가지고 있다는 잘못된 문화적 전제에 기반을 두고 있기 때문입니다. 네, 많은 뛰어난 사람들이 체스를 잘 둡니다. 그렇지만 체스나 다른 개별 기교가 지능의 지표가 되진 않습니다.

소프트나 하드, 약하거나 강한, 또는 제한되거나 일반적인 AI 등 뭐라고 부르든 간에 50년 동안의 기술 진보와 매우 큰 데이터 집합에 통계를 적용하는 데 있어 약간의 개선 사항도 있었습니다. 사실 사람들이 AI라고 생각하는 도구의 발전은 적지 않은 양의 데이터를 저장할 수 있게 된 결과입니다.

1980년대의 AI 주제에 관한 논문들은 메가바이트의 저장소를 일반적으로 사용할 수 있게 되면 '가능한 일'을 가정하는 경우가 많았습니다. 약인공지능 시스템은 오늘날 시리 같은 음성 인식 시스템에서 우리와 상호작용하고 있습니다. 이것들이 소금을 전달해 줄 수는 없지만, 사람의 목소리에서 특징들을 골라내고, 큰 데이터 셋에서 실행되는 통계를 기반으로 하는 검색 시스템을 사용해 다른 사람에게 질문할 때 어떤 일어나는지 시뮬레이션할 수는 있습니다. "이봐, 지금 재생 중인 저 음악 제목이 뭐야?" 대량의 음성 인식 모델 학습을 통해 단어들을 인식하고 또 다른 알고리즘을 이용해 불필요한 단어들('이봐', '지금', '저')은 제거하면 '재생 중인 음악 제목이 뭐야?'가 되는 것도 지능의 영역이 아닙니다. 그렇지만 아서 C. 클라크의 유명한 말을 빌려 설명하겠습니다. "충분히 발달한 과학 기술은 마법과 구별할 수 없다."

이 말은 KV가 소프트 AI의 내부를 들여다보면 결국 대규모 데이터 셋에서 실행되는 통계 시스템을 발견할 거란 사실이 전혀 놀랍지 않다는 것을 의미합니다. 인공이든 아니든 지능이란, 철학자들, 어쩌면 심리학자들까지 포함된 그들만의 영역으로 확고하게 남아 있게 될 겁니다. 컴퓨터 과학자로서 우리는 지능의 본성에 대해 허세를 부릴 수는 있겠지만, 통찰력 있는 관찰자는 로봇이 우리에게 소금을 전달하기 전에 아침 식사로 식용 달팽이를 택하면 소금을 뿌려야 하는지 말아야 하는지 같은 이유를 설명하는 것처럼 더 많은 도움이 필요하다는 것을 알 수 있을 겁니다.

KV

# 5.5 디자인 리뷰

완벽함이란 더 이상 더할 것이 없을 때가 아니라, 더 이상 버릴 것이 없는 상태이다.

— 앙투안 드 생텍쥐페리

디자인 리뷰는 소프트웨어 시스템과 인적 시스템 양쪽 모두 커다란 이슈를 설명하는 훌륭한 방법입니다. 여전히 사람들이 시스템을 디자인하고 모든 대상들을 구현하고 있기 때문에, 커다란 소프트웨어를 이해하기 위해서 디자인 리뷰를 하는 것은 좋은 출발점이 됩니다. 또한 이 과정은 디자인 속의 문제들을 객관화시킬 수 있습니다.

디자인 리뷰는 프로젝트의 아무 시점에나 발생할 수 있지만 일반적으로는 검토할 디자인이 있는 경우에 시행됩니다. 상당히 잦은 빈도로 시스템들이 공식적인 디자인 없이 구현되며, 이 경우 디자인 리뷰는 종종 이미 만들어진 하나의 시스템에 반하는 경우가 있습니다. 디자인을 따라야 하는 시스템에 디자인되지 않은 채 자생적으로 엉망진창으로 만들어진 사항들이 있으면 교체해야 하는데, 그것을 여러분 스스로 찾아내야 할 겁니다. 디자인 리뷰가 어느 시점에서 벌어지건 이번 편지와 답신에서 설명하는 것과 같은 구조를 취해야 합니다.

좋은 디자인 리뷰를 위해 명심해야 할 한 가지는, 답신에서도 다루지만, 개인적인 사항을 리뷰하는 게 아니라는 점입니다. 디자인 리뷰는 디자인을 한 사람과 시스템을 구현한 사람에 대해 리뷰하는 것이 아닙니다. 지나치게 많은 사람들이 디자인이 아니라 개인에 대한 공격으로 시간을 보내는데, 이건 틀린 데다가 비생산적이기까지 합니다. 개인에 대한 리뷰와 객관화된 리뷰를 구별하는 명확한 방법은 다음과 같은 표현들입니다. "무엇이 당신으로 하여금 x라고 생각하게 하였나요?"나 "왜 당신이 y를 구현하였나요?"는 명백하게 개인적이고 비난하는 표현입니다. KV가 이것이 개인적이고 비난하는 표현이라는 걸 어떻게 아냐면, 그는 "무엇이 당신으로 하여금 x라고 생각하게 하였나요?"라는 표현을 매일 쓰기 때문입니다.(그렇지만 디자인 리뷰가 아니라 일상 대화에서 씁니다.) 디자인 자체에 관심을 보이는 문장은 "이 두 컴포넌트

간의 결합이 더 효율적이라는 것을 보여 줄 데이터가 무엇입니까?"와 "이 시스템의 확장은 어떻게 할 계획입니까?"의 형태에 가깝습니다.

디자인 리뷰는 리뷰 대상인 디자인이 글로 적혀 있을 때 더 효율적입니다. "그거 문서로 적어 둔 거 있나요? 있다면 어디 있죠?" KV가 얼마나 자주 이런 질문을 하면서 실망했는지 모릅니다. 수년 동안 저는 이러한 질문을 할 때마다 힐난하지 않으려 주의를 기울였습니다. 디자인 리뷰의 다행스러운 점은 디자인이 문서로 정리되어 있지 않더라도 메모 수준의 디자인으로도 충분히 디자인 문서의 훌륭한 시작점이 된다는 점입니다. 즉, 들어갈 땐 문서가 없었을지라도, 나올 때는 디자인 문서를 하나 만들어서 나오게 됩니다. KV는 메모를 작성하는 걸 즐기는 사람 중 하나인데, 그 이유는 메모를 하는 사람들이 주로 역사를 주무르게 되기 때문입니다.

친애하는 KV,

저는 최근에 중급 웹 개발자로 고용되어, 과거에 매우 큰 성공을 거두었던 예전 웹 애플리케이션을 버전 2로 바꾸는 작업을 하고 있습니다. 그 당시에는 ASP.NET으로 WebAPI를 구현했었습니다. 우리 설계자는 당시에 계층드 아키텍처로 디자인해서 개략적으로는 웹 서비스/데이터 서비스/데이터 액세스 계층로 구분지었습니다. 그는 데이터 서비스가 엔티티 프레임워크 객체 관계 매핑(ORM, Object Relational Mapping)에 회의적이고 작업 단위 및 레포지터리 패턴을 이용해야 한다고 했습니다. 제 생각에 문제는 거기부터 시작된 거 같습니다.

우리의 수석 개발자는 아키텍처 구현체를 만들어 냈지만 구현체는 작업 단위 및 레포지터리 패턴을 적절하게 수행하지 못했습니다. 더 안 좋은 점은 코드는 이해하기 정말 어려웠으며 아키텍처에 적절하지도 않았다는 것입니다. 그래서 저는 이 구현과 관련해서 엄청나게 많은 적신호가 밀려오는 걸 목격했습니다. 이로 인해 저는 거의 주말 내내 코드를 붙들고 일했지만, 여전히 제 이해와는 거리가 먼 상황입니다.

이번 주에 저희의 첫 번째 스프린트가 시작되었는데 제가 나서서 이 이슈를 알려야 할 것 같다는 의무감이 느껴집니다. 수석 개발자가 해당 코드를 작성한 데다가 대안보다 해당 구현에 더 익숙하기 때문에 제 생각엔 엄청나게 많은 저항에 부딪힐 거 같습니다. 그는 제가 전달하고자 하는 이슈를 보지 못할 수도 있습니다. 저는 그와 나머지 동료들에게 코드가 리팩토링되거나 재작업되어야 한다는 사실을 설득시켜야 하는데 그러다가 제가 판을 엎어버리려는 사람처럼 보일까 불안합니다. 그리고 모든 걸 알고 있는 사람처럼 비치고 싶지도 않습니다. 저는 단지 특정 주제에 대해 조금 더 의견이 있는 것뿐입니다.

제 질문은, 구현에 진짜 문제가 있다는 사실을 팀원들 그 누구의 기분을 상하지 않게 하고 설득할 수 있는 방법이 있는 걸까요?

이의 있음


친애하는 이의 있음 씨,

거꾸로 당신 편지의 끝부터 다뤄 보겠습니다. 당신이 저, Kode Visious에게 타인을 공격하지 않고 문제를 지적하는 방법을 물은 건가요? 여태까지 제가 쓴 칼럼들을 읽어 본 적은 있나요? 일단 KV의 그라운드 룰을 설명해야겠군요. 오직 법과 그 외의 해로운 부작용만이 제가 미팅에서 폭력 대신 '옳은' 선택을 하는 이유랍니다. 저는 제 동료 배심원들이 제가 결국 잘못을 저질러도 무죄를 선고해 줄 것이라고 기대하지만 그런 믿음만으로 제 자유를 걸고 싶지는 않습니다. 저는 최선을 다해서 당신이 감옥으로 향하지 않도록 조언할 것이지만, 그 과정에서 불쾌하지 않을 거라 보장하기는 어렵네요.

결과적으로 그 일이 잘못된 일일지언정 그것과 관련해 많은 일을 한 사람을 바로잡는 건 곤란한 일입니다. 그런 사람은 의심없이 스스로가 다른 팀원들에게 가치있는 무언가를 만들어 내기 위해 매우 열심히 일해 왔다고 믿고 있습니다. 문자 그대로이든 은유적이든 간에, 일을 바로잡으려는 당신은 이제 '오펜스' 라인을 넘나들 겁니다. 적어도 제 생각엔 그렇습니다. 저는 첫 번째 스프린트인데 이미 많은 코드가 쓰였다는 점이 적잖이 놀랍네요. 스프린트가 필요한 것, 이해당사자가 누구인지 등이 파악한 후에 소프트웨어가 나타났어야 하는 거 아닌가요? 그게 아니면 새로운 문제를 해결하기 위해 가져온 기존 코드의 일부였던 걸까요? 그게 뭐 중요한 주제는 아닐 겁니다. 당신 편지의 핵심은 당신과 팀이 문제의 소프트웨어를 편안하게 사용할 수 있을 만큼 충분히 이해하지 못한다는 점입니다.

시스템을 이해하기 위해 다음 두 가지를 볼 필요가 있습니다. 바로 디자인 리뷰와 코드 리뷰입니다. 둘은 같은 것은 아니고, KV는 코드 리뷰를 어떻게 하는지를 〈코드 리뷰의 기초(Kode Reviews 101)〉[39]에서 다룬 적이 있습니다. 그러니 이번에는 디자인 리뷰에 대해서 이야기해 보겠습니다.

소프트웨어 디자인 리뷰는 다음 기본 질문들에 답하는 것에 의의를 두고 있습니다.

1. 디자인은 입력값들을 어떠한 출력값으로 변환하는가?
2. 시스템을 구성하는 핵심 컴포넌트들은 무엇인가?
3. 컴포넌트들은 어떻게 협업하여 디자인이 추구하는 목표를 달성하는가?

이 모든 것은 단순하게 들리지만, 악마는 언제나 세부사항에 도사리고 있습니다. 의심할 여지없이 많은 소프트웨어 개발자와 시스템 설계자는 자신이 만드는 시스템이 데이터가 들어오고 다른 데이터가 나오는 블랙박스로 보이는 것을 선호할 겁니다. 당신은 분명 작업하고 있는 소프트웨어에 대해 충분히 신뢰할 수 없어서 수석 개발

---

39. 조지 V. 네빌-닐, 〈코드 리뷰의 기초(Kode Reviews 101)〉, Communications of the ACM 52권 10호, 2009년 10월, 28 – 29쪽.

자가 그 문제를 해결할 수 있다고 생각하고 있지 않을 겁니다. 그래서 당신은 상자 뚜껑을 열고 주변 부분을 찔러보는 디자인 검토를 요청해야 합니다. 사실 위의 질문 2와 3은 소프트웨어가 하는 일과 작업에 적합한지 여부를 파악하기 위한 주요 도구가 될 겁니다.

제가 채용 면접을 진행할 때는 항상 사람들에게 다루었던 시스템 구성을 나타내는 블록 다이어그램(blcok diagram)을 화이트보드에 그려보라고 이야기합니다. "주요 컴포넌트는 무엇이었나요? 컴포넌트 A가 컴포넌트 B와 소통하는 방법은 어떻게 되나요? C가 실패하면 어떻게 되나요?" 저는 그들의 마음 속에 있는 소프트웨어에 대한 이미지들을 제 머릿속으로 옮겨 봅니다. 물론 갑자기 분노하거나 끔찍한 과거를 회상하진 않으면서요. 어떤 소프트웨어들은 당신 머릿속에 두지 않는 편이 좋습니다. 당신이 겪고 있는 시스템은 그런 유형은 아니길 빕니다.

납득할 만한 세부정보를 얻을 수 없다면 당신은 얼마든지 이 사람이 그리는 상자들을 하나하나 열어볼 수 있습니다. 마치 오래된 TV 쇼 〈렛츠 메이크 어 딜(Let's Make a Deal)〉[40]과 같습니다. "몬티, 1번 문 뒤에는 무엇이 있나요?" 물론 당신이 문을 열었을 때는 염소를 발견하게 될 겁니다만, 그래도 당신이 팀과 이해할 수 있는 수준의 컴포넌트의 집합이라는 걸 발견하길 바랍니다.

디자인 리뷰를 할 때 주의사항은 코드 리뷰로 변질되면 안 된다는 점입니다. 당신은 분명히 내부 알고리즘에 대해서는 아무 관심도 없을 겁니다. 적어도 지금 당장은요. 당신이 볼 수 있는 유일한 코드는 컴포넌트들을 서로 연결하는 API이지만 세부사항의 양이 당신을 압도하지 않도록 적당히 추상적인 상태로 두는 것이 가장 좋습니다. 목표는 큰 틀에서의 그림을 이해하는 것이지 상세한 내용을 이해하는 것이 아님을 명심해야 합니다. 적어도 디자인 리뷰라는 단계에서는요.

다시 공격적으로 보이는 사항에 대한 질문으로 돌아오자면, 저는 합법적으로 공격적이어도 되는 한 가지 방법을 찾아냈습니다. 그것은 문제를 항상 질문으로 표현하는 것입니다. 때론 이게 소크라테스의 산파술로 불리기도 하지만, 이 방법은 사람들이 당신에게 제대로 설명하게 하는 방법이며, 때론 그들 스스로 무엇을 하고 있는지 깨

---

40. **역주** 세 개의 문 중 하나를 선택하는 퀴즈쇼. 한 문 뒤에는 자동차가 있고 다른 두 문 뒤에는 염소가 있습니다. 자세한 내용은 인터넷에서 몬티 홀 문제를 검색해 보세요.

닫게 하기도 합니다.

산파술은 매우 짜증나고 현학적으로 보일 수도 있는데, 불쾌감을 주지 않으려면 다음 몇 가지 유용한 규칙에 따라 실행하는 것이 좋습니다. 첫째로 끝없는 질문으로 사람을 망치지 마세요. 당신이 하려는 일은 디자인 영역을 협동적인 자세로 탐험하려는 것임을 잊어서는 안 됩니다. 이건 취조가 아니란 걸 기억하세요. 둘째로, 함께 일하는 사람들이 생각할 수 있게 여유를 두어야 합니다. 침묵은 그들이 모른다는 걸 의미하지 않습니다. 실은, 검토가 완료되면 모두에게 도움이 되는 방식으로 시스템의 정신적 모델을 조정하려고 하는 것일 수도 있습니다. 마지막으로, 당신이 묻는 질문과 사용하는 단어를 다채롭게 해보세요. '그러면 어떻게 되나요?' 같은 질문을 좋아하는 사람은 없습니다.

마지막으로 저는 디자인 리뷰를 할 때 의자나 보드 마커를 던지는 것과 같이 불쾌감을 줄 수 있는 행위 대신 덜 눈에 띄는 방법으로 표현합니다. 제 개인적인 스타일은 안경을 벗는 것, 그리고 그걸 테이블 위에 올려놓고 매우 차분한 목소리로 말하는 것입니다. 이 방법은 일반적으론 공격적으로 보이진 않지만 사람들의 주의를 끌어올 수 있으며, 그들로 하여금 우리 모두가 해결하려는 문제를 이해하기 위해 더 열심히 노력하도록 만듭니다.

KV

# 5.6 호스트 이름 짓기

잠깐, 네 노트북 이름이 뭐야?

– KV의 화면 보호기를 본 몇몇 사람들

기술 분야 사람들이 자주 싸우는 주제 중 하나는 코드 밖에서 이름 짓기입니다. 과거에 KV는 문제가 될 수 있는 명명 체계를 개인적으로 사용했습니다. 예를 들면, 워크스테이션들을 전 남자친구들 이름으로 하거나 시스템들의 이름을 지나치게 직설적으로 정하는 식이었습니다. 이런 스키마의 매우 긍정적인 효과는 적어도 저의 경우엔 기억하기 쉽다는 점이었습니다. 다들 저마다 좋아하는 것들이 있겠지만 하나를 선택하는 최선의 방법은 무엇일까요? 여기에 최선의 방법이 있을까요? 그래서 KV는 호스트 이름을 짓는 방법을 연구해 봤습니다.

친애하는 KV,

새로운 호스트 장비들이 들어오게 되었는데, 이 장비들의 이름을 짓는 과정에서 우리 시스템 관리 조직이 두 파로 나뉘는 논쟁이 최근에 발생했습니다. 한 쪽은 장비의 이름을 서비스의 이름과 접미사로 순번을 부여하자는 쪽이고, 다른 한 쪽은 현재 스키마처럼 각자 고유한 이름을 갖고 순번은 없애자입니다. 우리는 호스트가 너무 많아졌고, 그것들마다 이름들도 전부 고유해서 타이핑하기도 길고 짜증납니다. 최근 절충안으로 각 호스트가 우리 내부 DNS에 아예 이름을 두 가지로 등록하는 게 어떨까하는 의견도 있습니다. 근데 이건 또 지나치게 복잡해 보입니다. 당신이라면 호스트의 이름 짓기 스키마를 어떻게 정하겠나요?

익명

친애하는 익명 씨,

T.S. 앨리엇을 인용해서 다음을 지적해야겠네요.

> 호스트 이름 짓는 건 어려운 문제.
> 재미삼아 할 수 있는 쉬운 일이 아니죠.
> 처음 당신은 우릴 완전히 미쳤다고 생각할지도 모르지만
> 호스트에겐 반드시 세 가지 이름이 필요하답니다.

호스트 말고 〈고양이 이름 붙이기〉는 T.S. 앨리엇의 시집 《주머니쥐 할아버지가 들려주는 지혜로운 고양이 이야기》에 나오는 시입니다. 이게 앤드류 로이드 웨버에 의해 유명한 뮤지컬인 〈캣츠〉가 되었습니다. 이 시는 사람들에게 고양이들에게 어떻게 이름들이 생기는지를 설명해 주고 있습니다. 저는 다른 사람들이 저보다 먼저 했듯이 앨리엇의 문구에 약간의 자유를 부여하고 호스트의 이름 짓기 설명을 위해 비유를 확장했습니다. T.S. 앨리엇이 최초의 미니 컴퓨터가 디자인되는 것은 보지도 못한 채 세상을 떠났지만, 제 생각엔 그가 이 시를 쓸 때 호스트 이름 짓기도 분명 고려했을 거란 생각이 듭니다. 그의 생각은 분명 좋은 생각입니다. 만약 당신이 이름 두 개가 나쁘다고 생각한다면, 세 개는 더 나쁘다고 생각할 테니까요!

호스트의 이름을 정하는 건 코딩 스타일, 편집기 선택, 언어 선호도에 따라 컴퓨터

업계 사람들이 싸우는 판테온에서 순위가 매겨지는 어려운 문제이며, 전 세계의 다른 모든 이에겐 무의미한 문제입니다. 짜증나거나 재미있는 점은(실은 짜증만 나는 점은) 당신이 만약 잘못된 시간대에 엉뚱한 바에 있다면, 술 취한 시스템 관리자가 그들의 이름 짓기 스키마를 가지고 싸우고, 술잔을 부여잡은 채 전 회사에 두고 온 그들이 정성스레 이름 지었던 호스트들의 이름을 흐느끼는 것을 볼 수 있다는 것입니다. 이 얼마나 술자리 분위기 망치는 주제입니까!

어떤 대상의 이름을 짓는 목적은 매우 간단합니다. 구성원들이 이해하고 기억할 수 있게 하는 것이죠. 당신의 변수들을 foo, bar, baz 같은 거로 짓는 건 짧은 예제 프로그램에서나 재밌는 이야기이고, 100줄 넘어가는 코드 같은 데에는 절대 그런 짓을 해서는 안 됩니다. 이는 호스트 이름에도 마찬가지입니다. 호스트의 이름은 사람들에게 해당 호스트에 어떻게 접근할지 알려줄 뿐만 아니라, 어떻게 서비스들을 사용할 것인지, 어떻게 서비스들을 관리할 것인지, 혹은 둘 모두를 다룹니다. 만약 사람들과 전혀 접점이 없다면 호스트들은 단순하게 그들의 인터넷 주소로 식별되어도 괜찮습니다.

그러나 불행하게도, 호스트의 이름은 괴짜들이 창의력을 발휘하기 좋아하는 분야입니다. 더 불행한 점은, 이 괴짜들은 창의적인 거랑 짜증나는 걸 구분 못하는 경우가 종종 있다는 겁니다. 호스트 이름을 스타트렉, 스타워즈, 톨킨, 아니면 《트와일라잇》에 등장하는 캐릭터들 이름으로 해도 좋습니다. 톨킨의 작품인 《호빗》, 《반지의 제왕》 3부작, 《실마릴리온》에 등장하는 우스꽝스러운 이름이 충분치 않다면 톨킨의 작품 바탕으로 당신은 새로운 이름을 만드는 생성기를 만들 수도 있습니다.(그리고 신이시여, 누군가가 이미 그런 짓을 했을 수도 있습니다.)

모두가 이름 짓기와 관련된 무서운 이야기를 알고 있습니다. 제 가장 무서운 이야기는 강 이름을 지닌 대학교 이름을 쓰는 경우입니다. 처음에는 센(Seine)을 어떻게 써야 하나 정도로 넘어가지만 짧은 이름들이 동나면 미시시피(Mississippi)와 드니퍼(Dnjeper)까지 갑니다. 다음은 원격으로 로그인하려 할 때 제 머릿속에서 벌어지는 일입니다. 'M-I 구불구불 구불구불 I 구불구불 구불구불 I 굽은 목 굽은 목 I' 이런 게 저와 미국 초등학생들이 미시시피의 스펠링을 배운 방법입니다. 이 주제로 온종일 이야기할 수 있지만 그렇게 되면 제가 언급했던 술자리 분위기 망치는 사람들이랑 똑같아지니 여기까지만 하겠습니다. 대신 호스트 이름을 정하는 간단한 지침을 알려 주겠습니다.

일상적으로 사용할 이름은 입력하기 쉬워야 합니다. 드니퍼(Dnjeper) 같은 묶음도 안 되고, thisisthehostthatjackbuilt처럼 지나치게 길어서도 안 됩니다.

모두가 발음할 수 있는 이름으로 정하는 것은 좋은 생각입니다. 세계화로 인해 어떤 사람들은 'L'과 'R' 발음을 구별 못하기도 하고, 당신이 'o'가 두 번 연속인 경우와 한 번인 경우를 구별해도 이중모음(diphtongs)은 당신을 반쯤 죽일지도 모릅니다.(네, 그런 단어가 있습니다.) 여기서 요점은 여러 형태로 발음 가능한 경우는 타이핑하기도 어려울 테니 이름을 택할 때 피해야 한다는 것입니다. 타이핑은 여전히 음성 인식 시스템보다 빠릅니다. 그러니 기억하세요, 이름들은 반드시 타이핑될 겁니다.

만약 당신이 서비스들을 이름을 통해 다룬다면, 이름을 변경해도 별다른 어려움이 없도록 구성해야 합니다. 만약 당신이 이름을 변경해서 다른 모두가 mail.yourdomain.com을 mail2.yourdomain.com로 변경해야 한다면 성가실 겁니다.(이 부분은 엄밀하게 보면 이름 짓기에 대한 내용은 아닙니다. 월급이 필요한 시스템 관리자라면 어쩔 수 없이 이런 시스템을 구축할 수 있기 때문입니다. 그러나 저는 이 잘못된 방식을 목격한 증거를 남기기 위해 언급하고 싶었습니다.)

같은 대상에 대해 서로 다르고 무관한 두 가지 이름을 사용해서는 안 됩니다. 사실, 이건 코드와 호스트 이름에서도 마찬가지입니다. 만약 당신이 두 개의 유사한 서비스를 갖고 있고, 이름들이 서로 다르다면, 하나의 이름을 다른 이름과 연결 짓고 다른 이름에서 기존 이름으로 거슬러 가는 방법을 명백하게 이해하고 있어야 합니다. 한 사람이 다음과 같이 오락가락 묻는 상황이 있다면 정말 화가 날 수밖에 없습니다.

> "fibble을 리부트(reboot)해도 될까요?"
> "네."
> 그리고 다른 누군가가 물을 겁니다.
> "누가 mail1을 리부트했죠?"
> "그게 mail1인 줄은 몰랐지만, 제 생각엔 그게 fibble인 거 같네요."

마지막 조언은 어리숙하게 보이지 말라는 겁니다. 저도 이 조언이 허공에 주먹질을 날리는 꼴이란 걸 잘 알지만, 메일 서버에 남자나 여자 이름을 짓는 사람들이 평소에는 차가운 제 혈관을 끓어오르게 만든다는 걸 말할 필요가 있었습니다.

KV

# 5.7 면접 진행

시스템 구성도를 그려봐 주시겠어요?

— 면접에서 중요한 질문 첫 번째

눈앞에 앉아 있는 사람이 당신의 코드를 만지기에 적합한 사람인지 알 수 있는 가장 좋은 방법은 무엇일까요? 면접과 그 과정에 관한 많은 책이 있지만, KV는 단순한 방법을 이용하고 있습니다. 면접관으로서 회의실에 앉아 있는 여러분도 이와 같은 방법으로 HR이 할당해 준 짧은 시간 안에 눈앞에 있는 피와 살로 이루어진 대상이 실제 상자 안과 밖에 대해서 생각할 수 있는지 확인해야 합니다.

친애하는 KV,

저희 조직은 최근에 새로운 프로그래머 4명 채용을 승인받았습니다. 그래서 저희 모두 면접관이 되어 전화 면접과 대면 면접을 진행하게 되었는데, 사실 저는 이렇게 사람을 직접 만나 평가하는 걸 싫어합니다. 제가 뭘 묻는지도 잘 모르겠고, 이 과정에서 사람들이 이력서를 적을 때 사실을 제대로 적지 않는다는 것도 알게 되었습니다. 다음 면접 대상자들에게는 프로그래밍 테스트를 진행하려고 하는데, 그 이유는 지난 면접자들 중 몇몇이 아예 프로그램으로 작성하는 방법을 끄집어내지도 못했기 때문입니다. 우리가 채용하려는 사람들을 당혹스럽게 하지 않는 선에서 과정을 더 빠르게 하는 방법이 있을까요?

코딩 안 하고 말하다 지침

친애하는 말하다 지침 씨,

제가 선호하는 지원자 선별 과정은 미 해병대 방식입니다. 지원자에게 개성이나 자존심이 남아나지 않을 때까지 때려눕히고도 지원자가 여전히 당신을 위해 일하기를 원한다면, 그때 그 사람을 고용하세요. 그 시점이 되면 당신은 그 사람의 영혼을 소유하고 있을 테니까요. 불행하게도, 제가 '부트 캠프(boot camp) 채용' 방식을 말할 때마다 법무 부서가 매우 흥분해서 이 방법을 시도해 보지 못하고 있습니다. 압박 속에서 사람들의 능력을 판단할 수 없다면 덜 직접적이고 미묘한 접근 방식을 택할 수밖에 없습니다.

어떤 면접이건 면접의 목표는 면접관과 지원자 양쪽 모두가 조직문화 안에서 서로 융화될 수 있는지 확인하는 데 있습니다. 아무리 훌륭한 프로그래머여도 제가 절대로 채용하지 않는 사람들이 여럿 있습니다. 그들의 인간적 결함이 다른 팀원들에게 미치는 해로운 영향이 코더로서의 능력보다 더 큰 사람들이죠. 질문은 "어떻게 하면 30분에서 60분 안에 이 사람이 우리가 필요로 하는 일을 할 수 있는지, 그리고 하루에 10시간, 일주일에 5일, 그리고 어쩌면 몇 년 동안 제가 그 사람을 참고 견딜 수 있을지 판단할 수 있을까요?"일 것이고, 그걸 알려면 짧은 미팅 내내 물어봐야 할 게 정말 많을 겁니다.

지원자가 해당 직무에 필요한 기술을 갖고 있는지 알아내는 건 사실 면접에서 가장 쉬운 부분일 겁니다. 이 부분에 대한 검증을 위해서는 사실 프로그래밍 테스트까지

갈 필요도 없습니다. 최근에 그가 일하면서 해결한 문제에 대해 질문해서 지원자가 최근에 당신이 한 일과 비슷한 작업을 했는지 추정해 볼 수 있습니다. 물론 이건 일반적인 가정하에서입니다.(프로그래머들이 기꺼이 회계팀 사람 채용 면접을 진행하진 않을 테니까요.) 저는 일반적으로는 기본적인 질문부터 시작합니다. 그렇지만 당신이 느끼기에 시니어 개발자에게 너무 당연한 걸 묻는다고 느껴서는 안 됩니다. 많은 경력사항이 그가 모든 게 어떻게 동작하는지를 알고 있음을 뜻하지는 않습니다. 이를테면, 연결 리스트(linked list) 같은 것 말이죠. 만약 지원자가 충분한 경험을 갖고 있다면 당신의 질문은 금방 소진될 것이고, 그러면 빠르게 더 어려운 문제로 넘어가면 됩니다.

당신이 보기에 직무에 필요한 기초 지식이 있다고 확인된다면, 그 다음에 당신이 할 일은 지원자가 어떻게 상위의 문제를 해결했는지를 알아보는 겁니다. 이때 화이트보드가 면접에서 최고의 도구라 생각합니다. 저는 항상 지원자에게 그들에게 친숙한 시스템에 대해서 프로그래밍 작업을 블록 다이어그램의 형태로 표현해 보라고 하는데, 프로그래머나 소프트웨어 엔지니어라면 시스템을 블록 다이어그램 형태로 표현하지 못할 리가 없습니다. 지원자가 충분히 영리하고 몸 담았던 시스템을 이해하고 있다면 그림으로 설명할 수 있을 테고, 그렇지 않다면 그 어떤 조직에서도 쓸모없는 사람일 겁니다.

지원자가 제가 만족스럽게 느낄 정도로 시스템을 잘 표현해 냈다면, 저는 그 뒤에 항상 다음 질문을 합니다. "만약 시간이 더 있었다면 어디를 고치거나 어떤 기능을 더했을까요?" 이런 열린 결말의 질문은 대단히 중요합니다. 이 질문에 대해 답할 수 없는 사람은 단순히 다른 사람의 의지를 따르는 수동적 태도를 취할 가능성이 매우 높습니다. 저는 수동적인 사람과 일하고 싶지 않습니다. 저는 생각하는 사람, 그들이 만드는 것에 대해 의견이 있고 그들이 다루는 시스템을 어떻게 확장해 나갈지 항상 생각하는 사람과 일하고 싶습니다. 좋은 프로그래머들은 그들의 시스템이 절대로 완벽하지 않으며, 시간만 충분하다면 언제나 더 해야 할 일이 있다는 걸 알고 있습니다.

어떤 회사들은 지원자를 평가하기 위해 프로그래밍 테스트를 사용하지만, 저는 같은 목적을 위해 다른 두 가지 방법을 사용하는 걸 선호합니다. 저는 수년 전, 컴파일해서 수행할 수 있는 코드를 제출해 달라고 하는 회사에서 일한 적이 있습니다. 코드는 단순하고 문서화가 잘 되어 있어서 누구든지 한 시간 안에 이해할 수 있었습니다.

저는 버블 소트 코드를 종이에 써보라고 하는 것보다 실제 코드를 예시로 묻는 걸 더 선호합니다. 오픈소스 프로젝트 기여가 광범위하게 유행한 이후로 이런 유형의 테스트의 필요성은 줄어들었습니다. 왜냐하면 이제는 그 프로그래머가 오픈소스 프로젝트에 기여한 적이 있다면 그의 이름을 검색만 해도 코드를 어딘가에서는 발견할 수 있기 때문입니다. 그러니 어떻게든 샘플 코드를 받아 내세요. 그게 프로그래머에게 종이에 코드를 작성해 보라고 시키는 것보다는 훨씬 더 많이 그 지원자에 대해 알 수 있게 해줄 겁니다. 만약 당신이 편집증이 있어서 지원자가 친구의 코드를 들고 온 게 아닌가 의심이 든다면 면접 중에 코드에 대해서 질문해 보면 됩니다. 만약 지원자가 거짓말을 하는 거라면 금방 눈치챌 수 있을 겁니다. 만약 그 사람이 친구의 코드를 가져와서 거짓말을 하는데 당신의 질문에 막힘없이 거짓말을 할 수 있다면, 그러면 어찌됐든 그 사람은 뽑아도 됩니다.

제가 프로그래머들에게 퀴즈를 내는 또 다른 방법은 어떤 이유에서건 동작하지 않는 코드를 제공하고 그들에게 버그를 찾아내게 하는 것입니다. 많은 프로그래머들의 일과시간은 디버깅으로 소요됩니다. 따라서 저는 버그가 없는 코드를 작성하는 능력만큼이나 그 능력을 높게 평가합니다. 비록 프로그래머들이 버그가 없는 코드를 작성할지라도 그건 매우 드문 일일 것이고, 다른 사람들의 코드와 함께 협업하기 때문에, 그들이 작성한 코드가 아닐지라도 빠르게 코드를 분석하는 능력은 중요합니다.

어떤 면접관들은 두뇌 테스트(brainteasers)를 주는 걸 좋아합니다만, 저는 현실 세계의 코딩과 관련되지 않는 한 이런 것들이 유용하다 생각하지 않습니다. 두뇌 테스트는 여러 가지 면에서 실패합니다. 첫 번째는 단순히 유명한 문제를 외우는 사람들이 있다는 것입니다. 대충 찾아봐도 이런 유형의 면접 질문을 통과하는 방법에 대한 2,000여 권의 책이 나옵니다. 그중 소프트웨어에 특화된 책들도 여럿 있습니다. 만약 지원자들이 당신의 회사가 두뇌 테스트를 출제한다는 걸 알게 되면 면접 전에 그런 유형을 암기해 면접관들의 질문에 쉽게 대답하고 넘어갈 겁니다.

두뇌 테스트를 별로라고 생각하는 또 다른 이유는 매우 유능한 프로그래머들이 그런 문제에는 취약일 수도 있기 때문입니다. 그렇게 되면 당신은 훌륭한 사람을 테스트를 통과하지 못했다는 이유로 놓치게 됩니다. 현실을 직시하세요. 프로그래머들은 코딩하다가 발생하는 문제를 두뇌 테스트랑 연결 지어서 생각하지 않습니다. 그들은 문제를 들여다보고 그것을 코드로 어떻게든 해결하려고 합니다. 당신은 이런 프로그래머를 채용하려는 거지, 오락 퀴즈 방송의 참가자를 뽑는 게 아닙니다.

당신이 제게 했던 원래 질문이 채용과 면접 절차를 가속화하는 방법이었다는 걸 뒤늦게 깨달았네요. 전 이미 한 가지 방법을 제안했습니다. 면접 전에 지원자에게 이전에 작성했던 코드를 하나 보내 달라고 하세요. 이건 전화를 통한 기초 검증 직후에 바로 요청하는 게 좋습니다. 만약 그 사람이 보낸 코드가 정말 쓰레기면 면접도 포기하면 되니까요.

두 번째로 사람들의 시간을 낭비하지 않기 위한 방법은, 각 팀원이 개별적으로 상대방과 면접을 진행한 이후에 그 지원자를 다음 팀원에게 보낼지 평가하는 것입니다. 한두 명의 면접관이 지원자와 이야기를 나눈 후에 누군가를 바로 집으로 보내는 게 난처할 수도 있지만 팀 전체가 누군가를 면접하는 행동을 취하도록 하는 것보단 스트레스를 훨씬 덜 받습니다. 이건 코드처럼 실패가 빠를수록 좋은 겁니다.

KV

## 5.8 미신

임산부 아홉 명이 있다고 아이가 한 달 만에 태어나지 않습니다.

– 프레더릭 P. 브룩스

이제는 고전이 된 프레더릭 브룩스 박사의 소프트웨어 디자인과 개발에 관한 책인 《맨먼스 미신》에 대한 내용은 Kode Vicious 칼럼에 두 번 등장합니다. 첫 언급 이후로 브룩스 박사는 매우 친절하게도 제가 대학 시절 읽고 독립기념일에 맥주를 마시기 위해 팔아치웠던 책 대신 직접 사인한 책을 주셨습니다. 가볍게 말하자면 그 분이 KV를 읽었다는 사실에 놀랐습니다. 그리고 단언컨대 새로 받은 책은 맥주나 다른 술 때문에 팔아치울 일은 없을 겁니다. 이 고전을 언급하는 두 칼럼 중에 더 긴 내용이 이번에 나오는데, 여기에서 KV는 '얼마나 많은 프로토타입을 버릴 것으로 예상해야 할까요?'라는 질문에 답합니다.

친애하는 KV,

《맨먼스 미신》에서 프레더릭 브룩스는 할아버지 같은 인내심을 가지고 우리에게 충고하고 있습니다. 프로토타입을 만들고 그것을 버리라고요. 어쨌건 그럴 거라고 말이죠.

이 때문에 소위 말하는 프로토타이핑(일반적으로 실행과 실패로 알려진 프로그래밍 방법론)이 올해의 유행이었습니다. 프로토타입 시연은 너무 적거나 너무 잦은데 둘 다 별로인 건 마찬가지입니다.

프로토타입에 대한 당신의 견해는 어떤가요? 특히 프로토타입이 마케팅 부서에서 스크린샷을 찍어서 자랑할 수 있도록 하는 게 아니라 정말 까다로운 세부사항을 해결하기 위해서는 얼마나 충실해야 하는 걸까요?

(비)전형적 개발자 드림

친애하는 비전형 씨,

일반적으로 실행과 실패로 알려졌다는 게 무슨 말이죠?! 이 유행이 지금 지나갔다고 말하는 걸까요? 제가 아는 선에서는 이건 여전히 살아있고 유효합니다. 아마 많은 실무자들이 그들의 지적 활동의 태생(intellectual parentage)을 제대로 이해하지 못했나 봅니다. 사실 저는 대부분의 실무자들이 지적 활동의 태생의 철자도 잘 모를거라 생각합니다.

아아, 좋은 조언은 지나치게 해석되어 종종 만트라로 전락하는 경우가 있습니다. 무엇이든 자주 반복되다 보면 진실처럼 여겨지는 것 같습니다. 브룩스 씨의 조언은 당신도 알다시피 컴퓨터 과학에 만연해 있는 '완벽해야 한다.'라는 만트라를 극복하기 위한 것이었습니다. 디자인 단계에서 모든 걸 알 수 있다는 생각은 세계 최초의 프로그래머였던 수학자들로부터 시작된 오류라고 생각합니다. 당신이 종이 위의 기호를 들여다보며 하루를 보내고, 그 기호들을 작동하는 시스템에 가끔씩 만들어야 한다면, 당신 시스템의 아름다움이 하드웨어라는 추악한 현실을 만났을 때 어떠한 일이 일어나는지 거의 인식하지 못할 겁니다.

그 출발점으로 돌아가서 보면, 1950년대와 1960년대의 프로그래머들이 어떻게 모든 것을 처음부터 기록하기를 원하는지 쉽게 알 수 있습니다. 문제는 종이 한 장이 컴퓨터의 매우 형편없는 대체품이라는 겁니다. 종이는 구리에서 전자 속도, 전선의 길이, 드럼 속도(지금은 디스크의 드럼. 조만간 플래시로 대체 예정)로 인한 이상한 지연이 없습니다. 따라서 사람들에게 그게 뭐든지 간에 일단 그 빌어먹을 것을 만들라 하고, 그러고 난 후에 프로토타입에서 얻은 교훈을 실제 시스템에 통합해야 합니다.

처음 이 조언이 등장한 이후로 컴퓨터의 속도가 빨라짐에 따라 사람들이 과거에 단일 시스템을 구축하던 시간이면 더 크고 빠르고 정확한 여러 개의 프로토타입을 만들 수 있게 되었습니다. 프로토타입으로 고통받는다는 사람들을 그저 겁쟁이들일 뿐입니다. 프로토타입 관련으로 명확하게 선을 긋지 않는 것은 엔지니어나 팀이 겁쟁이라는 표식이기도 합니다. '이건 프로토타입일 뿐이에요.'라는 건 시스템 디자인의 문제를 들여다보는 것을 피하기 위한 핑계로 지나치게 자주 사용되어 왔습니다. 이런 경우의 프로토타입이란 건 브룩스 박사가 말했던 프로토타입과는 정반대의 의미를 갖게 됩니다. 프로토타입의 핵심은 어디에 어려운 문제가 도사리고 있는지 찾아내는 것이며, 일단 그것이 식별된 이후에는 전체 시스템 관점에서 해결 가능하게 만들어야 합니다. 프로토타입은 마케팅 부서가 잠재 고객들에게 무언가 예쁜 걸 선보이는 자리가 아닙니다. 그건 종이 냅킨과 대량의 위스키가 해결할 문제이죠.

프로토타입 관련해선 제가 어떤 입장일까요? 시스템을 더 작은 객체로 계층화하거나 분해하는 것과 같은 입장입니다. 당신은 구축하려는 모든 곳에서 발생할 어려운 문제들을 찾고 해결하는 데 필요한 만큼 프로토타입을 만들어야 합니다. 그게 아니라면 그저 사소한 것에 시간 낭비하는 것입니다. 그렇다고 오해는 마세요. 저도 당신 옆 사람들처럼 (어쩌면 더) 시간 낭비하는 걸 좋아합니다. 그렇지만 제가 시간 낭비하는 건 아무런 성과도 없습니다. 단언컨대 소프트웨어를 작성하는 편이 좋습니다.

KV

**구닥다리 코더**<sup>Koder</sup>

일하는 자들을 괴롭히는 숙명은 사람의 쇠퇴가 곧 그들이 만들거나 판매하는 물건의 쇠퇴를 야기한다는 점일 겁니다.

– 스터즈 터클

자신의 분야에서 전문성을 유지하는 것은 중요한 질문이며, 학부나 대학원 교육에서는 거의 논의되지 않는 질문입니다. 일단 프로그래머로 일을 시작한다면, 의도된 경우보다 우연히 새로운 기술을 습득해야 하는 경우가 더 많을 겁니다. 우리는 어떻게 우리 분야에서 전문성을 유지할 수 있을까요? 전문성을 유지하는 건 평생의 과업입니다. 당신이 전문성을 유지하고자 노력을 제대로 하고 있다면, 그 노력은 영원히 끝마칠 수 없을 겁니다.

*친애하는 KV,*

시스템 관리자에게 최고의 위험은 무얼까요? 기술적인 부분을 제외하고(보안, 정전, 기타 등등) 어떤 위협이 시스템 관리자의 전문성에 가장 위협적일까요?

*새내기 시스템 관리자*


*친애하는 새내기 씨,*

진로에 대한 질문은 기술에 대한 질문보다 조금 더 어려운데, 그 이유는 미래를 조금 더 들여다봐야 하기 때문입니다. 물론 제가 미래를 보는 것을 좋아합니다만, 제 주치의는 적어도 업무 시간에는 약을 멀리하라고 했답니다.

제 생각에 당신의 진짜 질문은 '무엇이 저를 구닥다리로 만들까요?'일 테고, 이는 현장에서 일하는 모두가 품고 있는 질문이며, 특히나 급변하는 기술 분야에서는 누구나 할 법한 질문입니다. 시스템 관리자에게 최대의 위협은 다른 이들이 당신의 직업의 범위를 매우 좁고 지나치게 특정한 경우로 제한해 단정 짓는 경우입니다. 그리고 그 틈에서 당신은 자신의 가치를 증명해야겠죠.

많은 사람들이 지나친 전문화에 대해서 생각할 때 당연하게도 그들이 생산하는 생산 수단이 더 효율적으로 나올 수 있게 조정된 톱니바퀴와 같은 공장 노동자를 떠올립니다. 한 가지 일을 10년 동안 했던 조립 라인 노동자들은 그들이 작업하는 기계가 변경되면 재교육을 하게 되거나, 그게 아니면 그들보다 더 젊고 저렴한 노동자들로 대체되어 해고되곤 합니다. 현재 수입이나 인지된 사회적 계급에 따라서 이런 상황이 나오는 무관하다고 여기는 사람들은 조만간 직업이 사라질 수도 있습니다.

급변하는 분야에서 지나치게 전문화된 분야는 조만간 자동화될 분야입니다. 저는 기술의 가치가 클수록 더욱 자동화될 가능성이 높다고 봅니다. 왜냐하면 당신의 회사 상사들은 그들의 상사에게 점수를 따고 간접비를 줄여 더 큰 보너스를 받는 데 관심이 있기 때문입니다. 저는 항상 당신의 전문 분야에서 적어도 전문화를 할 수 있는 두 가지 영역 이상을 확보할 수 있도록 광범위한 흥미를 유지하는 게 좋다고 봅니다. 그렇게 하면 당신의 특정 분야의 전문성이 갑자기 쓸모없어지게 될지라도 당신에겐 또 다른 흥미로운 분야가 있을 테고, 이를 통해 급여 생활을 지속할 수 있을 것이니 말입니다.

어떻게 당신이 과잉 전문화의 늪에 빠졌는지 알 수 있을까요? 가장 쉬운 식별법은 당신의 작업이 끝없이 반복적으로 같은 일만 하며, 그 할 일이 다른 누군가에 의해 설계되는지 확인하는 겁니다. 만약 당신의 직무가 시스템을 조정하는 역할인데, 어느 정도로 조정할지 스스로 정의하는 과정이 없다면 그건 위험의 전조입니다. 시스템 조정 분야에서 이 반복적인 절차는 언젠가는 자동화가 될 겁니다. 그때 조정 작업의 설계자로 거듭나지 않는다면 새로운 직업을 찾아 헤매게 될 수도 있습니다. 이러한 문제는 수준보다는 범위와 더 밀접한 관련이 있습니다. 만약 당신이 의사결정을 할 수 있을 만큼 광범위한 식견을 갖지 못한다면 다른 사람들이 사용하는 도구로 전락할 것이고, 도구는 언젠간 대체되기 마련입니다.

과잉 전문화를 회피하는 건 그렇게 어렵지 않지만 그것도 당신이 하기 나름입니다. 책을 읽거나 컨퍼런스에 참석하고 교육을 이수하는 등 당신에게 도움이 될 광범위한 분야에 훈련을 거듭해 나가세요. 여기서 핵심은 자신이 가장 익숙하지 않은 분야에 신중하게 스스로를 노출시키는 것입니다. 도서 목록, 컨퍼런스의 세션들, 강의들 중에서 제가 모르는 것들이 가장 많은 걸 택하는 게 제가 선호하는 전략입니다. 만약 당신이 무언가를 발견하고 스스로 "나는 X는 쓰지 않아."라고 말했다면, 그 분야에 대해서는 매우 잘 알고 있어야 하고 손에서 놓아서도 안 될 겁니다.

과잉 전문화의 또 다른 면은 누군가 당신의 역할을 정의한다는 것입니다. 모든 비즈니스에서, 특히나 거대한 비즈니스에서는 그들의 노동자를 잘 디자인된 상자 안에 담아 두어야 임금과 이익을 헤아릴 수 있기 때문입니다. 이 상자를 그리는 사람들이 실제로 시스템 관리자가 무엇이고 무슨 일을 하는지 제대로 아는 경우는 매우 드뭅니다.

이런 상자를 그리는 사람들이 주로 하는 일은 먼저 웹에서 관련된 용어를 검색해 보는 것부터 시작하는데, 통탄스럽게도 이런 검색 결과는 다 옛날 것들이라 지금은 유효하지 않은 정보를 담고 있으며, 그렇게 상자가 그려지고 거기에 당신의 이름이 적히는 식입니다. 만약 이런 취급에 대해서 당신이 불평하고 운이 좋다면, 그들이 당신의 역할에 대해 스스로 정의해 보길 요청할 것이고, 그로 인해 그들의 일을 하나 대신해 줄 수 있게 될 겁니다. 저라면 당신의 역할을 '당신의 일이 되게끔 하는 신'이라고 정의하는 걸 추천합니다. 이게 얼마나 진실된지는 차치하더라도, 그 누구도 당신이 이렇게 말하는 걸 좋아하진 않을 겁니다. 이 시점에서 당신은 창의적 사고를 바탕으로 회사와 유관한 생각을 할 필요가 있습니다. 당신 스스로를 반복적이고, 과잉 전문화된 내용으로 정의해 쉽게 대체 가능한 존재로 정의하는 일은 (앞선 논의 내용처럼) 너무 쉽게 벌어집니다.

여기서 아키텍트에 대해서 한번 짚고 넘어가야겠습니다. 지난 10여 년 동안 시니어 기여자 개인에게 아키텍트라는 직함을 부여해왔습니다. 유감스럽게도 아키텍트는 건물을 디자인하는 사람이지 소프트웨어나 시스템이나 네트워크를 디자인하는 사람이 아닙니다. 사실 저는 이런 직함이 자부심보다는 농담에 가까운 이들과 함께 일해 봤습니다. KV는 이런 이들과 함께 일하는 것을 좋아합니다. 이들과 일할 때는 대부분 경영진의 말을 따라 하기만 하면 쉬워지더군요. 당신은 주니어 X나 시니어 X나 관리자 X나 부사장 X일 겁니다. 만약 당신이 그 어떤 사람도 관리하지 않는다면, 시니어 네트워크 기술 전문가 직함처럼 기술이란 표현을 추가하면 됩니다. 전문가라는 표현도 역할을 정의하지만 지나치게 좁은 의미로 정의하지는 일반적인 좋은 단어입니다.

마지막으로 당신이 조직에서 가치가 있는 사람이라는 걸 어떻게 증명해야 하는지 말해 보겠습니다. 원활한 운영을 책임지는 시스템 관리자나 이 분야에 속한 모든 이들은 다음과 같은 심각한 두 가지 장애물로 인해 고통받고 있습니다.

첫 번째 장애물은 사람들이 일련의 시스템들이 정상 작동하기 위해 필요한 것들은 이해하지 못한 채 '그냥 되는' 걸 기대한다는 겁니다. 사람들은 이게 그냥 되는 게 아니란 걸 당신이나 당신 조직이 무언가 망가트렸을 때야 알게 됩니다. 그러면 사람들은 웹에 접속할 수 없다거나(일을 하던 건 아니고 시간 낭비를 하고 있었을 겁니다.) 특정 애플리케이션이 망가졌다고 하는 등 주먹을 치켜들고 따질 겁니다. 저는 당신이 설령 초보 시스템 관리자여도 이미 비슷한 경험을 했으리라 확신합니다. 물론, 무작위로 네트워크 케이블을 뽑아 버리고 전화가 오길 기다리다 다시 연결하는 것은 당신의 가치를 이해하도록 하는 재미있는 방법이 될 수도 있겠지만 저조차도 그런 방법은 추천할 수 없습니다.

시스템 운영 분야의 두 번째 고통스러운 장애물은 대부분의 비즈니스에 속한 사람들이 당신 노동의 가치를 알아차리지 못한다는 점입니다. 프로그래머와 엔지니어들은 종종 코드를 작동시키고 프로젝트를 성공시키는 것에 대해 칭찬을 받곤 합니다. 그게 무엇이든 간에 프로그래머들의 산물이 정상적으로 동작하도록 해주는 시스템 관리자들의 역할은 제대로 인식되지 않습니다. 심지어 프로그래머들 스스로도 '저 사람들은 뭐하는 사람들이야?'라거나 시스템 관리자 조직처럼 '지원' 부서로 깔보기도 합니다. 이런 관계는 비싼 차를 운전하는 사람이 도로를 만들고 고치는 사람을 비난하는 것과 같습니다. 차가 달리기 위해서는 길이 필요하고, 좋은 길에 대해 당신은 감사해야 합니다. 이처럼 당신의 시스템을 사용하는 사람들도 좋은 서비스를 받았을 때 당신에게 감사해야 하지만 대부분은 그렇지 않습니다.

이 장애물들을 거의 같은 방식으로 다뤄져야 합니다. 바로 대화를 통해서 말이죠. 문제와 운영 중단 사태를 소통하는 건 태생적으로 매우 중요하지만, 이것만이 사용자들이 시스템 관리 조직에게서 얻어내는 사항은 아닙니다. 새로운 시스템이 온라인 상태가 되거나 새로운 서비스가 성공적으로 출시될 때마다 그 사실 또한 알리면 되는데, HR이 선호하는 깜짝스럽고 달달한 방법으로 주변에 알려져서는 안 됩니다. 당신은 지금 꼬마 애니의 생일을 축하하는 게 아니니까요. 당신의 사용자들에게 그들의 업무가 조금 더 쉬워졌다고 알리기만 하면 되고, 거기에는 무엇이 더 나아졌는지 명확하게 설명하는 한 페이지 분량의 이메일만 있으면 됩니다.

광범위한 주제에 관심을 두고 계속해서 지식을 쌓으면서 자신의 역할을 정의하며, 사용자들에게 당신이 하는 일과 그것이 왜 일상 생활에 중대한 영향을 미치는지 소통할 수 있다면, 당신이 구닥다리가 될 위험은 확실히 낮아질 겁니다. 그리고 이 조언은 기술 분야의 모든 사람들에게 적용됩니다. 그런데 한 마디 더 하자면... 제가 또 비밀번호를 잃어버린 거 같은데 저를 도와주지 않겠나요?

KV

# 5.10 큰 힘에는...

큰 힘의 소유는 필연적으로 큰 책임이 따른다.

– 영국 국회의원 윌리엄 램. 1817년

순진한 사람은 일을 끝내기 위해 항상 시스템에 대한 완전한 통제가 필요하다고 믿지만, 보안에 관해서라면 이것은 실제로 그들이 원하는 것과 정반대 결과를 야기합니다. 제가 함께 일했던 최고의 보안 종사자는 여러분이 시스템을 제어하고 거기에 대한 책임을 갖고 있을 때 이 책임이 매우 진지하게 취급되어야 한다는 걸 알고 있습니다. KV는 그의 커리어 내내 이런 책임질 일을 피해왔습니다. 우리가 정치를 통해 하나 배운 게 있다면, 우리가 진정 원하는 건 그럴 듯한 거부권이라는 겁니다. KV는 이번 편지와 답신에서 다루는 이유로 누군가의 시스템에 키를 보관하는 제안을 언제나 거절합니다.

친애하는 KV,

저는 꽤 개방된 환경에서 일하고 있습니다. 여기서 개방되었단 말은 많은 사람들이 서버에 루트(root) 사용자로 들어와서 알아서 고친다는 의미입니다. 회사 초창기에 우리는 소수 인원으로 모든 걸 해야만 했고, 저마다 다른 책임을 지닌 사람들이 서버가 죽거나 프로세스가 통제 불능이 되었을 때 뛰어들어야 했습니다. 그건 수년 전 이야기이지만 여전히 많은 사람들이 루트 권한을 갖고 있는데, 일부는 레거시 때문이고 일부는 제한하기엔 너무 중요하기 때문입니다. 문제는 레거시 사용자는 거의 모든 걸 루트 권한으로 하고 있지만 사실 `sudo su -` 명령어만 사용한다는 것입니다. 제가 이 사람이 작업한 시스템을 디버그할 때마다, 저는 두 시간 내지 네 시간 동안 로그 동굴탐험을 해야 합니다. 왜냐하면 그 사람이 무슨 작업을 했었는지 따로 남겨두지 않기 때문입니다. 그는 무언가를 마무리 짓고는 그저 단순히, "고쳐졌습니다."라고만 알려줍니다. 당신도 이런 짓을 당하면 몹시 분노할 거라고 확신합니다.

루트 권한

친애하는 루트 씨,

저는 당신이 "고쳐졌습니다."라고 한마디 해도 되는 경우 한 가지를 말해 주고 싶은데 실제로 그래서는 안 될 겁니다. 바로 그 사람의 새끼 손가락을 잘라버리는 건데, HR이 직장에서의 일본 야쿠자의 방식을 좌시하진 않을 테니까요.

당신의 문제는 기술보다는 문화의 문제에 가깝습니다. 당신이 편지에서 제안한 것처럼 기술적으로는 사용자에게 감사 대상인 시스템에 루트 권한으로 접근하는 걸 해결할 수 있는 방안이 있죠. 매우 소수의 사람이나 조직만이 그들의 시스템을 군대 수준의 보안으로 운영하고 싶어 합니다. 설령 그게 맞을지라도 이런 유형의 시스템들은 과잉 살상이 벌어지며, 우리가 최근에 봤던 것처럼 제대로 동작하지도 않을 겁니다.

대부분의 환경에서는 대다수의 직원들이 그들의 파일과 데이터에만 접근할 수 있게 하고, 필요로 하는 소수의 직원들에게만 더욱 넓은 접근 권한을 부여하는 것이 적절합니다. 이 신뢰할 수 있는 소수의 사람들은 시스템에 대해 안정적인 권한을 부여받아야 하지만, 다시 말하자면 그들에게도 제한된 권한이 부여되어야만 합니다. 바로 특정 프로그램에 대해 사용자나 그룹 단위로 화이트리스트 권한을 주는 겁니다. 이 화이트리스트의 내용이 적게 하는 것이 시스템을 안전하게 하는 최선의 수단입니다.

이제 당신이 지적한 로깅에 대해서 말해 보자면, 이 부분은 감사를 할 수 있는가에 대한 이야기입니다. 많은 사람들이 로그가 남는 것을 싫어하는데 이는 감시당하는 기분이 들기 때문입니다. 그렇지만 반대로 생각해 보면, 대부분의 사람들은 누군가가 지켜봐 주는 걸 싫어하지 않습니다. 신뢰를 받는 위치에 있는 사람들은 확인되고 관리되어야 한다는 것을 이해해야 하며, 신뢰할 수 있는 사람들의 그룹을 관리하는 방법 중 하나로 로깅이 있습니다. 로깅은 또한 오래된 질문인 '누가 이걸 언제 한 거지?'에 대한 답변이기도 합니다. 사실 이 부분은 당신이 sudo 명령어를 사용할 때 튀어나오는 첫 메시지에 포함되어 있기도 합니다.

우리는 당신이 로컬 시스템 관리자에게서 일반적인 교육을 수료했다고 믿겠습니다. 그것은 보통 이 세 가지로 귀결됩니다.

- 타인의 사생활을 존중하세요.
- 타이핑하기 전에 생각하세요.
- 큰 힘에는 큰 책임이 따릅니다.

많은 사람이 마지막 세 번째 문장을 스파이더맨 코믹 북에서 나온 문장이라고 생각하지만, 이 문장은 그보다 오래되었습니다. 그래도 스탠 리의 버전이 이 맥락에서는 더 알맞습니다. 유닉스 시스템에서 루트 사용자는 그들이 원하는 모든 것을 할 수 있기 때문입니다. 이는 악의적일 수도 있고 타이핑하기 전에 충분히 생각을 하지 않은 경우에도 가능합니다. 종종, 시스템을 다시 작동되게 되돌릴 수 있는 유일한 방법은 루트 권한을 가진 사용자가 무엇을 했는지 알아내는 것이며, 그렇게 할 수 있는 유일한 방법은 작업 내용이 어딘가에 기록된 경우뿐입니다.

제가 만약 그 사람의 관리자였다면, 그가 다른 사람들과 협업하는 방법을 제대로 배울 때까지 그의 sudo 권한을 완전히 박탈하거나 그게 아니면 해고했을 겁니다. 신과 같은 권한을 감시도 없이 줘도 될 만큼 유능한 사람은 없습니다.

KV

# 5.11 편지

우리가 알 바 아니에요. 우린 그럴 필요가 없거든요. 우린 전화 회사랍니다.

— 릴리 톰린이 연기한 어니스틴

고객 정보 유출 사실을 알리는 메일은 이제 너무 빈번해서 우리가 회사에게 집단 소송을 할 생각이 아니라면 바로 쓰레기통으로 갈 정도입니다. 이번 편지에서는 컴퓨터 보안에서 타인의 불행에 대해 고소해하는 듯하면서도 기술적으로 유용한 이야기를 다룹니다. 이번 사과 편지를 읽고 이 내용을 바탕으로 보안 이슈가 발생한 근본 원인을 역으로 추적해 볼 수도 있을 겁니다.

이번 편지와 답신은 특정한 보안 이슈를 다룹니다. 데이터 유출 사고의 증가와 연관된 그들의 솔직하지 않은 사과 편지는 데이터를 매일 수집하고 사용하는 회사들의 제대로 된 관심이 부족함을 보여 주고 있습니다. 이제껏 제정된 데이터 보안 관련 법률 중 가장 광범위한 영역을 다루는 GDPR이 등장한 까닭은 바로 이러한 무신경한 태도들 때문입니다. 사람들은 유럽에서 제정된 GDPR이 미국의 FAANG(Facebook, Apple, Amazon, Netflix, Google)이 개인정보를 빨아들이는 것을 막기 위해 만들어졌다고 냉소적으로 말하기도 합니다. GDPR에는 물론 이런 반미적인 부분이 일부 있지만, 전체적으로 이러한 아이디어는 틀리지 않았습니다. FAANG과 같은 거대 회사들에게 데이터 보안에 대해 따져 물을 수 있는 존재는 정부와 법원밖에 없습니다. 여기서 분명히해 둘 점은 이 싸움터에서는 그 어느 쪽도 선하다고 볼 수 없다는 겁니다. 그 어딘가에는 선량함이 있다고 해도, 현실에서 기업이 스스로 관리감독하게 두는 것은 재난과 같은 실패만 불러일으켰습니다. 그런 상황에서는 기업 내부 관계자가 보안 침해 사고를 언론에 흘리지 않고서는 알 길이 없습니다. GDPR에 대한 기업들의 대응으로 기업들이 뒷수습하는 동안 주변의 비판에 대응할 방법이 없다는 걸 알았기에 말도 안 되는 금액과 시간을 들이는 계약을 받아들여야만 했습니다. 데이터 개인정보 보호법의 진정한 시험대는 우리가 앞으로 몇 년 동안 받게 될 사과 편지에 있는 흠결들로 인해 벌어질 겁니다.

친애하는 독자들에게,

저는 최근에 특정 회사로부터 제 개인정보를 유출시켰다는 편지를 받았습니다. 요새는 개인정보가 탈취당하는 게 흔한 이야기이긴 합니다만, 이 편지에서는 어떻게 회사의 시스템의 데이터를 도난당했는지에 관한 두 가지 문제점을 제대로 짚어 설명한 점이 인상적이었습니다. 저는 여기서 세 문장을 집중 조명해서 이 사례들이 실제로 우리에게 무엇을 가르쳐 주는지 논의해 보고자 합니다.

"자칭 해커라는 이들은 AT&T의 IPad용 통합 서킷 카드 인식(ICC-ID) 번호를 임의로 만들어서 반복적으로 AT&T의 웹 주소로 요청을 보냈습니다."

이 문장은 문자 그대로 저를 놀라게 했고, 이내 웃음이 터져나오게 만들었습니다. 우는 것보단 웃는 게 더 나으니까요. 여기서 '자칭 해커들'은 봇넷을 사용해 웹 페이지를 공격했을 것이고, 하나 또는 소수의 IP 주소를 이용했을 겁니다. 요즘 세상에 IP 주소 기반으로 요청 제한을 안 걸어 놓는 곳이 있을까요? 적어도 그런 컴퓨터가 한 대 있었다는 건 분명해졌습니다. 매우 단순한 이야기입니다. 당신이 API와 URL을 웹에 올린다면, 누군가는 API를 호출하게 될 것이고, 이는 전 세계의 누구든 될 수 있다는 소리입니다.

거대 기업들이 이러는 건 제발 괴롭혀 달라고 애원하는 꼴입니다. 이건 문을 안 잠그고 집을 나서는 것과는 다른 이야기이고, 오히려 은행 ATM 기계에서 PIN 번호 조합 시도를 백만 번 해도 내버려 두는 것과 같습니다. 시간만 충분하다면, 그리고 컴퓨터는 계산하는 능력이 뛰어나니, 결국에는 번호를 알아내고 말 겁니다. 그래서 ATM 기계가 PIN 번호를 마구잡이로 맞힐 기회를 백만 번 주는 걸 허용하지 않는 겁니다! 물론, 이번 경우에선 회사가 직접적으로 돈을 잃지는 않지만 그 대신 고객과의 신뢰를 잃고, 더욱이 미래의 고객이 될 수도 있었던 사람들의 신뢰를 잃었습니다. 때론 브랜드가 입은 피해가 직접적인 재정 피해보다 심각한 경우도 있습니다.

이제 다음 문장으로 넘어가겠습니다. 여기서는 회사가 그들의 시스템을 적절하게 제어하지 못했음을 인정하고 있습니다.

"일이 있고 나서 몇 시간 후에 AT&T는 자동으로 이메일 주소가 나오는 기능을 비활성화 시켰습니다. 이제 인증 페이지의 로그인 화면은 이메일 주소와 비밀번호를 입력해야만 동작합니다."

'몇 시간?!' 농담이죠? 이 부분에서 너무 크게 웃어서 아프기까지 했습니다. 제 어딘가 문제가 있는가 싶을 정도였죠. 전 평소에 편지를 읽고 웃는 성격이 아니라서요. 이 문장의 교훈은 당신이 운영 중인 서비스라면 즉시 중단하고 배포하거나 롤백을 빠르게 할 수 있어야 한다는 겁니다. 사실 이 점은 Web 2.0, 1.0, 심지어는 0.1의 제안자도 말했을 겁니다. 패키지로 나가는 소프트웨어라면 배포 주기가 주 단위나 월 단위가 되겠지만, 웹 환경은 회사로 하여금 즉시 변경을 배포할 수 있게 해줬습니다. 물리적인 거리를 따져 본다면 몇 시간은 어쩌면 즉시일 수도 있습니다. 그렇지만 누군가가 당신의 시스템을 악용하고 있다면 그 시간은 매우 긴 시간입니다. 차고 넘치죠. 그 사이에 수십만 개의 이메일 주소가 유출되고도 남습니다.

드디어 마지막 문장입니다. AT&T는 마침내 고객에게 발생할 수 있는 위협을 이해했습니다.

"공격이 이메일 주소와 ICC-ID 데이터에 국한되었지만, 이 정보를 이용해 귀하에게 다른 정보를 요구하거나 원치 않던 이메일이 갈 수도 있습니다. 이런 피싱(phishing)에 대한 정보는 www.att.com/safety를 참조하길 바랍니다."

저는 어쩐지 사면초가에 놓인 그의 모습을 떠올려 보게 됩니다. 능력 이상의 과도한 보수를 받는 관리자와 상급자들에게 사용자들이 지금 어떤 위협에 처했는지를 간단한 말로 설명해야 하는 위기의 보안 담당자 말이죠. 대부분의 사람들은 '이메일 주소, 큰 일, 푼돈' 이렇게 받아들일 겁니다. 그렇지만 피싱을 하는 사람들은 당신도 알다시피 하드웨어 ID와 같이 그들이 알고 있는 것을 기반으로 사람들을 속이는 게 가능합니다.

결국 교훈은 간단합니다. 당신의 웹 API에 요청 제한을 두세요. 악용되는 사례가 발견되면 즉시 중단시킬 수 있는 킬 스위치를 마련해 빠르게 변경을 반영할 수 있게 해두세요. 그리고 악당처럼 생각할 수 있는 정직한 사람을 고용하세요. 그들만이 위협을 이해할 수 있기 때문입니다.

분명한 것은 이 편지의 내용은 최후의 수단이라는 겁니다.

KV

# 5.12 티켓에 있어...

태초에 단어가 있었으니 그 단어는 [bull$#!+]이었다.

— 윌리엄 S. 버로스, 《폭발한 티켓(The Ticket That Exploded)》

소프트웨어 개발을 지원하는 시스템들은 소프트웨어를 작성하는 사람들에 대해 깊이 있고 문제가 되는 것을 말할 것이라고 확신하지만 종종 사용하기 최악인 시스템이기도 합니다. 티켓팅 시스템은 그런 점에서 최악의 남용 사례입니다. 대부분의 개발자들은 "그것들은 전부 구려요."라고 할 겁니다. 이 분야의 거의 모든 사람들은 티켓팅 시스템을 갖고 있지만 이걸 제대로 사용하려면 추가적인 조치가 필요합니다.

친애하는 KV,

혹시 당신이 티켓팅 시스템에 티켓을 등록했는데 아무도 읽지 않았던 적이 있나요? 이 사람들은 이메일, 전화, 그것도 아니면 책상 앞으로 찾아와 티켓 이야기를 합니다. 이 사람들이 제대로 안 보고 요약이나 읽어 봤을까 싶은 게 조만간 자명해지더군요. 이런 사람들은 어떻게 하는 게 좋을까요?

티켓에 이미 적었음

친애하는 티켓 씨,

제가 그런 사람들을 어떻게 하냐고요? 제 책상 근처에는 특별한 의자가 하나 있는데, 그 의자에 앉으면 1,000볼트의 AC 전류가 몸에 흐르게 됩니다. 제임스 본드의 고전 영화를 보면서 착안했습니다. 문제는 뒤처리를 회사 관리 직원에게 맡길 수는 없어서 제가 직접 치워야 한다는 점이죠. 냄새가 어찌나 고약하던지!

네, 농담 좀 했습니다. 저는 직장에서 사람을 전기구이로 만들지 않습니다. 어쨌건 저도 사람들이 읽을 수 있는 능력이 있으면서도 거기에 시간을 들이지 않는다는 게 놀랍습니다. 당신이 티켓팅 시스템을 사용하는 이유는 일을 더욱 효율적으로 하기 위해서이고, 사람들의 처참할 정도의 어리석음과 궁핍한 관심이 효율성을 망칩니다. 이런 사람들은 식사 중에 입안 가득 음식이 있을 때만 음식이 어떠냐고 묻는 웨이터처럼 중요한 순간을 방해하는 데 타고났습니다.

저는 그런 사람들을 대할 때 상당히 비꼬거나, 아마도 더 비꼬는 어조를 취합니다. 저는 최근에 기술 지원 쪽에서 제 컴퓨터를 고치기 위해 저에게 전화했던 적이 있습니다. 그리고 대화를 해보니 전화 건 사람은 앞선 기술 지원하는 사람이 남긴 글을 읽지 않은 게 분명했습니다. 그래서 저는 매우 느리지만 매우 빠르게 그들에게 매우.. 짧은.. 단어들을.. 이용해.. 전임자에게.. 뭘 전달받았느냐.. 말했습니다. 통화를 마치고 저는 그에게 냉랭하다고 밖에 표현할 수 없는 목소리로 물었습니다. "이제 제 이야기를 적어 두셨나요?"

이런 현상과 관련해 제가 가장 좋아하는 예시로는 특히 어려운 고객을 상대하던 기술 담당자의 일화가 있습니다. 우리가 작업했던 제품은 시스템을 통합하는 사람이 그들만의 제품을 만들 때 확장해야 하는 운영체제였습니다. 고객 계정은 개별 고객 지원 담당자에게 할당되었고, 이 담당자에게는 많은 계정이 할당되었습니다. 고객들의 질문은 설명서를 읽지 않고 바로 기술 지원 엔지니어에게 전화하는 식이었습니다. 때로는 하루 걸러 연락하기도 했고, 이런 단순한 질문들은 분명하게 설명서 속에 답이 존재했습니다.

하루는 기술 지원 엔지니어가 문을 열어 둔 채로 말하는 것이 들렸습니다. "매뉴얼에서 X장 내용을 보셨나요? 그래요, 다행이네요. 그러면 페이지 Y를 봐 주세요. 이제 저랑 같이 읽어 보죠." 그리고는 고객이 그와 함께 설명서를 읽도록 했습니다. 저는 이 방법이 고객을 고치는 데 성공했는지는 모르겠습니다만, 그 광경이 우리를 진심으로 웃게끔 만들었습니다.

제 생각엔 사람들이 티켓 시스템이 있다는 걸 자꾸 무시한다면, 매우 공손하게 "티켓은 읽어 보셨나요?"라고 말하는 것이 최선이라고 생각합니다. 그래도 계속 그런다면 공손한 정도를 조금 줄여서 "제가 적은 거 보셨나요?"라고 하고 그래도 그런다면, "읽을 줄은 아십니까?"라고 하겠습니다만 마지막 말은 아껴두겠습니다. 거기까지 가면 돌이킬 방법은 없을 테니 말이죠.

KV

# 5.13 드라이버와 망치

일시적인 조치만큼 영구적인 게 없더라.

– 카일 심슨

특정 도구에 대한 과도한 의존이 해당 도구가 더 이상 유효하지 않거나, 심지어 해로울 때도 여전히 쓰인다는 점은 일상적인 문제입니다. 특정한 도구나 방법에 의존하는 건 우리의 눈이 멀게 할 수 있으며, 이는 말 그대로 드라이버와 망치의 사례로 들수 있습니다. 농담은 여기까지하고, 그 도구가 언어나 버그 추적기, 버전 관리 시스템 또는 개발 방법론이든 각 작업에 가장 적합한 도구를 사용하는 것이 중요합니다. 훌륭한 목수는 못을 다룰 때 드라이버를 사용하지 않습니다. 훌륭한 코더$^{Koder}$가 임베디드 시스템 프로그래밍을 할 때 COBOL을 쓰진 않듯이요.

친애하는 KV,

최근에 회사에서 네트워크 트래픽 변동에 매우 민감한 시스템을 배포했습니다. 우리 팀 사람들은 우리 네트워크의 규모를 생각했을 때 이 특정 애플리케이션에 문제가 생길 것임을 알고 있었지만, 그건 이미 상용환경에서 무슨 일이 벌어질지 두고 보자는 식으로 결정된 후였습니다. 당신이 상상할 수 있듯이 대부분의 경우에는 잘 되었습니다. 그렇지만 간헐적으로, 때론 설정 실수나 다른 애플리케이션의 네트워크 자원 남용 등으로 우리의 반짝이는 신규 소프트웨어는 완전히 장애에 빠지게 되었습니다. 분노가 담긴 이메일 스레드와 손가락질은 그 결과였고요. 이러한 상황에서, 돌이킬 수 없는 사태가 되었고, 이제 우린 네트워크에 새로운 애플리케이션이 추가되면 어쩌나 하는 두려움 속에 살게 되었습니다. 문제를 우회하는 방법들만 있었고, 사람들은 필요한 일을 하는 데 관심이 없었습니다. 우리만 '문제가 되는 코드를 고쳐야 한다.'라고 생각하고 있습니다. 물론 우리도 코드를 손대서 임시적으로 네트워크의 문제를 우회하는 코드를 만들 수 있습니다. 그렇지만 이렇게 하면 진짜 문제는 그대로 방치되게 됩니다. 사람들이 도구를 잘못된 방법으로 쓰고 있다는 사실을 이해시키기가 왜 이렇게 어려운 걸까요?

잘못된 길로 걸어감

친애하는 잘못된 길 씨,

사람들이 어떤 도구를 택해서 잘못된 방식으로 사용하는 걸 볼 때마다 저는 스크류 드라이버를 떠올립니다. 스크류 드라이버는 나사를 조일 때 쓸 수 있지만 때론 스크류 드라이버의 손잡이를 못을 박는 망치로도 쓸 수도 있습니다. 물론 이렇게 사용할 경우, 실수로 자기 눈을 찌를 수 있다는 위협은 스스로 감내해야겠죠. '여기 못 하나 박는 데 쓰려는 거야. 괜찮을 거라고.'라고 생각하겠지만 이 방법은 그렇지 않은 날이 올 때까지만 유효합니다. 소프트웨어는 스크류 드라이버보다 훨씬 가소성이 있어 물리적인 도구보다 훨씬 자주 확장을 요구받게 됩니다.

이런 상황에서 당신의 관점을 주지시키는 몇 가지 방법이 있습니다. 하나는 코드가 박살나게 두고 사람들이 고통에 시달리게 내버려 두는 겁니다. 놀랍게도 저는 사악한 웃음이나 뒤에서 낄낄대는 걸 권하진 않습니다. 마땅히 상상해 볼 만한 환상이지만 일터에서는 받아들이기 힘든 행동이기 때문입니다. 당신이 불평하는 코드를 회사에서 사용하는 합당한 이유가 있을 것이며, 당신은 이를 적절하게 사용하도록 도와줄 수 있을 겁니다.

소리를 지르거나 뒷담화하거나 머리채를 쥐어뜯는 대신 당신은 한 사람에게 소프트웨어가 어떻게 동작하고 제약사항이 무엇인지 설명할 수 있을 겁니다. 만약 당신이 문제를 이해할 수 있는 다른 사람을 찾아내는 데 성공한다면, 이는 두 가지 면에서 당신을 도울 겁니다. 첫째는 이러한 사실이 당신을 덜 미칠 지경으로 만들 거라는 사실입니다. 당신이 문제를 혼자 이해하고 있는 유일한 사람인 것만큼 끔찍한 상황도 없으니까요. 둘째로, 그것은 다른 사람들에게 당신의 입장이 옳다는 것을 납득시키는 데 도움이 될 것입니다. 만약 당신이 지금 당신의 생각 바탕으로 추진력을 얻을 수 있다면, 어쩌면 어쩔 수 없는 상황을 만드는 이들에게 시스템을 올바르게 사용하고 디자인된 파라미터를 올바르게 쓰라고 설득할 수 있을지도 모릅니다. 설령 설득에 실패할지라도, 시스템에 다시 장애가 발생했을 때 같이 술 마시면서 다독여 줄 사람 하나는 확보한 셈입니다.

컴퓨팅 분야의 다른 많은 문제들처럼 스크류 드라이버 문제도 인간의 문제이며, 기술의 문제가 아닙니다. 따라서 인간적인 해법이 필요합니다.

KV

이 시스템은 아키텍처를 갖기엔 지나치게 복잡합니다.

— 대형 회사의 엔지니어가 보안 리뷰 중. 2004년 무렵.

기술 분야에서 보안이란 표현은 여러 가지 이유로 모두가 싫어하는 데 망설임 없는 용어입니다. 한편으론 거의 모든 소프트웨어 시스템들이 물리적 세계의 보안으로는 판단하기 힘든 취약점들이 일정 수준 이상 존재한다는 것이 잘 알려졌습니다. 그리고 다른 한편으론 보안은 여러 가지 질문들을 정당화하는 데 쓰이곤 합니다. 가령, "왜 계약자가 소스 코드에 접근할 수 없죠?", "보안이요!", "왜 우리 내부 문서를 보려면 세 번의 과정을 거쳐야 하죠?", "보안이요!" 여기에 접두사로 '사이버'를 붙이면 이제 매트릭스 영화처럼 멋진 검은 옷을 입을 구실을 하나 손에 넣은 겁니다.

과거 컴퓨터 보안을 둘러싼 엄청난 과대 광고를 지나 우리는 문제의 핵심인 시스템 보안을 평가할 수 있는 방법에 대한 더 실용적인 질문에 도달했습니다. '국가 소속 해커(nation-state actor)', '지능형 지속 공격(advanced persistent threat)', '다크웹(Dark Web)' 같은 용어들은 컴퓨터나 보안에 대한 실제 경험이 거의 없는 사람들의 모골이 송연하게 할 수 있으며, 실제로 작업은 사람들이 실제 시스템을 보호하기 위해 해야 하는 것이지만 종종 실천되지 않는 고된 작업으로 남아 있기도 합니다. 시스템을 보호하기 위해 할 수 있는 세 가지 실제 작업은 업데이트, 도구, 리뷰로 귀결됩니다. 이번 편지와 답신은 리뷰를 구성하는 요소들에 대해 논의합니다. 여기서 중요한 것 두 가지만 말하자면, 업데이트와 도구 사용입니다.

오늘날 세계에서 가장 흔하게 악용되는 컴퓨터 보안 결함은 기존 및 배포된 시스템에서 이미 발견되고 종종 수정된 버그를 바탕으로 합니다. 문제는 결함 그 자체가 아니라, 알려진 조치사항이 있음에도 불구하고, 이미 설치된 많은 시스템들이 조치된 수정사항을 적용하지 않는다는 사실입니다. 현실 세계로 생각해서 보면 자동차 회사가 브레이크에 문제가 있다고 리콜을 하는 것과 같습니다. 당신의 차를 대상으로 리콜을 시행했으나 브레이크를 교체하러 가기엔 당신이 너무 바쁜 겁니다. 컴퓨터 시스템과 그 안에서의 고장은 일반적인 시야에서는 포착할 수 없습니다. 컴퓨터 보안 문제가 있을 때 내부 구간의 부서진 부품의 잔해를 볼 수 없는데, 이 문제를 볼 수 없다는 것은 무시하기 쉽다는 것을 의미합니다. 때론 사람들은 자신들의 시스템을 업데이트하지 않는 구실을 찾아내곤 합니다. 예를 들면, 하나를 업데이트하면 다른 하나에 문제가 생긴다는 겁니다. 컴퓨터 시스템의 취약성에 대한 호언장담은 이 책의 전반적인 주제이기 때문에 더 깊이 언급하진 않겠지만, 운영체제나 라이브러리 세트를 업데이트하면 시스템의 다른 프로그램이 중단될 것이라는 소프트웨어 업데이트를 거부하는 것이 가장 흔한 구실입니다. 사실 많은 컴퓨터 보안 문제에 대한 최선의 보호는 소프트웨어 업데이트가 가능한 즉시 추적하고 적용하는 것입니다. 업데이트 문제는 이제 컴퓨터 보안에서 지속적으로 발생하는 문제라 많은 시스템들이 사용자들에게 소프트웨어 업데이트에 대한 선택권을 주지 않는 쪽으로 디자인되고 있습니다. 사용자들에게 업데이트를 할지 말지에 대해 묻는 정도이며 심지어는 어떤 업데이트가 적용되었는지도 모르게 하기도 합니다. 사용자의 의지를 침해해서는 안 된다고 믿는 코더<sup>Koder</sup>이자, 개발자이기도 한 사용자로서, 강제 업데이트는 아무리 보안 이슈라고 해도 화가 납니다. 아아, 그렇지만 역사는 사람들이 소프트웨어 업데이트 시점을 스스로 정하게 하는 게 언제나 지는 게임이었던 걸 보여 왔습니다.

코더<sup>Koder</sup>의 관점에서 볼 때 보안 문제에 대한 우리의 최선의 방어책은 항상 버그 없이 완벽한 소프트웨어를 작성하고, 보안적으로 완벽한 디자인을 하는 겁니다. 웃지 마세요. 보안을 고려해 시스템을 디자인하고 구현해서는 안 된다는 것은 아니지만, 수십 년 동안 수천 명의 최선의 노력에도 불구하고, 더 나은 관행을 따르면 더 안전한 시스템을 갖게 될 것이라는 생각은 우스꽝스럽습니다. 우린 문제를 해결하기 위해 다른 기술을 도입해야 합니다. 도구를 사용하는 것은 좋은 아키텍처와 좋은 코딩 원칙을 따르는 것 이후의 방어선으로 취급되어야 합니다. 정적 또는 런타임 분석 도구도 버그에 대항하는 유용한 도구가 될 겁니다. 그리고 대다수의 보안 문제는 구현상의 버그에서 발생합니다. 소프트웨어의 버그를 찾고 제거하기 위해 버그 헌팅 도구를 사용하는 건 합리적입니다. 다른 소프트웨어와 마찬가지로 보안 분석 도구는 품질이 다양하며 올바르게 배우고 적용하는 데 시간이 필요합니다. 일반적인 실패 사례는 시스템을 도입하고, 특정 소프트웨어에 대해 분석을 수행한 뒤, 지나치게 많은 거짓 양성 결과를 쏟아내서 관련된 코더<sup>Koder</sup>들에게 이런 도구 도입 자체가 필요 없다는 것을 확신시키는 겁니다. 정적 분석의 작동 방식에 대한 지식을 가진 사람은 오탐지(거짓 양성 또는 거짓 음성) 결과는 배제하고, 실행되는 소프트웨어에 맞게 조정되어야 한다는 것을 알고 있습니다. 이런 시스템의 진정한 장점은 변경 후에 옵니다. 왜냐하면 코드베이스는 끊임없이 매주 또는 밤마다 크게 변경될 수 있고, 그런 변경마다 미래의 보안 문제의 원인이 될 수 있는 버그를 더 쉽게 정확히 찾아낼 수 있기 때문입니다. 만약 사람들이 이 부분에 조금만 더 신경을 쓴다면 밤에 조금 더 편한 마음으로 잘 수 있을 겁니다. 아니면 KV처럼 오후부터 말이죠.

업데이트와 도구를 사용하는 것은 훌륭한 두 갈래의 보안 전략입니다. 첫 번째 갈래는 곧이어 나올 편지와 답신에서 제가 수년 사이 목격한 것 중 가장 생산적인 내용을 다룹니다. 보안 리뷰는 디자인과 코드 리뷰와 마찬가지로 인적 요소와 인간 지능이 있어야만 컴퓨터 보안 문제가 해결 가능합니다. 좋은 보안 리뷰는 디자이너와 개발자의 머릿속에 숨겨진 문제를 끄집어낼 수 있으며, 어리석은 사람처럼 굴기(5.21절 참조)는 코더$^{Koder}$가 큰 소리로 이야기함으로써 문제를 유추해 낼 수 있습니다. 당신의 시스템과 거기에 대한 보안을 다른 사람들에게 설명하는 것은 당신이 넘겨짚은 부분도 표면화해 주기 때문에 검토를 해주는 팀뿐만 아니라 당신 스스로에게도 도움이 됩니다. 그리고 이러한 유형의 자기 발견은 종종 실수가 이루어지고 보안이 약한 곳을 찾는 데 도움이 될 수 있습니다.

친애하는 KV,

저는 지정된 외부 컨설팅 회사를 통해 보안 리뷰를 받는 프로젝트를 진행하고 있습니다. 그 사람들은 저에게 많은 정보를 물어보면서 정작 이게 어떠한 과정인지 저에게 알려 주진 않습니다. 그래서 저는 이게 어떤 리뷰인지 알 수가 없습니다. 관통 테스트인지 그 외의 다른 어떤 건지 말이죠. 저는 그들의 작업에 대해서 넘겨짚지 않고 싶지만 제가 그들에게 묻는 게 잘못된 일인 것처럼 느껴지기도 합니다. 그들에게 올바른 방향을 지적해야 할까요, 아니면 그냥 고개를 숙이고 웃으면서 참아야 할까요?

리뷰됨

친애하는 리뷰됨 씨,

저는 고개를 숙이고 웃어넘기거나 타인의 일을 떠맡는 걸 좋아하지 않습니다만, 이 편지를 보내기 전에 이미 알고 있었으리라 봅니다. 보안 분야의 많은 실무자들은 KV가 원하는 만큼 사고 방식이 조직적이지도 독창적이지도 않습니다. 사실 이건 보안 분야에 국한된 이야기는 아닙니다. 그렇지만 이번 한 번만 제 의견을 하나의 주제로 제한해 보겠습니다.

전반적으로 보안 리뷰는 블랙박스와 화이트박스라는 두 가지 유형이 존재합니다. 화이트박스 리뷰는 공격자가 다음과 같은 정보에 거의 모든 접근 권한을 갖습니다. 이를테면, 코드, 디자인 문서, 그 외에 성공적으로 공격을 수행할 수 있는 갖가지 정보들 말입니다. 그리고 블랙박스 리뷰 또는 테스트는 공격자가 오직 일반적인 사용자나 컨슈머 관점에서 시스템을 볼 수만 있는 상황입니다.

당신이 전화기와 같은 사용자 기기를 공격한다고 가정해 보겠습니다. 화이트박스 상황에서는 당신은 기기도 있고, 코드도 있고, 디자인 문서와 기타 여러 가지 문서, 해당 전화기를 만든 개발 팀이 만든 모든 산출물에 접근할 수 있습니다. 관통 테스트는 (12살짜리 꼬맹이들이 '관통 테스트'를 책임지고 있다며 호들갑을 떨어서) 현재 보안 업계에서 각광받고 있습니다. 그렇지만 까놓고 말해서, 이건 그저 시스템에 대한 블랙박스 테스트에 불과합니다. 실제 보안 테스트 또는 리뷰의 목표는 공격자가 시스템에 대한 공격을 성공적으로 수행할 수 있는지 확인하는 것에 불과합니다.

성공적인 공격이 무엇인지 알기 위해서는 보안 테스터가 공격자처럼 생각할 수 있어야 합니다. KV는 쉬운 방법을 찾아냈습니다. 왜냐면 답이 마음 속에(저에게 마음이?) 있기 때문입니다. 저는 끔찍한 사람이라 처음부터 '이 $#!+ 것을 어떻게 부숴버릴 수 있지?' 같은 생각을 합니다. 소프트웨어의 전반적인 품질은 매우 낮고 제품에 사용되는 소프트웨어 모듈의 수가 점점 많아지기 때문에 보안 테스트는 너무 쉬워졌습니다. 와인버그의 두 번째 법칙을 인용하겠습니다. "건설자들이 프로그래머가 프로그램을 작성하는 것처럼 건물을 만들어 왔다면, 딱따구리의 첫 방문이 모든 문명을 파괴했을 겁니다." 이처럼 보안 작업의 어려운 부분은 중요하다 생각하는 것에만 생각을 국한시키고, 적어도 가장 흔한 스크립트를 이용한 꼬맹이들의 공격에 버텨낼 수 있는 시스템을 구축할 수 있는 단서를 지닌 코더<sup>Koder</sup>들의 생각을 외면할 수 있다는 점입니다.

당신 편지의 내용을 보면, 외부 리뷰어들이 당신의 시스템을 있는 그대로 접근해서 침해해 보려는 게 아니라 매우 많은 양의 정보를 요구하는 걸 보니 화이트박스 리뷰를 수행을 목표로 하는 것 같습니다. 화이트박스 보안 리뷰는 높은 수준으로 보자면 디자인 리뷰에 참여해 본 사람이라면 두 절차는 합리적으로 유사하기 때문에 크게 다르게 느껴지지 않을 겁니다. 리뷰는 보통 탑-다운 형태로 이뤄집니다. 리뷰어는 전체 시스템의 개요에 대해서 질문할 테고, 다행히 디자인 문서가 준비되어 있다면,(신이시여, 제발 디자인 문서를 갖고 있게 해주세요.) 그게 아니라면 같은 정보를 고통스러운 여러 차례의 회의를 통해 추출해 낼 겁니다. 리뷰 회의에서 디자인을 추출하는 것은 디자인 문서가 없는 경우 훨씬 더 오래 걸리지만, 거듭 말하건대, 이는 디자인 리뷰와 비슷할 겁니다. 먼저, 방에 매우 많은 커피가 있을 겁니다. 얼마나 많은 커피일 것 같나요? 적어도 한 사람당 주전자 하나씩일 겁니다. 만약 KV가 그 방에 있다면 인당 두 개씩은 필요할 것이고 커피와 함께 적어도 2미터(6피트)는 넘는 커다란 화이트 보드도 필요할 겁니다. 그리고 저는 여기에 약간의 고문, 적어도 사람들이 주의를 잃지 않도록 하는 채찍 정도는 추가로 제안합니다.

그리고 나면 전형적인 취조를 하면 됩니다. "고급 기능으로는 어떤 게 있죠? 얼마나 많은 개별 프로그램들이 시스템을 구성하고, 그 프로그램들을 뭐라고 부르나요? 또 그것들끼린 서로 어떻게 통신하죠?" 그런 다음 개별 프로그램에 대해서는 "이 프로그램의 핵심 모듈은 무엇인가요?"라고 묻습니다. KV는 4미터짜리 화이트보드에 이름 달린 박스들을 가득 채워 넣고 나서 한 소프트웨어 디자이너에게 "이 모든 것을 하나로 묶는 아키텍처는 무엇인가요?"라고 질문했고, 그때 이런 대답이 들려 왔습니다. "이 시스템은 너무 복잡해서 아키텍처랄 게 없습니다." 그 뒤에 들리는 소리라곤 KV가 안경을 테이블에 벗어두는 소리와 매우 깊은 한숨소리뿐이었죠. 말할 필요도 없을 정도로 해당 소프트웨어 조각들은 버그로 가득차 있었고, 대부분 보안과 관련되어 있었습니다. KV는 정오에 일상으로 커피 대신 진토닉을 찾는 사람은 아니지만, 그 날은 그러고 싶은 날들 중 하나였습니다.

좋은 리뷰어는 각 프로그램이나 하위 시스템에 관한 최소한의 질문 목록을 갖고 있으며, 이 목록은 지나치게 낡은 규범에 얽매이지도 않습니다. 보안 리뷰는 일종의 동굴탐험과 유사합니다. 당신은 더 깊고 더러운 영역을 파고 들어야 합니다. 그곳은 소프트웨어에서 외면받는 모퉁이와 지나치게 유약한 부분이며, 비명을 지르고 있거나, 수상한 녹색 고름을 흘리기까지 합니다. 게다가 닿으면 고통스럽기까지 하며, 이 망할 고름은 아무리 씻어내도 쉽게 떨어지지도 않습니다! 지나치게 규범에 얽매인 질문 목록은 항상 중요한 질문들을 놓치기 마련입니다. 그러니 질문은 처음에는 광범위하게 시작하고 흥미로운 부분이 포착되면 그때 집중해서 물어보면 됩니다. 저를 믿으세요. 항상 그렇답니다.

이슈가 식별되면, 이것들은 기록될 필요가 있습니다만, 외부로 반출하기 쉬운 형태로 작성하진 않는 편이 좋습니다. 당신의 티켓 시스템을 누가 들여다보고 있는지는 알길이 없으니까요. 만약 조직 내에 썩은 사과가 하나 아니면 둘 있다면(어떤 회사가 부패한 조직원의 문제에서 자유로울 수 있을까요?) 그들이 '보안 이슈' 같은 키워드로 검색하고 당신의 시스템 취약성을 악용하는 제로데이 공격의 재료를 한껏 가지고 걸어나갈 수도 있습니다.

일단 시스템과 모듈들에 대해 문서화했다면, 그 다음은 모듈의 API(Application Programming Interface)를 들여다보는 겁니다. API를 통해 시스템과 그것의 보안에 관한 많은 것들을 배울 수 있습니다. 물론 그중에서도 일부는 보이는 것보다 보이지 않는 것을 통해 배울 수 있는 것도 있습니다. 고통스럽겠지만 반드시 해야 하죠. 그래서 저는 이 단계에 와인이나 그보다 도수가 높은 술을 함께 해야 한다고 생각합니다. 캘리포니아에 거주하는 독자라면, 인디카 맥주가 이런 작업에 딱 어울리겠네요.

물론 API는 어떤 데이터가 전달되고 있고 그 데이터가 어떻게 처리되고 있는지 보여주기 때문에 잘 살펴봐야 합니다. 이러한 유형의 작업에 대한 보안 검색 도구가 있으며, 코드 검토를 수행할 위치로 안내하는 데 사용할 수 있지만, 때론 당신이 보안과 관련되 어떤 능력이나 직감이 있는 경우 직접 살펴보는 게 최선일 때도 있습니다.

마지막으로 코드 리뷰입니다. 만약 어떤 리뷰어가 코드부터 들여다보자고 하면 그 즉시 대포에 넣고 날려버려야 합니다. 코드는 리뷰에서 가장 마지막에나 들여다봐야 하는 대상이기 때문입니다. 여기에는 여러 가지 이유가 있겠지만, 주된 이유는 보안 리뷰 팀이 개발 팀보다 크지 않은 이상 코드를 적절한 깊이까지 리뷰를 마칠 시간이 없기 때문입니다.

코드 리뷰는 정말 중요한 것에 집중하여 깊숙이 들여다볼 필요가 있습니다. 리뷰를 수행하는 사람들에게 정말 중요한 것이 무엇인지는 이전의 모든 단계에서 이미 설명 했습니다. 따라서 그들은 시스템에서 코드의 10퍼센트(바라건대 더 적은)를 살펴보 도록 요청해야 합니다. 코드를 광범위한 관점으로 살펴보는 건 앞서 언급한 정적 분 석 도구 같은 코드 스캔 도구를 통해서 해야 합니다. 정적 분석 도구는 사람이 하는 리뷰에서 놓친 핫스팟을 발견해 낼 수 있으며, 이를 통해 사람은 녹색 고름이 뿜어져 나오는 것을 피해가며 코드의 어두운 구석으로 되돌아가게 됩니다.

리뷰가 끝나고 나면, 당신은 몇 가지 산출물을 기대할 수 있습니다. 이는 요약과 상 세 리포트, 이슈를 설명하고 완화하는 방법에 대해 다루는 버그 추적 티켓(이 모든 내용은 철통 경비 속에 있어야 합니다.), 그리고 QA 팀이 해당 보안 이슈가 조치되 었고 다음 버전의 코드에선 발생하지 않는다는 걸 확인하는 데 사용할 수 있는 일련 의 테스트 세트입니다. 이 과정은 산산조각난 마음과 커피잔의 잔해로 이루어진 지 루한 과정이지만, 리뷰 조직이 잘 조직화되어 있고 본질에 충실하다면 해낼 수 있을 겁니다.

KV

# 5.15 다시 일하기

차라리 삽질을 하겠어요. 누구나 몰입할 대상이 필요할 겁니다.

― 익명

제자리에서 벗어난 코딩을 원위치시키기 위해서는 어떻게 해야 할까요? KV가 이번 편지와 답신에서 지적하듯, 올바른 일을 하는 걸 마다하지 않는 것입니다. 코딩$^{Koding}$ 의 매력은 잘 알려져 있습니다. 명성, 행운, 아름다운 사람들이 당신이 컴퓨터가 당신을 위해 일을 하도록 만들 수 있다는 것을 알게 되었을 때 기꺼이 몸을 던집니다. 코딩$^{Koding}$ 역시 다른 것들과 마찬가지로 공부와 연습이 필요합니다. 여기서 진정한 질문은 어떻게 직업을 얻느냐가 아니라 어떻게 다시 프로그래밍 연습에 뛰어들 수 있느냐입니다.

친애하는 KV,

저는 계약직 IT 컨설턴트로, 주로 네트워크(CCNA 자격도 있답니다.)와 Microsoft OS(MCSE)와 관련된 일을 합니다. 이 일을 8년 이상 해왔는데, 불행히도 이제 좀 지겨워지기 시작해서 인생에서 직업 만족도가 점점 줄어들고 있습니다.

제 질문은 이렇습니다. 어떻게 하면 제가 프로그래밍에 다시 뛰어들 수 있을까요? '다시 뛰어든다'라고 한 건 저는 프로그래밍 경험이 있기 때문입니다. 고등학교 때 Applesoft BASIC(낡은 거 저도 압니다.)을 해봤는데, 저는 그게 좋았고, 모든 부분을 잘해서 선생님이 봐왔던 학생들 중 최고였습니다. 이 경험을 발단으로 저는 컴퓨터 과학에 흥미를 느껴 그쪽으로 대학 진학까지 하게 되었습니다.

대학에서는 C++, Java, 웹 개발(HTML, XHTML, JavaScript)에 대한 강의를 들었습니다. 잘했었고 재미까지 있었지만 여러 가지 이유로, 저는 대학을 떠나 네트워크 관리자가 되었습니다. 그렇게 8년 동안 IT와 관련된 이것저것을 해왔지만 프로그래밍만 하지 못했습니다. 제 프로그래밍 관련 업무 경험은 ms Excel 매크로(우웩!)과 ms Access에서 쓴 기초적인 VB 코딩이 전부입니다.

이런 상황에서 제가 어떻게 해야 프로그래머가 될 수 있을까요? Visual Studio 2005? Java? Eclipse? 저는 스스로 배우는 것을 좋아하고 자격증을 따는 걸 '문 안에 발을 들이는 것'이라고 생각합니다. 제가 원하는 새로운 커리어를 위해 획득할 일련의 과정이 있을까요? 조언 감사합니다.

직업바라기

친애하는 바라기 씨,

잠시만요. 지금 자기 일을 잘하면서 그게 지겹다고요? 그냥 골프를 치거나 그림을 그리는 건 어떨까요? 아니면 인터넷에서 '콘텐츠'나 더 다운로드받지 그래요! 세상에 왜 프로그래머가 되겠다고 직업을 관둔다고 합니까?! 뭐에 홀리기라도 했나요? 프로그래머라는 직업이 불가능한 데드라인에 맞추기 위해 많은 시간을 갈아 넣어 부자인 고용주를 더 부자로 만들어주는 직업이란 걸 모르나요?

좋습니다. 그걸 알면서도 여기까지 왔다면 저도 제대로 답변해야겠네요. 프로그래머의 종류가 다양한 만큼 당신의 질문에 대한 여러 가지 답변이 있을 수 있습니다. 업을 코딩 쪽으로 옮기는 것은 몇 가지에 따라 달라집니다. 첫 번째는 '무엇을 하고 싶은가?'입니다. 당신이 즐길 수 있는 것이 아니면 언어나 시스템을 힘겹게 배워도 아무런 의미가 없습니다. 그렇게 되면 당신은 지금 일자리처럼 그저 다른 걸 하고 싶어질 겁니다. 당신이 해결하고 싶은 유형의 문제를 찾아보고 그것들이 오늘날 어떻게 해결되고 있는지 살펴보세요. 무엇보다도 그것이 당신이 하고 싶은 일인지 살펴봐야 합니다. 당신이 이미 컴퓨터 과학에 대한 배경 지식을 가지고 있는 데다가 이미 몇 가지 프로그래밍 언어를 알고 있다고 말했기 때문에, 저는 굳이 특별한 인증이 필요한 이유를 못 찾겠습니다. 저는 인증이라는 게 특정한 시험을 통과했다는 것을 의미하지, 당신이 문제에 대해 생각할 수 있다는 것을 의미한다고 생각하지 않습니다. 참고로 이게 인증보다 더 중요한 기술입니다. 또한 저는 당신이 어떠한 도구를 사용하고 있는지도 대수롭게 여기지 않습니다. 그 대신 다른 것들에 대해 주의를 기울여야 합니다. 이를테면 두 번째 단계처럼요.

두 번째는(12단계가 아니라 다행이죠.) 프로젝트를 선택하는 것입니다. 저의 경우, 저는 제가 배우고 싶은 걸 다루는 프로젝트가 없으면 아무것도 배울 수 없습니다. 당신이 실제로 할 수 있다고 생각하는 것을 골라 보세요. '운영체제 만들기'는 재미있는 목표이고 할 수도 있겠지만 시작점으로 적절하진 않을 겁니다. FreeBSD, Apache나 Open Office 같은 오픈소스 프로젝트에서 작업해 보는 것은 또 다른 시작점이 될 수도 있습니다. 비교적 자주 사용하거나 고쳐야 할 것으로 보이는 것을 찾아 확장하거나 고쳐 보세요. 대부분의 오픈소스 프로젝트는 긴 버그 목록을 갖고 있습니다. 그중 몇 개를 찾아 고치고 메인테이너들에게 패치를 제출해 보세요.

마지막으로, 당신의 새로운 영역에 대해 배울 수 있는 모든 기회를 잡으세요. 이건 많은 돈을 쓰거나 고용주를 속여서 교육이나 컨퍼런스에 많은 돈을 쓰게 만들라는 이야기가 아닙니다. 물론, 만약 당신이 하와이에서 진행하는 수업을 찾고 그들이 당신을 보낼 의향마저 있다면, 음, 저는 그것에 대해 논쟁할 수 없지만, 그걸 학습이라고 부를 수는 없을 겁니다. 새로 발견된 전문 분야를 다루는 저널, 잡지 및 웹사이트를 찾아 정기적으로 읽으세요.

새로운 경력을 시작하는 데 필요한 것이 있다고 생각되면, 더 많은 것을 배우고 지원할 수 있는 신입 직책을 살펴보세요. 네트워크 관리 분야에서 8년의 경험에서 신입 프로그래밍 직군으로 옮기는 것이 금전적으로 유리할 리가 없기 때문에 급여 삭감에 대비해야 할 겁니다. 하지만 당신은 재미와 도전을 위해 할 겁니다. 제 말이 맞죠?

KV

# 5.16 오픈소스 라이선스

GNU GPL은 오픈소스를 위해 고려되지 않았습니다.

— 리처드 M. 스톨먼

컴퓨터 과학은 다른 과학들이 그러하듯, 상업적인 열망과 높은 수준의 자원봉사로 이뤄져 왔습니다. 오늘날 끊임없이 논쟁을 야기하는 '오픈소스'라는 용어가 등장하기 훨씬 전부터 프로그래머들은 다양한 방법과 매체를 동원해 서로 코드를 작성하고 공유해 왔습니다. 초기 마이크로 컴퓨터들은 기여자들이 자신이 작성한 코드를 공유하는 데 컴퓨터 잡지와 컴퓨터 클럽을 라이선스나 증명이나 권한 귀속 없이 이용했기 때문에 훨씬 흥미로웠습니다. 메인프레임과 미니 컴퓨터 시대는 1955년에 설립된 사용자 그룹인 SHARE를 비롯해 자체적인 소프트웨어 교환 수단이 있었습니다. 컴퓨팅 초기에 소프트웨어를 공유하는 것은 쉬운 일이었습니다. 당시에는 관련 기업들이 소프트웨어가 아니라 하드웨어와 수리 비용으로만 돈을 벌었기 때문이며, 그리고 때론 다른 사람들처럼 그저 당신이 한 멋진 일을 사람들에게 보여 주는 것이 재미있고 지적으로 흥미로웠기 때문입니다. 그리고 더 나아가서 그들이 당신의 코드를 사용해 당신이 한 것보다 더 크고 멋진 일을 하고 싶어한다면 행복할 겁니다.

최근에 저는 친구를 통해 그 시대 컴퓨터 중 제가 가장 좋아하는 컴퓨터인 아미가(Amiga)를 입수했습니다. 이건 제가 대학에서 해킹할 때 썼고, 처음으로 돈 받고 팔았던 소프트웨어를 작성했던 시스템이기도 합니다. 커다란 상자 네 개가 왔습니다. 상자 하나에만 컴퓨터가 들어 있었고, 다른 상자들에는 책들과 소프트웨어가 있었습니다. 많이 사진 않았지만 3.5인치 플로피 디스크들(꼬맹아, 가서 그게 뭔지 찾아보고 오렴.)도 있었습니다. 그 안에는 작성자들이 자신들과 같은 관심사를 가진 사람들을 즐겁고, 기쁘고, 생산적이게 할 목적으로 무료로 공개한 수백 개의 크거나 작은 라이선스와 무관한 소프트웨어들이 담겨 있었습니다.

오픈소스 라이선스의 출현으로 우리는 공유라는 것이 의미하는 바를 성문화하려 시도했습니다. 머릿속에서 만들어 낸 걸 공유한다는 개념을 명확하게 정의하는 건 좀 어려우니 사과를 예로 들어보겠습니다. 사과를 공유하는 것은 한정된 자원을 나누는 것이고 쉽게 관측할 수 있습니다. 여기에 대해서는 논쟁할 것도 없을 겁니다. 반면에 반복적으로 복사하고 응용할 수 있는 지적 자원을 공유하는 것은 스스로를 변호사처럼 생각했던 코더Koder의 손을 떠나 이젠 진짜 변호사들의 손에 넘어간 지 40년이 넘어가고 있으며, 계속해서 새로운 라이선스가 튀어나오는 탓에 끝날 기미도 보이지 않고 있습니다.

친애하는 KV,

저는 집에서 친구들에게 웹 페이지를 호스팅할 목적으로 소수의 웹 서버들을 돌리고 있습니다. 저는 제 '여유' 시간을 할애해 지난 몇 달 동안 웹 로그 분석을 하는 작은 패키지를 만들어 왔습니다. 이제 이걸 소스포지(SourceForge)에 올려 보려고 합니다. 그런데 소스포지는 코드에 오픈 소스 라이선스를 넣어야 된다고 해서 GNU 공용 라이선스(GPL, Gnu Plublic Licence)를 포함했는데, GPL3와 관련된 논쟁거리를 읽어 보니 이게 또 제 패키지에까지 영향을 주는 건가 궁금해졌습니다. 그래서 다른 라이선스에 대해서 찾아보니 저마다 자기만의 라이선스가 있어 보이네요. 대체 어떤 걸 써야 하는 걸까요?

라이선스 없음

친애하는 라이선스 없음 씨,

일단 제가 분명히 말하는데, 저는 변호사도 아니고 TV에서 그런 역할을 해본 사람도 아닙니다. 제가 변호사 몇 명을 압니다만, 순전히 사교적인 이유로 같이 술 마시는 정도로만 아는 수준이고, 이게 제가 아는 법과 관련된 지식의 전부일 겁니다. 이쯤 해뒀으니 지금까지 제가 한 번도 함께 술을 마신 적 없는 변호사들도 오해하지 않을 겁니다. 이제 당신의 질문에 답변을 해도 될 것 같습니다.

개인적으로 저는 BSD 라이선스를 사용하는데, 이건 opensource.org 사이트에서 'New BSD' 라이선스라고 불리기도 합니다.[41] 제가 BSD 라이선스를 사용하는 까닭은 제가 구닥다리 까칠한 BSD 코더라서 쓰는 게 아닙니다. BSD 라이선스는 저와 제 코드에 가장 작은 리스크에 가장 큰 자유를 줍니다. 저는 대부분의 프로그래머들은 사람들이 그들의 코드를 사용하고 패치를 피드백하는 과정에서 법적 문제가 없길 원한다고 믿습니다. BSD 라이선스가 당신에게 제공하는 것이 바로 그런 겁니다. GPL은 들끓는 기름이 담긴 주전자처럼 논란의 여지가 많습니다.

제가 GPL을 가장 알맞게 비유하자면, 그건 마치 바퀴벌레 함정과 같습니다. 그 어떤 라이선스나 코드가 들어간들 나올 수가 없습니다. 당신 코드에 GPL을 넣었단 소리는 단순히 그걸 공유하는 걸로 끝나는 게 아니라 당신의 코드를 사용하는 그 누구라

---

41. http://www.opensource.org/licenses/bsd-license.php

도 당신에게 그걸 공유해야 한다는 말이 됩니다. 이런 강제된 공유는 "내 공 내놔, 나 이제 집에 갈 거야."라고 말하는 것처럼 별로입니다. 당신도 이해했듯, GPL의 내용은 제가 당신의 코드를 사용한다면, 그 코드를 사용한 제 코드가 제품화될 경우 제가 작성한 코드까지 당신에게 줘야 한다는 점에서 문제를 유발합니다. 만약 제가 당신에게 제 코드의 일부는 제공하겠으나 전체를 제공할 의향이 없다면 어떻게 되는 걸까요? GPL의 경우 그럴 수 없게 됩니다. 현실 세계에서 GPL은 스킬라와 대기업의 카브리디스 사이의 어딘가에 속합니다. 그리스 신화를 잘 모른다면 진퇴양난 정도로 이해하면 됩니다. 대기업 라이선스는 완전히 폐쇄적이며, 약관에 따라 코드를 사용합니다. GPL은 당신이 코드로 무얼 할지와 작성하는 코드에 대해 강요하는 점에서 대기업 라이선스와 유사합니다. 그도 그럴 것이 GPL은 대기업 라이선스의 확장이기 때문입니다. 대부분의 사람들이 이것들을 '바이러스성' 라이선스라고 칭하며, 많은 프로젝트들이 GPL을 쓰지 않고 GPL 코드가 그들의 코드에 독성을 퍼트리지 않도록 차단하는 데 많은 주의를 기울이고 있습니다.

또 다른 방법으론 공개 도메인에 코드를 올리는 것도 있을 겁니다. 이럴 경우, 제어도 불가능할 테고 보호할 수 있는 마땅한 수단도 없습니다. 하지만 저는 BSD 라이선스를 사용한 이후로는 이런 고민을 하지 않게 되었습니다. BSD 라이선스를 사용한다는 건, "저를 고발하지 마세요! 이건 아무런 보증이 적용되지 않습니다!"라고 말하는 것과 같습니다. 얼마나 멋진가요? 누군가가 당신의 코드를 그들의 제품에 포함시켰다가 그들의 사업이 망했을 때 당신에게 따지러 오는 걸 원하진 않을 겁니다.

저는 사람들이 GPL을 쓰는 건 그저 유명하기 때문이지, 그들 코드를 만지는 모든 이들의 코드를 강제로 공유받고 싶어서라고 생각하지 않습니다. 제가 라이브러리 작성자들을 만날 때마다 GPL을 안 쓰는 게 어떻겠냐고 물으면 다들 이렇게 답합니다. "할 수 있죠, 근데 왜요?" 그들은 이유를 이해하고 난 후에는 바이러스성이 덜한 라이선스로 바꾸었습니다. 때론 BSD보다도 더 자유도가 높은 라이선스로 바꾸기도 했습니다. 이런 종류의 지적 게으름이 사람들로 하여금 완전히 적합하지 않은 기술을 프로젝트에 적용하게 만들기도 합니다. 예를 들자면, 특정 과업만을 위한 시스템을 윈도우에 설치하는 것처럼요. 저는 용납할 수는 없습니다만….

물론 제 말을 곧이곧대로 믿지 않는 게 좋습니다. 편집증적인 성향이 있다면 변호사에게 물어보세요. 그런 당신을 위해 남겨 둡니다.

"본 문서는 저작권자와 기여자에 의해 '원본 그대로' 제공되었으며, 그 어떠한 명시적 또는 묵시적 보증을 하지 않는다. 이는 상품성 및 특정 목적에 대한 적합성에 대한 명시적 또는 묵시적 보증 또한 하지 않는다는 의미이다."

KV

# 5.17 너무 많은 표준들

폐하께서 정치 문제를 거론하시면,
절대 풀리지 않을 것 같던 난제도 양말 대님 풀리듯 쉽게 풀립니다.

— 셰익스피어, 《헨리 5세》

표준에 대해서는 냉담한 태도를 취하기가 매우 쉽습니다. 그것들은 너무 많을 뿐만 아니라, 순전히 기술적인 논쟁에서 실패했을 때 우리 방식으로 해야 한다는 강력한 구실로서 쓰이기 때문입니다. 시장의 일부 부문을 통제하고 다른 부문을 배제하기 위해 기업들이 제시한 경쟁적인 표준들의 사례가 분명히 있지만, 표준을 준수하다 보면 고민을 덜 하면서도 썩 괜찮은 시스템을 만들 수도 있습니다. 우리는 4장에서 네트워크 프로토콜 표준이 어떻게 쓰이고, 어떻게 잘못 쓰이는지 논의했습니다. 이 번엔 매우 개인적인 표준에 대해서 다룰 겁니다. 바로 코딩 표준입니다. 대규모 오 픈소스 프로젝트들을 통해 분산된 소프트웨어 개발이 부상하며 이 주제가 더욱 중 요하게 다뤄지게 되었습니다. 만약 당신이 다섯 명의 코더Koder로 구성된 한 회사에 서 제품 코드를 작성하면서 일관된 표준을 정의하는 게 어렵게만 느껴진다면, 500 명의 코더Koder가 전 세계에 흩어져 서로 다른 언어를 사용하는 상황은 어떨지 생각 해 보세요. 이러한 종류의 표준에 대한 합의는 프로젝트 초기에 하는 알고리즘과 무 난한 의사결정 중 가장 중요한 것일 수도 있습니다. 이렇게 수많은 표준 중에 선택 을 하는 것은 축복이거나 저주일 수 있습니다. 많은 선택지가 있다는 말은 이 중 하 나 정도는 프로젝트에 적합할 수도 있다는 겁니다. 그렇지만 이런 적합성은 사람에 게도 적용될 수 있어서 적절하게 이끌어지지 않는다면, 속이 메스꺼워지는 논쟁을 유발하게 됩니다.

친애하는 KV,

우리는 새로운 프로젝트를 시작하면서 코드 표준을 정하기로 했습니다. 당연히 팀의 구성원 10명 모두 저마다 선호하는 방식이나 전 직장에서 사용했던 표준을 사용하길 원했습니다. 이 중에 어떤 하나를 어떻게 선택할 수 있을까요, 이게 진짜 중요하긴 한 걸까요?

너무 많은 표준들(So Many Standards)

친애하는 SMS 씨,

하나만 물어보겠습니다. 얼마나 오랜 시간을 코딩 표준을 정의하는 데 들여 봤나요? 하루, 일주일, 한 달 정도려나요? 여러분에겐 그보다 더 중요한 할 일들이 있지 않을까요?! 제 말은, 우린 이런 논의를 여러 차례 해봤고, 그 누구도 이 결론을 좋아하진 않습니다만, 결론은 그럴 필요는 있다는 겁니다. 서로 모여 맥주도 마시면서 가장 좋아하는 코딩 표준을 가져오라고 해보세요. 그리고 문을 걸어잠근 뒤 만장일치가 될 때까지 못나가게 하는 겁니다. 운이 좋다면, 맥주가 의사결정을 더 빨라지도록 도울 수도 있을 겁니다. 당신이 문을 걸어둔 채 맥주를 마시다 보면 누군가는 밖에 급하게 나갈 이유가 생길 테니까요. 음, 아마도 그 방법이 가장 생산적인 방법은 아니겠지만 적어도 당신에게 합리적인 수준으로 빠른 결과를 얻을 수 있을 겁니다.

코딩 표준의 핵심은 수면 부족 상태인 당신의 정신이 일요일 아침 2시에 대체 무엇을 만들었는지를 당신과 함께 일하는 불쌍한 사람들이 이해할 수 있도록 하는 겁니다. 게다가 당신은 그 코드를 릴리즈 하루 전에 작성했고 이러한 사실은 나중을 위해 기억해 두어야 할 겁니다. 아마도 첫 번째 버그 리포트가 접수되는 시점은 릴리즈 하루 뒤 새벽 3시쯤일 겁니다. 그 무렵 당신은 부족한 잠을 보충하거나, 운이 좋다면 아직 안 자고 최근 월급을 털어 한잔하고 있을지도 모릅니다. 명심하세요, 당신이 저지른 실수를 수습하게 될 불쌍한 사람은 당신 스스로가 될 수도 있습니다.

그래서 제가 당신이라면, 가독성, 특히 가독성에 온 힘을 기울일 겁니다.

좋은 코딩 표준은 다음과 같습니다.

- 상관관계가 있는 코드 덩어리의 관계를 표현하고, 유관 코드의 자식처럼 보이게 하지 않습니다.
- 안경을 쓰는 사람을 위해 충분한 공백을 이용해(애송이들아, 너희도 곧 쓰게 될 거니깐 그만 웃으렴!) 어떤 코드 블록이 if, while, 또는 case 문과 함께하는지 알 수 있습니다. 그렇지만 코드를 읽기 위해 새로운 23인치 모니터가 필요할 정도로 공백을 너무 많은 공백을 사용해서는 안 됩니다.
- 너무_긴_변수명을_사용해서_그것이_문장처럼_보이게_하지_마세요.

이런 관행은 특히 제가 여기서 언급하기 힘든 일을 하게 하며, 그걸 제가 해내게 하려면 많은 돈을 들여야 했을 겁니다. 이 아이디어는 다른 많은 아이디어들과 마찬가지로 핵심은 코드의 독자가 문장을 읽듯이 코드를 읽을 수 있어야 한다는 겁니다.

그렇지만 ReadInputFileFromDiskIOComplete이나 ReadInputFileFromNetIO-Complete에는 당신이 원하는 방식으로 이름을 정할 수 없을 겁니다. 장치 드라이버 이름을 정할 때처럼 윌리엄 버로우즈를 모방하는 것보다 합리적인 이름을 선택하는 게 더 중요합니다.

- 코드에 에러가 있을 경우 분명하게 보이도록 합니다. 코드를 작성한 방법이 무언가를 숨기게 되는 건(가령, else 문의 괄호를 실수로 열었다거나 하는 건) 당신에게 전혀 도움이 안 됩니다.(else 블록에 코드 한 줄 더한다고 하다가 중괄호를 잊어본 적 있죠?)

저는 당신이 여기서부터 시작하면 된다고 봅니다. 코딩 표준은 보통 4페이지 정도면 충분합니다. 대부분의 엔지니어는 코드를 작성하는 엉터리 프로세스로 가득한 스프링 제본책을 읽고 싶어 하진 않습니다. 코딩 표준을 정의할 때 각 문장은 불분명하지 않도록 작성해야 합니다. 해야 하는 것과 하지 말아야 하는 것의 목록이라고 생각하세요. 어떻게 이름을 정하는지, 어떻게 코드를 들여쓰기 하는지, 괄호는 어디에 위치시킬 것인지, 변수의 형태는 어떤지 이를 하는 방법만 다루면 됩니다. 그럼 이제 일이나 하고 제 맥주에는 그만 손대세요!

아, 그리고 저는 항상 "버스에 치이면 어쩌려고 합니까?"라는 댓글을 보면 늘 웃어넘기게 됩니다. 제 동료들이 버스에 치이는 경우는 드물 거든요.

KV

# 5.18 책들

문명을 무너뜨리기 위해서는 책을 불사를 필요가 없다. 그저 사람들이 책 읽기만 멈추면
된다.

— 레이 브래드버리, 《화씨 451》

KV는 책을 좋아합니다. 그게 아니라면 제가 그냥 어리석어서 책을 계속 써내려간다
는 말이 돼서요. 저는 단순하게 책을 좋아하는 게 아니라 좋은 책들을 좋아합니다.
이번 편지와 답신에서는 읽을 가치가 있는 좋은 책들의 목록을 제공합니다. 학문으
로서 코딩Koding을 다루는 책들은 전반적으로 쭉 늘어 왔지만, 제가 보기엔 좋은 책의
수는 변함이 없었습니다. 스터전의 법칙은 "모든 것의 90퍼센트는 쓰레기다."라고 말
합니다. 스터전은 공상과학 소설의 작가로서 이 이야기를 했던 거지만, 이 법칙은 컴
퓨팅 분야의 책에도 적용됩니다. 제가 목록에 넣은 두 작품은 논란의 여지가 없는 컴
퓨팅 세계의 고전입니다. 여기에 대해 글을 쓴 이후로 수년이 흘렀지만 동급으로 추
가할 수 있는 작품은 얼마 없습니다.

컴퓨팅 분야의 좋은 책을 만드는 방법은 좋은 책을 만드는 일반적인 방법에다 컴퓨
팅 분야 책에 있어야 하는 것을 혼합하는 것입니다. 일반적인 요건은 줄거리와 생각
과 설명이 명확해야 합니다. 책이 컴파일러를 다루든, 사진 촬영 또는 영장류의 역사
를 다루든, 이게 순전히 소설일지라도 독자에게 줄거리를 제시해야 합니다. 책이란
건 주제나 소설 속 인물에 대해서 무지한 상태에서 깨우침에 이르기까지 독자를 이
끌어야만 합니다. 컴퓨터 분야의 많은 책에서 저자들은 페이지를 낭비해 가며 단순
히 내용을 열거하는 수준이고 독자들에게 유용하고 납득되는 줄거리를 제시하지 않
고 있습니다. 어떤 유형의 기술 서적일지라도 그 다음으로 요구되는 사항은 명료함
입니다. 좋은 책은 자곤[42]사용을 하지 않아야 하고, 지나치게 긴 문장을 사용하지 않

---

42. [역주] jargon. 전문가나 특정 분야에서만 사용하는 속어나 용어.

으며, 글쓰기 표준에 대한 책[43]에서 언급되는 다른 결점들을 포함하지 않아야 합니다. 글쓰기의 목적은 저자가 얼마나 똑똑한지 알게 해주는 게 아니라, 저자가 어떠한 지식을 함께 나누고자 하는지 알게 하는 데 있습니다.

일반적인 문제로부터 이제 컴퓨터 분야의 책에서 나오는 문제로 와서 보면, 세 가지 범주에 속하게 됩니다. 예제, 상호참조, 색인입니다. 저의 목록에 속하는 책들은 전부 문장에 곁들여서 훌륭한 예제를 포함하고 있습니다. 때론 저자가 거의 모든 내용에 예시를 담아 독자에게 페이지마다 코드나 도표를 보여 줌으로써 저자가 무엇을 말하고자 하는지 보여 주기도 합니다. 독자에게 넘쳐나는 코드만 보여 주는 건 구닥다리 방식으로, 주석도 거의 없는 코드를 녹색 줄이 쳐진 전산용지에 적어 두고 읽으라고 하는 것과 다를 바가 없습니다. 예제는 텍스트와 연관이 있어야 하며, 텍스트는 반드시 먼저 등장해야 합니다. 예제에 대해 일종의 비대한 각주처럼 뒤따라 붙어서는 안 됩니다. 대부분의 사람들이 컴퓨터 관련 서적을 소설 읽듯 앞에서부터 뒤 순서대로 읽지는 않기 때문에 상호참조는 중요합니다.

컴퓨터 서적들은 때론 참조 문서처럼 쓰입니다. 이러한 참조가 작동하기 위해서는 상호참조가 있어야 합니다. 모든 문장이 위키피디아의 사생아처럼 세 방향으로 뻗어 나갈 필요는 없지만, 상호참조라는 건 누군가가 5장을 보다가 2장에서 5장에서 필요한 개념을 다루고 있다는 사실을 이해하고 2장으로 돌아갈 수 있는 걸 의미합니다. 마지막으로 참조 작업을 할 때, 목차보다 더 자주 쓰이는 색인에 대해 다루겠습니다. 컴퓨터를 다루는 훌륭한 책은 잘 만들어진 색인을 갖고 있습니다. 왜냐하면 독자들은 거의 항상 책을 처음 읽을 때, 그들이 당장 딱 꼬집어 말할 수 없는 개념을 찾기 위해 바로 이 색인 페이지를 펼칠 것이기 때문입니다.

---

43. 역주 스트렁크, 화이트, 《영어 글쓰기의 기본》, 인간희극, 2007.

친애하는 KV,

저는 학위를 막 마치고 실리콘밸리에 있는 큰 IT 회사에서 새로운 직업을 갖게 되었습니다. 일은 조금 지루하지만 괜찮습니다. 웹페이지로 많은 것을 할 수 있는 데다가 누가 블로그 따위에 신경을 쓰겠나요? 제가 이 직업을 택한 이유는 회사가 오픈소스 시스템에서 모든 코드를 개발하기 때문인데, 이건 제가 사소한 버그들이나 좀 살펴보고 고치면 월급이 들어온다는 뜻입니다. 제가 속한 기술 조직의 사람들은 대부분 얼마 전에 졸업한 사람들이고, 그들 중 몇몇은 높은 급여나 스톡 옵션에 대해서 헤아리거나, 처음 주식을 처분하면 어떤 차를 살까 계획하는 걸로만 보입니다. 우리 중 일부는 좋아하는 기술 책을 돌려 보고 있고 때때로 당신의 칼럼도 보고 있습니다. 그러다가 당신이 추천할 책을 가지고 작은 내기를 해보기로 했습니다. 만약 추천할 만한 책이 있다면 당신의 독자들의 책꽂이에도 꽂힐 수 있게 했는데, 당신이 추천 목록에 가장 가까운 사람에게 우리는 점심을 사주기로 했습니다.

당신의 추천 목록은 어떻게 되나요? 저는 이 점심 꼭 먹고 싶습니다!

배고픈 독자

친애하는 고픈 씨,

'때때로' 제 칼럼을 돌려 본다는 게 무슨 말인가요? 전 지금 당장 당신들 개개인이 전부 Queue를 즉시 정기구독하길 기대합니다만! 그렇지 않는다면 저는 광포한 저작권 변호사 무리와 함께 한밤중에 당신에게 방문해 저의 정신과 의사도 불편해할 일들을 저지를 겁니다!

네, 이쯤에서 정리하겠습니다. 제가 아는 모든 프로그래머와 엔지니어들 중에 적어도 저와 꾸준히 대화하고 있는 사람들은 그들의 작업 공간 근처에 항상 작은 규모의 책 덩어리를 구비해 둡니다. 제 생각에 앞으로는 이 책들 없이는 앞으로 살 수 없거나 살아가기 힘들 거라고 봅니다. 책 목록의 문제는 그들이 매우 주관적이며 IT 및 컴퓨터 과학만큼 다양한 영역에 있으며, 새로운 유행이 있다는 것입니다. 음, 그래도 지금 하나 있습니다! 음, 제가 방금 뭐라고 말했죠? 맞습니다. 목록이랄 게 항상 주관적인 데다가 화려하단 겁니다. 그렇지만 그건 저도 마찬가지입니다. 그래서 제 생각엔 저도 저만의 목록을 드릴 수 있을 거 같습니다. 제가 지적하고 싶은 한 가지는 이 책들이 유용할 뿐만 아니라, 잘 쓰였고 읽기 쉽다는 것입니다. 이는 400페이지가 넘어가는 복잡한 아이디어를 다루는 책을 읽을 때 매우 중요합니다. 누군가가 아무리 중요하다고 말하든 잘 만들어진 글이 아니라면 책을 읽을 이유가 전혀 없습니다.

도널드 커누스의 《The Art of Computer Programming》입니다.(아마도 컴퓨터 과학 분야에서 가장 유명한 걸작일 겁니다. 이 책들은 참고서이자 교양서입니다.) 저는 처음 이 세트를 대학교 신입생 크리스마스 선물로 받았습니다. 네, 맞습니다. 산타가 서점의 컴퓨터 과학 코너를 거의 보지 않기 때문에 제가 직접 요청했습니다. 처음에 저는 거의 대부분의 내용이 이해가 되지 않았고 심지어 제대로 읽지도 못했습니다. 그렇지만 당신이 알고리즘과 관련된 질문이나 어떤 코드에 대한 최적화에 대한 질문이 생겼을 때 이 책들은 종일 함께할 책입니다. 당신은 커누스 박사가 a) 이미 구한 정답을 찾아내거나 b) 아무도 모르고 당신만 아는 문제의 풀이를 찾아낼 겁니다. 이 책들은 집필된 지 40년 이상 되었고, 늘 곁에 둘 값어치가 충분히 있습니다.

라지 자인이 쓴 《컴퓨터 시스템 성능 분석의 예술(The Art of Computer Systems Performance Analysis)》이 있습니다. 이 책은 지나치게 덜 알려져 있습니다. 1991년도에 발행된 책으로 좀 예전에 나온 책이긴 합니다. 예시에 등장하는 하드웨어들은 옛시절 향수를 자극해서 당신은 눈물까지 흘릴 수 있습니다. 그리고 말하겠죠. "근데 DEC[44]가 뭐야?" 자인 박사는 컴퓨터 네트워크 분야에 조예가 깊은 인물로, 이 책은 단순히 네트워킹에 대한 이야기 그 이상을 다루고 있습니다. 과학적 방법을 컴퓨터 과학 분야에 적용해 문제 해결하는 것을 보여 주는 이 책은 적절한 실험 설계, 워크로드 선택 및 시스템의 성능 문제에 올바른 접근을 위한 모든 것을 다룹니다.

《TCP/IP illustrated volume 1, 2》[45]를 비롯해 리처드 스티븐스가 쓴 책은 모두 추천합니다. 리처드 스티븐스의 글쓰기에 대한 사랑은 당신이 그의 책들을 읽어 보면 느낄 수 있을 겁니다. 그의 책은 대부분 네트워크 분야와 TCP/IP이지만 유닉스 환경에서의 프로그래밍과 같은 조금 더 폭넓은 분야를 다루는 책도 있습니다. 그의 책들은 모두 읽기 흥미로우며, 연관된 예제들이 풍부하고, 매 페이지마다 당신은 뭐라도 배우게 될 겁니다.

---

44. 역주 Digital Equipment Corporation. 1960년대에서 1990년대까지 존재했던 미국 주요 컴퓨터 제조사.

45. 역주 케빈 폴, 리처드 스티븐스, 《TCP/IP Illustrated, Volume 1》, 에이콘출판사, 2021.

브라이언 W. 커니핸과 롭 파이크가 쓴 《프로그래밍 수련법》은 최고의 책들 중 하나이며 짧아서 시작하기도 좋습니다. 300페이지 미만으로 프로그래밍에 대한 흥미로운 이야기와 실용적인 조언이 가득합니다. 필독서 중 하나이며, 반드시 반복해서 읽어야 하는 책들 중 하나입니다.

그리고 마지막으로 컴퓨터와 관련된 책은 아닙니다만, 스크렁크와 화이트의 《영어 글쓰기의 기본》입니다. 아뇨, 이 책은 오랜지색이랑 녹색 옷을 같이 입으면 엉망이란 걸 모르는 사람을 위한 책이 아니라 영어로 글쓰는 방법에 대한 매우 짧은 책입니다. 제가 왜 이런 책을 추천하냐고요? 이유는 다음과 같습니다. 컴퓨터 과학을 과학으로 취급한다면, 제 생각엔 모든 프로그래머와 컴퓨터 엔지니어는 컴퓨터 과학자들인 겁니다. 그렇다면 컴퓨터 과학자들은 서로 그들의 발견을 전달하는 것이 중요합니다. 과학이란 결국, 과학적 방법을 통한 지식 추구이며, 과학적 방법의 중요한 구성 요소 중 하나는 당신이 무엇을 했고 어떻게 했는지 다른 사람에게 그들이 당신의 일을 확인할 수 있도록 말할 수 있다는 것입니다. 전 당신 코드가 얼마나 영리한지는 중요하게 여기지 않습니다. 당신이 타인에게 설명할 수 없다면, 대부분 쓸모없습니다. 그래서 현재 컴퓨터 업계 사람들 사이에서 실제로 가장 많이 쓰이는 언어인 영어로 글을 쓸 수 있는 능력은 상대적으로 중요합니다. 제 생각엔 제 편집자도 이 작은 책을 종종 참고하고 있을 거라고 확신합니다.

그럼 이제 점심 내기에서 이겼을 테니, 제 몫은 어디가면 받을 수 있을까요?

KV

# 5.19 (한 번 더) 책들

드디어 시간이 충분해!

> 헨리 베미스, 〈환상특급 : 트와일라잇 존〉의
> '드디어 시간이 충분해(Time enough at last)' 에피소드 중

책들에 대해 한 번 더 다루기 전에, 저는 KV의 책 목록을 모든 코더<sup>Koder</sup>들의 전자책 리더기와 책장에 있는 제목들로 갱신하고 싶었습니다.

커니핸과 파이크의 《프로그래밍 수련법》은 이제 등장한지 20여 년이 지났는데 거기 나오는 이야기들은 소름끼칠 정도로 건재합니다. KV가 그동안 주장해 왔듯이, 이 책은 프로그래밍의 언어와 환경에 대한 숙어처럼 중요하고, 이러한 주제들에 대해 이 책은 일정 수준의 깊이를 제공하면서도 여전히 읽을 만하고, 생각하는 즐거움을 제공합니다.

헨리 S. 워렌 주니어의 《해커의 즐거움》[46]은 주말이나 저녁 시간을 보낼 좋은 책입니다. 어떤 범주에 속하는 책이라고 규정하긴 어렵지만, 당신이 코더<sup>Koder</sup>로서 기계가 어떻게 동작하는지만 알고 싶은 수준을 벗어나서 더 영리한 방식으로 해결하는 방법을 알고 싶다면 바로 이 책을 추천합니다. 공책이랑 연필을 근처에 두게 될 겁니다.

에비 네메스, 가스 스나이더, 트렌트 헤인, 벤 웨일리, 댄 맥킨의 《유닉스 · 리눅스 시스템 관리 핸드북》[47]은 제 경력 초창기 때 상사가 강요하던 책이었습니다. "제가 왜 시스템 관리자에 대해서 알아야 하죠, 전 코더<sup>Koder</sup>입니다."가 제가 이 책을 읽어야 한다고 들었을 때 가장 공손하게 말했던 질문이었습니다. 이 책에는 "여러 수준에서 시스템을 이해한다면 작업이 더 효율적일 것입니다."라는 문구가 있습니다. 편집기를

---

46. 역주 헨리 워렌, 《해커의 즐거움》, 피어슨에듀케이션코리아, 2006.

47. 역주 에비 네메스 외 4명, 《유닉스 · 리눅스 시스템 관리 핸드북 5/e》, 에이콘출판사, 2022.

열고 컴파일러를 실행해야만 네트워크가 끊기는 이유를 알 수 있는 것보다는 로컬 ysadmins을 호출해 보는 게 훨씬 효율적입니다.

이 추천 목록은 기존에 저의 코드$^{Kode}$를 작성하는 이들에게 추천하는 내용에서 언급되지 않았던 책들입니다.

친애하는 KV,

저는 당신이 배고픈 독자에게 보낸 답신을 읽었습니다. 저는 당신이 언급했던 책들 중 라지 자인의 저서를 제외하곤 모두 갖고 있습니다. 저는 거기에 필수 불가결한 책 하나 더 보태고 싶습니다. 브룩스의 《맨먼스 미신》이요. 당신 매니저에게도 한 권 주는 게 어떨까 싶습니다. 어떻게 생각하세요? 이 책도 당신 목록에 추가될 만하지 않나요?

PDP-11을 추억하며

친애하는 추억 씨,

오래된 책을 추천해서 또 옛날 사람이라고 인식될 위험이 있음에도 불구하고라도 당신의 책 추천은 좋다고 말할 수밖에 없겠네요. 제가 원래 답신으로 보냈던 내용은 기술 분야에 대한 책이었습니다. 《맨먼스 미신》은 동네 서점에서 볼 수 있는 관리 분야의 책들에 비해서는 메스꺼움을 훨씬 덜 유발하는 관리에 대한 책입니다.

제가 이 책을 좋게 기억하는 몇 가지 이유가 있습니다. 이 책의 결론은 소프트웨어 회사에 5분 이상 종사해 본 사람이라면 누구나 공감할 만한 내용입니다. 이 책은 오늘날에도 당신이 멍청한 관리자의 머리를 때릴 때 쓸 수 있습니다. 이 책은 두 가지 이유로 시간의 흐름 속에서도 살아남을 수 있었습니다. 하나는 비범한 품질로 잘 쓰였다는 점인데, 지난 50여 년 동안 사람들은 이보다 영리하게 대규모 프로젝트를 관리하는 방법에 도달하지 못했기 때문입니다. 다른 한 가지 이유는 《맨먼스 미신》은 제가 그걸 읽은 뒤 환불 기간 내에 대학 서점에 환불할 수 있을 정도로 내용이 짧았다는 점입니다. 저는 그 돈으로 독립기념일 파티 때 맥주를 사 마셨습니다. 이거 농담 아닙니다. 그래서 전 그 책을 더 이상 갖고 있지 않습니다만 그 책에 대한 일종의 애정, 아니 추억이 있습니다.

KV

시간이 중요한 게 아니야. 그게 유일한 거야.

– 마일스 데이비스

책은 기존에 존재하는 주제들을 배우는 매우 훌륭한 방법이지만, 최신의 개발 기술을 다루기 위해서는 매우 광범위한 독서를 해야 합니다. 많은 사람들이 웨비나와 비디오를 보고 있지만, 저는 몇 가지 저널과 컨퍼런스에서 간행하는 고품질의 문서들을 보는 게 최고의 방법이란 걸 알아냈습니다. 제 분야가 운영체제, 네트워크, 보안이라서 저는 SIGOPS, SIGCOMM, USENIX 컨퍼런스들, 오클랜드 보안 컨퍼런스의 내용을 살펴봅니다. 이번 편지와 답신에서는 학술 논문을 사용하는 쉬운 방법과 어려운 방법을 보게 되며, KV는 쉬운 방법을 제시합니다.

*친애하는 KV,*

제 상사는 제 최고의 아이디어들이 이미 '문서로 간행'되었는데도 제가 새로 만드는 걸 고집하는 태도를 갖고 있다고 항상 불만을 표하고 있습니다. 그 문서들이 어디에 있는진 모르겠으나 이런 상황이 저를 정말 속상하게 만듭니다. 상사가 등 뒤에서 그런 불평을 못하게 할 수 있는 현명한 방법이 혹시 없을까요?

*속상해*

*친애하는 속상해 씨,*

저는 상사들을 제 뒤에서 떼어내는 몇 가지 수단을 갖고 있습니다. 그렇지만 그 방법들은 여기서 공유하진 않겠습니다. 첫째로, 대부분이 불법이고, 둘째로, 제 생각엔 당신 상사 말이 맞을 거 같아서입니다.

제 경험으로 보면 대부분의 코더<sup>Koder</sup>가 마지막으로 논문을 읽은 시기는 학교 과정에서 그게 필수였던 무렵이었습니다. 비록 많은 책들이 업계 최신의 버즈워드를 사용해 쓰였지만, 이런 책들은 우리가 매일 일을 하는 토대에 대해서도, 그리고 우리가 시스템을 구축하는 방법의 주된 변화에 대해서도 다루지 않습니다. 새로 나온 언어를 배우는 것은 좋습니다만, 그 언어가 어째서, 왜 생겨났는지를 이해하지 못했다면 당신은 아마도 프로젝트를 위해서 엉뚱한 언어를 택하게 될 겁니다. 이건 데이터베이스, 웹 애플리케이션 프레임워크, 보안, 네트워크 프로토콜 같이 우리 분야의 그 어디든 동일하게 적용되는 사실입니다.

"그렇지만 저널은 너무 지루해요!" 당신이 불평이 벌써 들리네요. 네, 맞습니다. 대부분의 저널은 잠자리에서 재미있게 읽을 만한 내용들이 아니죠. 물론 Queue는 그렇지 않습니다. 특정 컨퍼런스들은 잠자리에 들기 전에 유용하다는 걸 저도 인정할 수밖에 없습니다만, 알다시피 저는 좀 극단적인 경우랍니다.

당신의 분야에 어떤 정보가 흘러들어 올 때 그것을 알리고 적용하는 것은 당신의 책임입니다. 만약 당신이 배관공이고 더 이상 납 파이프가 아니라 구리로 된 파이프를 써야 한다는 사실을 놓치게 된다면, 당신은 고객과 자신에게 손해를 끼치게 될 겁니다.

이 과정을 매우 쉽게 할 수 있는 몇 가지 조언을 알려 주겠습니다. 일단 주변 동료들에게 무엇을 읽고 있는지 한번 물어보기 바랍니다. 당신이 존경하는 디자인이나 코드를 만드는 사람의 책장에는 어떤 내용이 있는지 찾아보고 그중에 한두 권 정도 빌려 보거나 글을 온라인에서 찾아 읽어 보세요.

다양한 종류의 읽을거리들을 손에 넣었다면, 그것들을 들고 근처 커피숍으로 향하거나 다음 항공 여행에 그것들을 가져가세요. 통근 시간도 무언가를 읽기에 좋은 시간입니다. 물론 당신이 운전을 하는 게 아닐 때만요! 더불어 당신이 그것들을 읽을 때 명심해야 할 두 가지가 있습니다. 첫 번째는, 전부는 아니지만 대부분의 읽을거리들은 개요가 포함되어 있다는 점입니다. 먼저 그것들의 개요를 읽어 보고 그중에 어떤 글을 읽을 지 선택하세요. 두 번째는, 이것들이 소설이 아니란 점입니다. 만약 읽다가 재미가 없거나 딱히 얻을 게 없다면 옆으로 치워 버리면 됩니다. 삶은 좋지 않은 글을 읽으며 보내기엔 지나치게 짧습니다.

지면이 부족한 관계로 이쯤에서 ACM의 제 동료들을 위해서 한마디 남기겠습니다. ACM에는 당연하게도 IT 산업의 모든 관점을 다루는 저널과 컨퍼런스가 있습니다. 그러니 여기서부터 시작해도 좋습니다. 그 외에도 읽을거리의 원천으로 저는 IEEE와 Usenix도 선호합니다. 이 두 조직은 미묘하게 다른 커뮤니티를 지향하지만 둘 다 볼 가치는 충분합니다. 이제 《스노 크래시》는 내려 놓고 일하러 가세요!

KV

오, 불윙클, 그 방법은 항상 안 되잖아!

– 날다람쥐 록키

제가 직장 동료를 대할 때 항상 사용하는 방법은 환자의 이야기를 듣는 의사처럼 대하는 겁니다. KV 스스로도 환자의 이야기를 듣는 자세가 안 됩니다만, 반대로 그런 사람을 찾아내는 것은 항상 그를 기쁘게 합니다. 이 방법에는 어쩌면 사람이 필요하지 않을 수도 있습니다. 오리 인형을 책상 위에 놓고 당신 문제를 설명하기 시작하는 것만으로도 할 수 있을 수도 있습니다만, 그렇게 되면 직장 동료들이 당신을 조금 이상하게 보기 시작할 겁니다. 이번 답신은 편지에 대한 응답이지만, 제 생각엔 답신 그 자체만으로도 의미가 있습니다. 제 마지막 조언은 당신 주변의 사람들을 다루고 활용하는 방법에 대한 것입니다.

*친애하는 KV,*

저는 당신이 2006년 4월에 쓴 〈Kode Vicious 도주(Kode Vicious Bugs Out)〉[48]에서 하이젠버그 이야기를 읽었고, 당신이 이러한 유형의 문제를 해결하는 가장 손쉬운 방법을 언급하지 않았다는 사실에 놀랐습니다. 바로 지나가는 아무나 붙잡고 어깨 너머로 관찰하게 하면 즉각적으로 문제를 유발하는 부분이 식별된다는 사실을요.

*지나가던*

*친애하는 지나가던 씨,*

당신이 언급한 디버깅 방법을 저는 '멍청한 개발자 트릭'이라고 부릅니다. 그 방법은 사실 두 가지 버전이 존재합니다. 당신이 언급한 방법은 두 가지 버전 중 덜 신뢰되는 방법입니다. 순전히 누굴 우연히 만나느냐에 따라 결과가 달라질 테니까요.

제가 선호하는 다른 버전을 설명하자면, 저는 동료한테 곧장 다가갑니다. 누구든지 될 수 있습니다. 꼭 엔지니어일 필요도 없습니다. 그냥 '으흠'이라고 추임새 많이 넣어 주는 누군가면 돼죠. 그러고는 제가 갖고 있는 문제를 설명하기 시작하면 됩니다. 마케팅 담당자도 가능할 겁니다. 그런데 그렇게 되면 그 사람들한텐 마실 거라도 사줘야 하더군요. 이 비용은 제 음료 예산에서 충원되고 있습니다.

이 방법을 사용하기 위해서는, 먼저 당신의 문제를 코드나 도식화를 통해 설명부터 해야 합니다. 당신이 누군가에게 실마리와 함께 이야기를 하면, 운이 좋을 경우에는 그 사람이 버그를 찾을 수 있고, 그렇지 않더라도 당신에게 좋은 질문을 던질 수 있게 될 겁니다. 그 지점에 도달하게 되면, 당신은 팍 하고, 당신의 이마를 때리면서 (저는 이걸 너무 자주해서 대머리가 되었지만 덕분에 때리는 소리가 매우 찰집니다.) "에우레카!"라고 외치며 욕조에서 뛰쳐나오게 될 겁니다. 아, 잠시만요. 다른 사람이 있는 상황이군요. 어쨌든 당신은 진짜 문제를 찾아낸 즐거움을 느끼게 될 겁니다. 이 사실을 상기시켜줘서 고맙습니다.

---

**48.** 조지 V. 네빌-닐, 〈Kode Vicious 도주(Kode Vicious Bugs Out)〉, ACM Queue 4권 3호, 2006년 4월, 10–12쪽.

# 색인

## 한글

### ㄱ

가비지 컬렉션    30–33
가상 라우터 중복 프로토콜(VRRP,    251–252
Virtual Router Redundancy Protocol)
가스 스나이더    379
**감사**
   루트 사용자    344–346
   민감한 데이터 접근    295
   보안 취약점    107–108
강제 예외를 통한 에러 제어    49–52
**객체 지향 언어**
   C vs. C++    89–92
   추상화    184–186
계층 증식    230
〈고양이 이름 붙이기〉    328
공개 키 기반 구조(PKI,    293–295
Public Key Infrastructure)
공백    171–174
공통 주소 결정 프로토콜(CARP,    252
Common Address Redundancy Protocol)
과도한 포트 할당    249–252
과잉 전문화    340–342
**과학적 방법**
   디버깅    85–88
   커뮤니케이션    377–378
   테스팅    128
과학적 방법에서의 가설    86–87
과학적 방법의 이론    86–87
**관리**
   기술 이해    305–308
   빌드 실패    314
관리자의 이해가 부족한 상태에서의    305–308
엔지니어링
관측점    105
그레이스 머레이 호퍼    270
그룹화 플래그    260
기수를 이용한 주소 찾기    54–56

### ㄴ

난독화    235–236
네트워크 시간 프로토콜(NTP,    264
Network Time Protocol)
**네트워크 시스템**
   과도한 포트 할당    249–252
   디버깅    265–269
   보안    293–295
   임시 포트    253–256
   지연 시간    270–277
   확장성    278–285
네트워크 테스트 시스템    128–132
네트워크 파일 시스템    131–132, 274–277
(NFS, Network File System)
**네트워크 프로토콜**
   스탑–앤–고 vs. 스트리밍    274–277
   **작문**    248
     TCP/IP 사용    290–292
     과도한 포트 할당    249–252
     디자인 고려사항    257–261
     시퀀스 번호    262–264
     임시 포트    253–256
     포트 대기열    286–289
     표준 구현    296–301
네트워크 프로토콜의 확장성    260–261
네트워킹 표준을 이용한    299–300
상호운용성 테스트
논블로킹 I/O    283–285

### ㄷ

다른 함수를 호출하는 함수    106
댄 맥킨    379
데드락    145
데이터 개인정보 보호    232–236, 347–349
도구 사용(보안)    357–358
도구 사용법    353–355
도널드 커누스    377
동시 처리 시스템    143–145

동적 분석 103
두뇌 테스트를 통한 면접 절차 334
들여쓰기 23
**디버깅**
    과학적 방법 85–88
    관측점 105
    네트워크 시스템 265–269
    뒷걸음질 105
    멍청한 개발자 트릭 385–386
    면접에서 디버깅 334
    모니터링 시스템 최적화 150–153
    스레드 프로그래밍 202
    재부팅 160–162
    조건부 중단점 105
    코드 동굴탐험 104–108
    코드 복사 66–69
    코드 스캐너 163–165
    하드웨어 166–170
    확장된 네트워크 시스템 278–285
디버깅에서 뒷걸음질 105
디자인 리뷰 321–326
디지털 권한 관리(DRM, 206–208
Digital Right Management)

**ㄹ**
라이브러리 34–36, 202
라이브러리 코드의 규칙 34–36
라이선스 366–370
라지 자인 377
러스티 새클포드 225
레거시 앱 전환 241
레디스(Redis) 280
**로그 출력**
    논블로킹 I/O 283–285
    루트 사용자 344–346
    보안 232–236
    수정 60–62
    재부팅 160–162
    조직화 162
    핫스팟 282
로그 출력물 조직화 162
로보틱스(robotics), AI 317–320
로봇 3원칙 318

롭 파이크 98, 378, 379
루트 사용자 344–346
리눅스 커널 코드베이스 102
리처드 스티븐스 377
리팩토링 136–138

**ㅁ**
매직 넘버 72
맨먼스 미신 336, 381
멀티코어 하드웨어 143–145
멍청한 개발자 트릭 385–386
**메모리 관리**
    가비지 컬렉션 30–33
    메모리 할당 26–29
메모리 누수 31–32
면접 331–335
면접을 통한 채용 절차 331–335
모니터링 시스템 최적화 150–153
무선 네트워크에서의 통신 손실 291–292
무어의 법칙 26
문서 자동화 118–119
**문서화**
    자동화 116–119
    포맷 154–156
    필수요소 120–123
    하드웨어 167–169
    clocksource.h 57–59
〈미래주의 선언(futurist manifesto)〉 93

**ㅂ**
바사 호 일화(커뮤니케이션 실패) 305–308
**버전 제어 시스템(VCS, Version Control System)**
    문서화 155
    언제 머지하면 되는가 139–142
    체크인 주석 78–81
    코드 찾기 63–65
버퍼 오버플로우 259
베르너 하이젠베르크 150
벤 웨일리 379
**변경사항 확인**
    주석 78–81
    체크인의 단위 43–45

| | | | |
|---|---|---|---|
| 변경사항 확인 시 기능 변경 | 43–45 | 소프트웨어 업데이트 | 356–357 |
| 변경사항으로 인한 버그 처리 | 43–45 | 소프트웨어 유지보수 | 136–138, 178–183 |
| **보안** | | 쇠퇴 | 339–343 |
| P2P(peer-to-peer) 시스템 | 243–246 | 쉘 스크립트는 언제 쓰면 좋은가 | 75–76 |
| PIN | 157–159 | **스레드 프로그래밍** | |
| 네트워크 시스템 | 293–295 | 디버깅 | 202 |
| 데이터 유출 | 347–349 | 라이브러리 | 202 |
| 도구 사용 | 357–358 | 멀티코어 하드웨어 | 143–145 |
| 로그 출력 | 232–236 | 위험성 | 197–202 |
| 버퍼 오버플로우 | 259 | 스크립트 언어의 추상화 | 186 |
| 소프트웨어 업데이트 | 356–357 | 스탑-앤-고 프로토콜 vs. | 274–277 |
| 시스템 제어 | 344–346 | 스트리밍 프로토콜 | |
| 인증 | 203–213 | 시릴 노스코트 파킨슨 | 310 |
| 입력 검증 | 113–115, 214–220 | **시스템** | |
| 크로스 사이트 스크립트 | 214–220 | vs. 제품 | 146–149 |
| 피싱 | 221–226 | 조합성 | 176 |
| 보안 감사 | 107–108 | 시스템 관리자들 | 339–343 |
| 보안 리뷰 | 356–362 | **시스템 디자인** | 176–177 |
| 분산 개발 환경에서의 머지 시점 | 139–142 | 디자인 리뷰 | 321–326 |
| 브라이언 W. 커니핸 | 98, 378, 379 | 로그 출력 | 232–236 |
| 블랙리스트 | 115, 219 | 사용자 인터페이스 디자인 | 227–231 |
| 블랙박스 보안 리뷰 | 359 | 스레드 프로그래밍 | 197–202 |
| 블록 다이어그램 | 333 | 의존성 분석 | 192–196 |
| 비동시성 시스템 | 143–145 | 인증 | 203–213 |
| **비밀번호** | | 추상화 | 178–191 |
| PIN | 157–159 | 크로스 사이트 스크립팅 | 214–220 |
| 복구 질문 | 223, 226 | (CSS, Cross Site Scripting) | |
| 빌드 실패 | 312–316 | 프로토타이핑 | 336–338 |
| 빌드 실패와 인프라 스트럭처 | 312–316 | 피싱 | 221–226 |
| 빛의 속도 | 272, 276 | Java | 237–242 |
| | | P2P(peer-to-peer) 시스템 | 243–246 |
| | | 시스템 제어 | 344–346 |
| | | 시스템 호출 추적기(tracer) | 109 |
| ㅅ | | 시퀀스 번호 | 262–264 |
| 사소한 것을 트집 잡는 것 | 309–311 | | |
| ('자전거 창고' 예시) | | | |
| 상수 | 72 | ㅇ | |
| **성능 최적화** | | 아드리안 코이어 | 50 |
| null 암호화 | 134–135 | 아이작 아시모프 | 317 |
| 모니터링 시스템 | 150–153 | 아키텍트 | 342 |
| 하드웨어 | 96–100 | **암호화** | |
| 세션 타임아웃 | 209–210 | null 암호화 | 134–135 |
| 소크라테스의 산파술 | 325 | 네트워크 시스템 | 293–295 |
| 소프트웨어 아키텍처에서의 빌드 실패 | 316 | | |

| | |
|---|---|
| 로그 출력물 | 235–236 |
| 인증과 비교 | 203–205 |
| 앨런 튜링 | 318 |
| 업그레이드 시 설정 데이터 유지하기 | 146–149 |
| **업데이트** | |
| 로그 출력 | 60–62 |
| 사용자 인터페이스 디자인 | 227–231 |
| 사용자 입력값 검증 | 113–115, 214–220 |
| 소프트웨어 | 356–357 |
| 업그레이드 시 설정 데이터 유지하기 | 146–149 |
| 추상화의 유용성 | 179 |
| 에비 네메스 | 379 |
| 역할 정의 | 341 |
| 《영어 글쓰기의 기본》 | 378 |
| 오실로스코프 | 103 |
| 오픈소스 | 251–252, 366–370 |
| 요청 제한 | 348 |
| 운영체제, API 변경 | 195 |
| 원격 전원 제어 | 131 |
| 웹 브라우저 인증 | 209–213 |
| **웹 폼** | |
| 입력 검증 | 113–115, 214–220 |
| 피싱 | 221–226 |
| 《유닉스·리눅스 시스템 관리 핸드북》 | 379 |
| 유지보수 | 136–138, 179–183 |
| 의존성 분석 | 192–196 |
| 이름 짓기 | 22, 72–73, 327–330, 373 |
| (naming scheme) | |
| **인증** | 203–213 |
| vs. 암호화 | 203–205 |
| 디지털 권한 관리(DRM, | 206–208 |
| Digital Right Management) | |
| 웹 브라우저 예시 | 209–213 |
| 읽기의 중요성 | 382–384 |
| 임베디드 시스템의 메모리 관리 | 30 |
| 임시 포트 | 253–256 |
| 입력값 검증 | 113–115, 214–220 |

| **ㅈ** | |
|---|---|
| 자원 관리와 메모리 할당 | 26–29 |
| 잡초 제거 | 133 |
| 재부팅 | 160–162 |
| 저널 | 382–384 |

| **전송 제어 프로토콜**(TCP, Transmission Control Protocol) | |
|---|---|
| 시퀀스 번호 | 263–264 |
| 임시 포트 | 254–256 |
| 포트의 개수 | 249 |
| NFS와 계층화 | 277 |
| 전역 변수 | 73 |
| 전자 서명 | 213, 236 |
| **전제사항** | |
| 문서화 | 116–117, 121–122 |
| 테스트 | 124 |
| 정밀 시간 프로토콜(PTP, | 264 |
| Precision Time Protocol) | |
| 정원사의 비유 | 35–36 |
| 정의된 역할 | 341 |
| **정적 분석** | |
| 변경(tuning) | 358 |
| 컴파일러와의 통합 | 163 |
| 코드 | 103 |
| 정적 분석과 통합된 컴파일러 | 163 |
| 제어 인터페이스 | 130–131 |
| 제품 vs. 시스템 | 146–149 |
| 조건부 중단점 | 105 |
| 조건부 컴파일러 | 73 |
| **조합성** | |
| 시스템 | 176 |
| 코드 | 23–25 |
| 존 오스터하우트 | 197, 201 |
| 존 포스텔 | 257 |
| **주석** | 71, 78–81 |
| 문서화 | 120 |
| 코드 품질 | 94–95 |
| 표준 구현 | 300–301 |
| 주석 처리된 코드 | 72–73 |
| 주소 검색 | 54–56 |
| 중첩된 필드 | 41–42 |
| 지능 | 317–320 |
| 지연 시간 vs. 대역폭 | 270–277 |
| 지점 간(point-to-point) 네트워크 | 291–292 |

| **ㅊ** | |
|---|---|
| 체스 | 319 |
| **최적화** | |

| | |
|---|---|
| null 암호화 | 134–135 |
| 모니터링 시스템 | 150–153 |
| 하드웨어 | 96–100 |
| **추상화** | 178–191 |
| 가독성 | 372 |
| 객체지향 언어 vs. 스크립트 언어 | 184–186 |
| 유용성 | 179 |
| 유지보수 | 178–183 |
| 코드 재사용 | 181 |
| 추상화를 통한 테스트 가능성 | 179–180 |
| 추천 도서 | 374–381 |

**ㅋ**

| | |
|---|---|
| 캐시 미스 | 96–100 |
| 커리어 쇠퇴 | 339–343 |
| **커뮤니케이션 실패** | |
| 관리자의 이해 부족 | 305–308 |
| 트집 잡기 | 309–311 |
| 컨퍼런스 프로시딩 | 382–384 |
| 컴퓨터 분야 추천 도서 | 374–381 |
| 컴퓨터 분야 추천 도서들의 색인 | 375 |
| 《컴퓨터 시스템 성능 분석의 예술 | 377 |
| (The Art of Computer Systems | |
| Performance Analysis)》 | |
| 코드 남용 vs. 코드 재사용 | 37–40 |
| 코드 동굴탐험 시 무차별 대입 접근 방식 | 103 |
| 코드 동굴탐험 | 101–112 |
| 코드 동굴탐험에서의 영리한 접근 | 103 |
| 코드 리뷰 | 324, 362 |
| 코드 머지하기 | 139–142 |
| 코드 복사 | 66–69 |
| 코드 복사 시 주의사항 | 66 |
| 코드 샘플을 이용한 면접 절차 | 333–334 |
| 코드 스캐너 | 163–165 |
| **코드 재사용** | |
| IPFW 예시 | 53–56 |
| 추상화 | 181 |
| 코드 남용 | 37–40 |
| 코드 복사 | 66–69 |
| 코드 찾기 | 63–65 |
| 코드 품질 | 93–95 |
| 코드 프로파일러 | 108 |

| | |
|---|---|
| 코드상의 다채로운 표현 | 46–48 |
| 코드의 간결성 | 23–24 |
| 코드의 정확성 | 23 |
| 코드의 테스트 모드 유지하기 | 133–135 |
| **코딩 스타일** | 22–23 |
| 공백 | 171–174 |
| 다채로운 표현 | 46–48 |
| 들여쓰기 | 23 |
| 라이브러리 | 34–36 |
| 변경 확인 | 43–45 |
| 상수 | 72 |
| 이름 짓기(naming scheme) | 22 |
| 주석 | 71 |
| 주석 처리된 코드 | 72–73 |
| 중첩된 파일 | 41–42 |
| 코드 재사용 vs. 코드 남용 | 37–40 |
| 표준 선택 | 371–373 |
| clocksource.h | 57–59 |
| **코딩 핵심** | 23 |
| else 문 | 71–72 |
| 가비지 컬렉션 | 30–33 |
| 간결성 | 23–24 |
| 강제 예외 | 49–52 |
| 로그 출력 업데이트 | 60–62 |
| 메모리 할당 | 26–29 |
| 정확성 | 23 |
| 조합성 | 24–25 |
| 코드 복사 | 66–69 |
| 쿠키 | 212– 213, 216–217 |
| 크로스 사이트 스크립팅 | 214–220 |
| (CSS, Cross Site Scripting) | |
| 클라이언트 범위 제한 | 280 |
| 클래스 | 191 |
| 킬 스위치 | 349 |

**ㅌ**

| | |
|---|---|
| 타임스탬프를 이용한 시퀀스 번호 | 264 |
| **타임아웃** | |
| 세션 타임아웃 | 209–210 |
| 쿠키 | 212–213 |
| 탭 vs. 스페이스 | 171–174 |
| 터미널 I/O 시스템 | 39–40 |

테스트 인터페이스     130
테스트의 반복성     129–130
테스트의 적절성     129
**테스팅**
    네트워크 테스트 시스템     128–132
    네트워크 표준     299–300
    반복성     129–130
    빌드 실패     312–316
    적절성     129
    코드의 테스트 모드 유지하기     133–135
    피해야 할 것     124–127
튜링 테스트     318
트랜잭션 식별자     199
트렌트 헤인     379
트집 잡기     309–311
티켓팅 시스템     350–352

**ㅍ**

파일 공유 시스템     243–246
《파킨슨의 법칙》     310
**패킷**
    시퀀스 번호     262–264
    캡처     265–269
패킷 구분     54
패킷 분류를 위한 명령 코드(opcodes)     54
**포트**
    과도한 할당     249–252
    대기열     286–289
    임시 포트     253–256
표시 계층(presentation layer)     227–231
**표준**
    네트워크 프로토콜     296–301
    코딩 표준     371–373
표준 준수     298–299
프랑켄슈타인     306
프레더릭 P. 브룩스     336, 381
《프로그래밍 수련법》     98, 378, 379
**프로그래밍 언어**
    선택     74–77, 89–94
    학습     363–365
프로그래밍 언어 선택법     74–77, 89–95
프로그래밍 언어에서의 관용구     98

프로그래밍 학습     363–365
프로그램이란 용어의 기원     176–177
프로토콜을 위한 버전 번호     260
프로토타이핑     336–338
프로파일러     108
플래그, 그룹화     260
피싱     221–226, 349
피터 H. 살루스     176
필드 정렬     257–261

**ㅎ**

**하드웨어**
    디버깅     166–170
    멀티코어     143–145
    성능 최적화     96–100
하이젠버그(Heisenbugs)     150–153
한없이 이어지는 코드(Run-on code)     45
**할당**
    메모리     26–29
    포트     249–252
핫스팟     280, 282
해시     205, 212, 235, 281
《해커의 즐거움》     379
헨리 S. 워렌 주니어     379
호스트, 이름 짓기(naming scheme)     327–330
화이트리스트     115, 219
화이트박스 보안 리뷰     359–360

## 영문

### A
AI 317–320
Apache 코드베이스 102
**API**
 보안 리뷰 359–362
 의존성 분석 192–196

### B
BPF(Berkeley Packet Filter) 패킷 식별 54
BSD 라이선스 368

### C
**C++**
 vs. C 89–92
 메모리 누수 31–32
 언제 쓰면 좋은가 76–77
clocksource.h 57–59
Cscope 106, 111

### D
Doxygen 118–119
DTrace 112

### E
else 문 71–72
Exuberant Ctags 110

### G
GDPR 347
Global 110
GNU 공용 라이선스 366–370
(GPL, Gnu Public License)
Go 89
gprof 111
gtag 110

### H
htag 110

### I
I/O 제어를 위한 장치 드라이버 195–196
IANA 287–289
(Internet Assigned Numbers Authority)
IETF(Internet Engineering Task Force) 286
IPFW(IP Firewall), 코드 재사용 예제 53–56
IPv4 패킷 헤더 250

### J
**Java**
 가비지 컬렉션 30–33
 강제 예외 49–52
 시스템 디자인 237–242

### K
ktrace 111

### M
Model–View–Controller 227
Model–View–Presenter 227

### N
null 암호화 134–135
nvi 편집기 코드베이스 102

### P
P2P(peer-to-peer) 시스템 243–246
PCI 유틸리티 168, 170
PDF를 통한 문서화 154–156
PIN 157–159
**Python**
 언제 쓰면 좋은가 76
 추상화 185–186
 코드 품질 93–95

### R
RAND 라이선스 251
Rust 89

## S

sudo                          344–346

System V              39–40


## T

T.S. 엘리엇                328

《TCP/IP Illustrated, Volume 1, 2》   377

**TCP/IP 프로토콜 스택**

    System V에서            39–40

    vs. 새로운 프로토콜 작성     290–292

tcpdump                   260–269

《The Art of Computer Programming》   377

The Morning Paper          50

TIME_WAIT 상태            255


## V

Valgrind                   112

wireshark              265–269


## X

XSS                        214–220

# 크레디트

**10쪽** "하는 김에 역대 최악의 ... 대담해야 할 것 같아요."
– Kode Vicious, 《역대 최악의 아이디어(The Worst Idea of All Time)》, Development 17권 1호, 2019년 3월 18일.

**26쪽** "데이터는 저장소의 용량이 허용하는 만큼 계속 확장한다."
– 시릴 노스코트 파킨슨, 《파킨슨의 법칙》, John Murray, 1958년.

**30쪽** "누구도 640K 이상의 RAM이 필요하지 않다."
– 빌 게이츠가 주장하고 철회한 말, 1982년.

**35쪽** "뿌리를 자르지 않은 이상 ... 봄과 여름이 찾아옵니다."
– 저지 코진스키, 《정원사 챈스의 외출》, Corgi Books, 1970년, 179쪽. ©2020 Penguin Random House.

**37쪽** "필요하다면 코드의 일부를 ... 코드 재사용보다 우선이다."
– 롭 파이크, 《PLASH 12: 시스템, 프로그래밍 및 애플리케이션에 대한 제3회 연례 컨퍼런스 진행: 인류를 위한 소프트웨어 (SPLASH 12: Proceedings of the 3rd annual conference on Systems, programming, and applications: software for humanity)》, Association for Computing Machinery, 2012년 10월, 5–6쪽.

**41쪽** "거북이 밑에 거북이가 있고 ... 끝까지 있다."
– 조셉 바커, 《바커와 버그의 논의와 네 가지 설교(Barker & Berg Discussion & Four Sermons)》, J. B. Yerrinton & Son, 1854년, 48쪽.

**43쪽** "모든 것을 가장 단순하게 해야 한다. 전보다 조금 단순해지는 정도가 아니라."
– 알버트 아인슈타인, 이론물리학자.

**49쪽** "프로그래머들이 종종 분노하는 이유는 겁을 먹었기 때문이다."
– 폴 포드, 《코드란 무엇인가(What is Code?)》, Bloomberg Businessweek, 2015년 11월 6일. ©Bloomberg L.P.

**50쪽** "대부분의 파괴적인 실패는 ... 클러스터를 중단시켰다."
– 아드리안 코이어, 《단순한 테스트가 대부분의 끔찍한 실패를 예방한다(Simple testing can prevent most critical failures)》, 2016년 10월 6일.

**51쪽** "이 차이는 (i) Java 컴파일러는 ... 취급하기 때문임도 알 수 있다."
– 딩 위안 외 7명, 《단순한 테스트가 대부분의 끔찍한 실패를 예방한다: 분산된 데이터 집약 시스템의 운영 실패 사례 분석(Simple Testing Can Prevent Most Critical Failures: An Analysis of Production Failures in Distributed Data-Intensive Systems)》, USENIX Association, 2014년 10월 6–8일. © Usenix.

**66쪽** "표절하라! 다른 사람의 작품을 ... 부르는 것을 잊지 말아라."
– 톰 레러, 《로바쳅스키(Lobachevsky)》, 1953년 1월 22일. © Tom Lehrer.

**70쪽** "나에겐 자그마한 목록이 ... 놓치지 않을 겁니다."
– W. S. 길버트, 아서 설리번, 오페라 《미카도》의 《나에게는 자그마한 목록이 있습니다(I've Got a Little List)》.

**83쪽** "시간이 되었습니다 ... 이야기할 때가 되었군요."
– 루이스 캐롤, 《거울 나라의 앨리스》, Macmillan Publishers, 1871년 12월 27일.

**85쪽** "과학의 좋은 점은 ... 사실이란 점입니다."
– 닐 디그래스 타이슨, 미국 천체물리학자.

**89쪽** "내 이름은 오지만디아스 ... 그리고 절망하라!"
– 퍼시 비시 셸리, 《오지만디아스(Ozymandias)》, The Examiner, 1818년 1월 11일.

**93쪽** "재빠르게 행동하고 무언가를 박살내라."
– 마크 저커버그, 페이스북의 오래된 모토. © Mark Zuckerberg.

**96쪽** "소프트웨어에 정말 진지한 ... 하드웨어를 만들어야 한다."
– 앨런 케이, 미국 컴퓨터 과학자.

**101쪽** "바보들은 복잡성을 무시하고 ... 천재들은 제거한다."
– 앨런 펄리스, 미국 컴퓨터 과학자.

**104쪽** "준비하라."
– 로버트 베이든 파월 중장, 《소년을 위한 스카우트(Scouting for Boys)》, Horace Cox, 1908년 1월 24일.

**113쪽** "건설자들이 프로그래머가 ... 문명을 파괴했을 겁니다"
– 제럴드 M. 와인버그, 미국 컴퓨터 과학자.

**116쪽 "문서화는 마치 섹스와 ... 아무런 감흥도 없습니다."**
– 딕 브랜든, 컴퓨터 과학자.

**120쪽 "잘못된 문서화는 때론 문서가 없는 경우보다 나쁩니다."**
– 베르트랑 마이어, 컴퓨터 언어 분야의 프랑스 학자, 작가 및 컨설턴트.

**124쪽 "테스트는 보이지 않는 것부터 ... 발생하는 것을 방지합니다."**
– 제임스 마커스 바흐, 소프트웨어 테스터.

**128쪽 "낙관주의는 프로그래밍의 고질적인 위험입니다. 피드백이야말로 해법입니다."**
– 켄트 벡, 《익스트림 프로그래밍 입문서 개정2판(Extreme Programming Explained: Embrace Change, 2nd ed)》, Addison–Wesley, 2005년. 31쪽. © 1996–2020 Pearson.

**133쪽 "당신이 들여다보고 있는 ... 가정하고 있다면 더욱이요."**
– 스티브 맥코넬, 《코드 컴플리트 1판(Code Complete, 1st ed)》, Microsoft Press, 1993년. © Microsoft 2020.

**136쪽 "모든 프로그래밍은 유지보수 ... 경우는 거의 없으니까요.."**
– 작가 데이브 토마스, 〈직교성과 DRY 원칙에 관한 앤디 헌트와 데이브 토마스의 대화, 2부 – 빌 베너스 작성(Orthogonality and the DRY Principle, A Conversation with Andy Hunt and Dave Thomas, Part II, by Bill Venners)〉에서 한 말, 2003년 3월 1일. (URL: https://bit.ly/3PEMeAA)

**143쪽 "소프트웨어는 하드웨어가 빨라지는 만큼 느려진다."**
– 니클라우스 비르트, 〈린 소프트웨어에 대한 탄원(A Plea for Lean Software)〉, Computer 28권 2호, 1995년 2월, 64쪽. © Copyright 2020 IEEE.

**144쪽 "디지털 시계는 제법 멋진 생각이야."**
– 더글러스 애덤스, 《은하수를 여행하는 히치하이커를 위한 안내서》, Random House, 2007년. © 2020 Penguin Random House.

**146쪽 "첫 도전에 성공하지 못했다면 그걸 버전 1.0이라고 한다."**
– 팻 라이스, 컴퓨터 과학자

**154쪽 "당신의 티셔츠에 피가 ... 문제가 아닐지도 모른다."**
– 제리 사인펠트, 미국 코미디언.

**157쪽 "누군가가 당신의 비밀번호를 ... 결과는 매우 다르다."**
– 브루스 슈나이어, 미국 암호학자.

**163쪽 "컴파일러에게 거짓말을 하면, 컴파일러는 반드시 복수합니다."**
– 헨리 스펜서, 컴퓨터 과학자.

**166쪽 "컴퓨터의 역사에서 ... 디버깅 기간은 없습니다."**
– 스티븐 레비, 《해커, 광기의 랩소디》, O'Reilly Media, Inc., 2010년, 332쪽. © 2020, O'Reilly Media, Inc.

**171쪽 "고대의 달걀 깨기는 ... 큰 벌에 처한다 하였습니다."**
– 조너선 스위프트, 《걸리버 여행기》, Benjamin Motte, 1726년 10월 28일.

**175쪽 "컴퓨터 과학은 무엇을 자동화할 수 있는가에 대한 연구입니다."**
– 도널드 E. 커누스, 《컴퓨터 과학 분야에서 선택된 논문들(Selected Papers on Computer Science)》, Cambridge University Press, 1996년. © 2020 University of Cambridge.

**176쪽 "1. 프로그램은 한 가지를 ... 처리할 수 있어야 한다."**
– 피터 H. 살루스, 《유닉스의 사반세기(A Quarter Century of UNIX)》, Addison–Wesley, 1994년. © 1996–2020 Pearson.

**178쪽 "프로그래밍 기술은 많은 ... 정리하는 기술이기도 합니다."**
– 데이크스트라, 〈구조적 프로그래밍에 대한 참고사항 – EWD249(Notes On Structured Programming – EWD249)〉, Technische Hogeschool Eindhoven, 1970년, 7쪽.

**184쪽 "데이터가 지배합니다 ... 프로그래밍의 중심입니다."**
– 롭 파이크, 〈C 프로그래밍에 관한 참고사항(Notes on Programming in C)〉, 1989년 2월 21일.

**187쪽 "프로그램은 90퍼센트 이하의 ... 갖는 경우도 없습니다."**
– 테리 베이커, 컴퓨터 과학자.

**192쪽 "크고 갑작스러운 변화만큼 인간의 마음에 고통스러운 것은 없습니다."**
– 메리 W. 셸리, 《프랑켄슈타인》, Mavor, & Jones, 1818년.

**197쪽 "왜 스레드는 (대부분의 경우) 나쁜 아이디어인가?"**
– 존 오스터하우트, Sun Microsystem Laboratories에서 소개된 내용, 1996 USENIX Technical Conference, 1996년 9월 28일.

**200쪽 "어떤 속도에서도 안전하지 않습니다."**
– 랄프 네이더, 《어떤 속도에서도 안전하지 않습니다(Unsafe at Any Speed, Grossman)》, 1965년.

**203쪽** "보안은 마음의 상태일 뿐입니다."
– 필립 T. 피즈, NSA 보안 매뉴얼.

**209쪽** "우린 전산화된 개인 데이터를 ... 유출되면 돌이킬 수 없습니다."
– theguardian.com, 2008년 1월 15일. © 2020 Guardian News & Media Limited.

**214쪽** "완벽한 보안이란 없습니다 ... 위험이 있을 뿐입니다."
– 살만 루시디, 소설가.

**221쪽** "인터넷에서 암호화를 사용하는 건 ... 배달하는 것과 같다."
– 심슨 가핑켈, 진 스패퍼드, 《웹 보안과 상거래 1판(the first edition of Web Security & Commerce)》, O'Reilly, 1997.
– 1995년 샌디에이고에서 열린 ACM/IEEE 슈퍼컴퓨팅 컨퍼런스에서 진 스패퍼드가 처음으로 약술한 바 있다.

**222쪽** "대원들은 철통 같은 경계를 ... 내가 더 받아들이기 쉽다."
– 스탠리 큐브릭 감독의 영화 〈닥터 스트레인지러브(1964)〉에 등장하는 캐릭터인 잭 리퍼 장군의 대사. © Hawk Films.

**227쪽** "사람들이 명확한 무언가를 ... 창의성을 간과하는 것입니다."
– 더글러스 애덤스, 《대체로 무해함(Mostly Harmless)》, Harmony Books, 1992년. ©2020 Penguin Random House Company.

**230쪽** "계층은 네트워크 프로토콜을 ... 좋지 않은 방법입니다."
– 반 제이콥슨, 네트워크 연구자.

**232쪽** "세상에서 가장 안전한 코드는 작성되지 않은 코드입니다."
– 콜린 퍼시벌, 수학자.

**237쪽** "만약 Java가 정말 ... 스스로를 삭제할 겁니다."
– 로버트 세웰, 컴퓨터 과학자.

**247쪽** "분산 시스템은 어렵습니다."
– 조너선 앤더슨, 컴퓨터 과학자

**249쪽** "그녀는 왈츠는 생각 안 하면서, 왈츠를 추고 싶어 합니다."
– W. S. 길버트, 아서 설리번, 오페라 《미카도》의 〈나에게는 자그마한 목록이 있습니다(I've Got a Little List)〉.

**255쪽** "여기서 임시라는 것의 사전적 ... 동안만 존재"한다는 뜻입니다."
– Dictionary.com, LLC © 2020 Dictionary.com, LLC.

**257쪽** "구현은 전송 동작에서 ... 개방적이어야 합니다."
– 존 포스텔, 〈인터넷 프로토콜 RFC 791(Internet Protocol, RFC 791)〉, USC/Information Sciences Institute, 1981년 9월. © 2020 University of Southern California.

**270쪽** "무조건, 분명히, 하룻밤 사이 도착해야 할 때"
– FedEx Corporation 제공. © FedEx 1995–2020.

**274쪽** "테이프를 가득 채운 채 ... 우습게 보지 마세요."
– 앤드루 스튜어트 타넨바움, 《컴퓨터 네트워크》, Pearson Education, Inc., 1981. © 1996–2020 Pearson.

**286쪽** "관료제는 공공서비스를 위해 ... 마치 적으로 간주하게 된다."
– 브룩스 앳킨슨, 미국 평론가.

**286쪽** "대략적인 합의와 코드 실행"
– 〈IETF의 도: 인터넷 엔지니어링 태스크 포스 초보자 가이드(The Tao of IETF: A Novice's Guide to the Internet Engineering Task Force)〉 © 2019 IETF Trust. All rights reserved.

**286쪽** "자유의 나무에는 때때로 물 대신 애국자의 피가 뿌려져야 한다."
– 토머스 제퍼슨, "자유의 나무" 편지, 1787년 11월 13일.

**290쪽** "모든 것은 파생 상품에 ... 올라타 있을 뿐입니다."
– 브렌단 번즈, 〈레딧 공동창립자 알렉시스 오하니언과의 인터뷰(An Interview with Reddit Co-Founder Alexis Ohanian)〉, fool.com, 2013년 10월 17일.

**291쪽** "우리가 원점부터 새롭게 ... 새로운 하드웨어가 있으니까요."
– 조지 V. 네빌-닐, 〈버그와 마음껏 뽐낼 수 있는 권리(Bugs and Bragging Rights)〉, Queue 11권 10호, 2013년 10월, 10–12쪽. (URL: https://doi.org/10.1145/2542661.2542663) © Association for Computing Machinery.

**293쪽** "정부가 당신의 개인정보를 ... 되냐고 묻는 꼴이다."
– 존 페리 발로우, 미국 시인 및 수필가.

**296쪽** "표준의 멋진 점은 ... 1년만 더 기다리면 된다."
– 그레이스 머레이 호퍼 제독, 미국 컴퓨터 과학자.

**303쪽** "문제가 무엇이건 간에, 언제나 사람이 문제입니다."
– 제럴드 M. 와인버그, 《컨설팅의 비밀》, Dorset House Pub., 1985년. © 1996–2008 by Dorset House Publishing Co., Inc.

**305쪽** "멸망에 앞서 교만이 나가며 넘어짐에 앞서 거만한 영이 있느니라."
– 잠언 16:18 (킹제임스 흠정역).

**309쪽** "내가 왜 자전거 창고 색깔까지 신경 써야 하죠?"
– 폴-헤닝 캠프, 덴마크 소프트웨어 개발자.

**312쪽** "난 당신 기계에서 ... 파는 게 아니잖아요!"
– 비디우 플라톤, 컴퓨터 과학자.

**317쪽** "로봇은 인간에 해를 ... 가도록 해서는 안 된다."
– 아이작 아시모프, 《런어라운드(Runaround)》, Astounding Science Fiction, 1942년. © Isaac Asimov.

**320쪽** "충분히 발달한 과학 기술은 마법과 구별할 수 없다."
– 아서 C. 클라크, 《더 센티넬: SF와 판타지의 걸작(The Sentinel: Masterworks of Science Fiction and Fantasy)》,
Barnes & Nobles Books by arrangement with Byron Preiss Visual Publications, 1996년. © Arthur C. Clarke.

**321쪽** "완벽함이란 더 이상 ... 것이 없는 상태이다."
– 앙투안 드 생텍쥐페리, 《조종사의 오디세이(Airman's Odyssey)》, Harcourt, Brace & World, 1942년.
© 2020 Houghton Mifflin Harcourt.

**329쪽** "M-I 구불구불 ... 굽은 목 I"
– 써드 데이의 맥 파웰이 그의 곡 〈미시시피(Mississippi)〉에 관해 했던 말 중에서 – 맥킨토시 작성. 2012년.

**336쪽** "임산부 아홉 명이 있다고 아이가 한 달 만에 태어나진 않습니다."
– 프레더릭 P. 브룩스, 《맨먼스 미신》, Addison-Wesley. 1975년. © 1996–2020 Pearson.

**339쪽** "일하는 자들을 괴롭히는 ... 야기한다는 점일 겁니다."
– 스터즈 터클, 미국 작가.

**344쪽** "큰 힘의 소유는 필연적으로 큰 책임이 따른다."
– 영국 국회의원 윌리엄 램, 1817년.

**347쪽** "우리가 알 바 아니에요. 우린 그럴 필요가 없거든요. 우린 전화 회사랍니다."
– 미국 코미디언이자 배우인 릴리 톰린이 연기한 캐릭터 어니스틴의 대사.

**348쪽** "자칭 해커라는 이들은 ... www.att.com/safety를 참조하길 바랍니다."
– 도로시 앳우드, AT&T의 전무이자 공공정책 및 개인정보보호 최고 책임자.

**350쪽** "태초에 단어가 있었으니 그 단어는 [bull$#!+]이었다."
– 윌리엄 S. 버로스, 《폭발한 티켓(The Ticket That Exploded)》, Olympia Press, 1962년. © Grove/Atlantic.

**353쪽** "일시적인 조치만큼 영구적인 게 없더라."
– 카일 심슨, 오픈 웹 전도사.

**360쪽** "건설자들이 프로그래머가 ... 문명을 파괴했을 겁니다."
– 제럴드 M. 와인버그, '와인버그의 두 번째 법칙(Weinberg's Second Law)'

**366쪽** "GNU GPL은 오픈소스를 위해 고려되지 않았습니다."
– 리처드 M. 스톨먼, NetBSD 메일링 리스트에 관한 메일 'Re: GPL version 4', mail-index.netbsd.org, 2008년 7월 17일.

**371쪽** "폐하께서 정치 문제를 ... 풀리듯 쉽게 풀립니다."
– 윌리엄 셰익스피어, 《헨리 5세》 1막 1장, 45~47쪽.

**374쪽** "문명을 무너뜨리기 위해서는 ... 책 읽기만 멈추면 된다."
– 레이 브래드버리, 《화씨 451》, Ballantine Books, 1953년. ©2020 Penguin Random House.

**374쪽** "모든 것의 90퍼센트는 쓰레기다."
– 시어도어 스터전, '스터전의 법칙'

**379쪽** "드디어 시간이 충분해!"
– 〈환상특급: 트와일라잇 존〉 시즌 1의 에피소드 8에 나오는 헨리 베미스의 대사, 1959년 11월 20일. © Cayuga Productions, Inc.

**382쪽** "시간이 중요한 게 아니야. 그게 유일한 거야."
– 마일스 데이비스, 미국 재즈 뮤지션.

**385쪽** "오, 불윙클, 그 방법은 항상 안 되잖아!"
– 미국 애니메이션 시리즈 〈록키와 불윙클 쇼(The Rocky and Bullwinkle Show)〉에 등장하는 캐릭터인 날다람쥐 록키의 대사.
© Jay Ward and Bill Scott.

민을 놈 하나 없는 비정한 업계의 소프트웨어 엔지니어링

# KODE VICIOUS
# 개발 지옥

**1판 1쇄 발행**  2022년 08월 26일

저　　자 | 조지 V. 네빌–닐
역　　자 | 황건구
발 행 인 | 김길수
발 행 처 | (주)영진닷컴
주　　소 | (우)08507 서울특별시 금천구 가산디지털1로 128
　　　　　 STX–V 타워 4층 401호
등　　록 | 2007. 4. 27. 제16–4189호

©2022. (주)영진닷컴

ISBN | 978-89-314-6697-3

YoungJin.com **Y.**
영진닷컴